Mehr Prävention – weniger Opfer

Ausgewählte Beiträge des 18. Deutschen Präventionstages

22. und 23. April 2013 in Bielefeld

I0113104

Herausgegeben von
Erich Marks und Wiebke Steffen

Mit Beiträgen von:
Andreas Beelmann; Gabriele Bindel-Kögel; Nils Christie; Pit Clausen; Claudia Gelber; Detlef Heyer; Ralf Jäger; Kari-Maria Karliczek; Lutz Klein; Daniel Lederer; Olaf Lobermeier; Erich Marks; Gisela Mayer; Richard Oetker; Christian Pfeiffer; Gesa Schirrmacher; Karla Schmitz; Christoph Schüle; Petra Söchting; Wiebke Steffen; Rainer Strobl; Jakob Tetens; Haci-Halil Uslucan; Hellgard van Hüllen; Michael Walter; Susanne Wegener-Tieben; Jörg Ziercke; Bettina Zietlow

Forum Verlag Godesberg GmbH 2014

Bibliographische Information der Deutschen Nationalbibliothek

Die Deutsche Nationalbibliothek verzeichnet diese Publikation in
der Deutschen Nationalbibliographie: detailierte bibliografische
Daten sind im Internet über http://dnb.d-nb.de abrufbar.

© Forum Verlag Godesberg GmbH, Mönchengladbach
Alle Rechte vorbehalten
Mönchengladbach 2014

Satz und Layout: Karla Schmitz und Kathrin Geiß
Coverdesign: Konstantin Megas, Mönchengladbach

Gesamtherstellung: Books on Demand GmbH, Norderstedt
Printed in Germany

978-3-942865-27-2 (Printausgabe)
978-3-942865-28-9 (eBook)

Inhalt

Vorwort der Herausgeber

Unter der Schirmherrschaft der nordrhein-westfälischen Ministerpräsidentin Hannelore Kraft hat der 18. Deutsche Präventionstag am 22. und 23. April 2013 in der Stadthalle Bielefeld stattgefunden.

Wie in den Vorjahren erscheint der Dokumentationsband als Print-Ausgabe und als E-Book im Forum Verlag Godesberg. In das Buch aufgenommen wurden zum einen die Schriftfassungen jener Vorträge des 18. Deutschen Präventionstages, die sich primär mit dem Schwerpunktthema „Mehr Prävention – weniger Opfer" befassen; außerdem das wissenschaftliche Gutachten zum Schwerpunktthema, ein Überblick über den gesamten Kongress sowie die ausführliche Kongressevaluation. Weitere umfangreiche Dokumente zum Deutschen Präventionstag des Jahres 2013 finden sich auf der Internetseite des Kongresses (www.praeventionstag.de).

Im Namen des Deutschen Präventionstages danken wir dem Bundesministerium für Familie, Senioren, Frauen und Jugend (BMFSFJ) für die finanzielle Förderung des 18. Deutschen Präventionstages, den gastgebenden Veranstaltungspartnern, dem Land Nordrhein-Westfalen und der Stadt Bielefeld, für die gewährte inhaltliche und finanzielle Unterstützung. Der Dank gilt ebenso den ständigen Veranstaltungspartnern, dem Fachverband für Soziale Arbeit, Strafrecht und Kriminalpolitik (DBH), der Polizeilichen Kriminalprävention der Länder und des Bundes (ProPK), der Stiftung Deutsches Forum für Kriminalprävention (DFK) und dem WEISSEN RING für ihre jeweilige ideelle und finanzielle Unterstützung sowie Ihre aktive Mitwirkung im Programmbeirat des Kongresses.

Die Herausgeber danken sehr herzlich allen Autorinnen und Autoren dieses Kongressbandes für die Bereitstellung Ihrer Texte. Namentlich danken wir Kathrin Geiß für die Texterfassung und Gestaltung dieses Sammelbandes, Dr. Burkhard Hasenpusch für die Übersetzung des zentralen Textes von Professor Dr. Nils Christie ins Deutsche, Karla Schmitz für die Endredaktion sowie Carl Werner Wendland für die verlegerische Betreuung.

Erich Marks und Wiebke Steffen

I. Der 18. Deutsche Präventionstag im Überblick

Bielefelder Erklärung des 18. Deutschen Präventionstages

22. und 23. April 2013 in Bielefeld

„Mehr Prävention – weniger Opfer"

Der 18. Deutsche Präventionstag hat die Opfer von Straftaten zu seinem Schwerpunktthema gemacht. Dahinter stehen folgende Überlegungen und Überzeugungen:

Die gegenwärtig deutliche Zuwendung zu den Opfern von Straftaten in der Gesellschaft, der Wissenschaft, der Rechtspolitik und Gesetzgebung, der Polizei, der Strafrechtspflege und der Prävention erscheint vielen als natürlich oder sogar zwingend. Tatsächlich ist diese Zuwendung jedoch die Folge einer ganz jungen Entwicklung. Erst gegen Ende der 1970er Jahre setzte in Deutschland ein nachhaltig gewordener Wandel im Verständnis von Opferwerden (Viktimisierung) ein, verbunden mit der wachsenden Überzeugung, dass auf allen Ebenen des Umgangs mit Straftaten und deren Folgen für die direkt und mittelbar betroffenen Menschen etwas geändert werden müsse. Dieser Wandel lässt sich mit dem schon früh verbreiteten Leitspruch von der „Wiederentdeckung des Opfers" gut charakterisieren.

Nach rund 25 Jahren seit Beginn der neuen Entwicklung erscheint es angebracht, eine Zwischenbilanz zum Stand, zu den Problemen und zu den Perspektiven der Opferzuwendung zu ziehen: Was hat sich seither für die Opfer in Gesellschaft und den anderen oben genannten Bereichen getan? Welche der damals erkannten und benannten Probleme sind beseitigt oder wenigstens in Ausmaß und Intensität verringert worden? Sind neue Probleme aufgetaucht, die der Bearbeitung bedürfen? Welches sind die aktuell vorrangigen Perspektiven für die positive Weiterentwicklung? Was wissen wir nunmehr schon sicher über Opferwerden, Opferbedürfnisse und Opferwünsche sowie wirksame Antworten darauf? Wie lässt sich der Gedanke, dass Prävention auf Dauer der beste Opferschutz ist, überzeugend in Praxis, Politik, Wissenschaft und Öffentlichkeit vermitteln?

Vor diesem Hintergrund und gestützt vor allem auf die Überlegungen und Erkenntnisse des Gutachtens von Dr. Wiebke Steffen „Opferzuwendung in Gesellschaft, Wissenschaft, Strafrechtspflege und Prävention: Stand, Probleme, Perspektiven" geben der Deutsche Präventionstag und seine Veranstaltungspartner: Bundesministerium für Familie, Senioren, Frauen und Jugend, DBH Fachverband für Soziale Arbeit, Strafrecht und Kriminalpolitik, Land Nordrhein-Westfalen, Polizeiliche Kriminalprävention der Länder und des Bundes (ProPK), Stadt Bielefeld, Stiftung Deutsches Forum für Kriminalprävention (DFK), WEISSER RING e.V. diese **„Bielefelder Erklärung"** ab.

Der Stand des empirischen Wissens zum Opferwerden und zu den Opferbedürfnissen ist unbefriedigend

Auch nach einem „Vierteljahrhundert Opferzuwendung in Gesellschaft, Wissenschaft, Strafrechtspflege und Prävention" ist der Stand des empirischen Wissens zu den Opfern von Straftaten und ihren Bedürfnissen äußerst unbefriedigend. Das gilt insbesondere für das Vorliegen neuerer Erkenntnisse.

Der *Deutsche Präventionstag* fordert nachdrücklich,

▪ die täterorientierten Kriminalstatistiken mit der Erfassung von Opfern und Opfermerkmalen über den schon erreichten Stand hinaus zu erweitern,

▪ das Dunkelfeld der Viktimisierung durch regelmäßige, repräsentative, auch bundesweit durchgeführte Opferbefragungen zu erhellen und zudem durch qualitativ orientierte Untersuchungen Einsichten zu den Folgen von Viktimisierungen sowie zu Opferbedürfnissen und Opferwünschen zu gewinnen.

Auch und gerade vor dem Hintergrund der Forderung nach einer größeren Opferautonomie ist es unabdingbar, die Opferinteressen zu kennen und sie in die Strafrechtspflege wie die Hilfesysteme einzubringen.

Es ist ungeklärt, ob die Opferzuwendung der Strafrechtspflege den Opfern von Straftaten viel gebracht hat

Die Rechte von Opfern im Strafverfahren sind seit dem 1. Opferschutzgesetz von 1986 stetig erweitert worden. Zusätzlich ist die Stellung des Opfers auch faktisch durch psychosoziale Maßnahmen der Zeugenbetreuung und Opferhilfe ausgebaut worden. Auch hat es eine bis heute anhaltende breite Diskussion über mögliche Belastungen für Opfer im Strafverfahren gegeben. Dennoch wird beinahe unverändert beklagt, dass die Bedürfnisse von Opfern im Verfahren viel zu wenig Berücksichtigung finden und die Verfahren für die Opfer mit unverhältnismäßig hohen Belastungen – Stichwort: sekundäre Viktimisierung - verbunden sind.

Diese Diskrepanz ist derzeit wegen des Fehlens empirischer Erkenntnisse nicht zu erklären: Es liegen keine Daten dazu vor, ob die Opferschutzgesetze ihr erklärtes Ziel erreichen, die Opfer vor Beeinträchtigungen im Ermittlungs- und Strafverfahren zu schützen; teilweise ist sogar unklar, inwieweit die Maßnahmen in der Praxis überhaupt umgesetzt worden sind. Es ist noch nicht einmal gesichert, in welchem Ausmaß es im Ermittlungs- und Strafverfahren überhaupt zu sekundären Viktimisierungen kommt bzw. welche Wünsche und Bedürfnisse die Opfer von Straftaten an das Verfahren eigentlich haben.

Der *Deutsche Präventionstag* fordert nachdrücklich,

- die Opferschutzgesetze zu evaluieren, insbesondere hinsichtlich des Ausmaßes, mit dem Maßnahmen – beispielsweise Videovernehmungen – in der Praxis umgesetzt werden sowie hinsichtlich des Ausmaßes und der Ziele, mit denen Opfer von ihren Beteiligungsrechten Gebrauch machen;
- quantitative wie qualitative kriminologisch-viktimologische Untersuchungen dazu durchzuführen, welche Wünsche und Bedürfnisse Opfer mit Blick auf das Strafverfahren haben und welchen Belastungen sie durch das Strafverfahren ausgesetzt sind.

Eine evidenzbasierte Kriminalpolitik erfordert eine hinreichend verlässliche Datengrundlage, die es dringend zu schaffen gilt.

Der *Deutsche Präventionstag* hält es in einer rechtsstaatlichen, an den Bedürfnissen der Bürger orientierten Strafrechtspflege für selbstverständlich, die Wünsche der Opfer nach Information (insbesondere über den Fortgang des Verfahrens), nach Schadensersatz bzw. Wiedergutmachung, nach Anerkennung des ihnen widerfahrenen Unrechts, nach respektvoller Behandlung zu erfüllen.

Die in jüngeren Reformen der Strafprozessordnung eingeführten Informationspflichten bzw. Obliegenheiten der Justizbehörden müssen durchweg und vollständig wahrgenommen werden und es ist zu prüfen, ob Verbesserungen und Erweiterungen angesagt sind.

Gerade weil bestimmte Belastungen in einem rechtsstaatlichen Verfahren für die Opfer nicht zu vermeiden sind, fordert der *Deutsche Präventionstag*, nur solche Regelungen aufrechtzuerhalten oder einzuführen, die zur Durchführung eines fairen Prozesses unerlässlich sind.

Der *Deutsche Präventionstag* fordert in diesem Zusammenhang auch, die Richtlinie des Europäischen Parlaments und des Rates über Mindeststandards für die Rechte, die Unterstützung und den Schutz von Opfern von Straftaten vom 25. Oktober 2012 möglichst zügig vor dem Hintergrund der deutschen Rechtslage zu prüfen und umzusetzen.

Soziale Unterstützung, Hilfe und Wertschätzung für die Opfer muss auch und vor allem von außerhalb der Strafrechtspflege kommen

Die Strafrechtspflege kann den Opfern von Straftaten grundsätzlich nicht gerecht werden: Zum einen ist und bleibt sie täterorientiert, zum andern bringt die Rolle als Opferzeuge immer Belastungen mit sich und schließlich „dringt" ohnehin nur ein sehr kleiner Teil der Opfer bis zum Gericht vor: Die Anzeigebereitschaft ist gering und die meisten Ermittlungsverfahren werden von der Staatsanwaltschaft eingestellt.

Nur etwa 12% der gegen bekannte Verdächtige bzw. Beschuldigte geführten Strafverfahren werden durch Anklageerhebung erledigt. Zudem scheinen die Straf- und
Genugtuungswünsche der Opfer von eher geringer Bedeutung zu sein. Das Interesse
der Opfer gilt weit stärker der Feststellung, dass ihnen Unrecht widerfahren ist und sie
nicht verpflichtet waren, das Verhalten des Täters zu akzeptieren.

Emotionaler Beistand, soziale Unterstützung - einschließlich der Anerkennung, dass
ihnen Unrecht geschehen ist -, Wertschätzung und Hilfe muss für alle Opfer, auch
für die wenigen, die Kontakt mit den Instanzen haben, vor allem von außerhalb der
Strafrechtspflege kommen: Von Personen aus dem sozialen Nahraum und von Opferhilfeeinrichtungen.

Der *Deutsche Präventionstag* anerkennt ausdrücklich die Leistungen der Einrichtungen der Opferhilfe für die Opfer von Straftaten: Menschlicher Beistand und Betreuung nach der Straftat, die Vermittlung von medizinischer, psychologischer und
juristischer Hilfe, die Berücksichtigung der Tatsache, dass Opfer nicht gleich Opfer
ist, leisten entscheidende Unterstützung dabei, dass Opfer so bald und so weit wie
möglich wieder in das Leben vor dem belastenden Ereignis zurück finden.

Der *Deutsche Präventionstag* sieht allerdings noch Handlungsbedarf insbesondere in
Bezug auf zwei Opfergruppen: Opfer von Straftaten außerhalb der Gewaltkriminalität – als Beispiel seien hier Wohnungseinbrüche genannt – verdienen mehr Aufmerksamkeit, als ihnen bisher zuteil wurde. Bei den Opfern von Gewaltkriminalität
wird vielfach übersehen, dass eben auch hier und nicht nur auf Täterseite männliche
Jugendliche, Heranwachsende und Jungerwachsene besonders häufig zu Opfern werden. Diese Fehlwahrnehmung wird nicht selten von den Betroffenen geteilt, gemäß
dem rollentypischen Klischee, dass ein Mann nicht „Opfer" sein könne. Das hat zur
Folge, dass sie auch von Opferhilfeeinrichtungen nicht bzw. nur unzureichend erreicht werden. Nicht nur unter dem Aspekt der Gerechtigkeit bedarf es hier eines
Wandels. Vielmehr ist auch das Problem des Opfer-Täter-Statuswechsels in den Blick
zu nehmen, d. h. des Risikos für den Einzelnen wie für die Gesellschaft, dass Opfer
zu Tätern werden.

Der Problematik männlicher Gewaltbetroffenheit muss im öffentlichen und wissenschaftlichen Diskurs mehr Aufmerksamkeit entgegengebracht sowie insbesondere
durch qualitativ angelegte viktimologische Studien geklärt werden, wie Gewaltüber-
griffe gegen Männer „funktionieren", welche Handlungen von Männern als Gewalt
wahrgenommen werden – und wie sie verhindert werden können.

Weiter sollte geprüft werden, ob Verbesserungen der Opferhilfe im Sinne des Konzeptes der „Parallelen Gerechtigkeit" sinnvoll oder sogar erforderlich sind. „Parallele Gerechtigkeit" stellt das Strafrecht nicht in Frage, sondern beinhaltet eine zusätzliche,
oft zeitgleiche, ressort- und instanzenübergreifende Reaktion, die sich an das Opfer

richtet und in der Überzeugung wurzelt, dass die Hilfe für Opfer bei dem Bestreben, ihr Leben wiederherzustellen, ein wesentlicher Bestandteil von Gerechtigkeit ist. Eine Implementation dieses Konzeptes wäre über die in vielen Städten und Landkreisen vorhandenen Gremien der kommunalen Kriminalprävention möglich.

Prävention ist der beste Opferschutz

Wie gut und wirkungsvoll auch immer Strafverfahren, Opferschutz und Opferhilfe gestaltet werden: Sinnvoller ist, es gar nicht erst zu Straftaten und den damit verbundenen Opferwerdungen kommen zu lassen. Denn auch eine noch so opferfreundliche Strafrechtspflege bzw. noch so gut ausgebaute und funktionierende Opferhilfe können die physischen und materiellen Opferschäden mit ihren oftmals auch schwerwiegenden psychischen Folgen nicht wieder gut und schon gar nicht ungeschehen machen. Deshalb ist Kriminalprävention im Sinne einer Verhütung von Straftaten der beste Opferschutz.

Der *Deutsche Präventionstag* fordert, die bewährten Anstrengungen im Bereich der Kriminalprävention fortzusetzen, sie insbesondere auf die vorliegende empirische Evidenz hinsichtlich der Vermeidung von Re-Viktimisierungen und sekundären Viktimisierungen zu überprüfen, keine (unnötigen) Ängste zu schüren sowie strikt darauf zu achten, dass den Opfern keine (Mit)Schuld gegeben wird.

Zum Verständnis von sowie den Anforderungen an Kriminalprävention und ihre Leistungsmöglichkeiten und schon erbrachten Leistungen verweist der 18. Deutsche Präventionstag auf die Verhandlungen des 12., 13., 14., 15., 16. und 17. Deutschen Präventionstages sowie die Forderungen und Appelle der jeweiligen Erklärungen.

Bielefeld, 23. April 2013

Erich Marks / Karla Schmitz

Zusammenfassende Gesamtdarstellung des 18. Deutschen Präventionstages

Seit 1995 verfolgen die jährlich stattfindenden Deutschen Präventionstage das Ziel, Kriminalprävention ressortübergreifend, interdisziplinär und in einem breiten gesellschaftlichen Rahmen darzustellen, zu erörtern und zu stärken. Diese zusammenfassende Gesamtdarstellung will einen Überblick über die Struktur und die vielfältigen Themen, Sektionen und Foren des 18. Deutschen Präventionstages geben, der am 22. und 23. April 2013 in der Stadthalle Bielefeld stattfand.

1. Leitbild des Deutschen Präventionstages

Das Selbstverständnis und die Rahmenziele sind kongressübergreifend in einem Leitbild formuliert: Der Deutsche Präventionstag wurde 1995 als nationaler jährlicher Kongress speziell für das Arbeitsfeld der Kriminalprävention begründet. Von Beginn an war es das Ziel, Kriminalprävention ressortübergreifend, interdisziplinär und in einem breiten gesellschaftlichen Rahmen darzustellen und zu stärken. Nach und nach hat sich der Deutsche Präventionstag auch für Institutionen, Projekte, Methoden, Fragestellungen und Erkenntnisse aus anderen Arbeitsfeldern der Prävention geöffnet, die bereits in mehr oder weniger direkten Arbeitszusammenhängen stehen. Neben der weiterhin zentral behandelten Kriminalprävention reicht das erweiterte Spektrum des Kongresses von der Suchtprävention oder der Verkehrsprävention bis hin zu den verschiedenen Präventionsbereichen im Gesundheitswesen.

Der Kongress wendet sich insbesondere an Verantwortungsträger der Prävention aus Behörden, Gemeinden, Städten und Kreisen, Gesundheitswesen, Jugendhilfe, Justiz, Kirchen, Medien, Politik, Polizei, Präventionsgremien, Projekten, Schulen, Sport, Vereinigungen und Verbänden, Wissenschaft, etc..

Der Deutsche Präventionstag will als jährlich stattfindender nationaler Kongress:

- aktuelle und grundsätzliche Fragen der verschiedenen Arbeitsfelder der Prävention und ihrer Wirksamkeit vermitteln und austauschen,
- Partner in der Prävention zusammenführen,
- Forum für die Praxis sein und Erfahrungsaustausch ermöglichen,
- Internationale Verbindungen knüpfen und Informationen austauschen helfen,
- Umsetzungsstrategien diskutieren,
- Empfehlungen an Praxis, Politik, Verwaltung und Wissenschaft erarbeiten und aussprechen.

2. Programmbeirat

Zur Vorbereitung eines jeden Präventionstages wird ein Programmbeirat[1] gebildet, in dem der Veranstalter sowie die gastgebenden und ständigen Veranstaltungspartner repräsentiert sind. Der Programmbeirat ist zuständig für inhaltliche Gestaltungsfragen des jeweilig anstehenden Kongresses sowie für Ausblicke und erste Vorplanungen künftiger Kongresse.

Der - wie in den Vorjahren veröffentlichte - Aufruf zur Einreichung von Vortragsthemen wurde wiederum sehr positiv aufgenommen und ergab eine große Zahl von Vorschlägen und Bewerbungen, die die Zahl der limitierten Vortragseinheiten in den verschiedenen Foren erneut deutlich überstieg.

Partner

Das Engagement und die Verbundenheit der DPT-Partner sind ein zentraler Baustein für das Gelingen des Kongresses. Allen beteiligten Entscheidungsträgern und Repräsentanten der DPT-Partner sei besonders herzlich für ihr Engagement gedankt. Insgesamt 32 Organisationen und Institutionen haben sich in unterschiedlichen Formen und vielfältigen Rollen ausdrücklich als offizielle Partner des 18. Deutschen Präventionstages mit ihrem Logo, ihrem guten Namen sowie personellen und finanziellen Ressourcen eingebracht. Ein ebenso herzlicher Dank gilt erneut dem Bundesministerium für Familie, Senioren, Frauen und Jugend sowie weiteren Bundesministerien und nachgeordneten Behörden für die Förderung des 18. Deutschen Präventionstages. Im Einzelnen waren beteiligt:

Der 18. Deutsche Präventionstag wurde von folgenden Bundesministerien gefördert:

- Bundesministerium für Familie, Senioren, Frauen und Jugend (BMFSFJ)
- Bundesministerium der Justiz

Gastgebende Veranstaltungspartner
- Land Nordrhein-Westfalen
- Stadt Bielefeld
- Landespräventionsrat Nordrhein-Westfalen

---

[1] Heike Bartesch, (Bundesministerium für Familie, Senioren, Frauen und Jugend); Werner Brall (WEISSER RING e. V.); Renate Engels (DBH-Bildungswerk); Prof. Dr. Hans-Jürgen Kerner (Deutsche Stiftung für Verbrechensverhütung und Straffälligenhilfe - DVS); Erich Marks (Deutscher Präventionstag - DPT); Andreas Mayer (Polizeiliche Kriminalprävention der Länder und des Bundes – ProPK); Jürgen Mutz (Deutsche Stiftung für Verbrechensverhütung und Straffälligenhilfe – DVS); Thomas Niekamp (Sozial- und Kriminalpräventiver Rat Bielefeld); Karla Schmitz (Deutscher Präventionstag - DPT); Norbert Seitz (Stiftung Deutsches Forum für Kriminalprävention - DFK); Dr. Wiebke Steffen (Deutscher Präventionstag - DPT)

Ständige Veranstaltungspartner

- DBH-Bildungswerk
- Polizeiliche Kriminalprävention der Länder und des Bundes (ProPK)
- Stiftung Deutsches Forum für Kriminalprävention (DFK)
- WEISSER RING e. V.

Kooperationspartner und Sponsoren

- Aktionsbündnis Amoklauf Winnenden
- Alarm Theater Bielefeld
- Bundeszentrale für gesundheitliche Aufklärung (BZgA)
- Deutsch-Europäisches Forum für Urbane Sicherheit (DEFUS)
- Deutsche Bahn AG
- Deutsche Post DHL
- Deutsche Sportjugend im Deutschen Olympischen Sportbund (dsj)
- Deutsches Jugendinstitut (dji)
- Kriminologisches Forschungsinstitut Niedersachsen (KFN)
- proVal
- Stadtwerke Bielefeld
- Stiftung Kriminalprävention
- Unabhängiger Beauftragter für Fragen des sexuellen Kindesmissbrauchs

Partnerkongresse

- Deutscher Familiengerichtstag (DFGT)
- Deutscher Jugendgerichtstag (DJGT)
- Österreichischer Präventionskongress

Internationale Partner

- European Forum for Urban Security, Paris (EFUS)
- giz – Deutsche Gesellschaft für Internationale Zusammenarbeit GmbH
- International Centre for the Prevention of Crime, Montreal (ICPC)
- Korean Institute of Criminology (KIC)
- UN Habitat
- WHO

Medienpartnerschaft

- Neue Westfälische

4. Plenumsveranstaltungen

Kongresseröffnung

Montag, 22. April 2013 – 11:00 bis 12:30 Uhr

- Begrüßung durch den Geschäftsführer des Deutschen Präventionstages
  Erich Marks

- Kein Opfer einer Straftat darf vergessen werden
  Ralf Jäger, Minister für Inneres und Kommunales des Landes Nordrhein-Westfalen

- Prävention in Bielefeld
  Pit Clausen, Oberbürgermeister der Stadt Bielefeld

- Anmerkungen zur Schnittmenge von Kriminologie, Viktimologie und Kriminalprävention
  *Prof. Dr. Hans-Jürgen Kerner, Vorsitzender der Deutschen Stiftung für Verbre-
  chensverhütung und Straffälligenhilfe*

- Einführende Bemerkungen der DPT-Gutachterin zum Schwerpunktthema des
  18. Deutschen Präventionstages
  Dr. Wiebke Steffen, Gutachterin des Deutschen Präventionstages

- Zur Zukunft der Opferhilfe
  *Jörg Ziercke, Bundeskriminalamt in Vertretung für
  Roswitha Müller-Piepenkötter, Bundesvorsitzende des WEISSEN RINGS e. V.*

- Mehr Prävention - eine nationale Aufgabe
  *Prof. Gerd Neubeck, Leiter Konzernsicherheit der Deutschen Bahn und Vor-
  standsvorsitzender des Deutschen Forums für Kriminalprävention*

- Prävention, Sport und Ehrenamt
  *Sebastian Rode, Profi-Fußballer (Eintracht Frankfurt) und Botschafter des
  Hessischen Landespräventionsrates*

- Aktuelle Entwicklungen des International Crime Victims Survey (ICVS)
  Prof. Dr. Jan van Dijk, Universität Tilburg

- Evidenzbasierte Prävention: Stand der Dinge und zukünftige Herausforderungen
  Prof. Dr. Andreas Beelmann, Universität Jena

- Musikalische Begleitung
  Jazzcombo des Bundespolizeiorchesters Hannover

Abendempfang

*der Ministerpräsidentin des Landes Nordrhein-Westfalen, Hannelore Kraft, für die
Teilnehmenden des 18. Deutschen Präventionstages am Montag, 22. April 2013 –
18:15 bis 21:00 Uhr*

Abschlussplenum
Dienstag, 23. April 2013 – 15:00 bis 16:00 Uhr
- Abschluss-Statement
  Prof. Dr. Hans-Jürgen Kerner, Kongresspräsident des Deutschen Präventionstages
- „Bielefelder Erklärung" des Deutschen Präventionstages
  Dr. Wiebke Steffen, Gutachterin des Deutschen Präventionstages
- „Parallel Justice" – Warum brauchen wir eine Stärkung des Opfers in Recht und Gesellschaft?
  Prof. Dr. Christian Pfeiffer, Direktor des Kriminologischen Forschungsinstituts Niedersachsen
- Ausblick und Verabschiedung
  Erich Marks, Geschäftsführer des Deutschen Präventionstages

5. Vorträge
In Parallelveranstaltungen wurden insgesamt 52 Vorträge angeboten, die sich inhaltlich sowohl mit dem Schwerpunktthema „Mehr Prävention – weniger Opfer" als auch mit weiteren Themen der Prävention beschäftigten.

- Neue Modelle des Übergangsmanagements in Nordrhein-Westfalen
  Thomas Kutschaty, MdL, Justizminister des Landes Nordrhein-Westfalen, Düsseldorf
- Das bundesweite Hilfetelefon „Gewalt gegen Frauen" – Prävention durch niedrigschwellige Beratung
  Dr. Gesa Schirrmacher, Bundesministerium für Familie, Senioren, Frauen und Jugend (BMFSFJ), Berlin
  Petra Söchting, Bundesamt für Familie und zivilgesellschaftliche Aufgaben (BAFzA), Köln
- Prävention von Delinquenz im Kindes- und Jugendalter – über die Bedeutung der pädagogischen Orientierung
  Dr. Christian Lüders, Deutsches Jugendinstitut e. V., München
- DFK-Projekt „Entwicklungsförderung und Gewaltprävention für junge Menschen – Kriterienkatalog für wirksame Präventionsarbeit"
  Prof. Dr. Andreas Beelmann, Friedrich-Schiller-Universität, Jena
  Dr. Christian Böhm, Landesinstitut für Lehrerbildung und Schulentwicklung, Hamburg
  Prof. Dr. Nina Heinrichs, TU Braunschweig, Institut für Psychologie
  Wolfgang Kahl, Stiftung Deutsches Forum für Kriminalprävention (DFK), Bonn
  Prof. Dr. Siegfried Preiser, Psychologische Hochschule Berlin (PHB)
  Prof. Dr. Herbert Scheithauer, Freie Universität Berlin

- Wiedergutmachungsstrafe - ein notwendiges Element des Sanktionssystems?
  Prof. Dr. Bernd-Dieter Meier, Leibniz Universität Hannover
- Sicherheit beginnt mit Prävention
  Prof. Gerd Neubeck, Deutsche Bahn AG, Berlin
- Erfahrungen eines Entführungsopfers
  Richard Oetker, Persönlich haftender Gesellschafter, Dr. August Oetker KG, Bielefeld
- Sensation statt Prävention? Migrationsberichterstattung im Langzeitvergleich – Fragen an einen evidenz-basierten Journalismus
  Prof. Dr. Georg Ruhrmann, Friedrich-Schiller-Universität Jena
- Wie Gewaltberichterstattung Emotionen schürt
  Prof. Dr. Thomas Hestermann, Macromedia Hochschule für Medien und Kommunikation MHMK, Hamburg
- Die Kinder- und Jugendhilfe – zentraler Akteur und Kooperationspartner in der Prävention von Delinquenz
  Bernd Holthusen und Dr. Sabrina Hoops, Deutsches Jugendinstitut e. V., München
- Lösungsansätze der Kriminalprävention bei Jugendbanden
  Julia Mölck, Kommune Alkmaar, Niederlande
- Möglichkeiten der Kriminalprävention im Bereich des Extremismus
  Dr. Helmut Fünfsinn, Hessisches Ministerium der Justiz, für Integration und Europa, Wiesbaden
- Implementation von Präventionsprogrammen
  Heidrun Mayer, Papilio e.V., Augsburg
  Prof. Gerd Neubeck, Deutsche Bahn AG, Berlin
  Prof. Dr. Herbert Scheithauer, Freie Universität Berlin
- Erfolgreiche Prävention - Was macht sie aus und wie misst man ihren Erfolg?
  Prof. Dr. Elisabeth Pott, Direktorin der Bundeszentrale für gesundheitliche Aufklärung (BZgA), Köln
- Opferbetreuung nach Gewalthandlungen an Schulen - Erfahrungen, Probleme und Perspektiven
  Dr. Christian Böhm, Landesinstitut für Lehrerbildung und Schulentwicklung, Hamburg
- Rechtsextremismus und Hasskriminalität: Ursachen, Entwicklung und Möglichkeiten einer entwicklungsorientierten Prävention
  Prof. Dr. Andreas Beelmann, Friedrich-Schiller-Universität Jena
- Polizei und junge Menschen – mehr präventive Repression?
  Prof. Dr. Thomas Feltes, Ruhr-Universität Bochum

- Intervention und Prävention von Gewalt bei Familien mit Zuwanderungsgeschichte
Prof. Dr. Haci-Halil Uslucan, Universität Duisburg-Essen

- Eltern als Partner in Prävention und Intervention sexueller Gewalt – Konzepte/
Erfahrungen
Elisabeth Helming und Dr. Heinz Kindler, Deutsches Jugendinstitut e.V., München

- Jugenddelinquenz und Prävention in Europa – Perspektiven von Jugendlichen
und Praktikern
*Prof. Dr. Thomas Görgen, Benjamin Kraus und Anabel Taefi, Deutsche Hoch-
schule der Polizei, Münster*

- Gewalt gegen Polizeibeamte – Die erfolgreiche Bewältigung belastender Erfahrungen
Bettina Zietlow, Kriminologisches Forschungsinstitut Niedersachsen, Hannover

- Schnelle Hilfe - Wege zur Vermeidung sekundärer Viktimisierung
Barbara Wüsten, WEISSER RING e.V., Mainz

- Vom „top-down" zum „bottom-up" – integrale und integrierte kommunale
Kriminalprävention
Philip Willekens, Belgisches Innenministerium, Brussels

- Initiative K-EINBRUCH: Prävention durch Schneeballsystem
*Harald Schmidt, Polizeiliche Kriminalprävention der Länder und des Bundes
(ProPK), Stuttgart*

- Jugendkriminalrecht – die Umsetzung des Erziehungsgedankens als zentrale
Herausforderung
Prof. Dr. Theresia Höynck, Universität Kassel

- „Lieber nicht...." Über Hilfebereitschaft bei Cyberbullying
Julia Marth und Dr. Peter Sitzer, Universität Bielefeld

- Gewaltprävention durch religiöse Erziehung?
*Prof. Dr. Dieter Hermann, Universität Heidelberg / WEISSER RING e. V., FB
Vorbeugung*

- Kann man amerikanische Präventionsprogramme in Europa einsetzen?
*Gregor Burkhart, European Monitoring Centre for Drugs and Drug Addiction
(EMCDDA), Portugal*

- Nicht noch einmal? Der Schutz von Opfern vor dem Täter durch den Strafpro-
zess - höchstens Zufall
*Dr. Wolfram Schädler, Generalbundesanwaltschaft beim Bundesgerichtshof,
Karlsruhe*

- Sicherungsverwahrung: Menschenrechte, Opferinteressen und medialer Umgang
*Peter Reckling, DBH-Fachverband für Soziale Arbeit, Strafrecht und Kriminal-
politik, Köln*

- Angriffe auf das Vermögen älterer Menschen - Perspektiven auf Phänomene und Prävention
  Prof. Dr. Thomas Görgen, Benjamin Kraus, Sabine Nowak und Daniel Wagner, Deutsche Hochschule der Polizei, Münster

- Brauchen wir eine „Rote Liste Prävention"? Was empfiehlt sich nicht in der Prävention?
  Dr. Anneke Bühler, IFT Institut für Therapieforschung, München
  Frederick Groeger-Roth, Landespräventionsrat Niedersachsen, Hannover

- Kriminalitätsprävention an Schulen – zwischen Einzelprojekten und Schulentwicklung
  Prof. Dr. Wolfgang Melzer, Technische Universität Dresden

- „Das Bild im Kopf" – Stolperstein und Erfolgsbedingung städtischer Sicherheitsproduktion
  Jan Abt und Prof. Dr. Dietrich Henckel, Technische Universität Berlin

- Gewalt gegen Frauen mit Behinderungen - Ausmaß, Ursachen, Prävention.
  Dr. Sandra Glammeier und Dr. Monika Schröttle, Universität Bielefeld

- Victim Support Europe – schnelle Hilfe im internationalen Kontext
  Dr. Helgard van Hüllen, WEISSER RING e. V., Mainz

- Was brauchen Kinder, damit sie Gewalt nicht brauchen? Zu den Bedingungen der Entstehung von Gewalt
  Gisela Mayer, Aktionsbündnis Amoklauf Winnenden

- Gewaltprävention in Österreich: Entwicklung, Implementierung und Evaluation einer nationalen Strategie
  Prof. Dr. Dr. Christiane Spiel, Universität Wien

- Mehr Strafe - weniger Kriminalität: Wirken (härtere) Strafen?
  Prof. Dr. Helmut Kury, Universität Freiburg im Breisgau

- Podiumsgespräch: „Was kann Jugendpolitik für die Kriminalitätsprävention im Kindes- und Jugendalter leisten?"
  Prof. Dr. Karin Böllert, Arbeitsgemeinschaft für Kinder- und Jugendhilfe - AGJ, Münster
  Jörg Freese, Deutscher Landkreistag, Berlin
  Regina Kraushaar, Bundesministerium für Familie, Senioren, Frauen und Jugend, Berlin

- Aufs Sicherheitsgefühl kommt es an! Kriminalprävention in der Bestandspflege der Wohnungswirtschaft
  Prof. Dr. Dr. Herbert Schubert, Fachhochschule Köln
  Regine Stoerring, DOGEWO Dortmunder Gesellschaft für Wohnen mbH, Dortmund

- Präventionsprojekt „BOB" überzeugt! – Erste Evaluationsergebnisse
  Prof. Dr. Günter Dörr, Landesinstitut für Präventives Handeln, St. Ingbert
  Manfred Kaletsch, Polizeipräsidium Mittelhessen, Gießen

- Restorative Justice - neue Impulse in Deutschland und Europa
  Dr. Michael Kilchling, Max-Planck-Institut für ausländisches und internatio-
  nales Strafrecht - Abteilung Kriminologie, Freiburg i. Br. und Vorsitzender des
  European Forum for Restorative Justice

- Wege zu einer opferbezogenen Vollzugsgestaltung: ein Praxisprojekt des Justiz-
  vollzugsbeauftragten des Landes NRW
  Claudia Gelber, Richterin am Landgericht NRW, Köln
  Prof. Dr. Michael Walter, Justizvollzugsbeauftragter des Landes NRW, Köln

- Außergerichtliche Schlichtung als opferstützendes Instrument
  Dr. Gabriele Bindel-Kögel und Dr. Kari-Maria Karliczek, Camino gGmbH,
  Berlin

- Gegenwart und Zukunft der Korruptionsprävention
  Prof. Dr. Johannes Kaspar und Dr. Michael Kubiciel, Universität Regensburg

- Kinder- und Jugendpsychiatrie – Perspektiven für den Ausbau der Kooperation
  Dr. Michael Brünger, Klinik für Kinder- und Jugendpsychiatrie, Psychosomatik
  und Psychotherapie, Klingenmünster

- Kommunale Jugendpräventionspolitik - Die Praxis der Umsetzung von „Com-
  munities that Care (CTC)" in den Niederlanden
  Maarten van de Donk, Fraktionsvorsitzender VVD im Stadtrat Rotterdam,
  Niederlande

- Unterstützung präventiver Maßnahmen durch den Einsatz mobiler Videoanaly-
  se-Systeme
  Klaus Bechtold, Securiton GmbH, Alarm- und Sicherheitssysteme, Achern

- Friedenszirkel. Eine nachhaltige Methode der außergerichtlichen Konfliktschlichtung im Rahmen der Restorative Justice
  Dr. Beate Ehret, Universität Tübingen

- 116 006 - Unbürokratisch und anonym - Das Opfer-Telefon als Präventionsins-
  trument
  Susanne Wegener-Tieben, WEISSER RING e.V., Mainz

- Zur Beschneidungskontroverse – religiöse Selbstbestimmung, Sorgerecht,
  Kindeswohl und Strafrecht
  Prof. em. Dr. Arthur Kreuzer, Justus-Liebig-Universität Gießen / WEISSER
  RING e. V., FB Vorbeugung

6. Projektspots

Projektspots sind praxisbezogene Kurzvorträge bzw. Projektvorstellungen von 15 Minuten Dauer zu verschiedenen aktuellen Themen der (Kriminal-)Prävention. Es wurden insgesamt 62 Projektspots angeboten.

- Demokratietraining - gegen Rechtsextremismus im Sport
  Carina Weber, Deutsche Sportjugend im Deutschen Olympischen Sportbund e.V. (dsj), Frankfurt

- Kölner Haus des Jugendrechts - Zielgruppenbestimmung
  Wolfgang Wendelmann, Kölner Haus des Jugendrechts, Köln

- Übergangsmanagement – best practice und Problemfelder
  Peter Reckling, DBH-Fachverband für Soziale Arbeit, Strafrecht und Kriminalpolitik, Köln

- Rechtsextremismus im Sportverein? Das gibt's bei uns nicht!
  Angelika Ribler, Sportjugend Hessen, Frankfurt am Main

- „Jung und sicher leben!" - Infos für Mütter und Töchter
  Tamara Lüning, Polizeipräsidium Bielefeld

- Tertiäre Prävention der „Brücke-Projekte NRW"
  Peter Frenz, VSI Schwerte
  Klaus Fröse, LAG Brücke Projekte NRW, Münster

- Gegen sexualisierte Gewalt im Sport!
  Elena Lamby, Deutsche Sportjugend im Deutschen Olympischen Sportbund e.V., Frankfurt

- Flächendeckende Implementierung von Präventionsprogrammen
  Inga Frantz, Universität Bielefeld & TU Braunschweig

- Ambulante intensive Betreuungsweisung
  Peter Deutsch, KJF München / Lotse e.V.
  Bernhard Kwiatkowski, KJF München

- Häusliche Gewalt: Evaluation des Landesaktionsplans *Andrea Buskotte, Landespräventionsrat Niedersachsen, Hannover*

- Konflikt zwischen Jung und Alt- die künftige Herausforderung
  Frank Goldberg, Magistrat der Stadt Frankfurt am Main

- Arbeit mit Kindern Inhaftierter als Beitrag zur Kriminalprävention
  Eva-Verena Kerwien und Dr. Klaus Roggenthin, Bundesarbeitsgemeinschaft für Straffälligenhilfe, Bonn

- Opferschutz – ein neuer Ansatz in Niedersachsen
  Dagmar Freudenberg, Landespräventionsrat Niedersachsen, Hannover

- Vom technischen Einbruchsschutz zum sicheren Stadtteil
  Christian Weicht, Kreispolizeibehörde Lippe, Detmold

- Haftreduzierungshilfen und Kriminalprävention
  Christian Fissenebert, KIM Soziale Hilfen e.V. + von Bodelschwinghsche Stiftungen Bethel, Sozialdienst, Bielefeld
  Kerstin Veenhof, KIM - Soziale Arbeit e.V., Paderborn

- Sponsoring - Spendenwesen - Mäzenatentum
  Dirk Kirchhoff, Fachkaufmann für Marketing, Herford

- Partnergewalt gegen ältere Frauen - Hilfen für die Praxis
  Sandra Kotlenga und Barbara Nägele, Zoom - Gesellschaft für prospektive Entwicklungen e.V., Göttingen

- Chancen für straffällige Frauen
  Heike Kokenbrink und Kerstin Veenhof, KIM - Soziale Arbeit e.V., Paderborn

- WARNSIGNALE häuslicher Gewalt – erkennen und handeln
  Birgitta Rennefeld, Dachverband Frauenberatungsstellen NRW e.V., Essen

- Kommunale Kriminalprävention: Ohne Bürgermeister geht es nicht?
  Alexander Bähr, Institut für Polizei- und Sicherheitsforschung / Hochschule für Öffentliche Verwaltung Bremen
  Dr. Rainer Hoffmann, Hochschule für Öffentliche Verwaltung Bremen

- DIE WERFT- Kulturelle Arbeit und Integration Straffälliger
  Dr. Lutz Klein, Förderverein JVA Holzstraße e.V. / Berufsfortbildungswerk des DGB (bfw), Wiesbaden
  Ulrich Westermann, Förderverein JVA Holzstraße, Wiesbaden

- Kinder als Opfer häuslicher Gewalt - Netzwerkarbeit in MV
  Simone Manß, Innenministerium Mecklenburg-Vorpommern, Schwerin
  Carsten Spies, Deutscher Kinderschutzbund, Schwerin

- Compliance und Strafverfolgung bei Wirtschaftskriminalität
  Hamta Hedayati, Bundeskriminalamt, Wiesbaden

- Prävention und Integration durch Öffnung des Vollzuges
  Ulrich Hülsemann und Uwe Nelle-Cornelsen, JVA Bielefeld-Senne

- NRW-Initiative „Kurve kriegen"
  Martin Bornträger und Heike Pohlmann, Ministerium für Inneres und Kommunales des Landes NRW, Düsseldorf

- Gemeinsam Gewalt widerstehen - Eltern, Schule und KOPs
  Eva Hütter, Landesinstitut für Schule BremenHolger Ihnen, Polizei Bremen
  Karin Kiese, Eltern Förderverein ZEBiS e.V.

- Qualifizierung Opferberatung im Handlungsfeld rechtsextremer Gewalt 2013
  Dr. Kati Zenk, Landespräventionsrat Niedersachsen, Hannover

- Täterarbeit Häusliche Gewalt als Beitrag zum Opferschutz
  Steffen Burger, Bundesarbeitsgemeinschaft Täterarbeit Häusliche Gewalt e.V., Landau

- An meiner Schule wird nicht gemobbt
  Dorothea Nakas, Bundeszentrale für politische Bildung, Berlin
- Übergriffe auf Fahrpersonale - Ist wirksamer Schutz möglich?
  Gunnar Cronberger, BOGESTRA AG Bochum Gelsenkirchener Straßenbahnen AG
- Rechts verweigern - eine Ausstellungskampagne für Jugendliche
  Sebastian Ramnitz, ContRa e.V., Vechta
  Walter Sieveke, Polizeikommissariat Vechta
- Gewaltprävention und Nachhaltigkeit in Schule
  Holger Weithöner und Christian Wild, HKM Projekt „Gewaltprävention und Demokratielernen" GuD, Frankfurt
- Vergleichende krim. Regionalanalyse des Wohnungseinbruchs
  Dr. Tillmann Bartsch und Gina Rosa Wollinger, Kriminologisches Forschungsinstitut Niedersachsen, Hannover
- Gefühle sind bunt - Gewaltprävention im Kindergarten
  Mareike Brinkmeyer, Gewalt Akademie Villigst, Lage
  Heike Vogelsang, Gewalt Akademie Villigst, Schwerte
- Die Verantwortung der Großen für das Verhalten der Kleinen
  Gabriela Kreter, Karlschule Hamm
- „EU STREET VIOLENCE" – Datenbank zu Gewalt von Jugendgruppen
  Sebastian Sperber, European Forum for Urban Security (EFUS), Paris
- Milizsysteme der Ukraine unter dem Einfluss EM-2012
  Prof. Dr. Dr. Grygorii Moshak, Nationa Meeresuniversität in Odessa, Ukraine, Odessa
- Sekundärpräventives Gruppentraining für jugendliche Mobbingopfer
  Jakob Tetens, Wendepunkt e.V., Elmshorn
- NEST-Arbeitsmaterial für Frühe Hilfen
  Kristin Adamaszek, Stiftung Pro Kind, Bremen
- Fair statt fies! Peer-To-Peer-Projekt gegen Mobbing in der Schule
  Dennis Blauert und Jakob Tetens, Wendepunkt e.V., Elmshorn
- Keine Macht den Botnetzen
  Ulrich Jahns, Polizeidirektion Hannover
  Ulrike Krupitzer, PD Hannover, ZKD
- Präventiver Kinderschutz im Kindergarten - das Projekt KidS
  Dr. Miriam Damrow, Martin-Luther-Universität Halle-Wittenberg, Halle
- PRIMA KLIMA! Ein Gewaltpräventionsprogramm für Grundschulen
  Dennis Blauert, Wendepunkt e.V., Elmshorn

- .compass - Ich kenn' mich aus im Netz!
  Stefan Berendes, Institut für Internetpädagogik e.V., Osnabrück

- Checklisten: Vernachlässigung und Misshandlung von Kindern
  Rainer Becker, Deutsche Kinderhilfe e. V., Berlin

- Da geh ich nicht mehr hin - andere Wege bei Schuldistanz
  Achim Wallner, Lotse e.V., München

- Präventionsansätze zu Cybercrime - Making of
  Mario Lorenz, Landeskriminalamt Nordrhein-Westfalen, Düsseldorf

- NETZWERK mit KITAS gemeinsam: Früh gegen häusliche Gewalt!
  Christine Gehrmann, Landkreis Gifhorn
  Talene Wiards-Reißmann, Praxis BILDUNGimBLICK, Schwülper

- Künstlicher DNA / Prävention durch Abschreckung - Projektergebnisse der
  Polizei Bremen
  Uwe Schröter, Polizei Bremen

- Fansozialarbeit im Spannungsfeld von Prävention und Repression
  Jörg Hansmeier, Fan-Projekt Bielefeld e.V.

- „HTQ" – Deutschlandweite Erhebung aufsuchender Hilfen
  Katrin Hankel und Sarah Lüngen, Hochschule Neubrandenburg

- Stellenwert der Prävention in der Bekämpfung von Zwangsheirat
  Birgit Hoffmann, Mädchenhaus Bielefeld e.V.

- Sicherheit als Planungsaufgabe am Beispiel Bonn-Buschdorf
  Manfred Maaß, Bundesstadt Bonn
  Detlev Schürmann, Polizei Bonn

- Opfererfahrungen im fortgeschrittenen Alter
  Daniel Lederer, KFV (Kuratorium für Verkehrssicherheit), Wien

- Grenzgebiete – Sexuelle Übergriffe unter Jugendlichen
  Ilka Brambrink, Katholische Landesarbeitsgemeinschaft Kinder- und Jugendschutz NW e. V., Münster
  Andrea Buskotte, Landespräventionsrat Niedersachsen, Hannover
  Christa Limmer, Aktion Kinder und Jugendschutz SH, Kiel

- Mentoring für Straffällige: Auch ein Beitrag zum Opferschutz
  Dr. Lutz Klein, Berufsfortbildungswerk des DGB (bfw), Gießen

- Schutz älterer Menschen vor betrügerischen Kaffeefahrten
  Detlef Heyer, Landeskriminalamt Nordrhein-Westfalen, Düsseldorf

- Prävention sexuellen Missbrauchs in kirchlichen Kontexten
  Sandra Fernau, Kriminologisches Forschungsinstitut Niedersachsen (KFN)
  e. V., Hannover

-

Trotz alledem
Franz Nowak Sylla, Justizvollzugsanstalt Bielefeld-Brackwede

- „Sicherheitsberater für Senioren" - ein Kooperationsprojekt
  Alexander Gluba, Landeskriminalamt Niedersachsen, Hannover
  Silke Gottschalk, Polizeidirektion Hannover

- Engagieren-Vernetzen-Vorbeugen: Kriminalprävention in Frankfurt a.m
  .Jürgen Krusch, Magistrat der Stadt Frankfurt am Main

- Netz statt Gitter – Netzwerkarbeit staatlicher und freier Träge
  rEckhard Tarner, Haus Nordpark, Bielefeld
  Heinz Volke, ASDJ LG Bielefeld

7. Siebtes Internationales Forum (7th Annual International Forum for Crime Prevention - AIF) des Deutschen Präventionstages[2]

Die Vorträge des AIF werden in einer gesonderten Veröffentlichung in englischer Sprache dokumentiert, die, wie in den vergangenen Jahren, im Forum Verlag Godesberg (Book on Demand) erscheinen wird. Im Einzelnen wurden folgende Vorträge angeboten:

- Situational crime prevention works; or why burglary rates dropped less steeply in Germany than in The Netherlands
  Prof. Dr. Dr. Jan van Dijk, Tilburg University, Niederlande

- Restoring Societies. Norway after the atrocities
  Prof. Dr. Nils Christie, University of Oslo, Norwegen

- The development of the Swedish model of Crime Prevention in the last two decades and its future challenges
  Dr. Erik Wennerström, Swedish Council for Crime Prevention, Schweden

- "Security, Democracy and Cities" - a new manifesto of European cities on urban security
  Elizabeth Johnston, European Forum for Urban Security (EFUS), Frankreich

- GIZ's systemic approaches to violence prevention
  Elisabeth Frey und Terence Smith, Deutsche Gesellschaft für Internationale Zusammenarbeit (GIZ) GmbH, Südafrika

- The Crime Prevention Maturity Model: Embedding security within urban design & planning
  Dr. Caroline L. Davey und Andrew B. Wootton, Design Against Crime Solution Centre, Salford, Großbritannien

---

[2] Zur Konzeption und weiteren Hintergrundinformationen zum AIF s. http://www.aif-prevention.org

- A Study on Comprehensive Plan to Protect Children and Youths from Sexual Violence and Support Victims
  Dr. Eugene Lee, National Youth Policy Institute, Südkorea
  Prof. Dr. Ok-Kyung Yoon, Kyonggi University, Südkorea

- European Crime Prevention Network (EUCPN): Crime prevention activities on EU, national and local level
  Belinda Wijckmans, European Crime Prevention Network (EUCPN), Belgien

Die zahlenmäßige Entwicklung der internationalen Teilnehmenden an den Deutschen Präventionstagen seit dem Jahr 2004 ergibt sich aus der folgenden Tabelle:

Kongresse	Anzahl Teilnehmende	Anzahl Staaten
9. DPT 2004 in Stuttgart	27	9
10. DPT 2005 in Hannover	23	10
11. DPT 2006 in Nürnberg	37	14
12. DPT 2007 in Wiesbaden	40	14
13. DPT 2008 in Leipzig	73	33
14. DPT 2009 in Hannover	80	27
15. DPT 2010 in Berlin	192	36
16. DPT 2011 in Oldenburg	81	20
17. DPT 2012 in München	199	37
18. DPT 2013 in Bielefeld	63	20

8. Kongressbegleitende Ausstellung

Die kongressbegleitende Ausstellung des 18. Deutschen Präventionstages gliederte sich in 139 Infostände, 6 Sonderausstellungen, 4 Infomobile und 19 Posterpräsentationen.

Infostände

- Aktion „Sportler setzen Zeichen" - WEISSER RING e. V.
- Aktionsbündnis Amoklauf Winnenden
- Arbeit und Leben Bielefeld e.V. DGB/VHS
- Arbeitsgemeinschaft Emanzipatorische Jugendarbeit
- Arbeitsgemeinschaft Kinder- und Jugendschutz (AJS) e.V., NRW
- BAG-TOA e.V.
- Balu und Du e.V.
- BIKnetz – Präventionsnetz gegen Rechtsextremismus
- Buchhandlung Büchergilde

- Bündnis für Demokratie und Toleranz
- BürgerAlarmSystem
- Bund Deutscher Kriminalbeamter
- Bundesamt für Migration und Flüchtlinge – Präventionskooperation
- Bundesarbeitsgemeinschaft Täterarbeit Häusliche Gewalt e.V.
- Bundesministerium der Justiz / Bundesamt für Justiz
- Bundespolizei
- Bundesverband Selbstbewusst & Stark e.V.
- Bundeszentrale für gesundheitliche Aufklärung
- Bundeszentrale für politische Bildung
- CJD Chemnitz
- DBH-Fachverband für Soziale Arbeit, Strafrecht und Kriminalpolitik
- Deutsche Bahn AG
- Deutsche BOB-Initiativen - BOB-Aktionsbündnis Bayern
- Deutsche BOB-Initiativen - Landesinstitut für Präventives Handeln (SAAR-BOB)
- Deutsche BOB-Initiativen - Polizeipräsidium Mittelhessen
- Deutsche BOB-Initiativen - Polizeipräsidium Trier - BOB Trier
- Deutsche BOB-Initiativen - Polizeipräsidium Westpfalz - Pfalz-BOB
- Deutsche Sportjugend im Deutschen Olympischen Sportbund e.V. (dsj)
- Deutsche Vereinigung der Schöffinnen und Schöffen, Landesverband Nordrhein-Westfalen e.V.
- Deutsche Vereinigung für Jugendgerichte und Jugendgerichtshilfen e.V. (DVJJ)
- Deutscher Förderpreis Kriminalprävention
- Deutscher Ju-Jutsu Verband e.V.
- Deutscher Kinderschutzbund LV-MV- LFS Suizidprävention in der Kinder- und Jugendhilfe
- Deutsches Forum für Kriminalprävention (DFK)
- Deutsches Jugendinstitut e. V.
- Diakonie für Bielefeld gGmbH
- Die Initiative „SCHAU HIN! Was Dein Kind mit Medien macht."
- Die Kinderschutz-Zentren
- Die kriminologischen Masterstudiengänge der Ruhr-Universität Bochum
- EJF gemeinnützige AG

- European Forum for Urban Security (EFUS)
- Fachberatungsstelle gegen Zwangsheirat, Mädchenhaus Bielefeld e.V.
- Fachkräfteportal der Kinder- und Jugendhilfe
- fairplayer e.V.
- Fan-Projekt Bielefeld e.V.
- Förderverein Gewaltfrei Lernen e.V.
- Förderverein ZEBiS
- Forum Jugend / Soziales / Prävention e.V.
- FREIE HILFE BERLIN e.V.
- Freikirche der Siebenten-Tags-Adventisten im Norddeutschen Verband / ADRA international
- gegen-missbrauch e. V.
- Gesellschaft Bürger & Polizei e.V.
- Gewalt Akademie Villigst
- Gewerkschaft der Polizei
- gGKVS gemeinnützige Gesellschaft für Kriminalprävention und Verkehrssicherheit mbH
- Glen Mills Academie Deutschland e. V.
- Haus des Jugendrechts Frankfurt am Main-Höchst
- Hessisches Ministerium der Justiz, für Integration und Europa
- IKS Industrie- und Kommunalservice GmbH
- InSTEP Weiterbildungsinstitut: STEP Elternkurse und STEP Fortbildungen für PädagogInnen (Erzieher, HzE Bereich, Lehrer)
- Jugendhaus Horn-Lehe
- Justizvollzugsanstalt Wiesbaden
- JVA Bielefeld-Brackwede
- JVA Bielefeld-Senne
- Katholische Bundes-Arbeitsgemeinschaft Straffälligenhilfe im Deutschen Caritasverband (KAGS)
- Katholische Landesarbeitsgemeinschaft Kinder- und Jugendschutz NW e. V.
- KIM Soziale Arbeit e.V., Paderborn
- klicksafe
- Kooperation PISAK Theater Bielefeld, KPB Lippe - Kommissariat Kriminalprävention/Opferschutz und Dr. Ritter Stiftung
- Kooperationsstelle Kriminalprävention
- Kreispolizeibehörde Gütersloh

- Kreispolizeibehörde Kleve/Theodor-Brauer-Haus Kleve
- Kreispolizeibehörde Lippe - Kooperationsgremium „Für Lippe gegen häusliche Gewalt"
- Kriminalpräventiver Rat Augsburg
- Kriminalpräventiver Rat der Landeshauptstadt Düsseldorf
- Landeshauptstadt Hannover, Fachbereich Jugend und Familie
- Landeskoordinierungsstelle Glücksspielsucht NRW
- Landeskriminalamt M-V
- Landeskriminalamt NRW
- Landespräventionsrat Brandenburg
- Landespräventionsrat im Freistaat Sachsen
- Landespräventionsrat Niedersachsen
- Landespräventionsrat Nordrhein-Westfalen
- Landesrat für Kriminalitätsvorbeugung Mecklenburg-Vorpommern
- Landesweite Anti-Gewalt-Arbeit für Lesben, Schwule und Trans*Menschen in NRW
- Landkreis Gifhorn – Projekt KigG Kindertagesstätten gegen häusliche Gewalt
- Lokaler Aktionsplan Bremerhaven (LAP)
- Main Taunus Kreis - Präventionsrat
- Ministerium für Inneres und Kommunales des Landes Nordrhein-Westfalen
- muTiger-Stiftung
- Nachtwanderer Bremen
- Netzwerk „Surfen mit SIN(N)"
- Netzwerk gegen Gewalt
- Netzwerk Gewaltprävention und Konfliktregelung Münster
- Netzwerk soziale Strafrechtspflege Bielefeld
- Netzwerk Zuhause sicher e. V.
- PaC – Prävention als Chance - Gewaltprävention und soziales Lernen im Verbund
- Papilio e.V.
- Polizei Bremen
- Polizei Hamburg
- Polizei Niedersachsen
- Polizeidirektion Flensburg / Kriminalpräventiver Rat in der Stadt Flensburg
- Polizeidirektion Hannover, Zentraler Kriminaldienst

- Polizeidirektion Lahn-Dill / AGGAS-TROUBLE LINE
- Polizeiliche Kriminalprävention der Länder und des Bundes (ProPK)
- Polizeipräsidium Neubrandenburg - Polizeiinspektion Stralsund
- Präventionsrat Bremen-Nord
- Präventionsrat Bremen-West
- Präventionsrat Bremerhaven
- Präventionsrat Gelsenkirchen
- Präventionsrat Hildesheim
- Präventionsrat Oldenburg (PRO)
- Projekt des Hessischen Kultusministeriums: „Gewaltprävention und Demo-kratielernen GuD"
- Rat für Kriminalitätsverhütung Schleswig-Holstein (RfK)
- Regiestelle „TOLERANZ FÖRDERN - KOMPETENZ STÄRKEN" und „In-itiative Demokratie Stärken"
- Securiton GmbH, Alarm- und Sicherheitssysteme
- Senatsverwaltung für Gesundheit und Soziales Berlin
- Spieleratgeber-NRW
- Staatsanwaltschaft Gera - Jugendstation
- Stadt Bielefeld / Polizei Bielefeld
- Stadt und Landkreis Osnabrück
- Stadtteilschule e. V.
- Stiftung Opferhilfe Niedersachsen
- Stiftung Pro Kind
- Straffälligenhilfe Bremen e. V.
- theaterpädagogische werkstatt gGmbH
- Triple P - Deutschland GmbH
- Tu was! Zeig Zivilcourage
- Universität Erlangen - EFFEKT
- Universität Erlangen; BMFSFJ
- Verein Programm Klasse2000 e.V.
- Verein zur Förderung der Methode Puppenspiel in der Kriminal- und Ver-kehrsprävention e. V. (VPKV)
- WEISSER RING e.V.
- White IT - alliance for children
- Wilde Bühne e. V.

- World Infancia gemeinnützige UG
- Yoga und Meditation im Gefängnis (YuMiG) e.v.
- Zentrum Demokratische Bildung Wolfsburg (ZDB)
- Zusammenhalt durch Teilhabe

Sonderausstellungen

- Dachverband Frauenberatungsstellen NRW e.V.
- Förderverein Gewaltfrei Lernen e.v.
- Justizministerium des Landes Nordrhein-Westfalen
- JVA Bielefeld-Brackwede
- Polizeiinspektion Goslar
- Respekt e.V.

Infomobile

- Kreispolizeibehörde Gütersloh
- Kreispolizeibehörde Rhein-Kreis Neuss
- Polizei Hessen
- Verein „stadtklar"

Posterpräsentationen

- Deutsches Jugendinstitut e. V.
- Europäisches Zentrum für Kriminalprävention
- Förderverein Gewaltfrei Lernen e.V.
- Freikirche der Siebenten-Tags-Adventisten im Norddeutschen Verband / ADRA international
- Friedrich-Alexander-Universität Erlangen-Nürnberg
- gegen-missbrauch e. V.
- Hochschule Neubrandenburg
- Jagiellonian University in Krakow
- Jagiellonian University in Krakow
- Landespräventionsrat Niedersachsen
- Landespräventionsrat Niedersachsen und Ostfalia - Hochschule für angewandte Wissenschaften
- Martin-Luther-Universität Halle-Wittenberg
- Naif Arab University for Security Sciences

- PETZE-Institut für Gewaltprävention gGmbH
- Ruhr-Universität Bochum
- Ruhr-Universität Bochum
- Schillerschule Brühl/Baden
- Sozialraum AG Bad Münder
- Stiftung Pro Kind

9. Filmforum

Im Filmforum des 18. Deutschen Präventionstages wurden 11 Filme gezeigt und diskutiert.

- Das Fan-Projekt Bielefeld
  Fan-Projekt Bielefeld e.V.
- Kontextnahe Krisenintervention – Zwischen Kindeswohlgefährdung und Rückführung in die Familie
  EJF gemeinnützige AG
- Sichere Netzwelten
  Landeskriminalamt Nordrhein-Westfalen für Landespräventionsrat NRW
- Facebook - wo Kinder im Netz Zuhause sind - Von einem (sicheren) Umgang mit dem Medium
  Karlschule Hamm
- „Wenn sie nur täte, was ich will!" Szenen häuslicher Gewalt
  Landkreis Gifhorn
- Loverboys - Was tust Du aus Liebe?
  Politik zum Anfassen e.V.
- Eltern ins Boot holen zur Gewaltprävention
  Stiftung „Verantwortung statt Gewalt"
- Sichere Schule - den offenen Raum bewahren. Gewaltprävention und Krisenintervention
  Kommunale Unfallversicherung Bayern
- Demokratielernen in der Schule: KLASSENRAT
  HKM Projekt „Gewaltprävention und Demokratielernen" GuD
- „Du hast keine Chance... - Alkohol am Steuer"
  MedienLB
- „Antikörper" Eine Produktion von DIE WERFT - Kulturelle Arbeit und Integration
  Förderverein JVA Holzstraße e.V.

10. Bühne

Auf der DPT-Bühne des 18. DPT wurden 7 Bühnenstücke angeboten:

- „Sie nannten ihn Heini" - Es war alles ganz anders…
  Pisak Theater Bielefeld
- „War doch nur Spaß"
  Aktionsbündnis Amoklauf Winnenden
- "Du nervst, geh sterben"
  J.J. Hecker -Schule und Kulturring in Berlin e.V.
- Lesung aus den Büchern „Kampfzone Straße" und „Der große Bruder von Neukölln"
  Fadi Saad und Karlheinz Gaertner
- „Gut So!" Theaterstück zur Mobbingprävention
  Theater EUKITEA gGmbH, Diedorf bei Augsburg und Berlin
- „Musik verbindet" - Ein musisch-kulturelles Programm von Schülern der Förderschule LB
  Förderschule Lb „Schule an der Lindenallee", Gräfenhainichen
- Geheimsache Igel
  World Infancia, Kaltental

11. Begleitveranstaltungen

Im Rahmen des 18. Deutschen Präventionstages fanden die nachfolgenden Begleitveranstaltungen sowie die Offene Sonderveranstaltung „Bielefelder Präventionsforum" statt.

- Bielefelder Präventionsforum
- 20. DVS-Stiftungstag
- Alumnitreffen der Beccaria-Fachkräfte Kriminalprävention
- Arbeitstreffen der Geschäftsführerinnen und Geschäftsführer der Landespräventionsgremien
- Gemeinsames Treffen der AG Kripo und des UA FEK
- Mitgliederversammlung des Deutsch-Europäischen Forums für Urbane Sicherheit e. V. (DEFUS)
- 2. Trägerkonferenz „Grüne Liste Prävention"
- Sitzung des Programmbeirates des 18. Deutschen Präventionstages
- Symposium Deutscher Förderpreis Kriminalprävention

12. Teilnehmende und Besucher

Die zahlenmäßige Entwicklung der Kongressteilnehmenden und –besucher der vergangenen Jahre ergibt sich aus der nachfolgenden Tabelle:

	registrierte Kongressteil-nehmende	registrierte Besucher der Bühne und der DPT-Universität	Gesamtzahl der registrierten Teilnehmenden und Besucher
5. DPT, Hoyerswerda, 1999	610	-	610
6. DPT, Düsseldorf, 2000	1.214	-	1.214
7. DPT, Düsseldorf, 2001	1.226	-	1.226
8. DPT, Hannover, 2003	1.219	50	1.269
9. DPT, Stuttgart, 2004	1.235	750	1.985
10. DPT, Hannover, 2005	1.907	1.550	3.457
11. DPT, Nürnberg, 2006	1.442	780	2.222
12. DPT, Wiesbaden, 2007	1.901	1.624	3.525
13. DPT, Leipzig, 2008	1.744	2.400	4.144
14. DPT, Hannover 2009	2.129	718	2.847
15. DPT, Berlin 2010	2.728	1.691	4.419
16. DPT, Oldenburg 2011	2.579	7.917	10.496
17. DPT, München 2012	2.333	1.357	3.690
18. DPT, Bielefeld 2013	1.946	850	2.796

Erich Marks

Der 18. Deutsche Präventionstag in Bielefeld, das gibt's doch gar nicht

Sehr herzlich begrüße ich Sie, meine sehr verehrten Damen und Herren, und eröffne hiermit den 18. Deutschen Präventionstag. Europas größter jährlicher Präventions-kongress tagt in diesem Jahr in Bielefeld und denjenigen, die uns nun per Live-Über-tragung im Internet zuschauen und zuhören, kann ich glaubhaft versichern, Bielefeld existiert wirklich, allen verschwörungstheoretischen Behauptungen[1] zum Trotz. Viel-mehr gilt für die mehr als 2.000 anwesenden Präventionsexperten in diesem Jahr: „treffen wir uns nicht in dieser Welt, so treffen wir uns in Bielefeld".

Auch in diesem Jahr gilt mein besonderer Gruß zu Beginn des Kongresses unse-ren zahlreichen Ehrengästen aus Präventionspraxis und Präventionsforschung, den hochrangigen Vertretern aus Politik, Zivilgesellschaft und den Medien sowie unseren zahlreichen Gästen aus dem Ausland. Ich freue mich sehr über die weiter steigende Beteiligung so zahlreicher Entscheidungsträger aus Legislative, Exekutive, Judikative und Zivilgesellschaft.

Bitte sehen Sie es mir nach, wenn ich aus der großen Zahl unserer Ehrengästen und unserer prominenten Teilnehmenden aus dem In- und Ausland, aus der Gruppe der Parlamentarier, der Amts-, Mandats- und Funktionsträger, Behördenleiter, Präsiden-ten, Direktoren, Vorsitzenden und hochrangigen Repräsentanten zahlreicher Organi-sationen und Institutionen nur wenige namentlich begrüßen kann:

Cecilia *Andersson*, Safer Cities Programme, UN-HABITAT, Kenia

Heike *Bartesch*, Regierungsdirektorin im Bundesministerium für Familie, Senioren, Frauen und Jugend (BMFSFJ)

Prof. Dr. Andreas *Beelmann*, Leiter der Abteilung für Forschungssynthese, Interven-tion und Evaluation der Universität Jena

Michael *Bischoff*, Referatsleiter in der Staatskanzlei des Landes Nordrhein-Westfalen

Dr. Wilfried *Blume-Beyerle*, Kreisverwaltungsreferent der Stadt München

Matthi *Bolte* MdL, Mitglied der Fraktion Bündnis 90 / Die Grünen des Landtages von Nordrhein-Westfalen

Prof. Dr. Nils *Christie*, University of Oslo, Norwegen

Pit *Clausen*, Oberbürgermeister der Stadt Bielefeld

Prof. Jochen *Dieckmann*, Vorsitzender des Landespräventionsrates Nordrhein-Westfalen

Thomas *Dittmann*, Ministerialdirektor im Bundesministerium der Justiz (BMJ)

---

[1] Siehe u.a. http://www.bielefeldverschwoerung.de/ sowie
http://de.wikipedia.org/wiki/Bielefeldverschw%C3%B6rung

Günther *Ebenschweiger*, Präsident des Österreichischen Zentrums für Kriminalprävention

Hans *Feuß* MdL, Mitglied der SPD-Fraktion des Landtages von Nordrhein-Westfalen

Wolfgang *Gatzke*, Direktor des Landeskriminalamtes Nordrhein-Westfalen

Angelika *Gemkow*, Beauftragte der Landesregierung für die Belange der Menschen mit Behinderung in Nordrhein-Westfalen

Dr. Katharina *Giere*, Polizeipräsidentin in Bielefeld

Jens *Gnisa*, Direktor des Amtsgerichts Bielefeld

Prof. Dr. Christian *Grafl*, Universität Wien und Repräsentant des Deutschen Präventionstages in Österreich

Prof. Dr. Wolf *Hamann*, Landespolizeipräsident Baden-Württemberg, Vorsitzender der Projektleitung Polizeiliche Kriminalprävention der Länder und des Bundes (ProPK)

Prof. Dr. Sangkyou *Han*, Kangwon National University, Südkorea

Dagmar *Hanses* MdL, Sprecherin der Fraktion Bündnis 90 / Die Grünen im Rechtsausschuss des Landtages von Nordrhein-Westfalen

Frank *Herrmann* MdL (Piraten), Sprecher des Innenausschusses des Landtages von Nordrhein-Westfalen

Frank *Hofmann* MdB (SPD), stellvertretender Vorsitzender der Innenausschusses des Deutschen Bundestages

Inge *Howe* MdL (SPD), stellvertretende Vorsitzende des Petitionsausschusses des Landtages von Nordrhein-Westfalen

Prof. Dr. Theresia *Höynck*, Vorsitzende der Deutschen Vereinigung für Jugendgerichte und Jugendgerichtshilfen (DVJJ)

Ralf *Jäger*, Minister für Inneres und Kommunales des Landes Nordrhein-Westfalen

Elizabeth *Johnston*, Generalsekretärin des Europäischen Forums für urbane Sicherheit (EFUS), Paris

Prof. Dr. Hans-Jürgen *Kerner*, Vorsitzender der Deutschen Stiftung für Verbrechensverhütung und Straffälligenhilfe (DVS)

Ralph *Klom*, Leitender Oberstaatsanwalt Bielefeld

Regina *Kopp-Herr* MdL, SPD-Fraktion des Landtages von Nordrhein-Westfalen

Kirstin *Korte* MdL, CDU-Fraktion des Landtages von Nordrhein-Westfalen

Prof. Dr. Michael *Kubink*, Geschäftsführer des Landespräventionsrates Nordrhein-Westfalen

Thomas *Kutschaty*, Justizminister des Landes Nordrhein-Westfalen

Thomas *Lenz*, Staatssekretär im Ministerium für Inneres und Sport des Landes Mecklenburg-Vorpommern

Marc *Lürbke* MdL (FDP), Sprecher des Sportausschusses des Landtages von Nordrhein-Westfalen

Gisela *Mayer*, Vorstand des Aktionsbündnis Amoklauf Winnenden

Roswitha *Müller-Piepenkötter*, Bundesvorsitzende des Weissen Ring

Jürgen *Mutz*, Vorsitzender des Kuratoriums der Deutschen Stiftung für Verbrechensverhütung und Straffälligenhilfe (DVS)

Ralf *Nettelstroth* MdL, Mitglied der CDU-Fraktion des Landtages von Nordrhein-Westfalen

Prof. Gerd *Neubeck*, Leiter Konzernsicherheit der Deutschen Bahn und Vorsitzender des Vorstandes der Stiftung Deutsches Forum für Kriminalprävention

Richard *Oetker*, Vorsitzender der Stiftung Weisser Ring

Daniel Hark-Mo *Park*, Leiter der Delegation des Koreanischen Instituts für Kriminologie

Prof. Dr. Christian *Pfeiffer*, Direktor des Kriminologischen Forschungsinstitutes Niedersachsen (KFN)

Norbert *Pieper*, Senior Experte, Deutsche Post AG

Boris *Pistorius*, Niedersächsischer Minister für Inneres und Sport, Vorsitzender der Ständigen Konferenz der Innenminister und –senatoren der Länder (IMK)

Prof. Dr. Elisabeth *Pott*, Direktorin der Bundeszentrale für gesundheitliche Aufklärung (BzgA)

Peter *Reckling*, Bundesgeschäftsführer, Fachverband für Soziale Arbeit, Strafrecht und Kriminalpolitik (DBH)

Sebastian *Rode*, Profi-Fußballer und Botschafter des Hessischen Landespräventionsrates

Dr. Martin *Schairer*, Vorsitzender des Deutsch-Europäischen Forums für urbane Sicherheit (DEFUS)

Wilhelm *Schmidt*, Präsident des Deutschen Vereins für öffentliche und private Fürsorge (DV)

Jürgen *Schubert*, Vizepräsident der Bundespolizei

Günter *Schwieren*, Präsident des Landgerichts Bielefeld

Prof. Dr. *Hans-Dieter Schwind*, Präsident des Stiftungsrates der Deutschen Siftung für Verbrechensverhütung und Straffälligenhilfe (DVS)

Dr. Tina *Silbernagl*, Deutsche Gesellschaft für internationale Zusammenarbeit (GIZ)

Dr. Wiebke *Steffen*, Deutscher Präventionstag (DPT)

Klaus *Stüllenberg*, Vorsitzender der Stiftung Kriminalprävention

Willem *van der Brugge*, Generalsekretär der CEP, Utrecht

Prof. Dr. Dr. Jan *van Dijk*, Universität Tilburg

Bernd *Wesemeyer*, Regierungsvizepräsident des Regierungsbezirks Detmold

Hartfrid *Wolff* MdB, Vorsitzender des Arbeitskreises Innen und Recht der FDP-Bundestagsfraktion

Jörg *Ziercke*, Präsident des Bundeskriminalamtes (BKA), stellvertretender Bundesvorsitzender des WEISSEN RING

Sehr herzlich begrüße ich des weiteren insbesondere all jene Kolleginnen und Kollegen, die sich aktiv an den Vorbereitungen und der Ausgestaltung des 18. Deutschen Präventionstages beteiligt haben und beteiligen, beispielsweise als Vortragende, Organisatoren oder Moderatoren sowie die wiederum zahlreich akkreditierten Medienvertreterinnen und Medienvertreter.

(1) Der Kongress im Überblick

Der 18. Deutsche Präventionstag gliedert sich in vier zentrale Sektionen und mehrere Teilbereiche, die wie gewohnt auf der Webseite des Deutschen Präventionstages sowie im Kongresskatalog beschrieben und mit Abstracts hinterlegt sind:

1. Plenumsveranstaltungen
   - Kongresseröffnung
   - Abendempfang der Schirmherrin, Ministerpräsidentin Hannelore *Kraft*
   - Abschlussplenum
2. Vorträge
   - Zum Schwerpunktthema und weiteren Präventionsthemen
   - Projektspots
   - Internationales Forum
   - Presentation on Demand (PoD)
3. Ausstellung
   - Infostände
   - Infomobile
   - Sonderausstellungen
   - Poster
4. Werkstatt
   - Begleitveranstaltungen
   - Bühne
   - Filmforum
   - Prävention in Aktion

Schwerpunktthema: „Mehr Prävention – weniger Opfer"

Die Schirmherrin des Kongresses, Ministerpräsidentin Hannelore Kraft bringt es in ihrem Grußwort auf den Punkt: „Prävention ist der beste Opferschutz. Und auch deshalb ist sie wichtig für den Zusammenhalt unserer Gesellschaft."

Das Spektrum der besonders einschlägigen Vorträge zum Schwerpunktthema ist bewusst weit gespannt. Es beginnt bei den persönlichen Erfarungen eines Entführungsopfers (Richard *Oetker*), dem Stand von Viktimologie (Prof. Dr. Hans-Jürgen *Kerner*) und Opferforschung (Prof. Dr. Jan *van Dijk*) sowie Opferhilfeansätzen auf der Schulebene (Dr. Christian *Böhm*), über das auf nationaler Ebene mit dem in Vorbereitung befindlichen bundesweiten Hilfetelefon (Dr. Gesa *Schirrmacher*) bis zu Hilfesystemen auf europäischer Ebene (Dr. Helgard *van Hüllen*). Rechtspolitische Aspekte werden aufgegriffen durch Prof. Dr. Bernd-Dieter *Meier* („Wiedergutmachungsstrafe - ein notwendiges Element des Sanktionssystems"), Dr. Wolfram *Schädler* („Nicht noch einmal? Der Schutz von Opfern vor dem Täter durch den Strafprozess-höchstens Zufall") sowie Prof. Dr. Michael *Walter* und Claudia *Gelber* („Wege zu einer opferbezogenen Vollzugsgestaltung"). Prominent vertreten sind Ansätze des Restorative Justice mit Vorträgen von Prof. Dr. Nils *Christie* („Restoring Societies. Norway after the atrocities"), Dr. Michael *Kilchling* („Neue Impulse in Deutschland und Europa"), Dr. Beate *Ehret* („ Friedenszirkel. Eine nachhaltige Methode der außergerichtlichen Konfliktschlichtung im Rahmen der Restorative Justice") sowie einem Workshop zum Themenkomplex „Restorative Circles. Konflikte austragen und in soziale Impulse verwandeln". Auch in anderen Kongressbereichen, wie der begleitenden Ausstellung, den theaterpädagogischen Beiträgen, den Filmen oder der Postersession erfolgt eine Auseinandersetzung mit dem Schwerpunktthema des 18. DPT. Aufbauend auf dem in den USA insbesondere von Susan *Herman* entwickelten Ansatz von „parallel justice"[2] begründet Prof. Dr. Christian *Pfeiffer* in seinem Abschlussvortrag zum 18. Deutschen Präventionstag „Warum brauchen wir eine Stärkung des Opfers in Recht und Gesellschaft?"

Insgesamt betrachtet können die Beratungen des 18. Deutschen Präventionstages hoffentlich einen Beitrag leisten für eine längst überfällige Intensivierung von Opfer- und Opferhilfeforschungen sowie für neue Impulse zum Leitthema „Mehr Prävention – weniger Opfer". Und schließlich ist auf eine stärkere Neuorientierung in Richtung eines dualen Kriminalitätsfolgenrechtes zu hoffen, das die zunehmend erkannten Interessen, Bedürfnisse und Wünsche von Kriminalitätsopfern ebenso im Blick hat, wie die strafrechtlichen Bedürfnisse von Staat und Gesellschaft sowie gezielte Angebote im Bereich der sogenannten tertiären Prävention.

---

[2]   Susan Herman, Parallel Justice for Victims of Crime, New York 2012; sh. auch www.paralleljustice.org

15 Jahre Arbeitsstelle Kinder- und Jugendkriminalitätsprävention des DJI

Die Arbeitsstelle Kinder- und Jugendkriminalitätsprävention des Deutschen Jugend-institutes (DJI) informiert seit 1997 Praxis, Politik, Medien und Forschung über Konzepte und Handlungsstrategien der Kinder- und Jugendkriminalitätsprävention. „Die in der Kinder- und Jugendhilfe, in den Schulen, in der Polizei und Justiz vorhandenen kriminalpräventiven Ansätze werden konzeptionell verglichen, auf ihre Voraussetzungen und Erfolgsbedingungen geprüft, ihre Zielgruppen und Zielsetzungen beschrieben und - soweit möglich - hinsichtlich ihrer Erfolge bewertet. Ziel ist die Weiterentwicklung und Qualifizierung der Fachdebatte und Fachpraxis. Die Arbeitsstelle versteht dabei Delinquenz im Kindes- und Jugendalter vor allem als pädagogische Aufgabe - nicht nur für die Kinder- und Jugendhilfe, sondern ebenso auch für die anderen zuständigen Institutionen wie Schule, Polizei und Justiz."[3]

In einer Sonderveranstaltung im Rahmen des 18. DPT zieht die DJI-Arbeitsstelle als Partner des Deutschen Präventionstages nach 15-jähriger Forschungsarbeit mit sieben Teilthemen eine Art Zwischenbilanz:

Dr. Christian *Lüders*: „Prävention von Delinquenz im Kindes- und Jugendalter – über die Bedeutung der pädagogischen Orientierung";

Bernd Holthusen und Dr. Sabrina *Hoops*: „Die Kinder- und Jugendhilfe – zentraler Akteur und Kooperationspartner in der Prävention von Delinquenz";

Prof. Dr. Thomas *Feltes*: „Polizei und junge Menschen – mehr präventive Repression?"

Prof. Dr. Theresia *Höynck*: „Jugendkriminalrecht – die Umsetzung des Erziehungsge-dankens als zentrale Herausforderung"

Prof. Dr. Wolfgang *Melzer*: „Kriminalitätsprävention an Schulen – zwischen Einzelprojekten und Schulentwicklung";

Prof. Dr. Karin *Böllert*, Jörg *Freese* und Regina *Kraushaar*: Podiumsgespräch: „Was kann Jugendpolitik für die Kriminalitätsprävention im Kindes- und Jugendalter leisten?";

Dr. Michael *Brünger*: „Kinder- und Jugendpsychiatrie – Perspektiven für den Ausbau der Kooperation".

Das wissenschaftliche Gutachten und die Bielefelder Erklärungen des DPT

Seit dem 12. Deutschen Präventionstag, der 2007 in Wiesbaden stattfand, hat die Kriminologin Dr. Wiebke *Steffen* zu den jeweiligen Schwerpunktthemen aller folgenden Kongresse wissenschaftliche Gutachten erstellt. Die Kongressgutachten stellen einerseits den Vortragenden, den Kongressteilnehmenden sowie der interessierten Fachöffentlichkeit die wissenschaftlichen Basisdaten zu dem jeweiligen Schwerpunktthema eines Kongresses zur Verfügung und bilden außerdem die Grundlage für die jährlichen präventionspolitischen Erklärungen des Deutschen Präventionstages und seiner gastgebenden und ständigen Veranstaltungspartner.

---

[3]   http://www.dji.de/cgi-bin/projekte/output.php?projekt=150 (Abruf 2013-04-10)

Das diesjährige Steffen-Gutachten, seit 2007 nunmehr bereits das siebte in Folge[4], trägt den Titel „Opferzuwendung in Gesellschaft, Wissenschaft, Gesetzgebung und Prävention: Stand, Probleme, Perspektiven". Als grundlegende Vorabinformation für die Vortragenden und Teilnehmenden des 18. DPT gibt das Gutachten u.a. Antworten auf folgende Fragen geben: Haben wir die richtigen Straf- und Sozialgesetze, um Opfern und Tätern gerecht zu werden? Ist eigentlich ein Opfer einer Straftat immer hilf- und rechtlos? Was hat sich, rückblickend betrachtet, in den letzten zwanzig Jahren für die Opfer von Straftaten rechtlich und gesellschaftlich verändert? Kennen wir die wirklichen Bedürfnisse und Wünsche von Straftatopfern? Kann die Strafrechtspflege den Wünschen und Bedürfnissen von Opfern grundsätzlich gerecht werden?

Aufbauend auf dem wissenschaftlichen Gutachten wird zum Ende des 18. Deutschen Präventionstages die Bielefelder Erklärung veröffentlicht, die vom Deutschen Präventionstag, gemeinsam mit seinen gastgebenden und ständigen Veranstaltungspartner abgegeben wird.

Die Partner des 18. Deutschen Präventionstages

Seit dem ersten Kongress im Jahre 1995 gilt: Der Deutsche Präventionstag lebt von der guten Zusammenarbeit vieler Menschen und Institutionen! Auf diesem Wege danke ich nochmals sehr herzlich allen Partnern, fördernden Institutionen und Sponsoren des 18. DPT sowie ihren Mitarbeiterinnen und Mitarbeitern für die gewährte ideelle und materielle Unterstützung.

Der 18. Deutsche Präventionstag wird gefördert vom Bundesministerium für Familie, Senioren, Frauen und Jugend (BMFSFJ) und vom Bundesministerium der Justiz (BMJ).

Partner des Bielefelder Kongresses sind

als Gastgebende Veranstaltungspartner:

- Land Nordrhein-Westfalen
- Stadt Bielefeld
- Landespräventionsrat Nordrhein-Westfalen

als Ständige Veranstaltungspartner:

- Fachverband für Soziale Arbeit, Strafrecht und Kriminalpolitik (DBH)
- Polizeiliche Kriminalprävention der Länder und des Bundes (ProPK)
- Stiftung Deutsches Forum für Kriminalprävention (DFK)
- WEISSER RING e.V.

---

[4]   Alle Gutachten stehen auch auf der Webseite www.praeventionstag.de bei den Dokumentationen der jeweiligen Kongresse als downloads zur Verfügung.

als Hauptsponsor

- Deutsche Bahn AG

als Kooperationspartner und Sponsoren

- Aktionsbündnis Amoklauf Winnenden
- Alarm Theater Bielefeld
- Bundeszentrale für gesundheitliche Aufklärung (BzgA)
- Deutsch-Europäisches Forum für urbane Sicherheit (DEFUS)
- Deutsche Gesellschaft für internationale Zusammenarbeit (GIZ)
- Deutsche Post DHL
- Deutsche Sportjugend (DSJ)
- Deutsche Vereinigung für Jugendgerichte und Jugendgerichtshilfen (DVJJ)
- Deutscher Familiengerichtstag (DFGT)
- Deutsches Jugendinstitut (DJI)
- European Forum for Urban Security (EFUS)
- International Centre for the Prevention of Crime (ICPC)
- Korean Institut for Criminology (KIC)
- Kriminologisches Forschungsinstitut Niedersachsen (KFN)
- Österreichischer Präventionskongress
- proval
- Stiftung Kriminalprävention
- Unabhängiger Beauftragter für Fragen des sexuellen Kindesmissbrauchs
- UNHABITAT
- Violence Prevention Alliance der WHO

als Medienpartner:

- Neue Westfälische (NW)

Weitergehende Informationen und Kontaktdaten zu allen Partnern des 18. DPT finden sich im Kongresskatalog ab Seite 9 sowie auf der Webseite des Deutschen Präventionstages.

Das Internationale Forum 2013

Zum 18. Deutschen Präventionstag und zu dem integrierten 7. Annual International Forum for Crime Prevention (AIF) haben sich insgesamt 71 ausländische Experten aus 23 Staaten[5] angemeldet.

Vorträge in englischer Sprache:

- Prof. Dr. Dr. Jan *van Dijk*, Tilburg University, Niederlande: Situational crime prevention works; or why burglary rates dropped less steeply in Germany than in The Netherlands
- Prof. Dr. Nils *Christie, University of Oslo, Norwegen*: Restoring Societies. Norway after the atrocities
- Dr. Erik *Wennerström*, Swedish Council for Crime Prevention: The development of the Swedish model of Crime Prevention in the last two decades and its future challenges
- Elizabeth *Johnston*, European Forum for Urban Security (EFUS), Paris: "Security, Democracy and Cities" - a new manifesto of European cities on urban security
- Terence *Smith*, Deutsche Gesellschaft für Internationale Zusammenarbeit (GIZ), Südafrika: GIZ's systemic approaches to violence prevention
- Dr. Caroline. L. *Davey* & Andrew B. *Wootton*, Design Against Crime Solution Centre, UK: The Crime Prevention Maturity Model: Embedding security within urban design & planning
- Dr. Eugene *Lee*, National Youth Policy Institute & Dr. Ok-Kyung *Yoon*, Kyonggi University, Südkorea: A Study on Comprehensive Plan to Protect Children and Youths from Sexual Violence and Support Victims
- Belinda *Wijckmans*, European Crime Prevention Network (EUCPN), Brüssel; European Crime Prevention Network (EUCPN): Crime prevention activities on EU, national and local level

Vorträge in deutscher Sprache mit internationalem Bezug:

- Julia *Mölck*, Kommune Alkmaar, Niederlande: Lösungsansätze der Kriminalprävention bei Jugendbanden
- Prof. Dr. Thomas *Görgen*, Benjamin *Kraus* und Anabel *Taefi*, Deutsche Hochschule der Polizei, Münster: Jugenddelinquenz und Prävention in Europa – Perspektiven von Jugendlichen und Praktikern

---

[5] Argentinien, Belgien, El Salvador, Frankreich, Kamerun, Kenia, Luxemburg, Niederlande, Nigeria, Norwegen, Österreich, Polen, Portugal, Republik Südkorea, Sambia, Saudi Arabien, Schweden, Schweiz, Südafrika, Tschechische Republik, Ukraine, Vereinigtes Königreich

- Philip **Willekens**, Belgisches Innenministerium, Brüssel: Vom „top-down" zum „bottom-up" – integrale und integrierte kommunale Kriminalprävention

- Gregor **Burkhart**, European Monitoring Centre for Drugs and Drug Addiction (EMCDDA), Portugal: Kann man amerikanische Präventionsprogramme in Europa einsetzen?

- Dr. Helgard **van Hüllen**, WEISSER RING e. V., Mainz: Victim Support Europe – schnelle Hilfe im internationalen Kontext

- Sebastian **Sperber**, Europäisches Forum für Urbane Sicherheit (EFUS), Paris: „EU STREET VIOLENCE" – Datenbank zu Gewalt von Jugendgruppen

- Prof. Dr. Dr. Grygorii **Moshak**, Nationa Meeresuniversität in Odessa, Ukraine: Milizsysteme der Ukraine unter dem Einfluss EM-2012

- Prof. Dr. Dr. Christiane **Spiel**, Universität Wien, Österreich: Gewaltprävention in Österreich: Entwicklung, Implementierung und Evaluation einer nationalen Strategie

- Dr. Michael **Kilchling**, MaxPlanckInstitut für ausländisches und internationales Strafrecht, Vors. des European Forum for Restorative Justice, Freiburg i. Br.: Restorative Justice – neue Impulse in Deutschland und Europa

- Maarten **van de Donk**, Fraktionsvorsitzender VVD im Stadtrat, Rotterdam, Niederlande: Kommunale Jugendpräventionspolitik – Die Praxis der Umsetzung von „Communities that Care (CTC)" in den Niederlanden

(2) DPT in eigener Sache

Der Deutsche Präventionstag im Internet

Weitere Informationen rund um den Deutschen Präventionstag finden sich über das Internet auf folgenden Seiten und zwei iPhone-Apps:

Deutscher Präventionstag	www.praeventionstag.de
Annual International Forum (englisch)	www.gcocp.org
DPT-Universität	www.dpt-uni.de
Such-Portal Prävention	www.dpt-map.de
Die Tägliche Präventions-News	www.praeventionstag.de/news
Facebook	www.facebook.com/praeventionstag
Twitter	https://twitter.com/praeventionstag
Wikipedia	http://de.wikipedia.org/wiki/Deutscher_Präventionstag
App „DPT" im App Store für iPhone und iPad mit der Möglichkeit zur kompletten Recherche im Dokumentationsarchiv zu allen Präsentationen, Referenten und ausstellenden Fachorganisationen der bisherigen Deutschen Präventionstage	
App „TPN" (Die Tägliche Präventions-News) im App Store für iPhone mit der Möglichkeit die „Tägliche Präventions-News des Deutschen Präventionstages" mobil zu empfangen, inkl. Push-Benachrichtigung	

Das DPT-Institut für angewandte Präventionsforschung (dpt-i)

Die Bedeutung einer wissenschaftlich-empirischen Erdung von Projekten und Programmen der (Kriminal-)Prävention hat in den vergangenen zwei Jahrzehnten kontinuierlich an Bedeutung gewonnen. Der Deutsche Präventionstag hat sich in den vergangenen Jahren auch zu einem wichtigen Forum für den Diskurs zwischen Praxis und Forschung in einem erweiterten Arbeitsfeld der Kriminalprävention entwickelt. Um diese Entwicklung zu stärken und systematisch fort zu entwickeln, startet im Jahr 2013 ein weiterer Arbeitsbereich des Deutschen Präventionstages, das DPT-Institut für angewandte Präventionsforschung (dpt-i).

Präventionsforschung wird hier als ein multidisziplinärer Ansatz verstanden, der die Kenntnisse, Methoden und Standards verschiedener wissenschaftlicher Disziplinen und Fachrichtungen einbezieht. Zu den einzubeziehenden Grundwissenschaften und den sich zunehmend spezialisierenden und differenzierenden aufbauenden Disziplinen und Fachrichtungen gehören u.a. die Soziologie, Psychologie, Erziehungswissenschaft, Biologie, Medizin, Politikwissenschaft, Rechtswissenschaft, Ökonomie, Ökologie, Kriminologie und die Viktimologie. Antizipiert und aufgegriffen wird dabei der laufende Prozess einer Profilbildung für eine disziplinübergreifende Präventionsforschung in Bezug auf ihren spezifischen Forschungsgegenstand.

In Anlehnung an das Verständnis der internationalen „Society for Prevention Research (SPR)"[6] umfasst Präventionswissenschaft für das dpt-i die wissenschaftliche
Erkundung der

- gesellschaftlichen Verteilungen und Häufigkeiten von zu verhindernden Ereignissen und Zuständen wie Kriminalität, Gewalt, Sucht, körperliche und seelische
  Krankheitszustände, Unsicherheitslagen etc.,

- Ursachen und Entstehungsbedingungen dieser Ereignisse und Zustände,

- Entwicklung, Begleitung und Überprüfung von wirksamen Interventionen zur
  Prävention dieser Ereignisse und Zustände sowie

- der Unterstützung einer breitflächigen Umsetzung von überprüften Interventionen unter den Bedingungen der „realen Welt".

Präventionsforschung ist zur Erreichung ihrer Ziele auf ein immanentes und multidisziplinäres Kooperationsverständnis sowie Partnerschaften mit der Präventionspraxis
und der Präventionspolitik angewiesen. Das dpt-i versteht seine Rolle deshalb auch
als ein aktiver Förderer von Partnerschaften zwischen Forschung, Praxis und Politik.
Das DPT-Institut für angewandte Präventionsforschung sieht seine allgemeinen Aufgaben daher vor allem in der

- Durchführung eigener Forschungsvorhaben mit der Perspektive der praktischen
  Anwendung der Forschungsergebnisse,

- Kooperation mit anderen wissenschaftlichen Einrichtungen zur Umsetzung von
  Forschungsvorhaben mit Praxisrelevanz,

- Vertiefung des Dialoges zwischen Wissenschaft, Politik, Verwaltung, Verbänden
  und Zivilgesellschaft über die Ergebnisse der Präventionsforschung mit dem Ziel
  einer stärkeren Wissensbasierung im gesamten Arbeitsfeld der Prävention,

- Beratung des Deutschen Präventionstages und seiner Partnerorganisationen über
  die Ergebnisse und den Stand der Präventionsforschung.

(3) zu einigen aktuellen Fragestellungen und Strategien der Kriminalprävention
In den letzten Jahrzehnten blicken wir zurück auf eine (inter-) national überwiegend
positive Entwicklung der Kriminalprävention. Auf allen Ebenen, von der städtischen
bis zur globalen Ebene, wurden unzählige Projekte, Programme, Strategien und Empfehlungen erstellt und verabschiedet. Und dennoch gibt es in der Bereichen Kommunikation, Vernetzung und Zusammenarbeit noch zahlreiche offene Baustellen:

---

[6] Im Mission Statement der SPR heißt es „ The Society for Prevention Research is an organization dedicated
     to advancing scientific investigation on the etiology and prevention of social, physical and mental health,
     and academic problems and on the translation of that information to promote health and well being. The
     multi-disciplinary membership of SPR is international and includes scientists, practitioners, advocates,
     administrators, and policy makers who value the conduct and dissemination of prevention science world-
     wide.", www.preventionresearch.org/about-spr/mission-statement/ , 2013-01-25

1. Interdisziplinäre Zusammenarbeit

- Die praktische Kriminalprävention ist noch nicht ausreichend eingebunden in multidisziplinäre Präventions-Netzwerke;

- die kriminalpräventive Forschung ist nicht ausreichend eingebunden in eine (neue) multidisziplinäre Präventionsforschung, einschließlich Kriminologie, Gesundheitsforschung und Public Health, Viktimologie, Soziologie, Pädagogik, Psychologie, Wirtschaftswissenschaft, Rechtswissenschaft, etc.;

- die aktuelle Präventionspolitik ist gekennzeichnet durch zu geringe und wenig nachhaltige Koordinierungen von Programmen und Projekten auf den Ebenen des Bundes, der Länder, der Regionen und Kommunen.

Die interdisziplinäre Zusammenarbeit in Präventionspraxis, Präventionspolitik und Präventionsforschung ist noch unterentwickelt. Für die verschiedenen Disziplinen und Ebenen der Kriminalprävention sollten deshalb geteilte Aufmerksamkeiten („shared attention") und multidisziplinäres Zusammenarbeiten in den kommenden Jahren deutlich verbessert werden.

2. Wissensmanagement

- Viele Standards, Memoranden und Befunde im Bereich der (Kriminal-) Prävention[7] sind nicht ausreichend verbreitet und sind den zuständigen Entscheidungsträgern zu selten bekannt;

- vorhandenes präventives Wissen (Daten) bildet immer noch nicht ausreichend die Basis für präventive Planungen und Handlungen (Taten);

- auf allen Ebenen werden bestehende Programme, Instrumente, Standards und Richtlinien nicht ausreichend genutzt.

Die vorhandenen Erkenntnisse zur Prävention sind zu wenig bekannt und werden zu wenig genutzt. Vorliegende Erkenntnisse und Erfahrungen aus Präventionspraxis und Präventionsforschung müssen besser aufbereitet sowie kosten- und barrierefrei (via Internet) verbreitet werden.

3. vom „entweder oder" zum „sowohl als auch"

- Eine Art „Morbus punitivum" ist weiterhin eine verbreitete gesellschaftliche Erkrankung;

- Sicherheit und Kriminalprävention werden nach wie vor nicht ausreichend als ganzheitliches Thema diskutiert;

---

[7] z.B. von UNODC (United Nations Office on Drugs and Crime) , EFUS (European Forum for Urban Security), ICPC (International Centre for the Prevention of Crime), VPA (Violence Prevention Alliance der WHO), Beccaria-Standards (Landespräventionsrat Niedersachsen), UNHABITAT, EUCPN (European Crime Prevention Network), SPR (Society for Prevention Research), etc.

- Opferhilfe und Resozialisierung werden teilweise immer noch als Gegensätze dargestellt;

- Konzepte der Mediation, des Täter-Opfer-Ausgleichs sowie „Restorative Justice" werden nach wie vor zu wenig diskutiert und realisiert.

Das Verlassen der eingetretenen Pfade des „more of the same" und der „Bekämpfung" der Kriminalität hin zu einer gesamtgesellschaftlichen Kriminalprävention, verstanden als eine individuelle sowie gesellschaftliche und politische Haltung ist erfolgversprechend[8]. Angestrebt werden sollte eine stärkere Neuorientierung in Richtung eines dualen Kriminalitätsfolgenrechtes, das die zunehmend erkannten Interessen, Bedürfnisse und Wünsche von Kriminalitätsopfern ebenso im Blick hat, wie die strafrechtlichen Bedürfnisse von Staat und Gesellschaft und Resosozialisierungsangebote für Straftäter.

4. Neue Risiken und Kriminalitätsformen

- Kriminalprävention konzentriert sich weiterhin auf Jugend- und Gewaltkriminalität und die sogenannten Massendelikte, während andere Kriminalitätsbereiche wie Internet- und Wirtschaftskriminalität deutlich zunehmen bzw. besonders erhebliche Schäden verursachen;

- in der Ökonomie spielt „Business Continuity Management" inzwischen eine bedeutende Rolle; der Beitrag der Kriminalprävention zu einer Art „Gesellschaftlichem Continuity Management" fällt dagegen noch zu gering aus;

- das Arbeitsfeld der Kriminalprävention hat bislang insgesamt noch nicht ausreichend die acht Milleniumentwicklungsziele der Vereinten Nationen[9] wahrgenommen und antizipiert, die eng mit neuen Kriminalitätsarten und -risiken korrespondieren;

- im Zeitalter des Anthropozän[10] lebend, hat sich eine vorbeugende und nachhaltige Präventions-Haltung noch nicht ausreichend entwickelt.

Die aktuellen globalen Probleme erfordern eine neue und grundlegende Orientierung auf Prävention. Neue Ziele, Prioritäten und Strategien für die (Kriminal-)prävention

---

[8]   Vgl. auch Ronald Dworkin, Gerechtigkeit für Igel, Berlin 2012, sowie auch www.justiceforhedgehogs.net; Ronald Dworkin ist einer der maßgebenden Rechtstheoretiker der Gegenwart und u.a. Träger des Bielefelder Wissenschaftspreises. Er bemüht sich in seinem neuesten Werk, das 2012 auch in deutscher Sprache erschienen ist, eine philosophiehistorisch abgesicherte Theorie zu entwickeln, „die sowohl beschreibt, was eine gelungene Lebensführung ausmacht, als auch klärt, was wir in unserem Verhalten anderen gegenüber tun oder unterlassen müssen, um ein solches Leben führen zu können.". S. 13

[9]   (1) Bekämpfung von extremer Armut und Hunger; (2) Primarschulbildung für alle; (3) Gleichstellung der Geschlechter/Stärkung der Rolle der Frauen; (4) Senkung der Kindersterblichkeit; (5) Verbesserung der Gesundheitsversorgung der Mütter; (6) Bekämpfung von HIV/AIDS, Malaria und anderen schweren Krankheiten; (7) ökologische Nachhaltigkeit; (8) Aufbau einer globalen Partnerschaft für Entwicklung; vgl. http://www.un-kampagne.de/index.php?id=1

[10]   Vgl. Vortrag von Christian Schwägerl beim 16. DPT http://www.praeventionstag.de/nano.cms/dokumentation/details/1687

müssen in die bestehenden Ansätze integriert werden. Neue Risiken und Formen der Kriminalität und struktureller Kriminalitätsformen müssen früher und konsequenter wahrgenommen und diskutiert werden.

5. Wissensbasierung

- Die kriminalpräventive „Projektitis" erscheint in Deutschland weiterhin stark verbreitet - die gezielte Auswahl und Adaption evidenzbasierter Präventionsprogramme spielt in der Praxis noch eine untergeordnete Rolle;

- das Wissen über wirkungsorientierte Präventionsprogramme ist nach wie vor unzureichend publiziert, diskutiert und genutzt;

- internationale Datenbanken zu Best-Practice-Projekten und evidenzbasierten Programmen sind nicht ausreichend bekannt und werden bislang nicht ausreichend genutzt.

Verantwortliche auf allen Ebenen sollten die Förderung evidenzbasierter Strategien der Kriminalprävention stärker unterstützen. Dabei erscheint es im Zweifelsfall erfolgversprechender, ein bereits gut erprobtes und evaluiertes Programm zu adaptieren und anzupassen, statt ein komplett neues zu schreiben. Bestehende Datenbanken mit Übersichten zu evaluierten Präventionsstrategien sollten stärker verbreitet und genutzt werden.[11]

6. Nachhaltigkeit erfordert Ressourcen

- Die positive Kosten-Nutzen-Analysen und das Wissen über die Möglichkeiten von „Return on Investment" im Bereich der Kriminalprävention werden nicht genug genutzt und erscheinen oftmals als wenig kompatibel mit (kurzfristigen) parlamentarischen Legislaturperioden;

- für eine erfolgreichere Kriminalprävention fehlt es vielerorts neben einem guten Management an angemessenen finanziellen und personellen Ressourcen;

- Aktivitäten im weiten Feld der (Kriminal-)Prävention werden zu selten evaluiert.

Unzählige vorliegende Datenanalysen und Forschungsergebnisse[12] zeigen die Notwendigkeit zur Bereitstellung ausreichender Ressourcen sowie ein grundsätzliches Umsteuern von Finanzströmen, wenn Kriminalprävention positive Wirkungen zeigen und sich langfristig „rechnen" soll.[13]

---

[11] Einige einschlägige (inter-)nationale Datenbanken finden sich beispielsweise im Internet unter: www.colorado.edu/cspv/blueprints (Center for the Study and Prevention of Violence der University of Colorado Boulder); www.campbellcollaboration.org (Campbell Collaboration, Oslo); www.preventviolence. info (Violence Prevention Alliance der WHO); www.gruene-liste-praevention.de (Landespräventionsrat Niedersachsen); www.eucpn.org (Europäisches Netzwerkes für Kriminalprävention)

[12] Vgl. u.a. die DPT-Gutachten von W.Steffen seit 2007, veröffentlicht u.a. unter www.praeventionstag.de sowic I. Waller: Mehr Recht und Ordnung! – oder doch lieber weniger Kriminalität? (2011)

[13] Vgl. auch R. Wilkinson & K. Pickett: Gleichheit ist – Warum gerechte Gesellschaften für alle besser sind (2009) sowie die Internetseite www.equalitytrust.org.uk

Abschließend danke ich den Referentinnen und Referenten des Kongresses sehr herzlich für ihre umfänglichen Vorbereitungen und teilweise recht weiten Anreisen, für ihre interessanten Präsentationen sowie ihre Bereitschaft Wissen und Erfahrungen mit uns zu teilen und auch auf der Webseite des Deutschen Präventionstages langfristig zu dokumentieren. Allen Teilnehmenden des 18. Deutschen Präventionstages danke ich sehr für ihre Teilnahme sowie ihre aktive Mitwirkung und Unterstützung. Uns allen wünsche ich einen erkenntnis- und ertragreichen Kongress.

Wiebke Steffen

Gutachten für den 18. Deutschen Präventionstag
22. & 23. April 2013 in Bielefeld
„Mehr Prävention – weniger Opfer"

Opferzuwendung in Gesellschaft, Wissenschaft, Strafrechtspflege und
Prävention: Stand, Probleme, Perspektiven

Wiebke Steffen
Heiligenberg (Baden) / München

Inhalt

Vorbemerkung

Etwa Ende der 1970er Jahre beginnt in Deutschland in Gesellschaft, Wissenschaft, Strafrechtspflege und Prävention die Zuwendung zu den Opfern von Straftaten „hin zu einer Renaissance des Opfers, die sich seither auch in dessen gesellschaftlicher Wahrnehmung vollzieht ... (denn diese Zuwendung) ... erreicht nicht allein einzelne Sektoren der Gesellschaft, sondern betrifft sie in ihrer ganzen Breite" (Barton/Kölbel 2012, 11, 14).[1]

Um an dieser Stelle nur einige Stationen und Sektoren zu nennen: 1976 wurde der WEISSE RING e.V. gegründet, als gemeinnütziger Verein zur Unterstützung von Kriminalitätsopfern und zur Verhütung von Straftaten. Kinderschutz und feministische Bewegung setzen sich für eine bessere Behandlung von Frauen und Kindern als Opfer von Sexualdelikten ein. Im Bereich der Wissenschaft hat sich in den letzten 25 Jahren die Viktimologie als eigenes Teilgebiet innerhalb der Kriminologie etabliert.[2] Für die Gesetzgebung ist 1984 ein relevantes Datum: In diesem Jahr befasste sich der 55. Deutsche Juristentag mit der „Rechtsstellung des Verletzten im Strafverfahren". Ende 1986 trat das 1. Opferschutzgesetz in Kraft. Seit mehr als 40 Jahren gibt die (Polizeiliche) Kriminalprävention der Bevölkerung Tipps, wie sie sich vor Straftaten schützen kann. Zunehmend haben auch andere staatliche und nichtstaatliche Stellen ihre Zuständigkeit und Verantwortung erkannt, im Rahmen der gesamtgesellschaftlichen Aufgabe Kriminalprävention Menschen dabei zu unterstützen, nicht Opfer von Straftaten zu werden.

Diese Entwicklung hat den 18. Deutschen Präventionstag dazu veranlasst, „Mehr Prävention – weniger Opfer" zu seinem Schwerpunktthema zu machen. Das Gutachten zum Schwerpunktthema „Opferzuwendung in Gesellschaft, Wissenschaft, Strafrechtspflege und Prävention: Stand, Probleme, Perspektiven" zieht eine Zwischenbilanz zu diesem „Vierteljahrhundert Opferzuwendung". Dabei wird zunächst auf den Stand des empirischen Wissens zu Opferwerdungen, Opferbedürfnissen und Opferwünschen eingegangen, der Basis für die opferbezogenen Reaktionen von Gesellschaft und Strafrechtspflege. Dann wird die Frage nach dem Stand, den Problemen und den Perspektiven der Opferzuwendung in Strafrechtspflege und Gesellschaft gestellt, um anschließend die Konsequenzen zu diskutieren, die sich daraus für die Prävention ergeben.

---

[1] „Opferzuwendung" ist also keineswegs nur eine Sache von Strafrecht und Strafverfahrensrecht, auch wenn die Diskussion um die „Stellung des Verletzten im Strafverfahren" hier im Vergleich zu anderen gesellschaftlichen Bereichen besonders heftig, kontrovers und nicht ohne skeptische Fragen geführt wird. Vgl. hierzu etwa die Diskussionen auf den 4. Bielefelder Verfahrenstagen zur „Zwischenbilanz nach einem Vierteljahrhundert opferorientierter Strafrechtspolitik in Deutschland" (Barton/Kölbel 2012). Bei der „Wiederentdeckung des Opfers" handelt es sich auch keineswegs um eine spezifisch deutsche Entwicklung, sondern zu vergleichbaren Veränderungen ist es in zahlreichen Rechtsordnungen des Westens gekommen (Barton/Kölbel 2012, 11 ff; Weigend 2012).

[2] 1986 erschien beispielsweise die „Soziologie des Opfers. Theorie, Methoden und Empire der Viktimologie" von Kiefl und Lamnek.

0
Zusammenfassung und Folgerungen

Etwa Ende der 1970er Jahre beginnt in Deutschland in Gesellschaft, Wissenschaft, Strafrechtspflege und Prävention die Zuwendung zu den Opfern von Straftaten. Inzwischen ist das Opfer in all diesen Bereichen längst nicht mehr der „forgotten man", als das man es vor dieser „Renaissance des Verbrechensopfers" mit Recht bezeichnen konnte. Es wird sogar schon von einem „Zeitalter des Opfers" gesprochen.

Damit ist es durchaus angebracht, eine **Zwischenbilanz** zum Stand, zu den Problemen und zu den Perspektiven der Opferzuwendung zu ziehen: Wie ist der Stand der empirischen Forschung zu Opferwerdung, Opferbedürfnissen und Opferwünschen? Welche Opfer sind im Blick, welche nicht? Was hat sich in den letzten 25 Jahren für die Opfer in der Gesellschaft und in der Strafrechtspflege getan? Welche Perspektiven gibt es – ist nicht doch Prävention der beste Opferschutz?

Wenn dabei die **Geschädigten von Straftaten als Opfer** bezeichnet werden, dann ist das nicht ganz unproblematisch: Zum einen verbindet sich mit diesem Begriff auf der gesellschaftlichen Ebene sowohl Hilfsbereitschaft wie auch Ablehnung, zum andern könnte er im Strafverfahren mit der Unschuldsvermutung nicht vereinbar sein. Dennoch wird er im folgenden verwendet: Der Begriff ist eingeführt, auch und gerade in der Gesetzgebung und entspricht sowohl der nationalen ressortübergreifenden Begrifflichkeit als auch dem internationalen Sprachgebrauch ‚victim'.

Opfer zwischen Wahrnehmung und empirischen Befunden: Welche Opfer sind im Blick, welche nicht?

Die Opferzuwendung gilt vor allem den Opfern von Gewalttaten, aber bei weitem nicht allen. Im Blick sind die „idealen" Opfer: Kinder, Frauen (allerdings nur dann, wenn sie sich nichts „zuschulden" haben kommen lassen), alte Menschen, Pflegebedürftige. Nicht im Blick sind dagegen Männer, insbesondere dann nicht, wenn sie jung sind.

Diese Wahrnehmung entspricht jedoch nicht der Realität der Opferwerdung in unserer Gesellschaft. Das zeigen die Befunde der Kriminalstatistiken zum Hellfeld wie auch die Befunde der viktimologischen Forschung zum Dunkelfeld: Mit Ausnahme von Sexualdelikten werden Männer deutlich häufiger Opfer von Gewalttaten als Frauen und junge Menschen sind häufiger Opfer von Gewalt als ältere.

Allerdings ist die **Datenlage unbefriedigend**: Die Hellfeldstatistiken sind nach wie vor auf Täter, Tatverdächtige und institutionelle Reaktionen ausgerichtet und haben Opfer entweder überhaupt nicht „im Blick" – das gilt für die Strafverfolgungsstatistiken – oder nur beschränkt auf die Opfer bestimmter (Gewalt-)Taten und wenige Opfer- oder Tatmerkmale – das gilt für die Polizeiliche Kriminalstatistik. Eine „Erweiterung des Blicks" auf alle Opfer von Straftaten und auf zumindest die Variablen,

die auch bei den Tätern erfasst werden, ist erforderlich und sollte von den Kriminalstatistiken geleistet werden.

Noch **unbefriedigender sind allerdings die Erkenntnisse zum Dunkelfeld** der erfolgten, aber nicht angezeigten Opferwerdungen – und dieses Dunkelfeld ist insbesondere bei Sexual- und Gewaltstraftaten wegen der geringen Anzeigebereitschaft der
Opfer groß. **Opferbefragungen**, die Licht in dieses Dunkel bringen könnten, sind
zwar durchaus durchgeführt worden, aber zumeist nur regional oder auf bestimmte
Opfergruppen beschränkt. Die jüngsten bundesweiten Opferbefragungen datieren von
1997 (zur Zeit befindet sich eine vom Bundeskriminalamt durchgeführte bundesweit
repräsentative Opferbefragung in der Auswertung).

Mehr quantitativ wie auch qualitativ orientierte Opferbefragungen – nicht nur
zur Opferwerdung und zur Anzeigebereitschaft, sondern auch zu den Folgen
der Viktimisierung, zu den Erwartungen und Wünschen der Opfer an die Hilfesysteme und die Strafrechtspflege, sind dringend erforderlich.

Eines ist allerdings klar: Opfer ist nicht gleich Opfer

Zwar liegen nur wenige empirische Befunde zu Opferwerdungen, Viktimisierungsfolgen, Opferwünschen und Opferbedürfnissen vor und zudem kaum welche jüngeren
Datums. Die meisten dieser Erhebungen wurden um 1990/1991 herum durchgeführt
und internationale Ergebnisse können nicht ohne weiteres über Ländergrenzen hinweg
übertragen werden. Aber eines ist trotzdem klar: Das Opfer gibt es nicht, Opferwerdung, Opferverhalten wie auch Opferwünsche sind höchst individuelle Geschehnisse.

Nicht jedes Opfer leidet, einige Opfer leiden aber ihr Leben lang. Dabei ist das Spektrum möglicher Effekte der Viktimisierungen breit: Psychische, physische und ökonomische Folgen, Kriminalitätsfurcht, Re-Viktimisierungen, das Risiko selbst delinquent zu werden – alles ist möglich. Der Kenntnisstand darüber, wie oft und unter
welchen Bedingungen es dazu kommt, ist allerdings sehr begrenzt.

Das gilt auch für die **Wünsche und Bedürfnisse** der Opfer nach der Straftat: Auch
hierzu gibt es kaum neuere Erkenntnisse und auch hier sind die Wünsche höchst individuell. Ausgehen kann man von dem Wunsch nach sozialer Unterstützung , nach
Information und Beratung, nach Anerkennung des erfahrenen Unrechts. Im Vergleich
zu diesen Bedürfnissen sind die Straf- und Genugtuungswünsche der Opfer dagegen
von eher geringer Bedeutung, auf jeden Fall von geringerer, als häufig angenommen.
Genugtuung kann auf das Interesse der Opfer daran reduziert werden, dass festgestellt
wird, dass ihm Unrecht geschehen ist und angemessen darauf reagiert wird. Viele
Opfer wünschen sich eine Wiedergutmachung des ihnen zugefügten Schadens und
sind auch bereit, sich an Konfliktregelungen zu beteiligen, etwa an solchen des Täter-
Opfer-Ausgleichs.

Auch für den Bereich der Opferwünsche und Opferbedürfnisse ist empirisch-viktimologische Forschung dringend erforderlich. Nur so kann vermieden werden, über das Opfer zu bestimmen, sondern stattdessen seine Selbständigkeit und Autonomie (wieder)herzustellen.

Die Strafrechtspflege kann Opfern grundsätzlich nicht gerecht werden

Mit dem Ziel des Opferschutzes im Strafverfahren hat es seit 1986 mehrere opferbezogene Reformen der Strafprozessordnung gegeben, hinter denen allerdings ein klares systematisches Konzept nicht wirklich zu erkennen ist. Außerdem war von Anfang an umstritten, ob das Opfer im Strafverfahren ein Subjekt mit eigenen Rechten sein dürfe.

Ob die Opfer von Straftaten diese Rechte und diesen Schutz im Strafverfahren eigentlich wollen und ob das erklärte Ziel der Opferschutzgesetze, eine **sekundäre Viktimisierung** der Opfer zu verhindern, eigentlich erreicht wird, kann nicht beurteilt werden: Wieder fehlt es sowohl an jeglicher Evaluierung der Reformmaßnahmen wie auch an Erkenntnissen darüber, ob diese Maßnahmen das sind, was die Opfer brauchen und wünschen.

Nach dem, was wir wissen, sind die meisten Opfer weniger an einer aktiven Einwirkung auf das Verfahren interessiert als an drei relativ simplen Dingen:

- über den Ablauf des Prozesses kontinuierlich informiert zu werden,
- ihren Schaden ersetzt zu bekommen und
- als Zeugen respektvolle Behandlung zu erfahren.

All das sollte in einer rechtsstaatlichen, an den Bedürfnissen der Opfer orientierten Strafrechtspflege eigentlich selbstverständlich sein – ohne dass es dazu weitere Opferrechte oder Opferbefugnisse brauchte.

Zumal die Strafrechtspflege den Wünschen und Bedürfnissen der Opfer grundsätzlich nicht gerecht werden kann: Zum einen ist und bleibt sie täterorientiert, zum andern bringt die Aufgabe als Opferzeuge immer Belastungen mit sich und schließlich „dringt" ohnehin nur ein sehr kleiner Teil der Opfer bis zum Gericht vor: Die meisten Ermittlungsverfahren werden von der Staatsanwaltschaft eingestellt, nur etwa 12% werden durch Anklageerhebung erledigt.

Alle Beteiligten sollten reflektieren, dass bestimmte Belastungen in einem rechtsstaatlichen Verfahren für Opfer nicht zu vermeiden sind, dass es aber gerade deswegen angebracht ist, belastende Bedingungen, die zur Durchführung eines fairen Verfahrens nicht notwendig sind, zu verändern.

Soziale Unterstützung, Hilfe und Wertschätzung für die Opfer muss von außerhalb der Strafrechtspflege kommen: Durch das soziale Umfeld und Opferhilfeeinrichtungen

Wenn Opfer über das ihnen Widerfahrene sprechen – und das ist keineswegs immer der Fall – dann sind Personen aus dem engsten sozialen Nahraum erste und zentralste Ansprechpartner. Häufig reicht das schon, um die Opfer zu stabilisieren, ihnen Sicherheit und Geborgenheit zu vermitteln.

Wenn nicht, können sich die Opfer nicht nur an Psychotherapeuten, Opferanwälte oder ähnliche Anbieter psychosozialer und rechtlicher Hilfe und Beratung wenden, sondern vor allem auch an Opferhilfeeinrichtungen. Diese Opferhilfeeinrichtungen sind Ausdruck der Opferzuwendung der Gesellschaft – und hier fand die „Renaissance des Verbrechensopfers" schon lange vor seiner „Entdeckung" durch die Strafrechtspflege statt. Sie leisten immaterielle wie materielle Hilfen, vor allem aber menschlichen Beistand und Betreuung nach der Straftat.

Inzwischen gibt es ein breites Angebot an staatlich und nicht-staatlich organisierten und finanzierten Opferhilfeeinrichtungen. Die älteste, als einzige bundesweit und ausschließlich mit ehrenamtlichen Kräften arbeitende – und wohl nach wie vor bekannteste – Einrichtung der Opferhilfe ist der WEISSE RING e.V.

Opferhilfe und Opferbetreuung kann an einem Tag erledigt sein, sie kann aber auch über Jahre dauern. Sie sollte das Opfer dabei unterstützen, möglichst schnell wieder in das Leben vor dem belastenden Ereignis zurück zu finden und immer das Ziel einer größtmöglichen Opferautonomie verfolgen. Denn jede Unterstützung, die man einem Menschen, der Opfer einer Straftat geworden ist, zukommen lässt, bedeutet auch, ihn auf seine Rolle als Opfer festzulegen. Hilfe für Opfer ist nur dann hilfreich, wenn sie hilft, aus dem Zustand der Hilfebedürftigkeit herauszutreten.

Die Opferzuwendung in der Gesellschaft hat für die Opferhilfe und Opferunterstützung einiges erreicht. Das Konzept der **Parallelen Gerechtigkeit**, wie es von Susan Herman für die USA entwickelt und zum Teil auch schon umgesetzt worden ist, könnte hier noch Verbesserungen bringen. Es wurzelt in der Überzeugung, dass die Gesellschaft verpflichtet ist, Gerechtigkeit gegenüber dem Opfer zu üben und will neue Rahmenbedingungen für die Reaktion auf Kriminalität schaffen: Zwei getrennte, parallele Wege zur Gerechtigkeit, einen für die Opfer, einen für die Täter.

Mehr Prävention – weniger Opfer

Wie gut und wirkungsvoll auch immer das Strafverfahren, Opferschutz und Opferhilfe gestaltet werden: Sinnvoller ist, es gar nicht erst zu Straftaten und den damit verbundenen Opferwerdungen kommen zu lassen. Denn auch eine noch so opferfreundliche Strafverfolgung bzw. noch so gut ausgebaute und funktionierende Opferhilfe können die physischen und materiellen Opferschäden mit ihren oftmals auch schwerwiegenden psychischen Folgen nicht wieder gut und schon gar nicht ungeschehen machen. Deshalb ist Kriminalprävention der beste Opferschutz.

Dabei bezieht sich **opferbezogene Prävention** zum einen auf die Konsequenzen, die aus den Befunden zu den Folgen von Viktimisierungen zu ziehen sind. Zum andern bezieht sie sich „ganz klassisch" auf die Verhinderung bzw. Verminderung von Viktimisierungen. „Opferbezogene Kriminalprävention" stellt zwar das Opfer in den Mittelpunkt, meint aber keine Prävention, die nur vom Opfer umgesetzt werden muss bzw. kann, sondern bedeutet Kriminalprävention im üblichen umfassenden, sich auf Opfer, Täter, Situationen beziehenden Sinn.

Auf zwei Dinge muss die opferbezogene Prävention allerdings besonders achten: Darauf, dass sie keine (unnötigen) Ängste davor schürt, (wieder) Opfer einer Straftat zu werden und darauf, dass sie dem Opfer keine (Mit)Schuld an der Viktimisierung gibt.

1
Opfer von Straftaten zwischen Wahrnehmung und empirischen Befunden

„ Der öffentliche, namentlich der mediale Diskurs wird zunehmend durch die Beschäftigung mit Verbrechensopfern geprägt. [3] In Presse, Funk, Fernsehen wird über Opferschicksale berichtet; in Talk-Shows treten Opfer und deren Angehörige auf. Es scheint nicht übertrieben, von einem Zeitalter des Opfers zu sprechen ... Die Solidarität mit dem Opfer verbindet das Gemeinwesen; die Gesellschaft wird ,viktimär' " (Barton/ Kölbel 2012, 14). [4]

Wenn in der „viktimären Gesellschaft" die Aufmerksamkeit und das Interesse vom Beschuldigten zum Opfer gewandert sein sollten (so Barton 2012, 112) und sich die Viktimologie – zu deren zentralen Forschungsgegenständen „Fragen der Phänomenologie von Viktimisierungsereignissen und –prozessen sowie der Verbreitung und Häufigkeit von Viktimisierungen im Hell- und Dunkelfeld" zählen (Görgen 2012, 91) – als Teilgebiet der Kriminologie inzwischen etabliert hat, [5] dann bedeutet das

---

[3]   Auf den „hohen Stellenwert, der der Opferproblematik eingeräumt wird", weist *Weigend* schon einige Jahre zuvor hin, wenn er ausführt: „Wer vor einigen Jahren, als die Idee zu der vorliegenden Arbeit entstand, die Rolle des Verletzten im Strafverfahren zu erforschen sich aufmachte, der betrat nicht gerade eine terra incognita, wohl aber eine recht vernachlässigte, mit wissenschaftlicher Erkenntnis karg bewachsene Landschaft, an deren Kultivation auch kaum Interesse zu bestehen schien. Dieses Bild hat sich innerhalb kurzer Zeit wesentlich gewandelt: Das Feld der Wissenschaft vom Opfer ist reich bestellt, und auch im engeren Bereich der Strafprozeßlehre ist der Verletzte längst nicht mehr der ,forgotten man', als den man ihn noch vor wenigen Jahren mit Recht bezeichnen konnte" (1989, 13 f.).

[4]   Siehe zu Begriff und Inhalt der „viktimären" Gesellschaft auch *Kunz*: „Die Gesellschaft wird **viktimär**, indem sie potentielle Opferschaft als Referenzpunkt individueller Eigenschaften versteht und damit nicht den überlegenen Sieger, sondern das schwache, erleidende Opfer zum Grundmodell der Typisierung von Individuen wählt" (2011 a, § 31 Rdn 59). Ausführlich zur „viktimären Gesellschaft" *Barton* 2012.

[5]   Für *Barton* ist aus der Kriminologie „mehr oder weniger eine Viktimologie geworden. Aber natürlich nicht die alte Viktimologie, in der das Opfer primär unter dem Gesichtspunkt der Mitschuld für die Begehung von Straftaten gesehen wird, sondern eine neue Viktimologie, bei der es nicht um Schuld, sondern um Viktimisierungen geht" (2012, 119).

noch nicht, dass die gesellschaftlich wahrgenommenen Opfer auch die tatsächlich von Straftaten betroffenen Opfer sind. Es besteht durchaus ein Widerspruch zwischen den „idealen Opfern"[6] und den „wirklichen" Opfern. Doch bevor auf die „Opfer von Straftaten zwischen Wahrnehmung und empirischen Befunden" eingegangen wird, einige notwendige Anmerkungen zum Opferbegriff.

1.1
Anmerkungen zur Problematik des Opferbegriffs

Den Opferbegriff gilt es aus mehreren Gründen zu problematisieren:[7] Zum einen – auf der individuellen wie auf der gesellschaftlichen Ebene - wegen der damit verbundenen Ambivalenzen, zum andern – auf der Ebene von Strafrecht und Strafverfahrensrecht - wegen der Vorläufigkeit der Rollenzuschreibung im Strafverfahren (Schöch 2003, 19).[8]

Die Ambivalenz des Opferbegriffs

„Der Status als Opfer ist stets etwas – von der Person selbst aber auch vom Umfeld und der Gesellschaft – Zugeschriebenes ... (und diese Zuschreibung) ist nicht frei von Ambivalenzen. Auf der individuellen Ebene oszillieren die damit verbundenen Haltungen zwischen Sympathie und Hilfsbereitschaft auf der einen und Abwertung und Ablehnung auf der anderen Seite" (Görgen 2012, 90).

Opfer einer Straftat geworden zu sein, erhöht nicht unbedingt den sozialen Status – im Gegenteil:[9] Die Konnotation des Opferbegriffs mit „schwach", „abhängig", „unselbständig", „hilfe- und schutzbedürftig"[10] kommuniziert nicht nur – etwa in Zusammenhang mit der Opferhilfe – Empathie und Unterstützung, sondern auch Abwertung und Herabwürdigung – und das nicht nur in der Jugendsprache.[11]

---

[6] Begriff von *Niels Christie*, zitiert nach Barton 2012, 116.

[7] Siehe dazu auch *Steffen* 2012 a, 142 f.

[8] *Sessar* (2012, 264) weist auf ein ganz grundsätzliches Problem hin, wenn er ausführt: „Die Verwendung des Begriffs ‚Opfer' ist indes hoch problematisch, da eine abstrakte strafrechtliche Definition einem individuellen Erlebnis ‚ohne zu fragen' aufgepfropft wird. Kriminologisch liegt es näher, zwischen selbstdeklarierten und fremddeklarierten Opfern zu differenzieren, wodurch die Autonomie der von einer Straftat betroffenen Person, sich als Opfer zu verstehen oder nicht, anerkannt werden würde."

[9] „Opfer sind peinlich, denn sie erinnern uns an unsere eigene Schwäche und Niederlage" (Margarete Mitscherlich zitiert nach Maercker 2006, 53)
    Anders *Barton* (2012, 117): „Opfersein ist in der viktimären Gesellschaft mit Prestige, mit Anerkennung, Aufmerksamkeit, Rechten und Privilegien verbunden ... Überspitzt ließe sich für die viktimäre Gesellschaft sogar sagen: „Alle wollen Opfer sein".

[10] Siehe dazu auch Baurmann 2000, 3; Sielaff 2010, 264. Weitere und für das Opfer ebenfalls selten hilfreiche Konnotationen ergeben sich aus der sakralen, religiösen Herkunft des Opferbegriffs.

[11] Hier ist es unter Jungen und jungen Männern verbreitet, das Wort „Opfer" auch als Schimpfwort zu gebrauchen: „Du Opfer Du". „Der Begriff „Opfer" ... wird benutzt, um sich der eigenen Identität zu versichern und alles abzuwehren, was mit dem Opfersein verbunden wird: Schwäche, Verluste, Ängste, Versagen, eben ‚looser' zu sein oder zu werden" (Voß 2003, 58).
    Für *Barton* (2012, 117) bedeutet das „verächtlich ausgesprochene ‚Du Opfer!' aus dem Munde eines jugendlichen Outlaws ... ‚Ich halte mich nicht an Eure Regeln.' Hier werden also bewusst aus einer Außen-

„Menschen, die Opfer einer Gewalttat geworden sind, haben Ohnmacht, Hilflosigkeit, Ausgeliefertsein und Schwäche erlebt. Sie dürfen jedoch nicht auf diese Erfahrung reduziert werden, sie sind deshalb nicht zwangsläufig ohnmächtig, hilflos und schwach ... Ziel jeder Arbeit mit den Betroffenen muss es daher sein, die Autonomie und das Selbstwertgefühl zu stärken" (Ladenburger 2012, 290).[12]

Die Interessen der Opfer von Verbrechen seien im Kern „tendenziell dilemmatisch, so *Reemtsma* (2006, 18): „Wer Opfer eines Verbrechens geworden ist, will, daß sich die Umwelt darauf einstellt – und will gleichzeitig nicht auf diese Rolle festgelegt werden."

Diese Feststellung richtet sich auch und gerade an die Opferhilfeeinrichtungen, deren – gut gemeinte - Bestrebungen, Opfern von Straftaten zu helfen und sie zu schützen, dazu führen können, die Betroffenen auf ihr Opfersein zu reduzieren, statt es ihnen zu ermöglichen, „Abschied von der Opferrolle" zu nehmen, ihre Autonomie und Handlungsfähigkeit wiederzuerlangen, eigene Abwehrkräfte, Resilienz zu entwickeln (Steffen 2012 a, 143).

Zur Problematik des Opferbegriffs im Strafrecht und Strafverfahrensrecht

„Da im Strafverfahren für den Beschuldigten die Unschuldsvermutung gilt, steht eine Verletzung durch den Beschuldigten bis zur rechtskräftig festgestellten Schuld noch gar nicht fest ... Dem Beschuldigten als potentiellem Täter entspricht im Strafverfahren daher das Pendant der ‚potentiellen' Opferschaft" (Kunz 2011 b, 2).

Die Befürchtung ist sicherlich nicht von der Hand zu weisen, die Bezeichnung einer Person als Opfer[13] einer Straftat suggeriere Täterschaft und sei daher mit der Unschuldsvermutung,[14] eine der zentralen Säulen des Strafverfahrens, nicht vereinbar. Es ist jedoch *Weigend* zuzustimmen, wenn er ausführt, dass in den meisten gesetzlichen Regelungen fingiert werde, dass die im Prozess als Verletzter auftretende

---

seiterposition heraus der gesellschaftliche Grundkonsens und die viktimäre Gesellschaft verhöhnt".

[12]	Siehe zu den „problematischen Viktimisierungsgewinnen" auch *Barton*, der unter Bezug auf *Niels Christie* darauf hinweist, dass die Zuschreibung eines Opferstatus Leiden vergrößern und Heilungsprozesse verzögern könne; dazu trete die Gefahr, dass das Opfer durch Opferschutzmaßnahmen den Glauben an die eigenen Fähigkeiten, die Situation zu bewältigen, verlieren könne. Erlernte Hilflosigkeit könnte das fatale Ergebnis sein. Auch könnten die Viktimisierungsgewinne für das Opfer als so bereichernd empfunden werden, dass jenes es vorziehe, lieber lebenslang Opfer zu sein, als andere Lebensentwürfe zu wählen (2012, 134).

[13]	Mit der Verwendung des Begriffs „Verletzter" (so überwiegend das Strafverfahrensrecht) statt „Opfer" sind dieselben Probleme verbunden; sie werden deshalb häufig synonym verwendet (siehe dazu Weigend 2012, 31 und Weigend 1989, 13).

[14]	In Art. 6 Abs. 2 der Europäischen Menschenrechtskommission garantiert die Unschuldsvermutung, dass jede Person während eines Strafverfahrens bis zum gesetzlichen Beweis ihrer Schuld als unschuldig gilt. Die Unschuldsvermutung folgt auch aus dem Rechtsstaatsprinzip nach Art. 20 Abs. 3 und Art. 28 Abs. 1 Satz 1 Grundgesetz.
	In Deutschland gilt der Grundsatz der Unschuldsvermutung auch für die Presse (Ziffer 13 des Pressekodex).

Person tatsächlich und nicht nur scheinbar Opfer einer Straftat geworden sei.[15] „Dadurch werden allerdings die für das Opfer vorgesehenen prozessualen Rechte explizit auch jenen Personen zur Verfügung gestellt, die sich später als Nicht-Opfer erweisen. Man wird darin nicht – wie manchmal behauptet wird – eine Verletzung der Unschuldsvermutung sehen können; denn die Schuld oder Unschuld des Angeklagten ist prinzipiell davon unabhängig, ob er gerade die Person, die im Prozess als Opfer erscheint, durch eine Straftat geschädigt hat[16] ... Und auch die Erfahrung, dass es nur relativ selten vorkommt, dass jemand zu Unrecht die Rolle des Opfers usurpiert, spricht für eine gewisse Großzügigkeit bei der Zuerkennung von Verletztenrechten im Strafverfahren" (2012, 31 f.).

Außerdem zeigt schon die Häufigkeit von Verfahrenseinstellungen, dass der Bezeichnung einer Person als „Opfer" und einer anderen Person als „Täter"[17] wenn überhaupt, dann eine äußerst geringe präjudizierende Wirkung zukommt. Zudem ist der Begriff eingeführt, auch und gerade in der Gesetzgebung.[18]

Wirkliche und mögliche Opfer

Wenn also im folgenden der Begriff „Opfer von Straftaten" verwendet wird – und nicht „mutmaßliche Opfer" -,[19] dann geht es dabei immer um *wirkliche Opfer* und nicht um mögliche Opfer: Es geht um „Personen, die mit Gründen von sich behaupten, sie seien durch eine kriminelle Handlung verletzt worden. Sie seien ‚wirklich' Opfer einer Straftat ... Es gibt neben den ‚wirklichen' freilich auch ‚mögliche' Opfer ... Wer nicht Opfer einer Straftat geworden ist, sondern befürchtet, es in der Zukunft zu werden, befindet sich, im Vergleich zu einem ‚wirklichen' Opfer, in einer völlig anderen Position ... er fordert nicht Rechte in einem bestimmten Strafverfahren, sondern

---

[15] Insofern sei es konsequent, wenn § 65 Z. 1 öStPO das „Opfer" definiert als „jede Person, die durch eine vorsätzlich begangene Straftat Gewalt oder gefährlicher Drohung ausgesetzt oder in ihrer sexuellen Integrität beeinträchtigt worden sein könnte" (Weigend 2012, 31).
Ohne jede Einschränkung wird der Begriff „Opfer" auch in der *„Richtlinie 2012/29/EU des Europäischen Parlaments und des Rates vom 25. Oktober 2012 über Mindeststandards für die Rechte, die Unterstützung und den Schutz von Opfern von Straftaten sowie zur Ersetzung des Rahmenbeschlusses 2001/220/JI"* verwendet. Im Sinne dieser Richtlinie bezeichnet der Ausdruck „Opfer" i) eine natürliche Person, die eine körperliche, geistige oder seelische Schädigung oder einen wirtschaftlichen Verlust, der direkte Folge einer Straftat war, erlitten hat; ii) Familienangehörige einer Person, deren Tod eine direkte Folge einer Straftat ist, und die durch den Tod dieser Person eine Schädigung erlitten haben.
Auch die vom *Bundesministerium der Justiz* herausgegebene „OpferFibel" zu den Rechten von Verletzten und Geschädigten im Strafverfahren spricht durchgehend und ohne jede Problematisierung von „Opfern von Straftaten".

[16] Für *Schünemann* ist „Opfer" im Zusammenhang des Strafverfahrens ein „implizit die Unschuldsvermutung verneinender Ausdruck" (zitiert nach Pollähne 2012, 9, Fn 17).

[17] Beziehungsweise im polizeilichen Ermittlungsverfahren als „Tatverdächtiger" oder „Beschuldigter".

[18] Etwa Opferschutzgesetz, Opferrechtsreformgesetz, Opferanwalt, OpferFibel des Bundesjustizministeriums (siehe dazu auch Steffen 2012 a, 142). Zudem entspricht der Begriff „Opfer" nicht nur der nationalen, ressortübergreifenden Begrifflichkeit, sondern auch dem international gebräuchlichen Begriff „victim".

[19] Oder, wie etwa von *Kunz* gefordert, die Bezeichnung „potentielle Opfer" (2011 b, 2).

möglicherweise eine bestimmte Art von Kriminalpolitik,[20] die seinen Interessen als mögliches Opfer einer Straftat genügen soll. Er hat überdies auch keine Opfererfahrung, er hat vielmehr Opferphantasien" (Hassemer/Reemtsma 2002, 100 f.)[21]

Das heißt, es wird ein **enger Opferbegriff** verwendet, der sich an strafrechtlichen Maßstäben orientiert:[22] Opfer sind die Personen, die entweder im Hellfeld der Kriminalstatistiken als Opfer von Straftaten registriert worden sind oder in Opferbefragungen angegeben haben, Opfer einer Straftat geworden zu sein ("selbstdeklarierte Opfer"). In beiden Fällen geht es auch nur um direkte Opfer, also um Personen, gegen die sich eine strafbare Handlung gerichtet hat bzw. die dadurch unmittelbar einen Schaden erlitten haben.[23]

1.2
Opfer von Straftaten in der Wahrnehmung: Das „ideale Opfer"

Wenn von „Opferzuwendung in Gesellschaft, Wissenschaft, Strafrechtspflege und Prävention" gesprochen und festgestellt wird, dass diese Zuwendung offenkundig und gemeinhin begrüßt sei (Barton/Kölbel 2012, 14) und die „Anerkennung als Opfer .. Aufmerksamkeit, Rechte und Privilegien" verschaffe (Kunz 2011 a, 367), dann gilt das keineswegs für alle Opfer von Straftaten: Als Opfer im oben beschriebenen Sinne wahrgenommen und gewürdigt werden in erster Linie, wenn nicht sogar nahezu ausschließlich, die sog. „idealen Opfer" – und die sind nur ein (kleiner) Teil der Menschen, die Opfer von Straftaten werden.

Wie so oft fallen Wahrnehmung und empirische Befunde auseinander,[24] ist zu fragen, welche Opfer „im Blick" sind, wenn Opferzuwendung behauptet, beschrieben und festgestellt wird – und welche nicht.

Niels Christie hat den treffenden Begriff des „idealen Opfers" kreiert: Es sei schwach – auf die Konnotationen des Opferbegriffs mit „schwach", „abhängig", „unselbstän-

---

[20] Diese „bestimmte Art von Kriminalpolitik" bezieht sich auf eine Politik, in der tatsächliche oder vorgebliche Ängste von Opfern dazu „missbraucht" werden, um eine repressive Strafrechtspolitik durchzusetzen. Siehe dazu auch Barton/Kölbel 2012, 15; Steffen 2012 b.

[21] „Virtuelle Verbrechensopfer existieren, und sie haben realen Einfluß auf das Strafjustizsystem und seine Politik. Die Aktualität der Opferorientierung verwendet weniger ein Konzept von wirklichen als vielmehr ein Konzept von virtuellen Opfern. Ein Grundrecht auf Sicherheit beispielsweise versteht sich als Gewährleistung vor allem gegenüber potentiellen Opfern einer Straftat" (Hassemer/Reemtsma 2002, 101).

[22] *Feldmann-Hahn* weist auf die Kritik an diesem engen Verständnis hin und auf die Forderung nach einem kriminologischen/viktimologischen Opferbegriff, der den Fokus der Opferforschung auf die subjektive Perspektive lege und die Einordnung als Opfer allein an der Empfindung des Opfers orientiere – Opfer sei, wer sich als Opfer fühle (2011, 11). So auch *Sessar* 2012 (Fn 8).

[23] Und nicht auch um indirekte Opfer, um Personen, die vom Viktimisierungserlebnis einer anderen Person auf Grund einer besonderen Nähekonstellation betroffen sind (siehe zu den Begrifflichkeiten Sautner 2010, 164). Zur Betroffenheit mittelbarer Opfer, etwa von Angehörigen, auch *Sielaff* 2010.

[24] Siehe dazu etwa die Befunde zur „Jugendkriminalität zwischen Wahrnehmung und empirischen Befunden" bei *Steffen* 2008.

dig", „hilfe- und schutzbedürftig" wurde schon hingewiesen; es habe an einem mora-
lischen bzw. sozial ansehnlichen Vorhaben mitgewirkt; es war an einem Ort, an dem
man ihm kaum die Schuld dafür geben könne, dass es sich dort aufgehalten habe; der
Angreifer war groß und böse; der Täter war unbekannt, ihn verbinde keine persönliche Beziehung mit dem Opfer.[25]

Wer diesem „Ideal" nicht entspricht, dem wird der Opferstatus nicht oder zumindest nicht so schnell zuerkannt. Damit sind vor allem diese Opfer von Straftaten „im
Blick": Kinder, Frauen (allerdings nur dann, wenn sie sich nichts „zuschulden" haben
kommen lassen), alte Menschen, Pflegebedürftige. „Nicht im Blick" sind Männer,
insbesondere dann nicht, wenn sie jung sind.[26]

Dass diese Wahrnehmung nicht der Realität der Opferwerdung in unserer Gesellschaft
entspricht, das zeigen die Befunde der kriminologischen und viktimologischen Forschung zur Verbreitung und Häufigkeit von Viktimisierungen im Hell- und Dunkelfeld.

1.3
Empirische Befunde zur Verbreitung und Häufigkeit von Viktimisierungen im Hell- und Dunkelfeld

Zunächst eine **Vorbemerkung**:

In Anbetracht der „Renaissance des Verbrechensopfers" im letzten Vierteljahrhundert,
der Anerkennung von Opferschutz und Opferhilfe, der Verbesserung der Stellung des
Opfers im Strafverfahren, des deutlichen „Klimawandels" in Richtung mehr Sensibilität für die Belange des Opfers und – im Zusammenhang dieses Kapitels von besonderer Bedeutung – der Etablierung der Viktimologie innerhalb der Kriminologie, ist
es bemerkenswert, wie **gering das empirisch gesicherte Wissen über die Opfer von
Straftaten** ist. Über

- die Verbreitung und Häufigkeit von (primären) Viktimisierungen,

- über die Folgen/Effekte von Viktimisierungserfahrungen, insbesondere auch
  über Art und Ausmaß sekundärer Viktimisierungen[27] durch das Strafverfahren
  bzw. das soziale Umfeld,

---

[25] Zitiert nach Barton 2012, 116.

[26] Folglich galt auch die Opferzuwendung, die besondere Aufmerksamkeit in den letzten 25 Jahren, vor
allem bestimmten *Opfergruppen* und deren Schutz:
Zunächst wurden die misshandelten Kinder „entdeckt", später die geschlagenen und vergewaltigten Frau-
en, schließlich die Kinder, die sexuelle Ausbeutung erlebt haben. Die zahlenmäßig bedeutendsten Gruppen
von Kriminalitätsopfern werden dagegen immer noch übersehen bzw. nicht als Opfer wahrgenommen:
Männer und Jungen (so auch Baurmann 2000,3).

[27] Mit „sekundärer Viktimisierung" wird die „zweite Opferwerdung" (nach der ersten durch die Straftat
selbst) bezeichnet: Durch entsprechend „geeignete" Reaktionen der Instanzen der Strafverfolgung und des
sozialen Umfeldes.

- über Opferbedürfnisse, -erwartungen und –wünsche,

liegen – zumindest für Deutschland – ohnehin nicht sehr viele Erkenntnisse vor und schon gar nicht aus jüngerer Zeit. Die Datenlage ist ausgesprochen unbefriedigend und eine entsprechende empirische Forschung dringend erforderlich.

Eines ist allerdings klar: <u>Das</u> Opfer gibt es nicht, Opferwerdung, Opferverhalten wie auch Opferwünsche sind höchst individuelle Geschehnisse.[28]

Die im folgenden dargestellten Befunde zu Viktimisierungen im Hell- wie im Dunkelfeld beziehen sich ganz überwiegend auf die Opfer von Gewaltdelikten bzw. sog. Kontaktdelikten: Delikten, bei denen es zu einem Kontakt zwischen Täter und Opfer und zur Anwendung psychischer, physischer oder sexueller Gewalt gekommen ist.[29] Im Hellfeld der Polizeilichen Kriminalstatistik (PKS) erfolgt eine Opfererfassung ohnehin nur bei solchen Straftaten. Opferbefragungen erstrecken sich zumeist auch auf weitere Straftaten, so insbesondere auch auf Eigentums- und Vermögensdelikte.[30]

1.3.1
Opfer von Straftaten im Hellfeld der Polizeilichen Kriminalstatistik (PKS)

In der Polizeilichen Kriminalstatistik werden Opfer – „natürliche Personen, gegen die sich die mit Strafe bedrohte Handlung unmittelbar richtete"[31] – nur bei bestimmten Straftaten(gruppen) erfasst.[32] Daran wird auch die nach wie vor bestehende Ausrichtung dieser und anderer Hellfeldstatistiken auf Täter und Tatverdächtige sowie auf institutionelle Reaktionen auf Taten deutlich (Görgen 2012, 100).[33]

---

[28] Siehe dazu beispielsweise die Untersuchungsergebnisse von Kilchling 1995, 621 ff.

[29] *Baurmann/Schädler* weisen zu Recht darauf hin, dass die Situation der Gewaltopfer häufig und unzulässigerweise auf die aller Kriminalitätsopfer verallgemeinert werde. Etwa 94% der Opfer angezeigter Straftaten seien aber keine Gewaltopfer.
Kilchling befragte Opfer dieser Kontaktdelikte: Raub(versuch), sexueller Angriff, tätlicher Angriff und Bedrohung sowie Opfer dieser Nicht-Kontaktdelikte: Kfz-Delikte, Motorrad- und Fahrraddiebstahl, Diebstahl persönlichen Eigentums sowie als „Zwischenkategorie" die Opfer von Wohnungseinbruch. Diese Deliktskategorien entsprechen den in den „International Crime Victim Surveys" (s.u.) verwendeten.

[30] Siehe zu den „Grenzen bezüglich der erfragbaren Delikte" und der dadurch bewirkten „schlagseitigen Selektivität der Dunkelfeldforschung" *Feldmann-Hahn* 2011, 33 ff.

[31] So die entsprechende Begriffserläuterung in den „Vorbemerkungen" zur PKS für die Bundesrepublik Deutschland.

[32] Ausgewiesen in den Tabellen 91 – Aufgliederung der Opfer nach Alter und Geschlecht – und 92 – Opfer-Tatverdächtigen-Beziehung. Im wesentlichen handelt es sich dabei um Gewalt-, Sexual- und Raubdelikte.

[33] Noch ausgeprägter ist diese Ausrichtung in den Strafverfolgungsstatistiken, in denen überhaupt keine Opferangaben erfasst werden.

Insgesamt geht die **Zahl der Opfer** – analog zu derjenigen der Straftaten[34] – seit einigen Jahren kontinuierlich zurück: Bei Delikten der Gewaltkriminalität[35] wurden 2007 257.257 Opfer und 2011 233.950 Opfer erfasst. Die Opfergefährdungszahl (OGZ) [36] geht von 312,5 auf 286,2 zurück: Danach wurden 2007 wie 2011 etwa 0,3% der Bevölkerung Deutschlands als Opfer von Gewaltstraftaten kriminalstatistisch erfasst.

Bezogen auf das **Geschlecht** der Opfer waren 2007 ein gutes Viertel (27,4%) aller Opfer von Gewaltstraftaten weiblich, 2011 waren es 29,2% (obwohl auch hier die absoluten Zahlen zurückgegangen sind). Die OGZ lag 2011 für Männer mit 412,9 deutlich über derjenigen für Frauen mit 164,1 (2007: 463,2 zu 168).

Bei den einzelnen Gewaltstraftaten sind zwei Drittel aller polizeilich erfassten Opfer von Mord und Totschlag, Raub und Körperverletzungen männlich, bei den gefährlichen und schweren Körperverletzungen sind es sogar drei Viertel.

Nur bei den Straftaten gegen die sexuelle Selbstbestimmung dominieren – mit über 90% - die weiblichen Opfer.

Bei den Straftaten gegen die persönliche Freiheit ist das Verhältnis etwa 50 zu 50.[37]

Im Vergleich der **Altersgruppen** werden Jugendliche und Heranwachsende überproportional häufig als Opfer von Körperverletzungen, Raub, Straftaten gegen die persönliche Freiheit und Straftaten gegen die sexuelle Selbstbestimmung erfasst[38] - also bei den Delikten, bei denen diese Altersgruppen auch am stärksten mit Kriminalität belastet sind.

Die PKS-Daten bestätigen Befunde der Viktimisierungsforschung, dass **Viktimisierungsrisiken mit wesentlichen demografischen Merkmalen verknüpft** sind, in diesem Fall mit Alter und Geschlecht[39] - und dass die Viktimisierung zumindest im Hellfeld der PKS der Wahrnehmung vom „idealen Opfer" widerspricht: Mit Ausnah-

---

[34] Hier kam es 2011 gegenüber 2010 zu einem kleinen Anstieg von 1%.

[35] Der Summenschlüssel „892000" Gewaltkriminalität umfasst folgende Straftaten: Mord, Totschlag und Tötung auf Verlangen, Vergewaltigung und sexuelle Nötigung, Raub, räuberische Erpressung und räuberischer Angriff auf Kraftfahrer, Körperverletzung mit Todesfolge, gefährliche und schwere Körperverletzung, erpresserischer Menschenraub, Geiselnahme, Angriff auf den Luft- und Seeverkehr.

[36] Opfergefährdungszahl= Opfer pro 100.000 der jeweiligen Bevölkerungsgruppe.

[37] „Geschlechtsspezifisch" ist übrigens auch die Opfer-Tatverdächtigen-Beziehung: Opfer von Gewalt durch fremde Täter und im öffentlichen Raum sind überwiegend männlich, Opfer von Gewalt durch verwandte bzw. bekannte Täter im sozialen Nahraum sind überwiegend weiblich.

[38] Die Opfergefährdungszahl – OGZ – Opfer pro 100.000 Einwohner der jeweiligen Altersgruppe beträgt 2011 etwa bei Körperverletzungen für Heranwachsende 2822 und für Jugendliche 2014; für Erwachsene zwischen 21 und 60 Jahren dagegen nur 894 und für Erwachsene ab 60 Jahren sogar nur 133.

[39] Dazu kommen noch die ökonomische und soziale Position in der Gesellschaft (Görgen 2012, 93), über die jedoch in der PKS keine Angaben gemacht werden.

me der Sexualstraftaten sind Frauen sehr viel seltener Opfer als Männer,[40] auch Kinder und ältere Menschen ab 60 Jahren werden verhältnismäßig selten als Opfer erfasst.

Gefährdet sind dagegen männliche Jugendliche und Erwachsene: Gewalt von (jungen) Männern ist vor allem Gewalt gegen andere (junge Männer) – und der sog. Täter-Opfer-Statuswechsel nicht die Ausnahme, sondern die Regel (Steffen 2008, 241).

1.3.2
Anzeigebereitschaft und Anzeigemotive

Das zentrale Problem bei der Einschätzung von Viktimisierungsrisiken im Hellfeld ist die Abhängigkeit ihrer Erfassung von der Bereitschaft der Opfer, eine Anzeige zu erstatten, die Tat öffentlich zu machen. Denn über 90% der in der PKS offiziell registrierten Delikte gelangen über private Strafanzeigen, zumeist der Opfer und Geschädigten, zur Kenntnis der Polizei und damit in die PKS. Dennoch ist die Strafanzeige keineswegs die „normale", sondern viel eher eine „exklusive" Reaktion der Opfer und Geschädigten auf grundsätzlich strafbare Konflikt- und Schadensereignisse.[41]

Die Befunde der Dunkelfeldforschung zeigen, dass nur ein – deliktsspezifisch unterschiedlich großer[42] – Teil der überhaupt wahrgenommenen Verstöße gegen Strafrechtsnormen von den Opfern bei der Polizei angezeigt und von dieser dann auch registriert wird. Bezogen auf die Gesamtkriminalität kann man davon ausgehen, dass der weitaus größte Teil grundsätzlich strafbarer Konflikt- und Schadensereignisse im Dunkelfeld verbleibt – und damit auch ihre Opfer (Steffen 1993, 33).

Zur **Anzeigehäufigkeit** bei einzelnen Delikten liegen keine neueren bundesweiten Erkenntnisse vor.[43] Bei den beiden zuletzt – 1997 - durchgeführten bundesweiten Opferbefragungen wurden für Kontakt- bzw. Gewaltdelikte diese Werte ermittelt:[44]

•   Einbruch, versuchter Einbruch: 88,3% bzw. 80,5% (bei Opferprävalenzraten von 1,8 bzw. 1,7)

•   Raub: 57,1% bzw. 59,9% (bei Opferprävalenzraten von 1,1 bzw. 0,8)

---

[40]   Für *Treibel u.a.* lasse sich aufgrund der zur Verfügung stehenden Daten nicht sagen, ob Frauen häufiger und schwerwiegender von Gewalt betroffen seien als Männer: Die Hellfelddaten der PKS zeigten, dass Männer insgesamt häufiger Opfer würden als Frauen; die jedoch seien stärker von Delikten mit hoher Dunkelziffer betroffen, etwa von häuslicher und sexueller Gewalt (2008, 459).

[41]   Steffen 1976 und 1982 zitiert nach Steffen 1993, 33.

[42]   *Kilchling* stellt bei seiner Opferbefragung für die Einbruchsopfer eine Anzeigequote von 76,9% fest; für die Nicht-Kontakt-Opfer eine von 62,6% und für die Betroffenen von Kontaktdelikten eine Quote von 31,8% (1995, 211 f).

[43]   *Van Dijk* 2012, 31 gibt für den Wohnungseinbruch für Deutschland 2009/2010 eine Anzeigehäufigkeit von 62% an.

[44]   PSB 2006, 19. Die ersten Werte beziehen sich auf die Anzeigeraten von Befragten ab 18 Jahren, die zweiten Werte auf die von Befragten ab 16 Jahren. Das gleiche gilt für die ausgewiesenen Opferprävalenzraten. Die Referenzperiode betrug jeweils 12 Monate. Bei (einfachen) Diebstahlsdelikten oder auch Sachbeschädigungen liegen die Anzeigeraten deutlich höher; nicht zuletzt wegen der Versicherungsbedingungen.

- Tätlicher Angriff: 37,9% bzw. 32,7% (bei Opferprävalenzraten von 2,0 bzw. 1,5)
- Sexueller Angriff: 44,4% bzw. 61,4% (bei Opferprävalenzraten von 0,3 bzw. 0,2)
- Sexuelle Belästigung: 20,6% bzw. 19,2% (bei Opferprävalenzraten von 2,1 bzw. 1,5).

Eine 2004 im Auftrag des Bundesministeriums für Familien und Senioren, Frauen und Jugend (BMFSFJ) durchgeführte repräsentative Befragung von gut 10.000 Frauen im Alter von 16 bis 85 Jahren zu Gewaltprävalenzen seit dem 16. Lebensjahr kommt zu Anzeigequoten („Einschalten der Polizei") von 14% bei allen Situationen körperlicher Gewalt und von 21% bei den ernsthaften Formen dieser Gewalt (Müller/ Schröttle 2004, 189). Bei allen Situationen sexueller Gewalt wurde die Polizei zu 11% eingeschaltet, zu 15%, wenn der Täter ein Partner, Ex-Partner oder Geliebter war (Müller/Schröttle 2004, 208 f).

Für das Anzeigeverhalten nach sexuellem Missbrauch kommt die Repräsentativbefragung durch das Kriminologische Forschungsinstitut Niedersachsen von 2011 (gut 11.000 Befragte) zu Anzeigequoten zwischen 11,9% und 18,4% für die verschiedenen Missbrauchshandlungen; dabei zeigen weibliche Betroffene mit einer Ausnahme („anale/vaginale Penetration") etwas häufiger an als männliche Betroffene (Standler u.a. 2012, 42).[45]

Für im Durchschnitt 15-jährige Jugendliche stellt die vom Kriminologischen Forschungsinstitut Niedersachsen 2007 und 2008 durchgeführte repräsentative Befragung (knapp 45.000 Befragte) Anzeigequoten von 24% für alle Gewaltdelikte fest; bei Raubdelikten zeigen 40,2% der Befragten an, bei schweren Körperverletzungen 36,8% und bei den anderen Gewaltdelikten (Erpressung, sexuelle Gewalt, leichte Körperverletzung) um die 18% (Baier u.a. 2009, 42).[46]

Die am häufigsten genannten **Gründe für eine Nichtanzeige**:[47]

- Tat war wenig schwer/nicht so ernsthaft
- Einschalten der Polizei unangemessen/Polizei hätte auch nichts machen können
- informelle Konfliktregelung
- wollte meine Ruhe haben
- Scham, Tat war zu intim

---

[45] *Schöch* (2012, 247) weist im Zusammenhang mit dem sexuellen Missbrauch in Institutionen darauf hin, „dass es auch die Angst vor einem Strafverfahren war, die zur Mauer des Schweigens beitrug".

[46] Die Opferraten (eine Opfererfahrung in den letzten 12 Monaten) liegen für Gewaltdelikte insgesamt bei 16,8%; männliche Befragte: 20,2%, weibliche Befragte: 13,0%; nur bei sexuellen Belästigungen geben die weiblichen Befragten mit 11,9% eine höhere Opferrate an als die männlichen Befragten mit 1,9% (Baier u.a. 2009, 39).

[47] Siehe dazu PSB 2006, 19; Müller/Schröttle 2004, 190, 210.

- habe mich nicht getraut/Angst vor Rache
- (unterstellte) Wirkungslosigkeit/Inaktivität polizeilichen Handelns, wollte nichts mit Polizei zu tun haben.

Kommt es aber zu einer **Strafanzeige**, dann steht diese „am Ende eines oft bewußten Entscheidungsprozesses. Sie wird vom Opfer instrumentell eingesetzt und beschließt nicht selten gescheiterte Regelungsversuche im Vorfeld, gerade auch im interpersonellen Bereich. Es ist also das Opfer selbst, das in nahezu allen Fällen den Prozeß der Strafverfolgung und damit (zumindest die Vor-) Selektion der zu verfolgenden Taten festlegt" (Kilchling 1995, 25 f).[48] *Kilchling* geht davon aus, dass „die justizielle Strafverfolgung in einem ganz weiten Sinne Dienstleistungscharakter für das Opfer hat oder doch (wieder-)erlangen kann" (1995, 24).

Ob eine **Straftat angezeigt** wird, hängt (außer von den Versicherungsbedingungen) auch ab von

- Art und Schwere der Straftat bzw. Höhe des Schadens
- Merkmalen des Täters
- Merkmalen des Opfers
- der Opfer-Täter-Beziehung
- Einflüssen Dritter
- sozialer Toleranz (Schwind 2011, § 20 Rdn 9).

Für die **Motive zur Anzeigeerstattung** ist die Art der erlittenen Straftat von Bedeutung: „Opfern von Gewalt- und Sexualdelikten geht es vor allem darum, Hilfe zu erhalten und eine Wiederholung zu vermeiden. Bei Eigentumsdelikten und Raubstraftaten stehen die Hoffnung auf Wiederbeschaffung sowie der Umstand im Vordergrund, dass Anzeigeerstattung vielfach Voraussetzung für Versicherungsleistungen ist. Bereichsübergreifend spielen die Hoffnung auf Ergreifung und Bestrafung des Täters, die erlebte Tatschwere sowie die erlebte Verpflichtung, eine erlittene Tatbegehung institutionell bekannt zu geben, eine Rolle" (Görgen 2012, 98).

Ob diese Verpflichtung „erlebt" wird, kann auch von den – eingeschätzten bzw. wahrgenommenen - Erfolgen der Strafverfolgungsinstanzen sowie von den Erfahrungen abhängen, die Opfer bei früheren Anzeigeerstattungen mit den Instanzen gemacht haben.[49]

---

[48] *Schwind* spricht in diesem Zusammenhang von der „Selektionsmacht des Opfers" (2011, § 20 Rdn 2)
[49] Siehe dazu auch Schwind 2011, § 20 Rdn 10a; Feldmann-Hahn 2011, 6.

1.3.3
Opfer von Straftaten im Dunkelfeld[50]

1.3.3.1
Viktimisierungen im Dunkelfeld: Methoden und Grenzen der Opferbefragungen

Zu den zentralen Forschungsgegenständen der Viktimologie zählen Erhebungen zu Verbreitung, Art und Häufigkeit von Viktimisierungen im Dunkelfeld, zumeist in Form von Befragungen (Schwind 2011, § 2 Rdn 44).[51]

Während die erste Welle systematischer Dunkelfeldbefragungen zumeist Täterbefragungen waren,[52] kam es „einhergehend mit dem Aufblühen der Viktimologie und der ‚Wiederentdeckung des Opfers‘ im Sinne der Blickschärfung für die unzureichend berücksichtigten Opferinteressen'" zu einer Akzentverschiebung in Richtung Opferbefragungen (Feldmann-Hahn 2011, 17).

Kilchling unterscheidet zwei Grundtypen von Opferbefragungen: Kriminalitätsmessungen auf der einen – Crime Surveys - sowie die Erforschung weitergehender viktimologischer Fragestellungen auf der anderen Seite - Victim Surveys (1995, 55 f. ; diese Definitionen nehmen auch Sautner 2010 und Feldmann-Hahn 2011 auf).

Am Beginn der Erforschung der „Opferseite" standen die **Crime Surveys**, „deren Zielsetzung es im wesentlichen war bzw. ist, Ausmaß und Art der Viktimisierungen in der Bevölkerung zu verzeichnen ... das Hauptanliegen solcher Untersuchungen (bleibt) doch das kriminelle Verhalten an sich. Opferaspekte spielen demgegenüber nur eine untergeordnete Rolle" (Sautner 2010, 146). Im Fokus dieser kriminalstatistisch orientierten Opferbefragungen („statistikbegleitende Untersuchungen")[53] stehen die Kriminalitätsbelastung und die Kriminalitätsmessung sowie die möglichst exakte Ermittlung von Prävalenz- und Inzidenzraten (Feldmann-Hahn 2011, 4).

Victim Surveys sind Untersuchungen, „die von einem viktimologischen Standpunkt aus auch die tiefer liegenden Zusammenhänge der Opferwerdung mit den vielfältigen Aspekten einer Opferperspektive erforschen wollen" (Sautner 2010, 146). Sie machen die Mehrzahl der heutigen Befragungen aus; im Vordergrund der Erhebungen stehen

---

[50] Unter dem Dunkelfeld der Straftaten wird die Summe jener Delikte verstanden, die nicht angezeigt und deshalb den Strafverfolgungsbehörden nicht bekannt werden und deshalb auch nicht in den Kriminalstatistiken erscheinen (Schwind 2011, § 2 Rdn 34). Einen weiteren Faktor stellt das Registrierverhalten der Polizei dar: Es ist davon auszugehen, dass ein Teil der angezeigten Straftaten durch Selektion bei der Registrierung nicht in der PKS erfasst werden (Feldmann-Hahn 2011, 14).
Siehe zum Stand der Dunkelfeldforschung grundlegend *Heinz* 2006 und zu „Stand und Perspektiven der Dunkelfeldforschung in Deutschland und international" den Überblick durch *Stock* 2012.

[51] Zu weiteren Methoden der Dunkelfeldforschung wie der teilnehmenden Beobachtung oder dem Experiment siehe *Schwind* 2011, § 2 Rdn 37-43.

[52] Siehe dazu die Angaben bei *Schwind* 2011, § 2 Rdn 46-52.

[53] Siehe zum Stand der Diskussion um periodische Opferbefragungen in Deutschland und dem Nutzen solcher kontinuierlich betriebenen Dunkelfeldforschung *Feldmann-Hahn* 2011, 158 ff. Auch Stock 2012.

das Opfer selbst und opferrelevante Problemkreise wie das Anzeigeverhalten, das Ansehen der Polizei oder die Kriminalitätsfurcht (Feldmann-Hahn 2011, 4).[54]

Victim Surveys sind in der Regel als Bevölkerungsbefragungen angelegt, erfassen also nicht nur Opfer, sondern auch Nicht-Opfer. Damit ergibt sich das Problem der Abgrenzung bzw. die Notwendigkeit einer **Selbstdeklaration** der Probanden als Opfer.[55]

Sautner (2010, 165 ff) weist auf die Probleme im Zusammenhang mit der Selbstdeklaration als Opfer hin. Es sei von einem gewissen Anteil fehlerhafter Zuordnungen auszugehen: Nichtopfer könnten angeben, Opfer zu sein – das sei allerdings relativ selten. Viel bedeutsamer sei eine Nichtinanspruchnahme des Opferstatus dadurch, dass vorhandene Opfererfahrungen bei der Befragung nicht mitgeteilt werden. Die Palette möglicher Ursachen hierfür reiche

- vom Vergessen und
- einer Verdrängung des Viktimisierungserlebnisses über dessen
- bewusstes Verschweigen, z.B. aus Gründen der Scham oder der
- Einordnung als Privatangelegenheit bis hin zu einer
- bewussten Ablehnung der Opferrolle, beispielsweise weil der betreffende Vorfall als zu geringfügig angesehen werde oder weil
- ein grundsätzlich strafrechtlich relevantes Verhalten von der davon betroffenen Person als strafrechtlich irrelevant eingestuft werde.

Zusammenfassend könne festgehalten werden, dass „Nichtopfer Personen sind, die entweder keine Straftat erlitten oder diese vergessen haben oder sich nicht daran erinnern wollen".[56]

Die meisten Opferbefragungen beziehen sich auf Viktimisierungserfahrungen innerhalb eines bestimmten **Referenzzeitraumes**, zumeist „innerhalb der letzten 12 Monate vor der Befragung", aber auch auf mehrjährige bzw. auf die ganze Lebenszeit („irgendwann einmal") bezogene Zeiträume. Bei größeren Referenzzeiträumen scheinen vorzugsweise schwerere Delikte angegeben zu werden. Die Angabe solcher

---

[54] Zwischen Crime Surveys und Victim Surveys einzuordnen sind die **Victimization Surveys**, sozusagen Crime Surveys aus der Opferperspektive, die auch die Folgen der Viktimisierung in das Forschungsprogramm einbeziehen (Kilchling 1995, 56).

[55] Bei Bevölkerungsbefragungen liegt die Notwendigkeit einer Selbstdeklaration auf der Hand. Aber auch bei sog. „reinen" Opferbefragungen, also Befragungen von Personen, die in polizeilichen oder gerichtlichen Unterlagen schon als Opfer geführt werden, besteht die Notwendigkeit einer Selbstdeklaration, da das bekannte – Aktenlage – Viktimisierungsereignis durch frühere oder spätere Opfererfahrungen überlagert sein könnte, sich die Angaben aber auf eine bestimmte Viktimisierung beziehen sollen (Sautner 2010, 165). Solche „reinen" Opferbefragungen sind beispielsweise die Studien von Baurmann/Schädler (1991) oder Richter (1997).

[56] Siehe zur „Aussagefähigkeit und Aussagebereitschaft" der Befragten auch Feldmann-Hahn (2011, 44).

Delikte, insbesondere von Gewaltdelikten, scheint auch häufiger durch den sog. Telescoping Effekt beeinflusst zu werden, also dadurch, dass die Befragten die Viktimisierung zeitlich falsch einordnen: Dabei kann eine Viktimisierung in den Befragungs-
zeitraum hinein – „Forward Telescoping" – oder auch herausprojeziert – „Backward
Telescoping" – werden (Feldmann-Hahn 2011, 44 f; Sautner 2010, 167 f).

Ein weiteres methodisches Problem von Opferbefragungen[57] ergibt sich aus den Grenzen bezüglich der **erfragbaren Delikte**: Nicht erfragt werden können etwa Straftaten, die sich nicht gegen Privatpersonen richten oder solche, die vom Opfer nicht
bemerkt worden sind. Auch Beziehungsdelikte wie innerfamiliäre Gewalttätigkeiten
oder Kindesmisshandlungen oder auch der sexuelle Missbrauch von Kindern gelten
als „nur mit großen Einschränkungen" erhebbar (Feldmann-Hahn 2011, 34).[58] Zu den
Straftaten, die sich für Opferbefragungen gut eignen, gehören z.b. Diebstahlsdelik-
te, Einbruch, Raub und (außerfamiliale) Körperverletzung (Schwind 2011, § 2 Rdn
53b). Für *Feldmann-Hahn* (2011, 33) folgt daraus „die schlagseitige Selektivität der
Dunkelfeldforschung".[59]

Opferbefragungen unterliegen also nicht unerheblichen methodischen Problemen, die
ihre Aussagekraft begrenzen. Dennoch ist *Görgen* (2012, 100) zuzustimmen, dass die
„empirische Opferforschung .. ein unverzichtbares Korrektiv zu Hellfeldstatistiken"
darstellt. Aber eben auch nur ein Korrektiv: Dunkelfelderhebungen sind nicht per se
besser und aussagekräftiger als die Daten der Kriminalstatistik. Es handelt sich nur um
zwei verschiedene Wege, Daten zur Kriminalität und zur Viktimisierung zu erheben –
Wege, von denen keiner grundsätzlich „richtiger" oder „genauer" ist, sondern jeder für
sich zu je spezifischen Erkenntnissen und Aussagen gelangt" (Steffen 1993, 46).[60]

---

[57] Siehe dazu und zu weiteren methodischen Problemen und Begrenzungen der Aussagekraft von Opferbe-
      fragungen ausführlich etwa Feldmann-Hahn 2011, Schwind 2011, § 2 Rdn 44 ff und Steffen 1993.

[58] Nach *Schwind* „kommt die Dunkelfeldforschung grundsätzlich nicht an solche Delikte heran, die sich
      innerhalb der Familie bzw. im sozialen Nahraum (etwa als ‚Beziehungsdelikte') ereignen" (2011, § 2 Rdn
      53a). Diese Einschätzung kann jedoch durch Untersuchungen zur (Partner-)Gewalt gegen Frauen (Müller/
      Schröttle 2004) sowie zum sexuellen Missbrauch von Kindern (Standler u.a. 2012) als widerlegt gelten.

[59] Auch aus Kostengründen sind Einschränkungen nötig, es können nur „Grunddatenbestände" erhoben wer-
      den (Heinz 2006, 251). Qualitativ wie quantitativ ist ein Bezug auf alle in der PKS erfassten Straftaten
      unmöglich.

[60] Oder, wie *Kiefl und Lamnek* schon 1986 feststellen: „Offizielle Kriminalstatistiken, Täterbefragungen,
      Dunkelfelduntersuchungen und Opferbefragungen weisen jeweils spezifische Vorteile und Unzulänglich-
      keiten auf, so daß die Gesamtheit der stattgefundenen Viktimisierungen von keiner der genannten Metho-
      den voll abgedeckt wird. Als bester Ausweg bietet sich eine Kombination von Täter- und Opferuntersu-
      chung in einem räumlich abgegrenzten Bereich an" (1986, 53).
      Kritisch zur „Abbildungsgenauigkeit" der Dunkelfeldforschung auch *Kunz*, insbesondere sein Hinweis
      darauf, dass Bevölkerungsbefragungen zu erlittenen (Opferbefragungen) oder verübten (Täterbefra-
      gungen) kriminellen Betätigungen das Antwortverhalten der Befragten ausdrücken, „welches nicht mit
      tatsächlich erlittener oder verübter krimineller Betätigung gleichzusetzen ist. Nicht um selbstberichtete
      Kriminalität und Viktimisierung, sondern um **Selbstberichte** über Kriminalität und Viktimisierung geht
      es." Es handle „sich um eine Narration, die nicht einfach Tatsachen rappportiert, sondern Erlebtes in einer
      dem Setting der Befragung entsprechenden aufbereiteten Form präsentiert" (2011, § 21 Rdn 23).

Für die Opferforschung sind Opferbefragungen auch deshalb „unverzichtbar", weil sich der Polizeilichen Kriminalstatistik nur wenige Angaben zu Viktimisierungen entnehmen lassen (s.o.) und schon gar keine zum Anzeigeverhalten und seiner Motive oder zu Opferbedürfnissen und Opferwünschen. Von daher ist die „Akzentverschiebung von Crime Surveys zu Victim Surveys in der modernen Opferforschung" (Feldmann-Hahn 2011, 27) zu begrüßen. Denn damit steht nicht mehr die Aufhellung des Dunkelfeldes, das „wahre Ausmaß" der Kriminalität, die Ermittlung der „Kriminalitätswirklichkeit" – was ohnehin nicht möglich ist – im Mittelpunkt des Forschungsinteresses, sondern das Opfer und die Folgen der Opferwerdung selbst (Steffen 1993, 46; Feldmann-Hahn 2011, 27).[61]

1.3.3.2
Viktimisierungen im Dunkelfeld: Befunde von Opferbefragungen

Obwohl inzwischen zahlreiche Opferbefragungen in Deutschland durchgeführt worden sind,[62] ist – wie schon gesagt – die Datenlage insgesamt alles andere als befriedigend, insbesondere was Erkenntnisse der empirischen Opferforschung aus jüngster Zeit angeht. Das liegt vor allem daran, dass es kaum Opferbefragungen gibt, die für Deutschland insgesamt repräsentativ sind – und zwar für die gesamte Bevölkerung und alle (erfragbaren) Straftaten und nicht nur für einzelne Bevölkerungs- bzw. Straftatengruppen[63] – und damit zumindest grundsätzlich einen Vergleich mit den Hellfelddaten der PKS Bund erlauben würden.

Die Forderung nach solchen bundesweit repräsentativen Opferbefragungen und insbesondere nach einer **statistikbegleitenden Dunkelfeldforschung** wird schon lange erhoben.[64] Und das nicht nur wegen der Erhebung von Viktimisierungserfahrungen, sondern auch aus einem kriminalpolitischen Motiv heraus. Es wird nach wie vor die Notwendigkeit gesehen – vor allem vor dem Hintergrund ausländischer Erfahrungen,[65] aber auch aufgrund der Befunde der in Deutschland zumeist auf Städte

---

[61] „Der Erkenntnisgewinn von moderner Dunkelfeldforschung liegt deshalb nicht nur in der (lediglich beschränkt und begrenzt möglichen) Kontrastierung mit den Hellfelddaten, sondern in der Gewinnung von Informationen, die durch die Daten der amtlichen Kriminal- und Strafrechtspflegestatistiken weder gewonnen werden noch werden können" (Heinz 2006, 245).

[62] Zuletzt hat *Feldmann-Hahn* die Opferbefragungen zusammengefasst, die in der Bundesrepublik Deutschland durchgeführt wurden, repräsentativ für die jeweilige Wohnbevölkerung ab 14 Jahren sind und zumindest <u>auch</u> Fragen zum Opferwerden umfassen (2011, 78). Ausgewertet wurden 30 zwischen 1973 und 2010 durchgeführte „Allgemeine, regional begrenzte Opferbefragungen", 13 zwischen 1981/1982 und 2004/2005 durchgeführte „Bundesweite und international vergleichende Opferbefragungen" sowie 22 „Opferbefragungen im Rahmen von Kriminologischen Regionalanalysen" (1987 – 2007; Übersicht bei Feldmann-Hahn 2011, 185 ff).

[63] Wie sie etwa für 15-jährige Schüler vorliegen (Baier u.a. 2009) oder für die Erfahrung von Partnergewalt durch Frauen (Müller/Schröttle 2004) oder zur Opferwerdung der Altersgruppe der 40- bis 80-Jährigen (Görgen u.a. 2010) oder zum Sexuellen Missbrauch (Standler u.a. 2012) oder zu Viktimisierungserfahrungen im Justizvollzug (Bieneck/Pfeiffer 2012) oder zu Gewalt gegen Polizeibeamte (Ellrich u.a. 2011).

[64] Siehe dazu etwa *Schwind* 2011, § 2 Rdn 76-79b.; Heinz 2006.

[65] So zeigt beispielsweise die vergleichende Gegenüberstellung der Daten der amerikanischen Kriminalstatistik (Uniform Crime Report) mit den Ergebnissen der jährlich durchgeführten Opferbefragungen (Natio-

begrenzten Dunkelfelderhebungen[66] – die Daten der Kriminalstatistiken mit Angaben zum Dunkelfeld kontrastieren zu können: Ohne Informationen über das Dunkelfeld ist die Bewertung der kriminalstatistischen Daten nur schwer möglich. Insbesondere eine auf Rationalität angelegte Kriminal- und Strafrechtspolitik benötige eine solide empirische Grundlage. Für eine evidenzbasierte Kriminalpolitik seien regelmäßig durchgeführte, bundesweite repräsentative Bevölkerungsbefragungen notwendig (Heinz 2006, 251), ohne eine solche drohe eine „Kriminalpolitik im Blindflug".[67]

Bislang sind in Deutschland solche Dunkelfeldforschungen im Sinne von bundesweiten repräsentativen Bevölkerungsbefragungen jedoch selten durchgeführt worden,[68] nicht in den letzten Jahren und schon gar nicht „statistikbegleitend", also wiederholt. Damit sind auch keine Aussagen darüber möglich, ob sich die Verbreitung und Häufigkeit von Opfererfahrungen im Hellfeld so auch im Dunkelfeld zeigt. Ob also auch im Dunkelfeld der nicht angezeigten und polizeilich registrierten Gewalt- bzw. Kontaktdelikte die Opfer – mit Ausnahme der Opfer sexueller Gewalt - überwiegend männlich und jung sind (s.o. Kap. 1.3.1).[69]

Erkenntnisse dazu verspricht die **Erforschung von Viktimisierungserfahrungen**, die das Bundeskriminalamt gemeinsam mit dem Max-Planck-Institut für Ausländisches und Internationales Strafrecht im Rahmen des Konsortialprojektes *„Barometer Sicherheit in Deutschland (BaSiD)"*[70] von Juni bis Oktober 2012 durchgeführt hat.

---

nal Crime Victimization Survey) für die schwere Gewaltkriminalität kriminalstatistische Zunahmen, aber deutliche Rückgänge nach den Survey-Daten (Feldmann-Hahn 2011, 159).

[66] So beruhten beispielsweise bei den in Bochum wiederholt (1975,1986 und 1998) durchgeführten Dunkelfelderhebungen zwei Drittel der Zunahme polizeilich registrierter Körperverletzungsdelikte auf einer bloßen Veränderung der Anzeigebereitschaft (Feldmann-Hahn 2011, 159).
Auch die Befunde der Dunkelfeldforschung zum Anzeigeverhalten von Gewaltopfern in der vom Kriminologischen Forschungsinstitut Niedersachsen (KFN) durchgeführten repräsentativen Befragung von 15-jährigen Schülern „relativieren die Aussagekraft der polizeilichen Kriminalstatistik in mehrfacher Hinsicht ... das Anzeigeverhalten der Gewaltopfer (hat sich) ... bei Körperverletzungsdelikten um 20 bis 50% erhöht ... Diese zunehmende Verlagerung der Fälle vom Dunkelfeld ins ... Hellfeld spricht dafür, dass der seit 1998 registrierte Anstieg der Jugendgewalt .. in beachtlichem Maß auf ein geändertes Anzeigeverhalten der Opfer zurückzuführen ist" (Baier u.a. 2009, 11).

[67] *Heinz* zitiert nach Feldmann-Hahn 2011, 160; *Schwind* 2011, §2 Rdn 76: „Statistikbegleitende Dunkelfeldforschung als Postulat".

[68] Siehe dazu den Überblick bei *Feldmann-Hahn* 2011, 98 ff.
Die letzten **bundesweiten Opferbefragungen** wurden 1997 im Auftrag des Bundesministeriums der Justiz bei zwei unterschiedlich großen Stichproben durchgeführt (Referenzperiode jeweils 12 Monate). Mit dem dort erhobenen Deliktsspektrum wurden Gesamtprävalenzraten von 15,9% und 19,5% der Befragten ermittelt. Bei den einfachen Eigentumsdelikten lagen die Opferprävalenzraten zwischen 9,2% und 11,5%; beim Einbruch und Einbruchsversuch zwischen 1,5% und 1,6%, bei den Gewaltdelikten zwischen 2,2% und 2,9% (PSB 2006, 17 f und Heinz 2006, 254).

[69] Eine unter der Federführung des Kriminologischen Forschungsinstitutes Niedersachsen Anfang 2005 durchgeführte Befragung von Personen der Altersgruppe 40 bis 85 Jahre zu Viktimisierungen durch Eigentums-, Vermögens-, Gewalt- und Sexualdelikte kam zu dem Ergebnis, dass sich ähnlich der PKS „auch die Befunde dieser bundesweiten Befragung insgesamt zu einem im Hinblick auf Gefährdungen im Alter wenig dramatischen Bild zusammen" fügen (Görgen u.a. 2010).

[70] Siehe dazu Haverkamp 2012 und www.basid.mpicc.de sowie Steffen 2012 b.

Telefonisch befragt[71] wurden fast 35.000 Personen zu Opfererlebnissen (Viktimisierungserfahrungen), zum Sicherheitsgefühl bzw. zur Kriminalitätsfurcht und zum Anzeigeverhalten. Die durchschnittliche Interviewdauer lag bei knapp 20 Minuten, der Fragebogen orientierte sich aus Gründen der Vergleichbarkeit an den bei den International Crime Victims Surveys (ICVS) verwendeten Items (s.u.). Die Daten werden zur Zeit ausgewertet, erste Ergebnisse dürften ab Mai 2013 vorliegen.[72]

Zur jüngeren Zeit liegen bundesweit repräsentative Daten zu Viktimisierungserfahrungen im Dunkelfeld nur in Zusammenhang mit den Erhebungen vor, die im Rahmen des *International Crime Victims Survey (ICVS),*[73] eine der wohl bekanntesten internationalen Vergleichsstudien, erfasst worden sind. Der ICVS ist inzwischen fünfmal durchgeführt worden. An der ersten (1989, allerdings nur für das Gebiet der alten Bundesländer) wie an der letzten (2005)[74] Erhebung nahm Deutschland teil; außerdem an dem 2010 durchgeführten „ICVS 2010 pilot".[75]

Die Ergebnisse des „ICVS 2010 pilot" und ihr Vergleich mit denen des ICVS 2005:[76]

- In den letzten 12 Monaten wurden in Deutschland 16,7% der Befragten Opfer von insgesamt 12 abgefragten Delikten,[77] 2005 waren es 13,1%; das ist im Ländervergleich[78] zu beiden Erfassungszeitpunkten der zweitniedrigste Wert. Die Befragten wurden 2010 am seltensten mit 0,3% Opfer eines Kfz-Diebstahls, am häufigsten mit 4,8% Opfer eines Fahrraddiebstahls.

- In den letzten fünf Jahren wurden in Deutschland 44,5% der Befragten Opfer

---

[71] CATI = Computergestützte telefonische Befragung

[72] *Christoph Birkel* und *Nathalie Guzy* vom Bundeskriminalamt haben über das Untersuchungsdesign und Ergebnisse des Pretests auf der Konferenz der European Society for Criminology am 14.9.2012 in Bilbao berichtet.
Außerdem wird die *Kriminologische Forschungsstelle des Landeskriminalamtes Niedersachsen* ab März 2013 eine Dunkelfeldstudie in 90 Kommunen Niedersachsens durchführen. Vorgesehen ist eine schriftliche Befragung von 40.000 zufällig ausgewählten Personen ab 16 Jahren www.lka.niedersachsen.de; Abfragedatum: 12.3.2013).

[73] Siehe dazu van Dijk 2012 und Feldmann-Hahn 2011, 115 ff.

[74] Van Dijk u.a. 2007. Der European Crime and Safety Survey (EU ICS 2005) wurde von der Europäischen Kommission mitfinanziert und ist methodisch in den ICVS eingebettet, also im Grunde Teil des fünften Durchgangs des ICVS (Feldmann-Hahn 2011, 116 f).
Die Befragungswelle 2005 umfasste 18 Länder und hatte „household crimes" (wie Fahrzeugdiebstahl, Einbruch) und „personal crimes" (wie Raub, Diebstahl persönlichen Eigentums, Körperverletzung, Bedrohung, sexuelle Übergriffe) zum Gegenstand. Befragt (telefonisch) wurden national etwa 1.200 Personen, dazu noch 800 in Berlin (Goergen 2012, 96).

[75] http://www.crimevictimsurvey.eu/und www.int-cvs.org

[76] Siehe dazu auch van Dijk 2012; Ergebnisse des EU ICS 2005 finden sich auch bei Görgen 2012, 97 ff.

[77] Kfz-Diebstahl, Diebstahl aus Kfz, Krad-Diebstahl, Fahrraddiebstahl, Wohnungseinbruchsdiebstahl, versuchter Wohnungseinbruchsdiebstahl, Raub, Diebstahl persönlichen Eigentums, Sexualdelikte gegen Frauen, Sexualdelikte gegen Männer, Körperverletzungen und Bedrohungen.

[78] Der „ICVC 2010 pilot" wurde durchgeführt in: Kanada, Dänemark, den Niederlanden, Schweden, Großbritannien und Deutschland.

dieser Delikte, wieder der zweitniedrigste Wert im Ländervergleich; 2005 waren es 43,1%, damals der niedrigste Wert. Die Befragten wurden 2010 wiederum am seltensten mit 1,5% Opfer eines Kfz-Diebstahls, am häufigsten mit 18,7% Opfer eines Fahrraddiebstahls.

- Dagegen erreicht die Kriminalitätsfurcht mit 17,5% der Befragten, die sich „etwas oder sehr unsicher fühlen, wenn sie im Dunkeln allein in ihrer Wohngegend unterwegs sind" im Ländervergleich nach Großbritannien den zweithöchsten Wert. 2005 lag dieser Wert allerdings bei 30,6%, auch damals nach Großbritannien der zweithöchste Wert.

- Wiederum niedrige Werte hat Deutschland mit 13,4% auf die Frage danach, für wie wahrscheinlich es die Befragten halten, in den nächsten 12 Monaten Opfer eines Wohnungseinbruchs zu werden (niedriger mit jeweils 12% nur Kanada und die Niederlande). 2005 vermuteten das noch 22,8%, darüber lagen nur noch Kanada und Großbritannien.

Insgesamt sind die Befunde für Deutschland also nicht besorgniserregend. Vor allem nicht vor dem Hintergrund der Ergebnisse des EU ICS von 2005 zum **Anzeigeverhalten** und zur **Zufriedenheit mit der Polizei**: Deutschland liegt unter den 18 Ländern an vierter Stelle in der Häufigkeit, mit der Wohnungseinbrüche angezeigt werden (für die anderen Delikte liegen keine Differenzierungen nach Ländern vor) und an sechster Stelle bei der Zufriedenheit mit der Polizei.

Über die genannten Variablen hinaus sind die Auswertungsmöglichkeiten nach Ländern – etwa hinsichtlich Alter und Geschlecht der Opfer - offensichtlich beschränkt, zumindest liegen sie nicht vor.

1.3.4
Folgen von Viktimisierungen für die Opfer

In der Opferforschung werden auch die Folgen von Viktimisierungserfahrungen für die Opfer thematisiert. Dabei bestätigt sich die schon zu Beginn getroffene Feststellung: Opfer ist nicht gleich Opfer, auch nicht was die Folgen von Viktimisierungserfahrungen angeht. Nicht jedes Opfer leidet – einige Opfer leiden aber ihr Leben lang. Nicht jedes Opfer einer Straftat erfährt „über die unmittelbaren Tatfolgen hinaus tiefer gehende oder dauerhafte Verletzungen .. Aber es sind doch jährlich viele, viele tausend Fälle bei uns in Deutschland, in denen das Opfer einer Straftat durch die Tat seelisch schwer geschädigt wird" (Böttcher 2012, 122).[79]

---

[79] *Barton* 2012, 115 nimmt allerdings an, dass nicht so differenziert argumentiert wird: „Zum nicht infrage gestellten Alltagswissen der viktimären Gesellschaft gehört schließlich die Vorstellung, dass Verbrechen zwangsläufig zu Traumatisierungen führen, dass Strafverfahren Retraumatisierungen mit sich bringen, dass Opfer ein Leben lang unter der Tat leiden und dass die Gewalt- und Sexualkriminalität in Deutschland ansteige."

Ob und welche Folgen Viktimisierungen für die Opfer haben, ist also eine höchst subjektive Angelegenheit: Objektive Kriterien – wie etwa die Deliktsschwere nach körperlichen Verletzungen, finanzielle Schäden oder das Aufsuchen einer Hilfe- und Beratungseinrichtung – reichen längst nicht aus, „wenn es darum geht, die Qualität und Tragweite von Opferschäden auszuloten, weil dem subjektiven Empfinden des Opfers,[80] das von einer Vielzahl von Faktoren beeinflusst wird, hierbei eine wesentliche Bedeutung zukommt" (Sautner 2010, 179).[81]

1.3.4.1
Psychische, physische und ökonomische Folgen

Görgen (2012, 95) weist auf das „weite Spektrum möglicher Effekte" hin. Es umfasse

- Beeinträchtigungen der physischen Gesundheit ebenso wie
- psychische Folgen und solche, die sich im
- Verhalten der Betroffenen niederschlagen, außerdem
- ökonomische Folgen für den Betroffenen selbst wie für die Gesellschaft.[82]

Dabei dürften psychische Opferschäden tendenziell häufiger auftreten als physische,[83] „was im Kriminalitätsbild der Bevölkerung so nicht verankert sein dürfte. Der Anteil der Opfer, die überhaupt keine Schäden durch eine kriminelle Viktimisierung erleiden, dürfte unter 10% liegen". Und: Psychische und physische Schäden treten keineswegs nur bei Kontakt- bzw. Gewaltdelikten auf, sondern auch bei Nichtkontakt- und Einbruchsdelikten (Sautner 2010, 180 f).[84] Gleichwohl ist *Kilchling* zuzustimmen,

---

[80] So auch *Baurmann/Schädler* (1991, 299):"Die Untersuchung zeigte generell, daß es ‚das Opfer' nicht gibt. Einzelne Kriminalitätsopfer, die Ähnliches erlebt haben, gehen nämlich mit ihrem Opfererlebnis, ihrer Viktimisierung, sehr unterschiedlich um."

[81] *Kilchling* kritisiert in diesem Zusammenhang völlig zu Recht nicht nur die Übernahme der Versuche, Tatmerkmale in einen bestimmten Schweregrad umzusetzen (etwa die sog. Sellin-Wolfgang-Skala) auf das Gebiet der Opferforschung, sondern weist auch ganz allgemein auf die Schwäche vieler bisheriger Opferuntersuchungen hin, die Fragestellungen überwiegend auf fiktive Fälle zu beziehen statt auf persönlich erlebten Viktimisierungen (1995, 129 f).

[82] Auf der individuellen Seite Verlust und Wertminderung von Eigentum, auf der gesellschaftlichen Seite Kosten im medizinischen und pflegerischen Bereich, Produktivitätseinbußen, institutionelle Kosten sowie Ausgaben im Bereich der Opferhilfe und Opferentschädigung.

[83] Dazu *Baurmann/Schädler* (1991, 299): „Wenn ausdrücklich über Gewaltopfer gesprochen wird, dann werden dabei in der Regel die besonders belastenden emotionalen Verletzungen außer acht gelassen, und es wird so getan, als stünden körperliche Verletzungen und beschädigte Kleidungsstücke im Vordergrund." Nach den Befunden von *Kilchling* ist das subjektive Schwerempfinden bei Opfern von Sexualdelikten am ausgeprägtesten (1995, 158 Tabelle: Persönliche Beeinträchtigung nach Einzeldelikten).

[84] Dabei sind insbesondere die psychischen Folgen von Wohnungseinbrüchen lange unterschätzt worden: „Der Einbruch in die eigenen vier Wände bedeutet für viele Menschen einen großen Schock. Dabei machen den Betroffenen die Verletzung der Privatsphäre, das verloren gegangene Sicherheitsgefühl und damit verbundene psychische Probleme häufig mehr zu schaffen als der materielle Schaden" (WEISSER RING: Thema Wohnungs-Einbruch. 11/2010). Siehe dazu auch *Deegener* 1996 und die Öffentlichkeitskampagne der Polizei „K-Einbruch", die im Oktober 2012 gestartet wurde (www.k-einbruch.de). Auch *Sautner* (2010, 174) weist darauf hin, dass der Wohnungseinbruch durch den Eingriff in die Privatsphäre des Opfers auch Züge eines Gewaltdeliktes trage, wodurch er eine Zwischenstellung zwischen den

dass es aus Opfersicht einen entscheidenden Unterschied darstellt, ob das Viktimisierungsereignis für das Opfer mit einer Begegnung mit dem Täter verbunden war oder
nicht (1995, 106).

Während Männer nach einer kriminellen Viktimisierung deutlich häufiger von physischen Schäden betroffen sind als Frauen, sind Frauen von psychischen Schäden etwas
häufiger betroffen als Männer.[85] Dabei dürften **psychische Schäden** aufgrund „ihrer Vielgestaltigkeit und durch den Umstand, dass sie bisweilen überhaupt nicht als
(ernstzunehmende) Schäden registriert werden, weitaus schwerer zu erfassen (sein),
als es physische oder materielle Opferschäden sind. Dazu kommt, dass es ... stark
vom betroffenen Individuum abhängt, ob eine kriminelle Opferwerdung überhaupt
psychische Schäden nach sich zieht bzw. welcher Art diese sind ... Als gemeinsame
Ursache dieser Schäden kann jedoch der Umstand begriffen werden, dass Opfererfahrungen für die betroffenen Personen eine Verletzung der eigenen Identität bedeuten ...
zu gravierenden Brüchen im Selbstverständnis führen ... Bei manchen Kriminalitätsopfern geht durch die Erfahrung der Opferwerdung der ,Glaube an die gerechte Welt'
verloren ... Insgesamt ist die Verarbeitung von Opferwerdungen jedoch ein höchst
individueller Vorgang" (Sautner 2010, 186 f).[86]

Dabei muss zwischen unmittelbaren und kurzfristigen Effekten einer Viktimisie-
rungserfahrung (etwa Schock oder Scham) und möglichen längerfristigen Folgen
unterschieden werden (Görgen 2012, 95).[87] Zu nennen ist hier insbesondere das Auftreten von Symptomen einer Posttraumatischen Belastungsstörung (PTBS).[88]

Eigentums- und Gewaltdelikten einnehme.

[85]   Nach *Kilchling* entfallen von sämtlichen physischen Schäden 62,5% auf Männer und nur 37,5% auf Frau-
en, von den psychischen Schäden dagegen 44,9% auf Männer und 55,1% auf Frauen (1995, 134).
Das dürfte auch damit zusammenhängen, dass Männer überwiegend Opfer körperlicher Gewalt werden,
Frauen dagegen auch Opfer sexueller Gewalt.

[86]   Weniger als die Hälfte der Opfer erhält übrigens Ersatz für die eingetretenen Schäden. Das gilt insbesondere
für Opfer von Gewalt- und Kontaktdelikten: Hier erhalten nur zwischen 10% und 30% der Opfer **Schadens-
ersatzleistungen** (Sautner 2010, 182 f).
Relativ selten nehmen Opfer **institutionelle Hilfen** in Anspruch: Von den 2004 befragten Frauen, die
körperliche/sexuelle Gewalt seit ihrem 16. Lebensjahr erfahren hatten, haben nur 16% medizinische und
sogar nur 11% psychosoziale Hilfen in Anspruch genommen (Müller/Schröttle 2004, 159).
Der Untersuchung von *Voß/Hoffmann/Wondrak* zu **Stalking** zufolge – eine 2002 durchgeführte Internet-
befragung, an der sich 543 Betroffene beteiligten - hatten sich 43% der befragten Opfer in professionelle
Behandlung begeben: Zwei Drittel in psychotherapeutische Behandlung, jede zweite wandte sich an einen
Arzt, nur jede fünfte Betroffene suchte eine Opferberatungsstelle auf und lediglich 6% eine Selbsthilfe-
gruppe (2006, 145). Dabei hatte die Untersuchung deutlich gemacht, dass „Betroffene von Stalking unter
massiven physischen, psychischen und sozialen Auswirkungen leiden, was sich auf alle Lebensbereiche
negativ auswirkt" (2006, 149).

[87]   Siehe etwa zu den langfristigen Folgen sexuellen Missbrauchs Minderjähriger *Görgen u.a.* 2011 und *Bergmann* 2012, 41.

[88]   Siehe dazu z.B. ein Merkblatt des WEISSEN RINGS von 2007: „Gewalt erleben – was nun? Informa-
tionen und Hilfen zu psychischen Belastungen. Nach einer Gewalttat können sich neben körperlichen
Verletzungen – gleich im Anschluss oder auch später – bei den Betroffenen sowie den Tatzeugen und
Angehörigen **seelische Traumafolgen** einstellen. Sie sind übliche Stressreaktionen auf außergewöhnliche
Ereignisse."

Die Wahrscheinlichkeit, dass eine solche Störung auftritt, sei umso größer, je schwerwiegender das traumatisierende Erlebnis gewesen sei. Besonders gefährdet seien die Opfer von Gewaltdelikten – mit einer Prävalenzrate von etwa 20% - und hier insbesondere die Opfer von Vergewaltigungen – mit einer Prävalenz des posttraumatischen Belastungssyndroms von etwa 50% (Sautner 2010, 189).[89]

Maercker (2006) weist auf die sozialen Bedingungen für solche psychischen Spätfolgen hin bzw. auf „soziale Komponenten der Bewältigung". Dabei sei das „Fehlen von sozialer Unterstützung" der wichtigste Risikofaktor für die Entwicklung einer PTBS.[90] Bei der sozialen Unterstützung der Betroffenen nach einer Viktimisierung unterscheidet *Maercker* zwei Aspekte: Die Reaktionen durch Angehörige sowie die Anerkennung bzw. Wertschätzung durch andere Menschen und Institutionen „als Personen, die Schlimmes durchgestanden haben" (2006, 53). Außerdem müsse sich die soziale Verarbeitung des Traumas „heute oft zwangsläufig mit den Berichterstattungen in den **Medien** auseinandersetzen ... (es sei) „von psychologischer Seite nicht vertretbar .., stark beeinträchtigte Opfer in die Medien zu bringen. Denn stark beeinträchtigte Opfer scheinen tendenziell die Medienwirkung auf sich selbst als negativ wahrzunehmen" (2006, 56 f).[91]

1.3.4.2
Kriminalitätsfurcht[92]

Dass Kriminalitätsfurcht ihre Ursache auch oder sogar hauptsächlich in der Erfahrung persönlicher Opferwerdung hat, wurde in der Forschung lange angenommen. Allerdings kamen entsprechende Studien zu unterschiedlichen Ergebnissen. Maßgeblich dafür dürfte sein, welchen Aspekt, welche **Dimension der personalen Kriminalitätsfurcht** man bei der Untersuchung verwendet:[93]

- Ob den kognitiven Aspekt, in dem sich die persönliche Risikoeinschätzung ausdrückt,

---

In diesem Zusammenhang steht auch die Forderung des 22. Opferforums des WEISSEN RINGS nach der Einrichtung eines flächendeckenden Netzes von Traumaambulanzen.

[89] Zum Krankheitsbild siehe Sautner 2010, 188 f und Maercker 2006.

[90] Außerdem in ihrer Bedeutung als Risikofaktoren: Allgemeine Lebensbelastungen, Schwere des Traumas, geringer sozioökonomischer Status, weibliches Geschlecht (2006, 52).

[91] Siehe dazu auch *Böttcher* „Medienberichterstattung über das Verfahren kann dem Opfer zusätzliche Angst machen ... Es gibt das Opfer, das keine Angst vor der Medienberichterstattung hat und es gibt Opfer, die trotz ihrer Angst wünschen, dass die Medien über ihr Opferschicksal berichten, damit öffentlich wird, was ihnen angetan wurde. Es gibt Opfer, die von sich aus in die Medienöffentlichkeit gehen" (2012 a, 187 ff). Auf die regelmäßige Überforderung der Verbrechensopfer, wenn sie auch noch mit den Medien umgehen müssen, weist *Reemtsma* (2006,18) hin – und auf eine der großen Aufgaben der Opferhilfe in der Zukunft: „Medientraining der Anwälte im Interesse der Opfer – das heißt: in der Regel Medienabstinenz."

[92] Befunde zur Kriminalitätsfurcht in Deutschland und möglichen Einflussfaktoren, insbesondere hinsichtlich des Zusammenhanges zwischen allgemeiner Verunsicherung und Beeinträchtigungen des Sicherheitsgefühls m.w.N. bei Steffen 2012 b.

[93] Siehe hierzu *Sautner* 2010, 190 ff und *Ziegleder* u.a. 2011, 28 ff.

in der nächsten Zeit Opfer einer Straftat zu werden („Für wie wahrscheinlich halten Sie es, dass Sie – in einem bestimmten Zeitraum – Opfer einer Straftat werden?").

▪ Ob den affektiven bzw. emotionalen Aspekt, der die gefühlsmäßige Beunruhigung über Kriminalitätsgefahren im eigenen Lebensraum beschreibt („Wie sicher fühlen Sie sich, wenn Sie nachts in Ihrer Wohngegend allein unterwegs sind?").

▪ Ob den konativen Aspekt, der sich auf Verhaltensreaktionen in Form von Vermeidungsverhalten und Schutzmaßnahmen bezieht („Wie oft haben Sie – in einem bestimmten Zeitraum bestimmte – Maßnahmen ergriffen, um sich vor Kriminalität zu schützen?").

Studien zeigen, dass bei der kognitiven Dimension Zusammenhänge zwischen Opfererfahrungen und der Befürchtung, (erneut) Opfer einer Straftat zu werden, vorhanden sind.[94] Allerdings seien die Unterschiede nicht so groß, dass ein psychischer Opferschaden angenommen werden müsse, so *Sautner* (2010, 192).

Hinsichtlich der affektiven Dimension sind die Unterschiede zwischen Opfern und Nicht-Opfern eher klein: Eine Person, die Viktimisierungen in ihre Risikoeinschätzung aufnimmt, muss dennoch keine Furcht entwickeln, wenn sie der Überzeugung ist, über ausreichend Copingfähigkeiten[95] zu verfügen (Ziegleder u.a. 2011, 35).

Der *PSB 2006* stellt in diesem Zusammenhang fest: „In der Summe erweist sich die Erklärung von Kriminalitätsfurcht, die auf Wirkungen von Opfererfahrungen abstellt, weder auf der Individual- noch auf der Aggregatebene als umfassend und zureichend" (2006, 514).

1.3.4.3
Re-Viktimisierungen

Nach *Schneider* (2010, 628) haben Viktimisierte das höchste Risiko der Re-Viktimisierung, also der Gefahr, erneut zum Opfer einer Straftat zu werden: „Eine vorangegangene Viktimisierung ist der beste einzelne Prädiktor künftigen Opferwerdens. Viktimisierungs-Rückfälligkeit hängt maßgeblich von den psychosozialen Verletzungen, dem Viktimisierungstrauma ab. Es kann die psychischen Prozesse des Denkens, Fühlens und Verhaltens ändern ... Die Viktimisierungseinwirkung kann zur erlernten Hilflosigkeit, zur Verwundbarkeit, zur Unsicherheit, zum Kontrollverlust und zur Selbstbeschuldigung beim Opfer führen." Die Opferwerdung bestätige den Glauben an die eigene Hilflosigkeit, der sich mit jeder weiteren Viktimisierung verfestige (Sautner 2010, 193).[96]

---

[94] Das entspricht auch den Erfahrungen von Opferhilfeeinrichtungen, dass Opfer zumindest in zeitlichem Zusammenhang mit der Straftat häufig ängstlich sind: „Plötzlich ist vieles angstbesetzt. Aus der Enge der Angst heraus verlieren die Betroffenen das Grundgefühl der inneren Sicherheit" (WEISSER RING 2012 a, 38).

[95] Die Einschätzung der eigenen Fähigkeiten, eine Opferwerdung zu bewältigen.

[96] *Sautner* schätzt aufgrund der Befunde der von ihr referierten Untersuchungen die Quote mehrfacher Vikti-

Internationalen Viktimisierungsstudien zufolge erfahren 4,3% der Opfer, die fünf-
oder mehrmals in einem Jahr viktimisiert worden sind, 43,5% der registrierten Kriminalität.[97] Besonders hoch sei das Risiko der Re-Viktimisierung bei Verbrechen gegen
die Person, z.b. bei Gewalt in der Familie, bei sexueller Viktimisierung, bei Misshandlung von Kindern und alten Menschen, bei rassistischen Angriffen und bei Bullying (der Misshandlung Schwächerer). Insbesondere seien alle Formen kindlicher
Viktimisierung mit einem höheren Risiko einer Lebenszeitviktimisierung verbunden
(Schneider 2010, 630).

Wie bei den Tätern die wenigen Mehrfachtäter für den Großteil der Straftaten verantwortlich sind, entfällt auch bei den Opfern auf die wenigen Mehrfachopfer ein großer
Teil der insgesamt zu verzeichnenden Viktimisierungen.

1.3.4.4
Erhöhung des Tatbegehungsrisikos („Kreislauf der Gewalt")

Bei den möglichen Folgen von Viktimisierungen stellt sich auch die Frage, „ob das
Risiko, selbst delinquent zu werden, durch Viktimisierungserlebnisse vergrößert
wird" (Sautner 2010, 192).

Dieser Wechsel von der Opfer- in die Täterrolle – der jedoch keineswegs „automa-
tisch" erfolgt – ist zumindest für Kinder und Jugendliche belegt, die Gewalt und
Missbrauch erfahren mussten (Sautner 2010, 193). Für *Schneider* (2010, 633) ist eine
Viktimisierung im Kindes- und Jugendalter für den weiteren Lebenslauf des Kindes
oder Jugendlichen von großer Bedeutung. Sie könne zum Einstieg in eine Opfer- oder
Täterkarriere werden. Auch *Dudeck* weist darauf hin, dass sex-und gewaltbezogene
Opfererfahrungen in der Kindheit ein erhebliches Risiko für den entwicklungspsy-
chologischen Prozess darstellten und den „cycle of abuse" initiieren könnten „d.h.
ein Risikofaktor für spätere Sexualstraftaten sein ... Im Vergleich zu anderen frühen
Traumen weist der sexuelle Missbrauch in der Kindheit ein nahezu fünffach erhöhtes
Risiko für die Opfer auf, später selbst Sexualstraftäter zu werden" (2012, 122 f).

Entsprechend sieht das Kriminologische Forschungsinstitut Niedersachsen in dem
Sinken gewaltfördernder Lebensbedingungen von Jugendlichen – insbesondere in der
Abnahme elterlicher Gewaltanwendung[98] – eine wichtige Erklärung für Rückgang der
Jugendgewalt (Baier u.a. 2009, 10).

---

misierung ebenfalls "als relativ hoch" ein (2010, 170).

[97] *Herman* (2010, 13 f) referiert für die USA Daten des National Crime Victimization Surveys zu Re-
Viktimisierungen bzw. Repeat Victimization: 4% der Opfer erfahren 44% aller Straftaten. 49% aller Se-
xualdelikte, 43% aller Körperverletzungen und Bedrohungen, 33% aller Wohnungseinbrüche, 15% aller
Diebstähle persönlichen Eigentums sind wiederholter Opferwerdung zuzuordnen.

[98] Nicht nur die Erfahrung elterlicher Gewalt, sondern auch die Konfrontation mit elterlicher Partnergewalt
gehört zu den Risikofaktoren für spätere eigene Gewaltauffälligkeit (so etwa der PSB 2006, 121).

Die Verhinderung von Viktimisierungen ist damit ein ganz wesentlicher Teil der Kriminalprävention, hier der Verhinderung bzw. Minderung des Risikos, dass Opfer zu Tätern werden.

2
Opferwünsche und Opferbedürfnisse

Vor dem Hintergrund dieser Befunde zu den Folgen von Viktimisierungen für die Opfer und die Gesellschaft ist nicht nur zu fordern, dass Straftaten so weit wie möglich verhindert und Opferwerdungen vermieden werden, sondern es ist auch zu fordern, durch „mehr Opferzuwendung" in Gesellschaft und Strafrechtspflege die Folgen der Straftat für die Opfer zu verringern

2.1
Opfer ist nicht gleich Opfer

Wenn man dabei vermeiden will, über das Opfer zu bestimmen, Hilfe- und Schutzbedürftigkeit anzunehmen und so möglicherweise die insbesondere von Gewaltopfern erlebte Hilflosigkeit und Schwäche zu verstärken, sondern im Gegenteil seine Selbstbestimmung und Autonomie fördern will[99], dann wäre es wichtig, die Interessen, Bedürfnisse und Erwartungen von Opfern an die Hilfesysteme wie an die Organe der Strafrechtspflege zu kennen.[100] Auch wenn es „das typische Opfer nicht gibt", sondern eine „Vielgestaltigkeit der persönlichen Erlebnisse" und die daraus resultierende „Vielschichtigkeit des Interessens- und Einstellungsbildes der Opfer" (Kilchling 1995, 621 f.)

Oder, wie *Reemtsma* in einer Ansprache zur Feier des 25. Jahrestages der Gründung des WEISSEN RINGS Hamburg ausführte: „Was sind eigentlich die Interessen eines Verbrechensopfers? Fragen wir zunächst: was sind seine Wünsche? Die sind so individuell und kunterbunt, wie die Wünsche von Menschen eben sind. Der eine will dies, der andere das. Der eine hat Rachephantasien, der andere nicht, der eine will materielle Kompensation für seinen Schaden, dem anderen ist das unangenehm ..., der eine will in die Öffentlichkeit, der andere will sich zurückziehen, der eine hat großes Interesse an der Strafverfolgung, der andere ein geringes, der will eine möglichst starke Präsenz vor Gericht, der möglichst gar nicht dort erscheinen und so weiter" (2006, 17).

Aber selbst wenn wir uns hinsichtlich der Opferbedürfnisse auf „statistische Gesetzmäßigkeiten" beschränken und akzeptieren, dass der Einzelfall ganz anders sein kann, sieht die Kenntnis dieser „Gesetzmäßigkeiten" nicht sehr viel besser aus, als

---

[99] Im Sinne der Forderung *Kilchlings*, das Grundanliegen einer opferbezogenen Reform des Verfahrensrechtes müsse die Herstellung einer größeren Opferautonomie sein (1995, 704).

[100] Die empirische Viktimologie hat nicht nur das Bewusstsein dafür geschärft, welchen Einbruch das Opferwerden im Leben vieler Menschen bedeutet, sondern auch dafür, worauf sich die Wünsche der Opfer an den Staat bei dessen Beschäftigung mit der Straftat richten (Weigend 2010 a, 40).

sie *Schädler u.a.* in ihrem Bericht über eine Tagung zu Hilfen für Kriminalitätsopfer, die im April 1989 stattfand, beschrieben haben: In der Bundesrepublik Deutschland sei, gemessen am internationalen Vergleich, das Wissen „über die Bedürfnisse von Opfern bisher punktuell und nur auf wenige Untersuchungen beschränkt geblieben" (1990, 3).

An dieser **wenig befriedigenden Datenlage** hat sich nicht sehr viel geändert, insbesondere nicht hinsichtlich des Vorliegens neuerer Erkenntnisse für Deutschland. Die meisten Untersuchungen zu Opferinteressen und Opferwünschen, ihrem Bedarf an Hilfe und Unterstützung, wurden 1990/1991 durchgeführt, also vor fast einem Vierteljahrhundert.[101] Bezogen auf Gewalterfahrungen von Frauen liegen Erkenntnisse für die Jahre 2004 und 2011 vor;[102] zum sexuellen Missbrauch die Erfahrungen der Unabhängigen Beauftragten zur Aufarbeitung des sexuellen Missbrauchs (Bergmann 2012) und die Ergebnisse der Studie des Kriminologischen Forschungsinstituts Niedersachsen von 2011 (Stadler u.a. 2012).[103]

Eines ist allerdings klar: Das eigentliche Interesse des Opfers, die Tat ungeschehen zu machen, kann nicht realisiert werden: „daß ein Mensch Opfer eines Verbrechens geworden ist, kann durch keine Maßnahme auf der Welt aus der Welt geschaffen oder kompensiert werden" (Reemtsma 2006, 17).

Aber es kann versucht werden, die Folgen der Viktimisierung zu verringern, sie zumindest nicht zu vergrößern – durch eine Berücksichtigung der „Opferwünsche nach der Straftat".[104]

---

[101] 1991 wurden die Befragungsergebnisse von *Baurmann/Schädler* veröffentlicht (Befragung von 203 Kriminalitätsopfern, zumeist direkt nach der Anzeige; darunter 28,1% Opfer von Gewaltdelikten); 1995 die von *Kilchling* (1990 durchgeführte schriftliche Befragung zu den Viktimisierungserfahrungen - Kontaktdelikte wie Nichtkontaktdelikte - von 3.213 Personen, die zuvor an einer internationalen Telefonbefragung zur Viktimisierung - ICVS von 1989 s.o. - teilgenommen hatten); 1996 die von *Deegener* (schriftliche Befragung von 716 zwischen März 1990 und Februar 1991 polizeilich registrierten Opfern von Raubüberfällen und Einbruchsdiebstählen) und 1997 die von *Richter* (1991 durchgeführte schriftliche Befragung einer Stichprobe von 342 Opfern von Gewalt aus den Akten des WEISSEN RINGS); *Sautner* (2010) referiert u.a. diese Befunde.

[102] Die repräsentative Befragung von über 10.000 Frauen zwischen 16 und 85 Jahren von *Müller/Schröttle* zu Gewalterfahrungen und der Inanspruchnahme von Hilfe aus dem Jahr 2004 und eine 2011 durchgeführte repräsentative Befragung (im Rahmen einer Mehrthemenbefragung) von 1.138 Frauen im Alter von 16 bis 65 Jahren zur Kenntnis und Nutzung von Beratung und zu Erfahrungen von Gewalt (*Helfferich u.a.* 2012).

[103] Eine 2011 durchgeführte repräsentative Befragung von 11.428 Personen im Alter von 16 bis 40 Jahren zur Betroffenheit insbesondere durch sexuellen Missbrauch im innerfamiliären Bereich.

[104] Grundsätzlich muss bei den Opferbedürfnissen nach der **Art des erlittenen Deliktes und des eingetretenen Schadens** differenziert werden: Unmittelbar nach der Viktimisierung dominiert bei den Opfern von Nichtkontaktdelikten und Einbruchsopfern der Wunsch nach Ersatz (60,8% bzw. 36,8%), während bei den Opfern von Kontaktdelikten der Wunsch nach Vergessen den größten Raum einnimmt (31,8%); bei diesen Opfern ist auch der Wunsch nach Bestrafung am deutlichsten ausgeprägt (28,4%), insbesondere nach tätlichen Angriffen und Bedrohungen (Sautner 2010, 203; ausführliche Angaben bei Kilchling 1995).

2.2
Mitteilungsbereitschaft von Opfern

Voraussetzung dafür ist, dass die Viktimisierung bekannt wird, dass die Opfer über das ihnen Widerfahrene sprechen.[105] Das tun die Opfer von Straftaten, insbesondere diejenigen, die Opfer von sexueller, aber auch körperlicher Gewalt geworden sind, allerdings keineswegs immer: Fast die Hälfte der Frauen, die Opfer sexuellen Gewalt geworden sind (47%) und ein gutes Drittel der Opfer körperlicher Gewalt (37%) hat mit niemandem über die erlittenen Gewaltereignisse gesprochen (Müller/Schröttle 2004, 162 f), bei den Betroffenen von sexuellem Missbrauch mit Körperkontakt gilt das immerhin für ein Viertel der Opfer (Standler u.a. 2012, 51).[106]

Wenn darüber gesprochen wird, sind Personen aus dem engsten sozialen Nahraum – Freunde, Bekannte, Nachbarn, Familienangehörige - erste und zentralste Ansprechpartner, während professionelle Hilfeinstanzen erst mit einigem Abstand folgen (Müller/Schröttle 2004, 159, 163).[107] Diese Befunde werden durch die 2011 durchgeführte Befragung bestätigt: Wenn trotz Gewalterfahrungen keine Beratung aufgesucht wird, dann deshalb, weil die Betroffenen sich jemandem im privaten Umfeld anvertraut haben und versuchen, die anstehenden Fragen und Probleme so zu lösen und ohne Beratung klar zu kommen. Denn: „Die Privatheit der Gewalterfahrungen ist eine hohe Mitteilungsbarriere" (Helfferich u.a. 2012, 203). Auch die Betroffenen von sexuellem Missbrauch sprechen, wenn überhaupt, dann vor allem mit Personen aus dem engen sozialen Umfeld darüber (Standler u.a. 2012, 51).[108]

Nicht nur die Privatheit vieler Gewalterfahrungen, sondern auch die Angst, dass ihnen **nicht geglaubt** wird, hält viele Opfer davon ab, über die erlittenen Gewaltereignisse zu sprechen (Bergmann 2012, 40)[109] – nicht mit dem engen sozialen Umfeld und schon gar nicht mit Polizei oder Justiz: Die Anzeigebereitschaft ist außerordentlich gering, vor

---

[105] Dass die Strafanzeige eher die Ausnahme als die Regel ist, gerade bei Gewaltopfern, wurde schon dargestellt.

[106] Dabei war „das darüber sprechen können .. für alle enorm wichtig"; so die Unabhängige Beauftragte für die Aufarbeitung des sexuellen Missbrauchs (Bergmann 2012, 42).

[107] Siehe dazu auch die in Fn 86 wiedergegebenen Erkenntnisse zur Inanspruchnahme institutioneller Hilfen.

[108] *Baurmann/Schädler* kommen allerdings zu einer eher negativen Bewertung des „Erfolges" der Gespräche mit Personen aus dem engen sozialen Umfeld: „Gespräche über erlebte Viktimisierungen (wurden) zunächst in den überwiegenden Fällen mit den Angehörigen aus dem engeren Familienkreis geführt .. Eine entsprechende Unterstützung und Stabilisierung fanden die Opfer in diesen Gesprächen jedoch in den wenigsten Fällen. Die hieraus resultierende Isolierung ... wurde von den Opfern ... auch durch ‚Hilferufe' an Institutionen wie Polizei und Opferhilfe (überwunden). Damit mag auch das Ergebnis unserer Untersuchung zusammenhängen, daß Opfer, insbesondere Gewaltopfer, eine staatliche Hilfe wesentlich häufiger wünschten als eine private Unterstützung" (Baurmann/Schädler 1991, 291).
Bergmann weist darauf hin, dass es für die Verarbeitung des Geschehens hilfreich war, wenn die Betroffenen Unterstützung im familiären oder sozialen Umfeld fanden (2012, 42).

[109] Zum Zusammenhang zwischen den Zweifeln an der Glaubwürdigkeit der Opfer und ihrer sekundären Viktimisierung vor allem im Ermittlungs- und Strafverfahren s.u. Kap. 3.

allem dann, wenn Täter und Opfer sich schon vor der Tat kannten.[110]

Von daher sind die Befunde der 2011 durchgeführten Repräsentativbefragung zum sexuellen Kindesmissbrauch bemerkenswert, denen zufolge sich die Anzeigebereitschaft der von sexuellem Kindesmissbrauch im innerfamiliären Bereich Betroffenen deutlich erhöht hat: „Während .. in den 80er Jahren im Durchschnitt nur etwa jede/r zwölfte Täter/-in mit einem Strafverfahren rechnen musste, gilt das heute für etwa jede/n Dritte/n. Dieser Umstand könnte möglicherweise den Tatendrang potenzieller Missbrauchstäter/-innen dämpfen und zum Rückgang der hier erfragten Formen sexuellen Missbrauchs beigetragen haben" (Standler u.a. 2012, 54).

2.3
Wunsch nach sozialer Unterstützung, Information und Beratung

Wenn die Opfer von Straftaten – insbesondere Gewaltopfer – über die erlittenen Ereignisse sprechen, dann steht für die meisten dahinter der Wunsch nach **sozialer Unterstützung**: Durch entsprechende Reaktionen der Angehörigen, des sozialen Umfeldes, aber auch der Instanzen.[111]

Ein wesentlicher Aspekt dieses Wunsches nach sozialer Unterstützung ist die **Anerkennung des erfahrenen Unrechts**, die Benennung der Taten und ihrer Täter, die Wertschätzung, die Achtung als Person, die Schlimmes durchgemacht hat, die eindeutige Anerkennung ihres Opferstatus, auch und gerade durch die Strafverfolgungsbehörden.[112] Oder, in der plastischen Ausdrucksweise von *Reemtsma*: „Die Anerkennung der Strafbarkeit bedeutet die Anerkennung, daß Unrecht geschehen ist. Das Opfer hat nicht Pech gehabt, es ist überfallen worden, nicht von einem herunterfallenden Ast getroffen worden. Der Täter *durfte* nicht tun, was er getan hat. Das Opfer hat nicht nur Schaden erlitten, sondern ihm ist Unrecht geschehen" (2006, 17).[113]

---

[110] Nach den Befunden von *Müller/Schröttle* haben bei Gewalt durch frühere/aktuelle Partner 13% der davon betroffenen Frauen die Polizei eingeschaltet und 8% gegen den Partner Anzeige erstattet. Die Anteile erhöhen sich auf 19% bei der polizeilichen Intervention und 11% bei der Anzeigeerstattung, wenn nur die Frauen einbezogen werden, die Gewalt mit Verletzungsfolgen oder mit Angst vor ernsthafter/lebensgefährlicher Verletzung erlebt haben (2004, 237).

[111] So kommt schon die Studie von *Richter* zu dem Ergebnis, dass die von ihm befragten Gewaltopfer nach der Tat am meisten (63,4%) psychische und soziale Unterstützung als konkrete Hilfe benötigten und sich dieser Wunsch vor allem an die „Ämter und die Repräsentanten des offiziellen Strafverfolgungssystems" richte. Da diese Funktionen „in unserem Strafrechtssystem jedoch nicht an erster Stelle in der Wahrnehmung ihrer Aufgaben" stehe, könne die „Diskrepanz zwischen Erwartungen der betroffenen und tatsächlichen Leistungen der offiziellen Stellen ... von den Betroffenen als problematisch empfunden werden" (Richter 1997, 86 ff).

[112] Siehe dazu Baurmann/Schädler 1991; Baurmann 2000, 4; Richter 1997, 86 ff; Kilchling 1995, 222; Bergmann 2012, 42.
    Auch *Sautner* (2010, 218) weist auf das Bedürfnis der Opfer nach Anerkennung der eigenen Opferwerdung durch die Strafverfolgungsbehörden und Gerichte hin (näheres dazu Kap. 3).
    Für Maercker ist die soziale Unterstützung der „entscheidende Dreh- und Angelpunkt", um das Trauma „Opfererfahrung" zu bewältigen und langfristige psychische Folgen zu vermeiden (2006, 52 f).

[113] So auch *Hassemer/Reemtsma* (2002, 130 f): Von großer Bedeutung sei die Feststellung, dass die Tat Unrecht und nicht Unglück gewesen sei. „Für ein Unglück ist niemand verantwortlich, an ihm trägt niemand

Auch **Information und Beratung** bedeuten soziale Zuwendung und sind für die Opfer wichtig: Information und Beratung können das Gefühl von Sicherheit und Handlungsfähigkeit vermitteln – und hier besteht offensichtlich ein besonderer Mangel.[114] „Kriminalitätsopfer sind, wenn sie zur Polizei kommen oder vor Gericht auftreten müssen, meist schlecht informiert. Geschädigte wissen in der Regel wenig vom weiteren Ablauf des Ermittlungs- und Strafverfahrens" (Baurmann 2000, 3; Frederking 2007) – wünschen sich aber durchaus mehr Informationen, etwa zu den Rechten und Pflichten, die mit der Rolle des Geschädigten einhergehen (Richter 1997, 94).

Das ist eine Aufgabe, die insbesondere die Opferhilfe- und Beratungseinrichtungen übernehmen. So geht es etwa in der Prozessvorbereitung durch die Mitarbeiter des WEISSEN RINGS darum, in enger Zusammenarbeit mit Anwälten die Opfer über ihre Rechte im Strafverfahren zu informieren, die Opfer zu Zeugen zu entwickeln: Denn Opfer zu sein, sei eine passive Rolle, eine ohnmächtige Rolle – Zeuge im Prozess zu sein dagegen eine aktive Rolle (Hartwig 2012, 57).

2.4
Straf- und Genugtuungswünsche

Im Vergleich zu den bisher genannten Opferbedürfnissen sind dagegen die Straf- und Genugtuungswünsche der Opfer **von eher geringer Bedeutung** – auf jeden Fall von geringerer, als häufig angenommen: „Wer über die Rolle des Verletzten im Strafverfahren nachdenkt, unterstellt zumeist, daß das Deliktsopfer in erster Linie an der Bestrafung des Täters interessiert sei ... erst diese Prämisse erklärt die verbreitete Forderung nach weitergehender Mitbestimmung des Verletzten (eben zwecks besserer Durchsetzung seines Genugtuungsinteresses), wie sie von maßgeblicher Seite auch dem Opferschutzgesetz zugrunde gelegt wurde. Seltsamerweise entbehren all diese Überlegungen jedoch des empirischen Nachweises, daß Deliktsopfer tatsächlich nach Genugtuung streben ... Soweit empirische Arbeiten hierzu vorliegen zeigen sowohl britische als auch deutsche Studien eine bemerkenswert gelassene und maßvolle Einstellung von Verletzten gegenüber Straftätern und deren Sanktionierung ... Vieles spricht dafür, daß der Verletzte typischerweise Art und Ausmaß der staatlichen Reaktion dem am Gesetz orientierten Ermessen der Strafverfolgungsorgane in die Hand legt und daß er mit dem Ergebnis dann einverstanden ist, wenn er in subjektivemotional befriedigender Weise – vor allem durch Information und Konsultation – in das Verfahren eingebunden wurde" (Weigend 1989, 408 ff).[115]

Schuld. Ein Unrecht hätte nicht geschehen *dürfen* ... Das Leid, das mir widerfährt, liegt in der Freiheit des Anderen begründet, mich zu verletzen. Er hätte es unterlassen *können*. Daß er es hätte unterlassen *müssen*, sagt der Richterspruch, der es Unrecht nennt."

[114] Richter 1997, 92 ff; siehe dazu auch die Beiträge zur Informiertheit über Opferrechte in Band 44 der Mainzer Schriften zur Situation von Kriminalitätsopfern „Opferschutz – unbekannt" (hrsg. vom WEISSEN RING 2007); Seidler 2006.

[115] Siehe dazu auch Gelbert/Walter 2013, 75.
„Der Verletzte – *jeder* Verletzte, nicht nur der, dem besonders Schlimmes widerfahren ist – kann ver-

Diese Wertung entspricht derjenigen von *Sautner* vor dem Hintergrund der zwischen-
zeitlich erstellten empirischen Studien zu den Straf- und Genugtuungsbedürfnissen
der Opfer: „Fragt man Opfer, welche Reaktion sie auf das sie betreffende kriminelle
Verhalten wünschen, wird deutlich, dass ein staatlich-strafrechtliches Einschreiten
von der Mehrheit der Opfer präferiert wird – aber auch, dass damit nicht immer eine
Bestrafung des Täters im Sinne einer Kriminalstrafe gemeint ist" (Sautner 2010, 235).

Denn **Genugtuung** könne auf das Interesse des Opfers daran reduziert werden, dass
festgestellt werde, dass ihm **Unrecht** geschehen sei, dass man dieses Unrecht aner-
kenne, darauf angemessen reagiere und dem Opfer damit (symbolisch) versichere,
so etwas werde in Zukunft nicht wieder passieren. Der berechtigte Wunsch des Opfers, dass die Tat nicht ohne offizielle Reaktion bleibe, dürfe nicht mit ungezügelter
Rachsucht gleichgesetzt werden. Die in der Strafe liegende formelle Missbilligung
habe auch die Funktion, gegenüber dem Opfer zum Ausdruck zu bringen, dass ihm
Unrecht geschehen sei und dass es nicht verpflichtet war, das Verhalten des Täters zu
akzeptieren (Weigend 2010 a, 43).

2.5
Wiedergutmachung

Viele Opfer wünschen sich eine Wiedergutmachung des ihnen zugefügten Schadens,
betrachten Wiedergutmachung als eine geeignete Einstellungsauflage, messen einer solchen Wiedergutmachungsauflage allerdings durchaus Sanktionscharakter bei
(Sautner 2010, 239).

Wichtig ist den Opfern allerdings die Wiedergutmachung durch „ihren" Täter: Es
kommt vielen Opfern darauf an, dass der Täter selbst seine Schuld ihnen gegenüber
erfüllt (Weigend 1989, 404; Baurmann 2000, 4). Den Sanktionscharakter der Wiedergutmachung sehen Opfer darin, dass sich der Täter mit der Tat und ihren Folgen
auseinandersetzen muss. Unter diesen Voraussetzungen können sich die Opfer auch
eine Beteiligung an einer **Konfliktregelung** vorstellen, etwa an einer Mediationsmaß-
nahme in Form des Täter-Opfer-Ausgleichs (Sautner 2010, 240, 261).

Der **Täter-Opfer-Ausgleich (TOA)** bietet für Täter und Opfer eine Gelegenheit,
außergerichtlich unter Beteiligung eines unparteiischen Dritten, eine befriedigende
Regelung von Konflikten herbeizuführen. Er umfasst regelmäßig Konfliktberatung

---

langen, dass sein Schicksal nicht marginalisiert wird, sondern dass anerkannt wird, dass ihm Unrecht
zugefügt wurde. Dass diese Anerkennung förmlich in einem staatlichen Strafurteil erfolgen muss, ist damit
allerdings noch nicht gesagt" (Weigend 2010 b).
Und *Reemtsma*: „Das Interesse des Opfers an der Bestätigung, daß ihm Unrecht geschehen ist, und das
Interesse der Öffentlichkeit, daß festgestellt wird, daß eine Norm verletzt wurde, und daß sie trotz dieser
Verletzung gilt – was durch die Strafe („das *durfte* nicht getan werden!") bestätigt wird – konvergieren ...
Aber es gibt keinen Anspruch des Verletzten, daß das Gericht seine Sicht der Dinge übernimmt – nur, daß
es sie berücksichtigt, und dies kompetent tut ... Recht kann nichts heilen – aber wo nicht Recht gesprochen
wird, entstehen neue unheilbare Verletzungen" (2006, 17).

und/oder Konfliktschlichtung, eine Vereinbarung über die Wiedergutmachung und die Berücksichtigung dieser Bemühungen im Strafprozess.[116] Der TOA stellt ein wichtiges Instrument zur autonomen Konfliktlösung zwischen Opfer und Täter dar. Seine Vorzüge wurden und werden vor allem darin gesehen, „dass er einerseits und vielfach besser als das normale Strafverfahren geeignet ist, Opferbelangen gerecht zu werden,[117] und dass er andererseits auf Täterseite erhöhte Aussichten auf eine positive Beeinflussung für die Zukunft bietet ... Dass die Opferinteressen hier wohl auch in der Praxis hinreichend gewahrt sind, lassen die hohen Quoten einer Mitwirkungsbereitschaft der Geschädigten und die hohe Zahl der einverständlich getroffenen Regelungen nach Ausgleichsbemühungen erkennen. Dies ermutigt, die Anwendung des Täter-Opfer-Ausgleichs künftig auch noch stärker auf für einen solchen Ausgleich geeignete Fälle der schwereren Kriminalität auszudehnen (hier natürlich in der Regel nur als Mittel der Konfliktbewältigung neben der im Strafverfahren zu verhängenden Strafe)."[118]

Der Täter-Opfer-Ausgleich wurde zunächst (1990) im Jugendstrafrecht eingeführt und 1994 auch in das Erwachsenenstrafrecht übernommen.[119] „Im Unterschied zu den eher ‚leichtgewichtigen' Sanktionsmöglichkeiten im Rahmen der Diversion im Jugendgerichtsgesetz wurde in dieser Vorschrift aber die Möglichkeit geschaffen, den Täter-Opfer-Ausgleich ohne Einschränkung auch bei schweren Straftaten zur Anwendung zu bringen, und zwar als ‚vertypter Strafmilderungsgrund'" (Schädler 2012, 54). „Seither werden Täter-Opfer-Ausgleich und Schadenswiedergutmachung als zwei Varianten der Wiedergutmachung anerkannt, die zu einer Verfahrenseinstellung oder zu einer Strafmilderung führen können. Der Gesetzgeber wollte dadurch Schuldein-

---

[116] Bundesverband Mediation e. V. (www.bmev.de).

[117] Empirische Belege dafür fehlen allerdings weitgehend.
Ob und in welchem Ausmaß auch die **Opfer** – und nicht nur die Täter – von außergerichtlichen Schlichtungen **profitieren**, wird derzeit im Rahmen des Projektes *„Außergerichtliche Schlichtung als opferstützendes Instrument"*, das von der Europäischen Kommission gefördert wird, für Deutschland und Österreich untersucht. Mit qualitativen Methoden und konzentriert auf Gewaltdelikte wird im sozialen Nahraum wird gefragt, wie die Tatverarbeitungsprozesse jugendlicher wie erwachsener Opfer durch die außergerichtliche Schlichtung beeinflusst werden (können) und welche Faktoren bedeutsam sind, um positive Aufarbeitungsprozesse zu befördern, die eine langfristige Traumatisierung im Sinne einer tertiären Viktimisierung verhindern (www.mediation-im-strafverfahren.de).

[118] Bundesjustizministerium: Täter-Opfer-Ausgleich (www.bmj.de; Abfragedatum: 17.2.2013).
Schneider regt an, wegen der sehr niedrigen Anzeigeraten bei physischer und sexueller Gewaltanwendung gegenüber Frauen und Kindern in sozialen Nahbeziehungen darüber nachzudenken, ob nicht ein Ausgleichs- und Schlichtungsverfahren im Sinne der Restaurativen Justiz eine bessere Lösung bilde als das Strafverfahren (2010, 633 f).

[119] Und in § 46 a StGB eingefügt. Im Jugendstrafrecht wurde der Katalog der Weisungen 1990 um den Täter-Opfer-Ausgleich erweitert (Schädler 2012, 53).
Der bundesweiten **TOA-Statistik** zufolge, die seit 1993 von *Kerner u. a.* geführt wird (zuletzt für den Jahrgang 2010) handelt es sich nach Art der erlittenen Schäden zu 36% um (zu 75% leichte) Körperverletzungen, zu 19% um psychische Schäden und zu 21% um materielle Schäden. Nach Konflikttyp zu 57% um sonstige Beziehungskonflikte, zu 21% um Nachbarschaftskonflikte, zu 16% um Häusliche Gewalt und zu 6% um Stalking. Von den tatsächlich erreichten Geschädigten waren 70% zum TOA bereit, von den Beschuldigten 85% (Kerner u. a. 2012).

sicht, Wiedergutmachung und die friedensstiftende Wirkung des Ausgleichs auch bei schweren Straftaten fördern" (Schöch 2012, 250).[120]

Schädler bezweifelt allerdings, ob das gelungen ist: „Den Sprung vom Jugendstrafrecht in das Erwachsenenrecht hat der Täter-Opfer-Ausgleich in den Köpfen der Rechtsanwender, wenn überhaupt, nur in verstümmelter Form geschafft: Gerichte und Staatsanwälte wenden den Täter-Opfer-Ausgleich nach wie vor auf eher leichtere Straftaten, manchmal auch bei der gefährlichen Körperverletzung an. Was aber gerade Opfern von Sexualstraftaten zu schaffen macht, ist, dass nicht gesetzliche Voraussetzung wurde, den Täter-Opfer-Ausgleich mit Hilfe eines neutralen Vermittlers herbeizuführen, aber er in jeder Lage des Verfahrens noch in Angriff genommen werden kann. Ein Resultat ist, dass Konfliktlösungen oft sehr spät, am Ende einer gescheiterten Beweisaufnahme, dann aber ‚Hals über Kopf', auf dem Gerichtsflur, manchmal auch im Gerichtssaal selbst und in der Regel nur auf finanzieller Basis gesucht werden. Dies geht fast immer nur auf dem Rücken des Opfers" (2012, 54).[121]

Auf weitere Probleme, die mit der „Entschuldigung" des Täters verbunden seien, weist *Schöch* hin: Diese Entschuldigung sei praktisch bei allen Wiedergutmachungsvereinbarungen ein wesentliches Element der friedensstiftenden Wirkung.[122] Viele Opfer seien auch bereit, diese Entschuldigung zu akzeptieren, aber sie seien nicht bereit, dem Täter zu „verzeihen", vor allem nicht bei schwereren Straftaten. „Verzeihen" verstünden viele Opfer als ungeschehen machen, als ob nichts gewesen wäre. Das ginge ihnen zu weit, denn sie wollten in der Regel die Tat nicht als ungeschehen betrachten. Das sei aber für einen Ausgleich auch nicht erforderlich (2012, 250).

---

[120] Der Opferhilfeverein WEISSER RING hat bereits im Dezember 1996 die Wiedergutmachung sowohl im staatsanwaltschaftlichen Ermittlungsverfahren als auch bei der gerichtlichen Strafzumessung befürwortet. In § 2 der Satzung wurde die Unterstützung von Projekten der Wiedergutmachung und des Täter-Opfer-Ausgleichs als Zweck und Ziel des Vereins aufgenommen (Schöch 2012, 250). Siehe zum Täter-Opfer-Ausgleich auch die Stellungnahmen in „Spektrum der Mediation", der Fachzeitschrift des Bundesverbandes Mediation (www.bmev.de); die TOA-Infodienste, die vom „Servicebüro für Täter-Opfer-Ausgleich und Konfliktschlichtung" einer Einrichtung des DBH - Fachverbandes für Soziale Arbeit, Strafrecht und Kriminalpolitik herausgegeben werden (www.toa-servicebuero.de). Außerdem den Bericht zur Täter-Opfer-Ausgleichs-Statistik, der jährlich vom Bundesjustizministerium vorgelegt wird (www.bmj.de; Kerner u.a. 2012).

[121] *Kerner* u.a. weisen darauf hin, dass der TOA nicht wirklich flächendeckend etabliert sei und es nach wie vor in Teilen der Bevölkerung, aber auch bei Angehörigen der Justiz und bei Rechtsanwälten (Verteidigern), verhaltene wie offene Vorbehalte gebe. Dem entspreche, dass TOA-Fälle quantitativ nach wie vor nur bzw. erst einen bescheidenen Anteil an allen im Rahmen der Strafverfolgung und Aburteilung erledigten Fällen eines beliebigen Jahres ausmachten. Österreich sei hier weit voraus, hier habe sich der TOA als valide Alternative zu klassischen Reaktionen etabliert (2012, Vorwort).

[122] Der TOA-Statistik für 2010 zufolge ist die Entschuldigung mit einem Anteil von 43% diejenige Vereinbarung, die mit Abstand am häufigsten getroffen wird (Kerner u.a. 2012).

3
Strafrechtspflege und Opferwünsche

„Heute erscheint bei der Konfliktbewältigung mittels Strafrecht .. mit Recht die Position des individuellen Opfers als eine von der Rechtsgemeinschaft und dem von ihr mit der Strafverfolgung beauftragten Staat unabhängige Bezugsgröße. Die Forderung nach durchgängig opferfreundlicher Ausübung des staatlichen Strafanspruchs ist inzwischen unbestritten" (Kunz 2011 a, Kap. 5, Rdn 49).

3.1
Opferzuwendung der Strafrechtspflege

„Heute" – das heißt, die „opferfreundliche Ausführung" der Strafrechtspflege war keineswegs schon immer gegeben, „unbestritten" und selbstverständlich. In der Tat: Die Op-ferzuwendung der Strafrechtspflege begann erst vor gut 25 Jahren.[123]

„Historisch gesehen[124] hatte die durch eine Straftat verletzte Person bis ins Mittelalter hinein eine starke Prozessstellung inne ... Mit der Entstehung des staatlichen Gewaltmonopols und der Entwicklung des neuzeitlich-rechtsstaatlichen Strafrechts verlor das Verbrechensopfer diesen Status ... In dem Maße, in dem der Staat die Konfliktregelung übernahm, büßte die verletzte Person ihre Rolle als autonom handelnder Akteur im Strafverfahren ein und trat in der Rechtspraxis überwiegend nur noch als Beweismittel, nämlich als Zeuge, in Erscheinung. Das Opfer wurde damit zum Objekt des Prozesses. Aber auch außerhalb des Strafprozesses wurde der verletzten Person nur geringe Aufmerksamkeit zuteil" (Barton/Kölbel 2012, 11).

Strafrecht und Strafverfahrensrecht konzentrierten sich auf den Täter: „Noch vor einigen Jahren galt der Täter vielen, die sich mit Schuld und Strafe auseinandergesetzt haben, als das eigentliche Opfer im Komplex von Schuld und Strafe, nämlich als Opfer staatlicher Vergeltungsmaßnahmen. Nur auf ihn hin wurden die Schutzgarantien des rechtsstaatlichen Strafrechts ausgerichtet, und das Opfer kam argumentativ nicht vor ... Heute ist alles anders geworden. Wir assoziieren, wenn es im Strafrecht um ,Schutz' geht, nicht den Täter, sondern das Opfer, und es geht uns heute um Schutz vor dem Täter, nicht vor dem Staat" (Hassemer/Reemtsma 2002, 14 f). Die Straftat wird nicht mehr in erster Linie als Auflehnung gegen das staatliche Gebot oder als Verletzung eines abstrakten Rechtsgutes wahrgenommen, sondern als Verletzung der Rechtsgüter eines Menschen, als reale Verletzung eines Menschen (Weigend 2010 a, 41; Böttcher 2012, 123).

---

[123] Wenn man, wie etwa *Kilchling* (1995, 4) in dem sog. Opferschutzgesetz von 1986 den Beginn der eigentlichen Stärkung der Rechtsstellung des Opfers im Strafverfahren sieht. Auch *Weigend* sieht in dem Opferschutzgesetz den „entscheidenden Schritt auf die Opfer zu" (2012, 52).

[124] Siehe zu den historischen Aspekten des Opferschutzes und der Opferbeteiligung etwa Weigend 1989 oder Rössner 1990.

Inzwischen ist der Verletzte jedenfalls weder in der Wissenschaft noch in der Strafrechtspflege der „forgotten man", als den man ihn noch in den 1970er Jahren bezeichnen konnte (Weigend 1989, 13; Barton/Kölbel 2012, 11).[125] Aber: der Wind habe sich in den letzten Jahren gedreht. Heute werde eher vor einer Veränderung des öffentlichen Charakters des Strafverfahrens dadurch gewarnt, dass dem Verletzten eine allzu selbständige Stellung mit weitreichenden Aktivrechten eingeräumt werde (Weigend 2010 a, 53).

3.1.1
Gründe für die Opferzuwendung der Strafrechtspflege

Die Begründungen für die „Opferzuwendung der Strafrechtspflege" liegen zum einen in eher grundsätzlich-rechtsstaatlichen, zum andern in eher pragmatischen Argumenten.

Das **rechtsstaatliche Argument** knüpft am Gewaltmonopol des Staates[126] an, dem individuellen Gewaltverzicht und der daraus resultierenden Garantie des Rechtsstaates, für die Unversehrtheit seiner Bürger zu sorgen.[127] Sollte der Rechtsstaat diese Garantie nicht einhalten können – und daran besteht angesichts der großen Zahl der Opfer von Straftaten kein Zweifel – dann sollte der Staat die Opfer zumindest vor Beeinträchtigungen im Ermittlungs- und Strafverfahren schützen (siehe dazu auch Baurmann 2000, 2).[128]

Für ein „gewisses Maß an Fairness " spricht sich auch *Reemtsma* aus, der zugleich nachdrücklich auf die negativen Konsequenzen hinweist, wenn die „Gegenverpflichtung" zum Gewaltmonopol des Staates so verstanden werde, dass der Staat dem Bürger ein Leben ohne Angst vor tatsächlicher oder vermeintlicher Bedrohung möglich machen müsste: „Ein Verbrechensopfer hat nicht schon darum Ansprüche an die Öf-

---

[125] „In unseren Tagen treibt das Verbrechensopfer die Kriminalpolitik an ... Das Opfer ist aus dem Schatten herausgetreten, in dem ein auf den Täter konzentriertes Strafrecht es über Jahrzehnte, ja über Jahrhunderte, festgehalten hat. Wir erleben eine Wende ... Unsere Aufmerksamkeit, unser Interesse und auch unser Mitgefühl wandern vom Täter zum Opfer" (Hassemer/Reemtsma 2002, 13).

[126] „Unter dem Gewaltmonopol des Staates versteht man die alleinige Legitimität des Staates, physische Gewalt im Rahmen des geltenden Rechts auszuüben und anzudrohen, soweit das Recht nicht den einzelnen Bürger ausnahmsweise dazu legitimiert ... (dem Gewaltmonopol entspricht) die Gegenverpflichtung .. , dem Bürger ein Leben ohne Angst vor tatsächlicher oder vermeintlicher Bedrohung (auch solcher durch Straftaten) möglich zu machen" (Schwind 2011, § 18, Rdn 33; § 20, Rdn 13). Diese „Gegenverpflichtung" ist allerdings nicht unumstritten, da sie direkt zum Präventionsstaat führen kann (siehe dazu Steffen 2012 b).

[127] *Weigend* (2010 a, 45) hält diese Herleitung allerdings nur *prima vista* für überzeugend: Die staatliche Berechtigung zu strafen könne man nicht mehr als Ergebnis eines imaginären Übertragungsaktes seitens potentieller Deliktsopfer verstehen, sondern jene Berechtigung sei durch den demokratischen Willensbildungsprozess des Gesetzgebers legitimiert. Ein Ausgleichsanspruch des Verletzten wegen des Verlustes archaischer Selbst"justiz"befugnisse bestehe daher nicht.

[128] In dem von der CDU/CSU-Fraktion eingebrachten Gesetzentwurf zum 1976 verabschiedeten Opferentschädigungsgesetzes (OEG) wird auf die Pflicht des Staates hingewiesen, als Kehrseite des von ihm übernommenen Gewaltmonopols bei einer misslungenen Verbrechensbekämpfung dem Opfer einer Straftat zur Seite zu stehen (zitiert nach Schädler 2012, 53).

fentlichkeit – den Staat – weil es Opfer eines Verbrechens geworden ist. Es ist nicht
darum Opfer eines Verbrechens geworden, weil der Staat nicht zureichend für Schutz
gesorgt hat. Es sei denn, das wäre im Einzelfall so gewesen ... Wer meint, daß der
Staat überall dort versagt hat, wo Verbrechen geschehen, muß einen Staat wollen, der
tatsächlich überall Verbrechen verhindern könnte – und das müßte dann ein Staat sein,
der überall nicht nur überwachend sondern mit jeweils aktueller Eingriffsmöglichkeit
präsent wäre. Das wäre nicht nur unmöglich, sondern eine Annäherung an diesen
Zustand wäre unerträglich.

Es gibt ein Interesse der allermeisten Bürger an einem verbrechensfreien Zustand –
aber wir können ihn nicht herstellen, und wir können die Mittel nicht wollen, die nötig
wären, ihn herzustellen. Es gibt aber ein allgemeines *Interesse aller Bürger* – und ihm
kann entsprochen werden – daß, für den Fall, daß sie sich als Opfer (Verletzte) wieder-
finden, ein gewisses Maß an Fairneß ihr Schicksal gestaltet" (2006, 17).

Diese Forderung nach einem Ermittlungs- und Strafverfahren, in dem das Opfer nicht
noch zusätzlich verletzt wird (die schon angesprochene „sekundäre Viktimisierung")
gehört zu den wichtigsten **pragmatischen Argumenten** für einen professionellen,
(unnötige) Belastungen vermeidenden Umgang mit den Opfern von Straftaten.[129]

„Dem Staat als Sicherheitsverband aller Individuen obliegt es, den einzelnen vor
Beeinträchtigungen der ihm zustehenden Rechtgütersphäre zu schützen. Mißlingt
dies im Einzelfall, so kann der Betroffene zumindest erwarten, daß der eingetretene
Schaden nicht durch staatliches Handeln vergrößert oder intensiviert wird" (Weigend
1989, 19).[130]

Außerdem sei die Opferzuwendung ein „Korrelat des Umstands, dass der Staat das
Opfer als Zeugen in die Pflicht nimmt und es damit erheblichen Belastungen aus-
setzt" (Weigend 2010 a, 55). Besondere Rechte des Verletzten ließen sich nur damit
begründen, dass ihm das Erleiden der Straftat und die (darauf beruhende) intensive
Inanspruchnahme durch den Strafprozess ein Sonderopfer im Vergleich zu anderen
Bürgern auferlege. Der Staat habe Anlass, dieses Sonderopfer durch geeignete Regelungen und Kompensationsangebote möglichst gering zu halten oder auszugleichen

---

[129] Ein weiteres Argument ergibt sich aus der Tatsache, dass die Opfer von Straftaten durch ihre Strafanzeige
die polizeilichen Ermittlungen initiieren und durch die Qualität und Bereitwilligkeit ihrer Angaben auch
den Erfolg dieser Ermittlungen – Aufklärung von Straftaten, Festnahme und Überführung von Straftätern
– bestimmen. Diese Bedeutung der Opferzeugen gilt auch für den weiteren Verlauf und das Ergebnis
des Strafverfahrens. Polizei wie Justiz sollten also schon aus „Eigeninteresse" auf einen professionellen,
wertschätzenden Umgang mit den Opfern achten (siehe dazu Steffen 1995, 113; Steffen 2012 a, 147 f;
Baurmann 2000, 2).

[130] So auch die Bundesregierung im Entwurf zum 2. Opferrechtsreformgesetz von 2009:
„Die verfassungsmäßige Ordnung des Grundgesetzes verpflichtet die staatlichen Organe nicht nur zur
Aufklärung von Straftaten und zur Feststellung von Schuld oder Unschuld der Beschuldigten in fairen und
rechtsstaatlichen Verfahren, sondern auch, sich schützend vor die Opfer von Straftaten zu stellen und deren
Belange zu achten" (zitiert nach Sielaff 2010, 213).

(Weigend 1989, 379). Denn dieser Zeugen*pflicht* müsse das Opfer im Strafprozess nachkommen – manchmal gegen seine eigene Befindlichkeit und gegen sein eigenes Bedürfnis (Baurmann 2000, 2). „Das Opfer muss ein Sonderopfer für die Allgemeinheit erbringen. Das schreit geradezu nach Unterstützung und Hilfe" (Böttcher 2012, 123).

Wenn Opfer sich in Fällen, in denen das Verfahren absehbar mit großen Belastungen für sie verbunden sei, zu einer Anzeige entschließen – etwa aus dem Wunsch heraus, dass Gerechtigkeit hergestellt werde, die Tat nicht ungesühnt bleibe und um zu verhindern, dass anderen Menschen Gleiches widerfahre – dann „erbringen sie für den Rechtsstaat eine Leistung, die Anerkennung verdient. Diese Leistung macht es zusätzlich dringlich, die Belastungen für das Opfer so gering wie möglich zu halten und ihm Gelegenheit zu geben, an der Feststellung der Wahrheit und dem Finden eines gerechten Urteils mitzuwirken" (Böttcher 2012, 123).

3.2
Opferzuwendung bei der Polizei

Schon weil diese Anzeige in der Regel bei der Polizei erstattet wird, zeigt sich die Opferzuwendung der Strafrechtspflege nicht erst auf der Ebene der Justiz, sondern bereits bei der **Polizei:**[131] Unter der Forderung „Professioneller Umgang mit dem Opfer" stehen die entsprechenden Anstrengungen in Zusammenhang mit der allgemein gestiegenen Sensibilität gegenüber Opfern von Straftaten, ihren Erwartungen und Bedürfnissen.[132]

Dabei versteht die Polizei den Opferschutz – die Betreuung der Opfer von Kriminalität und Verkehrsunfällen mit dem Ziel, die Folgen des Ereignisses für die jeweils Betroffenen gering zu halten – als Teilaufgabe der polizeilichen Prävention. Dem polizeilichen Präventionsverständnis zu Folge „obliegt diese Aufgabe zunächst jedem Polizeibeamten und jeder Polizeibeamtin im Rahmen des täglichen Dienstes" (Programm Polizeiliche Kriminalprävention).

Mit dem Ziel, ein „professionelles Informationsverhalten"[133] zu praktizieren – um so auch dem schon angesprochenen Informationsbedürfnis und Informationsbedarf der Opfer von Straftaten zu genügen – werden unter der Überschrift „Was bedeutet Opferschutz für die Polizei" in das interaktive Lernprogramm zum Verhalten gegenüber Geschädigten und Opfern VIKTIM ausführliche Informationen zur Notwendigkeit und zu den Zielen von Opferschutz eingestellt. Außerdem zu den Erwartungen der

---

[131] Siehe zum Folgenden auch *Steffen* 2012 a.

[132] Die Forderung nach einem professionellen Umgang mit den Opfern, nach mehr Opferorientierung der Polizei, ist auch durch das Gewaltschutzgesetz von 2002 gefördert worden, durch das die Polizei faktisch Opferschutzaufgaben im Bereich der häuslichen Gewalt bzw. der Gewalt im sozialen Nahraum zugewiesen bekommen hat (Sielaff 2010, 217).

[133] So die Forderung von *Baurmann* 2000, 3.

Opfer,[134] den Rechten von Opfern, zu Hilfeeinrichtungen u.v.m: „Sich um betroffene Menschen zu kümmern ist .. heute eine der selbstverständlichen Aufgaben der Polizei." Und: „Ein professioneller Opferschutz ist für das gesamte Strafverfahren von immanenter Bedeutung. Nach dem Motto ‚Nur Profis schenkt man Vertrauen' kann die Qualität der Aussagen der Opfer entscheidend verbessert werden."[135]

Insgesamt ist festzustellen, dass in allen Bundesländern der Opferschutz mittlerweile ein fester Bestandteil der polizeilichen Arbeit und Aufgabe einer jeden Polizeibeamtin und eines jeden Polizeibeamten ist. Darüberhinaus sind fast überall auch „Opferbeauftragte" eingerichtet worden, die als für diese Aufgabe besonders qualifizierte Beamtinnen und Beamte nicht nur den Opfern als Ansprech- und Hilfepartner zur Verfügung stehen, sondern sich auch polizeiintern, bei den Kolleginnen und Kollegen für die Belange des Opferschutzes einsetzen (Steffen 2012 a, 146).[136]

Diese Opferzuwendung der Polizei scheint sich gelohnt zu haben: So wurde in der schon zitierten Untersuchung zur Gewalt gegen Frauen in Deutschland (Müller/ Schröttle 2004) festgestellt, dass die Zufriedenheit mit der polizeilichen Tätigkeit innerhalb der vorangegangenen 15 Jahre zugenommen habe: „Zusammenfassend kann gesagt werden, dass in der vorliegenden Untersuchung bezüglich des polizeilichen Umgangs mit Gewalt gegen Frauen positive Veränderungen vor allem im Bereich des Opferschutzes und der Opferbetreuung sowie der verbesserten Informationsvermittlung sichtbar geworden sind. Auch im Rahmen der Ermittlungsverfahren deuten sich Veränderungen in Richtung einer intensiveren Ausermittlung der Fälle an" (2004, 197).

Und in der Bestandsaufnahme zu Unterstützungsangeboten für gewaltbetroffene Frauen (Helfferich u.a. 2012), bei der auch Fragen zur Kenntnis und zur Nutzung von Beratung und zu Erfahrungen von Gewalt gestellt wurden,[137] kannten nur wenige Frauen keine Stellen, an die man sich wenden könnte. Unter den konkret genannten Stellen stand die Polizei an erster Stelle (74% würden bei sexueller Gewalt und 63% bei Misshandlung empfehlen, sich an die Polizei zu wenden): Die Polizei genieße eine große Vertrauensstellung, gefolgt von Ärzten und Ärztinnen (Empfehlungen: 45% bei sexueller Gewalt,

---

[134] Nach einer vom *Institut für Psychologie der TU Darmstadt* durchgeführten Opferbefragung sehen die Wünsche und Erwartungen an Polizeibeamte aus Opfersicht so aus: Schnelle Reaktion, gute Umgangsformen, Kontinuität (gleich bleibende Ansprechpartner und Vernehmungsbeamte), angemessene Gesprächssituation, Akzeptanz, Information, Rücksicht (Quelle: VIKTIM).

[135] Das „professionelle Informationsverhalten" der Polizei zeigt sich auch bei ihren Informationen nach außen, an (potentielle) Opfer von Straftaten: Auf der Internet-Seite der polizeilichen Kriminalprävention – www.polizei-beratung.de - werden neben allgemeinen Informationen – etwa zum Ablauf des Strafverfahrens, zu Opferhilfeeinrichtungen, zur Dokumentation von Verletzungen usw. - zu mehreren Straftaten auch detaillierte, deliktbezogene Informationen und Tipps gegeben.

[136] Außerhalb der Polizei wurde Anfang Oktober 2012 in Berlin der erste landesweit zuständige Opferschutzbeauftragte eingesetzt (www.zeit.de/gesellschaft/zeitgeschehen/2012-11/Interview-Opferbeauftrager-Berlin/komplettansicht; Abfragedatum: 13.12.2012).

[137] 2011 durchgeführte repräsentative Befragung von 1.138 Frauen zwischen 18 und 85 Jahren.

36% bei Misshandlung). Beratungsstellen wurden dagegen sehr viel seltener empfohlen. Offenbar werde bei akuter Gewalt eher an Fragen des Schutzes und der medizinischen Versorgung gedacht als an psychosoziale Beratung (2012, 188 ff).

3.3
Opferschutz im Strafverfahren

Opferschutz im Strafverfahren bedeutet zweierlei,

- zum einen, das Opfer davor zu schützen, dass es durch das Strafverfahren zusätzlich verletzt wird und

- zum andern, es darin zu unterstützen, dass es sich in dem Verfahren behaupten kann (Böttcher 2012, 122).[138]

Mit diesen Zielen hat es seit 1986 mehrere opferbezogene Reformen der Strafprozessordnung gegeben. Als wichtigste sind zu nennen: Das Opferschutzgesetz von 1986, das Zeugenschutzgesetz von 1998, das Opferrechtsreformgesetz von 2004, das 2. Opferrechtsreformgesetz von 2009. Gerade (am 14.3.2013) vom Bundestag beschlossen wurde der Entwurf eines Gesetzes zur Stärkung der Rechte von Opfern sexuellen Missbrauchs (StORMG).[139]

In der Tat ging es – nach der langen Zeit, in der das Opfer im Schatten stand, zu einer „prozessualen Restgröße"[140] degradiert worden war - jetzt „Schlag auf Schlag" (Böttcher 2012, 123). Kennzeichnend sei „der serielle Charakter der Gesetzgebungsakte: Noch bevor das letzte Opferschutzgesetz in der Praxis umgesetzt worden ist, wird regelmäßig schon wieder an einem neuen Gesetz gearbeitet. Man kann geradezu von einer Kaskade von Opferschutzgesetzen sprechen" (Barton 2012, 130). Für die wiederum gilt: „Ein klares systematisches Konzept ist hinter diesen Einzeländerungen freilich nicht wirklich zu erkennen" (Weigend 2010 a, 55).

Man kann sich bei der Opferschutzgesetzgebung des Eindrucks eines **politisch-publizistischen Verstärkerkreislaufs**[141] nicht erwehren – oder hier, in Anbetracht der

---

[138] Für *Barton* kommt in der Vielzahl von Reformen, die vom Gesetzgeber mit dem Ziel eines verbesserten Opferschutzes legitimiert wurden, die „Viktimisierung" der deutschen Kriminalpolitik anschaulich zum Ausdruck (2012, 127).
Einen besonderen Schwerpunkt bildete dabei das Strafverfahrensrecht; aber auch im Bereich des materiellen Strafrechts und im strafrechtsflankierenden Bereich „ist der Gesetzgeber wiederholt aktiv geworden." Siehe dazu die Auflistung bei Barton 2012, 127 ff.
Dabei, so *Weigend*, erfordere ein wirksamer Schutz von Opfern vor Beeinträchtigungen durch den Strafprozess zwar finanziellen, personellen und praktischen Aufwand, verändere aber das Verfahren nicht. Weiterreichende Auswirkungen hätten dagegen die Bestrebungen, dem Opfer ein stärkeres Mitwirkungs-, vielleicht sogar Mitspracherecht im Strafverfahren zu geben (2012, 42).

[139] *Barton* 2012, 128 mit Angaben zu den Inhalten; siehe dazu auch Schöch 2012; Kölbel 2012.

[140] So *Kilchling* 2002, zitiert nach Böttcher 2012, 123.

[141] Siehe zum politisch-publizistischen Verstärkerkreislauf Steffen 2008, 233 f.

starken Stellung der Opferschutzverbände (Barton 2012, 130),[142] auch eines politisch-verbandspolitischen Verstärkerkreislaufs. Das Wirken dieses Kreislaufs wurde zuletzt an der Diskussion um den *sexuellen Missbrauch von Kindern in Institutionen und im familiären Bereich* deutlich: 2010 sprachen Betroffene über das Geschehen, das meist Jahrzehnte zurücklag und auch kein neues Thema war. Schon in den 70er Jahren und danach haben insbesondere die Frauenhaus- und Kinderschutzbewegung auf den sexuellen Kindesmissbrauch gerade auch in Institutionen hingewiesen. Aber „jetzt war das Thema auf dem Tisch" (Bergmann 2012, 36). Die Bundesregierung setzte einen Runden Tisch ein; aus dessen Beratungen und Vorschlägen ging der Regierungsentwurf zu dem oben schon genannten Gesetz zur Stärkung der Rechte von Opfern sexuellen Missbrauchs (StORMG) hervor. Wer gemeint hatte, nach dem 2. Opferrechtsreformgesetz von 2009 sei nunmehr das „Ende der Fahnenstange" beim Opferschutz im Strafverfahren erreicht, hatte nicht mit der „Welle der Empörung über sexuellen Kindesmissbrauch" gerechnet. Deshalb sei zu erwarten, dass der aktuelle Regierungsentwurf demnächst Gesetz werde (Schöch 2012, 247).[143]

Die **Kritik an den Opferschutzgesetzen** bezieht sich jedoch nicht nur darauf, dass „ein klares systematisches Konzept nicht zu erkennen sei", wohl aber eine Abhängigkeit von aktuellen Ereignissen und der Lobbyarbeit der Opferschutzverbände, sondern diese Konzeption war von Anfang an umstritten: Wissenschaftler wie Strafverteidiger vertreten die Ansicht, das Opfer dürfe nicht Subjekt des Strafverfahrens mit eigenen Rechten sein, denn im Strafprozess gehe es nur um die Überführung und Bestrafung des Täters. Jede Verstärkung der Opferrechte sei für die Wahrheitsfindung und die Effektivität der Strafverteidigung gefährlich (Schöch 2012, 246).[144]

Grundsätzlich ist auch die Kritik von *Hassemer*: „Heute werden die Rechte von Täter und Opfer auf Beachtung und Zuwendung verrechnet. Ihre Zuteilung ist zu einem Nullsummenspiel geworden: Was man dem Opfer geben will, muß man dem Täter nehmen, was man dem Täter früher gegeben hat, wendet man nun dem Opfer zu, und

---

[142] *Barton* wertet den Umstand, dass der Zwischenbericht des Runden Tisches zum sexuellen Missbrauch zeitgleich in einen Referentenentwurf umgesetzt wurde, „als ein Beispiel für den Schulterschluss zwischen Opferschutzverbänden und Politik" (2012, 130).

[143] Am 14.3.2013 hat der Bundestag den Gesetzentwurf der Bundesregierung in der vom Rechtsausschuss geänderten Fassung beschlossen. Das Bundesjustizministerium hat einen Auftrag aus dem Abschlussbericht des Runden Tisches erfüllt und „Leitlinien zur Einschaltung der Strafverfolgungsbehörden" im November 2012 veröffentlicht (www.bmj.de).
Es ist allerdings bislang nicht gelungen, einen Hilfsfonds für Menschen einzurichten, denen als Kind sexuelle Gewalt angetan worden ist.. "Vor drei Jahren war die Politik von großer Betroffenheit und Empörung ergriffen. Vollmundige Versprechen wurden abgegeben ... Doch nachdem der Runde Tisch seinen Abschlussbericht vorgelegt hatte, erlahmte das Interesse schlagartig" (http://www.dradio.de/dlf/sendungen/kommentar/2017234/; Abgefragtam: 24.2.2013).

[144] *Schöch* selbst hält den Vorwurf, die Opferschutzgesetzgebung habe zu einem Paradigmenwechsel geführt oder gefährde die rationale Konfliktverarbeitung im Strafverfahren für nicht gerechtfertigt. Die bisherigen Erfahrungen hätten gezeigt, dass es der strafprozessualen Praxis im Großen und Ganzen gelinge, „die erforderliche praktische Konkordanz im Spannungsfeld zwischen den Interessen des Beschuldigten und des Verletzten herzustellen" (2012, 248).

man nimmt es vollständig vom Täter ... Opferorientierung ist in diesem Klima eine Orientierung gegen die Täter" (2002, 62 f).

Wie auch immer: Das Ende der Fahnenstange ist wohl noch nicht erreicht. Dafür sorgen nicht nur die Forderungen der Opferschutzverbände,[145] sondern auch **Europa**: Opferschutz ist auch ein Thema der Europäischen Union. Nach dem Rahmenbeschluss über die Stellung des Opfers im Strafverfahren von 2001, aus dem Deutschland einige Anregungen in den Opferrechtsreformgesetzen von 2004 und 2009 aufgegriffen hat, liegt nunmehr (datiert vom 25. Oktober 2012) die „Richtlinie 2012/29/EU des Europäischen Parlaments und des Rates über Mindeststandards für die Rechte, die Unterstützung und den Schutz von Opfern von Straftaten sowie zur Ersetzung des Rahmenbeschlusses 2001/220/JI" vor. Die Zielvorgaben dieser Richtlinie – „Information und Unterstützung", „Teilnahme am Strafverfahren", „Schutz der Opfer und Anerkennung von Opfern mit besonderen Schutzbedürfnissen" - sind für die Mitgliedsstaaten verbindlich (in Kraft zu setzen bis zum 16.11.2015). Es sei also wahrscheinlich, dass sich Regelungsanstöße für Deutschland ergeben werden (Böttcher 2012, 125).[146]

3.4
Das Problem der sekundären Viktimisierung

Erklärtes Ziel der Opferschutzgesetze ist es, die Opfer vor Beeinträchtigungen im Ermittlungs- und Strafverfahren zu schützen, ihre sekundäre Viktimisierung zu verhindern (s.o.). Ob das gelingt, kann nicht beurteilt werden, da es – soweit ersichtlich - hierzu wie auch zu den anderen Zielen der Opferschutzgesetze an jeglicher **Evaluierung** fehlt.

Es ist schon nicht einmal gesichert, ob und in welchem Ausmaß es im Ermittlungs- und Strafverfahren überhaupt zu sekundären Viktimisierungen kommt.[147] Zumindest seien empirische Belege dafür, dass die Durchführung eines Prozesses gegen den Tatverdächtigen für das Opfer generell zu (auch nur subjektiv) unzumutbaren Belastungen führe, kaum vorhanden – „mit einer, allerdings gewichtigen Ausnahme: Im Be-

---

[145] So hat etwa der WEISSE RING eine „lange Wunschliste" erarbeitet; siehe dazu Böttcher 2012, 125.

[146] Siehe zu „Opferrechten im Lichte europäischer Vorgaben" Bock 2012.
Für *Weigend* ist es eine „offene Frage", ob Beschränkungen der Aktivrechte der Verletzten – in Deutschland wird beispielsweise nur ‚besonderen' Verletzten der Anschluss als Nebenkläger gestattet – mit den EU-Richtlinien zu vereinbaren seien (2012, 45).

[147] Es könne nicht verwundern, so *Kölbel*, dass der rechtspolitische Diskurs mit der „Gefahr sekundärer Viktimisierung" ganz ohne empirische Bezugsrahmen argumentiere, weil eine „passende" gesicherte Befundlage letztlich momentan gar nicht existiere. Insgesamt gebe der Forschungsstand nicht mehr als ausgesprochen zurückhaltende Hinweise auf die Prävalenz sekundärer Viktimisierung. Damit sei nicht gesagt, dass das Phänomen sekundärer Viktimisierung nicht existiere, wohl aber, dass die dahin gehenden Überlegungen und Annahmen der Rechtspolitik bislang keine verlässliche, systematisch-empirische Grundlage hätten. Die Befürchtung, das Opfer werde durch das Strafverfahren in Mitleidenschaft gezogen, könne sich allenfalls aus Einzelfallbeobachtungen speisen (2012, 224).
Zur grundsätzlichen Kritik an der kriminologischen Opferforschung, insbesondere zum Fehlen von – prospektiv-längsschnittlichen – Untersuchungen von psychosozialen Viktimisierungsfolgen *Greve u.a.* 2012.

reich der Sexualdelikte scheint tatsächlich der Satz „The process is the punishment" zu gelten, wobei die „Strafe" nicht selten das Opfer des Delikts trifft (Weigend 1989, 385 f).[148] Hinreichend bekannt ist die Aussage vieler Opfer von Sexualdelikten, sie würden „nie mehr Anzeige erstatten".[149] Frage man Verletzte nach ihren Bewertungen von Strafverfahren, dann „unterstreichen retrospektive Befragungen erwachsener Zeugen die Deliktsspezifität des Belastungserlebens: Die Strafverfolgungsprozedur scheint besonders Opfer von Sexualdelikten zu belasten" (Volbert 2012 b, 201).

Die meisten Studien beziehen sich auch auf diese Opfergruppe, insbesondere auf minderjährige Opfer von Sexualdelikten, so *Volbert* (2012 a, 149 ff; 2012 b, 198), die auch sonst die – nun immerhin schon bald 25 Jahre alte - Feststellung *Weigends* zum weitgehenden Fehlen empirischer Belege zu sekundären Viktimisierungen vor dem Hintergrund jüngerer Forschungsergebnisse bestätigt[150] und auf zahlreiche Schwachpunkte in der Diskussion um angebliche oder tatsächliche Fehlreaktionen[151] der Strafverfolgungsbehörden hinweist:

- Wenig Einigkeit bestehe darüber, welche Art von Schädigungen gemeint seien; es müsse zwischen vorübergehenden Belastungen und langfristigen Schädigungen unterschieden werden.

- Passagere Belastungen müssten keineswegs zwingend langfristige Schädigungen zur Folge haben. So könne etwa eine Aussage mit hoher aktueller Belastung verbunden sein, langfristig aber zur Erhöhung von Selbstwirksamkeit und zur Wiedererlangung von Kontrolle und so zu einer Reduktion von deliktsverursachten Schädigungen beitragen.

- Eine Hauptschwierigkeit bestehe in der Trennung jener Störungen, die durch das Delikt (oder durch weitere Belastungsfaktoren) verursacht würden von solchen, die durch die gerichtlichen Verfahren selbst ausgelöst würden.

Die Befunde sprächen dafür, dass sich die im folgenden genannten Aspekte negativ auf die Belastung während des laufenden Strafverfahrens bzw. die nachträgliche Bewertung des Strafverfahrens auswirken könnten (2012 a, 155; 2012 b, 206):[152]

---

[148] Siehe zu den Opfern von Vergewaltigungen und sexuellen Nötigungen und zur Forderung nach einem professionellen Umgang mit ihnen *Steffen* 2012. Zur Glaubwürdigkeitsproblematik Kreuzer 2012.

[149] Selbst ein „frauenemanzipatorisch unverdächtiger Jurist der alten Schule" wie der frühere Berliner Generalstaatsanwalt Hansjürgen Karge würde „einer Tochter ... im Zweifel von einer Vergewaltigungsanzeige abraten" (Steffen 2012, 155).

[150] Auch international lägen nur wenige Untersuchungen zur Frage von etwaigen sekundären Viktimisierungseffekten vor und diese Ergebnisse könnten nicht ohne weiteres über Ländergrenzen hinweg übertragen werden.

[151] Entsprechend der Definition sekundärer Viktimisierung durch *Schneider* als der „Verschärfung des primären Opferwerdens durch Fehlreaktionen des sozialen Nahraums des Opfers und der Instanzen der formellen Sozialkontrolle" (zitiert nach Volbert 2012 a, 150).

[152] Der Befragung von Frauen in der Untersuchung von *Müller/Schröttle* (2004, 201 f) zufolge waren die Befragten mit den **Gerichtsprozessen** sehr viel unzufriedener als mit den polizeilichen Interventionen (s.o.): Am meisten belastend war für die Frauen die Begegnung mit dem Täter vor Gericht, gefolgt von

- Fehlende Information über das Verfahren,

- mangelnde Einbeziehung in das Verfahren,

- Länge des Verfahrens,

- Unsicherheit über die konkreten Bedingungen der Befragung,

- unangemessenes Richterverhalten,

- Begegnung mit dem Angeklagten,

- konfrontative Mehrfachvernehmungen,

- unerwünschter Verfahrensausgang.

Die in Deutschland bislang eingeführten Maßnahmen setzten zwar durchaus bei einigen potentiellen Belastungsfaktoren an (beispielsweise die Nutzung der Videovernehmung zur Vermeidung von Mehrfachvernehmungen), aber: „Ob die eingeführten Maßnahmen tatsächlich zur Belastungsreduktion geführt haben, ist bislang allerdings kaum evaluiert worden. Teilweise ist sogar unklar, inwieweit die Maßnahmen in der Praxis überhaupt umgesetzt worden sind" (2012 a, 155; 2012 b, 203)[153]. Auch zu den Wirkungen der Zeugen-/Prozessbegleitung seien die Ergebnisse inkonsistent: Diese Begleitung erhöhe offenbar die adäquate Information über den Verlauf und die Bedingungen eines Verfahrens, führe aber nicht in jedem Fall zu einer Reduktion von Angst während der Aussage in der Hauptverhandlung (2012 a, 160).

Außerdem müsse zwischen potentiell belastbaren, aber prinzipiell veränderbaren Verfahrensaspekten – wie etwa der Länge des Verfahrens, der fehlenden Information oder unangemessenem Verhalten der beteiligten Personen – und verfahrensimmanenten Belastungen – wie etwa der ausführlichen Darstellung des Delikts oder der kritischen Auseinandersetzung der Prozessbeteiligten mit der Aussage – unterschieden werden: Solche Belastungsfaktoren seien einem fairen, unvoreingenommenen, rechtsstaatlichen Verfahren letztlich immanent (Volbert 2012 b, 206).

Zusammenfassend stellt *Volbert* fest: „Die eingangs aufgeworfene Frage, wie die Diskrepanz zwischen der Vielzahl von Reformmaßnahmen auf der einen Seite und den nahezu unveränderten Klagen über die hohen Belastungen von Verletzten auf der anderen Seite zu erklären ist, lässt sich nicht abschließend beantworten, da kaum Untersuchungen zu den Effekten von spezifischen Verfahrensausgestaltungen auf die

---

psychischen Belastungen, zu geringen Strafen oder Freisprüchen und dem Gefühl, dass den Opfern erneut Unrecht widerfahre. Weitere Probleme ergaben sich daraus, dass das Opfer von Anwälten, Richtern und Staatsanwälten direkt oder indirekt für die Tat verantwortlich gemacht oder mehr dem Angeklagten als dem Opfer geglaubt würde. Die Dauer des Gerichtsprozesses stellte ein weiteres Problem dar: „Aus diesen Befunden zur gerichtlichen Intervention wird deutlich, dass insbesondere im Bereich des Opferschutzes im Kontext des Gerichtsprozesses weitergehende Maßnahmen sinnvoll sind."

[153] Das gilt nicht nur für die Anwendungshäufigkeit und Wirkung der Videovernehmung, sondern beispielsweise auch für die Erweiterung der **Nebenklagemöglichkeiten**: Wie sich der Anschluss an das Verfahren als Nebenkläger auf das Befinden von Verletzten auswirke, sei bislang nicht untersucht (Volbert 2012 b, 204).

psychische Verfassung von Verletzten vorliegen ... Will man eine möglichst effektive
Reduzierung von Belastung für Geschädigte erzielen, wäre eine stärkere Berücksich-
tigung von empirischen Erkenntnissen zu strafverfahrensverursachter Belastung und
Möglichkeiten, dieser zu begegnen, sicher wünschenswert" (2012 a, 160).

Außerdem: Zu wünschen sei, „dass alle Beteiligten reflektieren, dass bestimmte Belastungen in einem rechtsstaatlichen Verfahren für Geschädigte nicht zu vermeiden
sind, dass es aber gerade deswegen angebracht ist, belastende Bedingungen, die zur
Durchführung eines fairen Verfahrens nicht notwendig sind, zu verändern" (Volbert
2012 b, 210).

3.5
Strafrechtspflege und Opferwünsche: Nicht vereinbar?

Es ist schon bemerkenswert, wie viele gesetzliche Maßnahmen zur Verbesserung der
Opferrechte und des Opferschutzes in den letzten Jahren ergriffen worden sind, welche
grundsätzlichen Diskussionen und rechtsstaatlichen Zweifel diese Maßnahmen ausgelöst haben – und wie außerordentlich gering das gesicherte empirische Wissen über die
Umsetzung und die Wirkung dieser Maßnahmen ist sowie darüber, ob sie das sind, was
die Opfer wünschen und bedürfen.[154]

Diese Wünsche scheinen nämlich gar nicht so groß und schwer zu erfüllen zu sein –
und scheinen vor allem auch gar keine großen Änderungen des Strafverfahrensrechtes
zu erfordern, wenn das denn überhaupt notwendig ist bzw. war. So weist *Weigend*
auf den empirisch belegten Befund hin, dass „die meisten Verletzten weniger an einer aktiven Einwirkung auf das Verfahren interessiert sind als an drei relativ simplen
Dingen: über den Ablauf des Prozesses kontinuierlich informiert zu werden, ihren
Schaden ersetzt zu bekommen und als Zeugen respektvolle Behandlung zu erfahren.
Manche Verletzte möchten außerdem in der Hauptverhandlung angehört werden und
dort ihre Meinung und Gefühle kundtun können. All dies sollte in einer rechtsstaatlichen, an den Bedürfnissen der Bürger orientierten Strafrechtspflege eigentlich selbstverständlich sein" (2010 a, 55).

Insbesondere das **Informationsbedürfnis** der Opfer wird offensichtlich sehr vernachlässigt.[155] Das gilt für die vorherige Informationen über das, was die Opfer im Strafver-

---

[154] Schon 1995 fand es *Kilchling* „an der Zeit zu fragen, was die überaus rege Fachdiskussion dem einzelnen
Opfer, in dessen Namen und Interessen viele Beteiligte zu sprechen und zu handeln meinen, in der Bundesrepublik tatsächlich an *konkreten Verbesserungen* eingebracht hat ... Denn aus der Wiederentdeckung
des Opfers ergibt sich ebensowenig ein Fortschrittsautomatismus wie aus der substantiellen und sehr weit
gediehenen Problembeschreibung" (1995,3).
Und: „Das Grundanliegen einer opferbezogenen Reform des Verfahrensrechts muß die Herstellung einer
größeren Opferautonomie sein ... Da generalisierbare Opferinteressen nicht existieren ... muß es darum gehen, den Betroffenen verschiedene, mitunter ganz unterschiedliche Mitwirkungsoptionen offenzuhalten"
(1995, 704).

[155] Schon 1989 weist *Weigend* darauf hin: „Von allen Klagen über das Justizsystem ist diese bei Deliktsopfern
die häufigste: daß man nach der Erstattung der Anzeige und eventuellen ersten Beweissicherungen durch

fahren erwartet, besonders aber für Informationen über den Fortgang des Verfahrens: In allen Untersuchungen werde vor allem die fehlende Information über den Fortgang des Verfahrens bemängelt. Opfer fühlten sich dadurch häufig unzureichend wahrgenommen und übergangen und dies führe zu negativen Auswirkungen im Hinblick auf die wahrgenommene Fairness des Verfahrens (Volbert 2012 a, 153; 2012 b, 201). [156]

Dieses Informationsbedürfnis der Opfer wäre leicht zu erfüllen – ebenso wie die anderen oben genannten Opferinteressen – ohne dass es dazu weitere, neue Opferrechte oder Opferbefugnisse brauchte.

Aber selbst dann, wenn diese vergleichsweise bescheidenen Wünsche von Opfern an die Strafrechtspflege von dieser erfüllt werden, wird das nur einen kleinen Teil der Opfer von Straftaten zufrieden stellen können. Nämlich nur den, der überhaupt mit den Organen der Strafrechtspflege in Kontakt kommt bzw. bis zum Strafverfahren „vordringt":

- Wie oben gezeigt, erstatten die meisten Opfer – insbesondere von Gewaltdelikten – keine Anzeige, kommen gar nicht in Kontakt mit Polizei und/oder Justiz.

- Wenn Anzeige erstattet und diese registriert wird, dann hat das zwar zumeist polizeiliche Ermittlungen zufolge, aber noch lange kein Strafverfahren.

- Denn die meisten Ermittlungsverfahren werden von der Staatsanwaltschaft eingestellt: In Deutschland wurden von den 4,6 Millionen im Jahr 2010 durch die Staatsanwaltschaft erledigten Ermittlungsverfahren gegen bekannte Tatverdächtige lediglich **11,9% durch Anklageerhebung** erledigt, weiter 11,6% durch Anträge auf Erlass eines Strafbefehls (Heinz 2012, 53).[157]

---

die Polizei von der Angelegenheit nichts mehr höre, allenfalls viele Monate später eine Zeugenladung vom Gericht erhalte" (1989, 405).

[156] Eine 2011 veröffentlichte Untersuchung der britischen Opferhilfe *Victim Support* stellt fest, dass die Opfer von dem Strafjustizsystem vor allem anderen erwarteten, über ihr Verfahren informiert - und zwar verständlich, umfassend und genau – sowie auf den neuesten Stand gebracht zu werden. Dieses Bedürfnis werde immer noch zu oft nicht erfüllt sei aber ganz entscheidend für die Zufriedenheit der Opfer mit dem Strafjustizsystem (Left in the dark. Why victims of crime need to be kept informed; www.victimsupport. org.uk).

[157] Diese Angaben beziehen sich auf alle Ermittlungsverfahren. Aus rechtstatsächlicher Sicht erscheine die Staatsanwaltschaft nicht mehr als „Anklagebehörde", sondern als Einstellungsbehörde (Heinz 2012, 52) Siehe dazu auch *Jehle* 2009, 19: 2006 wurden von 4,8 Millionen erledigten Verfahren mit insgesamt 5,8 Millionen von Ermittlungsverfahren betroffenen Personen erledigt mit Anklage 11,5% (560 427 Verfahren mit 661 913 betroffenen Personen); mit Antrag auf Erlass eines Strafbefehls 11,9%; Einstellung mit Auflage 4,9%; Einstellung ohne Auflage 21,6%; Einstellung nach § 170 Abs. 2 StPO 26,5%; Schuldunfähigkeit 0,2%; sonstige Erledigung 23,3%.
Bezogen auf **Vergewaltigungen** wurden im Jahr 2000 von den 262 als versuchte oder vollende Vergewaltigungen in der PKS Bayern registrierten Delikte 58% nach § 170 Abs. 2 StPO eingestellt – zumeist, zu 38%, weil Aussage gegen Aussage stand – in einem guten Drittel (36%) der Fälle wurde Anklage erhoben (Elsner/Steffen 2005, 147 ff.)   Der Auswertung von *Seith u.a.* (2009) zufolge wurde in Deutschland 2006 bei gut 8.118 registrierten Vergewaltigungen zu 17% Anklage erhoben und zu 13% verurteilt.
Dass das Opfer bei **Opportunitätseinstellungen** nach §§ 153, 153a StPO keine Anfechtungsmöglichkeiten hat, in der Regel nicht einmal darüber informiert werden muss, wird schon von *Kilchling* (1995, 701) kriti-

Es kommt also nur ein Bruchteil der Opfer in den „Genuss" des Strafverfahrens – was nicht heißt, dass man dieses Verfahren nicht opferfreundlich gestalten sollte. Aber: „An erster Stelle steht für viele Opfer der Wunsch nach emotionalem Beistand und unmittelbarer persönlicher Unterstützung in der Krisensituation, die durch die Straftat eingetreten ist. Die Organe der Strafrechtspflege sind allerdings, da ihr Kontakt mit dem Verletzten überwiegend in bürokratischen Bahnen verläuft, in der Regel nicht die geeigneten Adressaten für das elementare Bedürfnis nach menschlicher Wärme"(Weigend 1989, 403).

Emotionaler Beistand, Hilfe, soziale Unterstützung, Anerkennung, dass ihnen Unrecht geschehen ist, Wertschätzung muss für alle Opfer, auch für die wenigen, die Kontakt mit den Instanzen haben, also vor allem von außerhalb der Strafrechtspflege kommen: Von Personen aus dem sozialen Nahraum und von Opferhilfeeinrichtungen.

4
Opferhilfe und Opferwünsche

Wenn Opfer über das ihnen Widerfahrene sprechen – und das ist keineswegs immer der Fall -, dann sind Personen aus dem engsten sozialen Nahraum erste und zentralste Ansprechpartner (s.o. Kap. 2). Häufig reicht das schon, um die Opfer zu stabilisieren, ihnen Sicherheit und Geborgenheit zu vermitteln.

Wenn nicht,[158] können sich die Opfer von Straftaten nicht nur an „neue Berufe" wenden, „die sich speziell dem Verbrechensopfer verschreiben", wie etwa die Anbieter psychotherapeutischer Opferbehandlung oder Opferanwälte, die sich auf die Wahrnehmung der Interessen von Verbrechensopfern spezialisieren (Barton/Kölbel 2012, 13 f), sondern vor allem auch an Opferhilfeeinrichtungen.

4.1
Opferhilfeeinrichtungen

Diese Opferhilfeeinrichtungen sind Ausdruck der Opferzuwendung in der Gesellschaft – und hier fand die „Renaissance des Verbrechensopfers" schon einige Zeit vor seiner „Entdeckung" durch die Strafrechtspflege statt. Großen Anteil daran hatten soziale Bewegungen wie die Kinderschutzbewegung und die Frauenhausbewegung, die seit Mitte der 1970er Jahre nicht nur Beratungs- und Unterstützungsangebote ein-

---

siert. Siehe hierzu auch die entsprechenden Forderungen des WEISSEN RINGS (Böttcher 2012, 125). Zu den Problemen, die sich aus den – zunehmenden – Urteilsabsprachen („Deals") ergeben können siehe *Niemz* 2011.

[158] *Baurmann/Schädler* weisen darauf hin, dass dem Bedürfnis nach Unterstützung durch solche Personen nicht in dem von den Opfern gewünschten Umfang entsprochen werde, die Opfer fänden hier nicht die erforderliche Unterstützung und Stabilisierung. Deshalb wünschten die Opfer, insbesondere Gewaltopfer, eine staatliche Hilfe wesentlich häufiger als eine private Unterstützung: „Bei unserer Untersuchung ... sprach sich eine Mehrheit für professionelle und institutionalisierte Opferunterstützung aus", wobei jedoch nur etwa die Hälfte der befragten Gewaltopfer konkretere Vorstellungen davon hatten, wie ihnen geholfen werden sollte (1991, 291 ff).

richteten, sondern sich auch für die Belange „ihrer" Opfer in Gesellschaft und Politik einsetzten.[159]

Inzwischen gibt es ein breites Angebot an staatlich und nicht-staatlich organisierten und finanzierten Opferhilfeeinrichtungen[160] – *Barton/Kölbel* sprechen von der Entwicklung eines eigenen, auf das Opfer und seine Interessenwahrnehmung zugeschnittenen Dienstleistungsmarktes (2012, 13). Allerdings sind Opferhilfe, Unterstützungsangebote und Unterstützungsmöglichkeiten für Opfer von Straftaten in Deutschland immer noch relativ vernachlässigte Berufsfelder. Erst seit einigen Jahren kristallisiert sich die Arbeit in der Opferhilfe als Profession und eigenständiges, anspruchsvolles und hochkomplexes Berufsbild heraus, wobei es aber noch kein klar umrissenes Berufsfeld „Opferhelfer" gibt (Steffen 2009, 50 m.w.N.).[161]

Damit sind Opferhilfe und Opferberatung vor allem Tätigkeitsbereiche für ehrenamtliche Kräfte.[162] Beispielhaft dafür ist der WEISSE RING e.V., die älteste, als einzige bundesweit und ausschließlich mit ehrenamtlichen Kräften arbeitende Einrichtung der Opferhilfe.[163] Der WEISSE RING gehört übrigens seit den Anfangsjahren des Deutschen Präventionstages zu dessen ständigen Veranstaltungspartnern.

4.1.1
Der WEISSE RING als Beispiel

Der WEISSE RING e.V., ein gemeinnütziger Verein zur Unterstützung von Kriminalitätsopfern und zur Verhütung von Straftaten, wurde im September 1976 in Mainz

---

[159] Nach der körperlichen und sexuellen Gewalt gegen Kinder ist die Gewalt gegen Frauen seit Mitte der 1970er Jahre zum Thema von Sozialer Arbeit, Intervention und Prävention gemacht worden: 1976 Gründung der ersten Frauenhäuser, 1977 Gründung der ersten „Notrufe"-Fachberatungsstellen für vergewaltigte Frauen, 1986 Gründung der ersten „Wildwasser"-Fachberatungsstelle für sexuell missbrauchte Mädchen (Helfferich u.a. 2012, 8). *Görgen* weist auf die Verknüpfungen zwischen Opferforschung und sozialen Bewegungen hin und hält es für wünschenswert, „dass die Viktimologie weiterhin ihre gesellschaftliche Impulse gebende und aufnehmende Funktion wahrnimmt" (2012, 100, 103).

[160] So gibt es etwa allein für den Bereich „Gewalt gegen Frauen" neben etwa 400 Frauenhäusern und Zufluchtswohnungen 612 Fachberatungsstellen und 130 Interventionsstellen (Helfferich u.a. 2012) sowie in fast allen Bundesländern Beratungsstellen für Opfer rechter Gewalt, um nur einige Opfergruppen zu nennen. Siehe dazu auch die Angaben in der vom Bundesjustizministerium herausgegebenen „OpferFibel".

[161] So bietet etwa die Alice-Salomon-Hochschule in Berlin einen einjährigen, berufsbegleitenden Zertifikatskurs zum/zur „Fachberater/in für Opferhilfe an. Und das Institut für Opferschutz im Strafverfahren e.V. „Recht Würde Helfen" bietet eine Ausbildung zu einem/einer „Psychosozialen Prozessbegleiter/in" an (www.rwh-institut.de). Für den Bereich der Beratung von Opfern von Hassverbrechen bzw. rechtsextremer Gewalt bietet der Landespräventionsrat Niedersachsen seit 2011 in Kooperation mit dem proVal-Institut, der Arbeitsstelle Rechtsextremismus und Gewalt (ARUG) sowie dem Lidice-Haus Bremen eine modulare Qualifizierung zur „Fachkraft für Opferberatung im Handlungsfeld rechtextremer Gewalt" an.

[162] „Hier sind zunächst die verschiedenen Institutionen der ehrenamtlichen Opferhilfe zu nennen und dabei, was Deutschland betrifft, an erster Stelle der ‚Weiße Ring'. Das beeindruckende Potential dieses Vereins zeigt sich nicht nur in dem ehrenamtlichen Engagement zahlreicher Helfer, sondern auch in der imponierenden Bilanzsumme von rund 15 Millionen Euro im Jahr" (Barton/Kölbel 2012, 13).

[163] Nur die Bundesgeschäftsstelle in Mainz und die Landesbüros haben hauptamtliche Mitarbeiter/innen.

gegründet, im Juni 1977 stellten die 17 Gründungsmitglieder die Satzungsziele erstmals der Öffentlichkeit vor. Im Dezember 1977 wurde die erste Außenstelle in Berlin
eingerichtet: Der Beginn der praktischen Opferarbeit.

Inzwischen kümmern sich bundesweit in rund 420 Außenstellen mehr als 3000 ehrenamtlich tätige Helferinnen und Helfer um Kriminalitätsopfer, ihre Angehörigen und
deren Hinterbliebene. Satzungsmäßige Aufgaben des WEISSEN RINGS sind jedoch
nicht nur die unmittelbare immaterielle und materielle Unterstützung von Kriminalitätsopfern, sondern – im Sinne einer Lobbyarbeit[164] – auch das öffentliche Eintreten
für die Belange der Opfer sowie die Kriminalitätsvorbeugung.

*„Menschen, die durch das Erleiden von Kriminalität und Gewalt seelische wie kör-
perliche Verletzungen, dazu oft auch wirtschaftliche Verluste hinnehmen müssen,
dürfen mit ihren meist vielfältigen Problemen nicht alleine gelassen werden. Ihnen
kommt die gleiche Aufmerksamkeit und Unterstützung zu, wie sie den Beschuldigten
und Angeklagten sowie den verurteilten Straftätern seit jeher zuteil wird."[165]*

2011 wurden 10.702 Opferfälle bearbeitet und 18.139 Opferhilfen mit einem Aufwand von 4,7 Millionen Euro geleistet.[166] Der weitaus größte Teil der betreuten Personen wurde Opfer von Kontakt- bzw. Gewalttaten: 31% Sexualdelikte, 21% Körperverletzungen, 11% Häusliche Gewalt, 7% Raub, 5% Tötung, 1% Freiheitsberaubung;
außerdem 4% Stalking/Telefonterror, 10% Diebstahl und 8% sonstige Straftaten (Jahresbericht 2011/2012, 7).

Der WEISSE RING leistet sowohl menschlichen Zuspruch wie praktische Hilfe:

---

[164] Gerade zu Beginn seiner Tätigkeit wurde diese Lobbyarbeit des WEISSEN RINGS mit ihrer law-and-
order-Tendenz durchaus kritisch gesehen (siehe dazu etwa Weigend 1989, Fn 210).
Böttcher weist auf das hohe Ansehen des WR hin und führt aus „Wir müssen dieses Ansehen nutzen im
Interesse der Opfer von Kriminalität und wir müssen es erhalten durch untadelige, engagierte Arbeit in
unserer Kernaufgabe, der Opferhilfe, und durch ebenso engagierte, sachlich fundierte Öffentlichkeits- und
Lobbyarbeit, in der die Empörung über bestehende Zustände oder einzelne Vorkommnisse fachlich aufge-
arbeitet ist" (2007, 25).

[165] Aus dem Vorwort der Bundesvorsitzenden des WEISSEN RINGS, Roswitha Müller-Piepenkötter im Jahresbericht 2011/2012 des WEISSEN RINGS.

[166] Diese Opferhilfen sind eine wichtige Ergänzung der staatlichen **Opferentschädigung**, die seit dem Opferentschädigungsgesetz (OEG) von 1976 für Opfer von Gewalttaten auf Antrag gewährt wird; eine vorherige
Strafanzeige ist nicht erforderlich. Zuständig für die Bearbeitung sind die Versorgungsämter der Länder.
Da die Berechtigung, Leistungen zu erhalten, nachgewiesen, belegt und überprüft werden muss, kommt
es zu zeitlichen Verzögerungen: „Dem durch eine Straftat in akute Bedrängnis geratenen Opfer wird auch
die Aussicht auf eine großzügige Entschädigung in einem Jahr wenig Trost spenden" (Kiefl/Lamnek 1986,
317). Außerdem stellen nur wenige Opfer Anträge: 2010 hatten die Anträge einen Anteil von 10,8% an
allen Gewalttaten, und bei weitem nicht alle Anträge werden anerkannt (siehe dazu die entsprechenden
Daten auf der Internetseite des WEISSEN RINGS „Staatliche Opferentschädigung in Deutschland im Jahr
2010" www.weisser-ring.de; und Villmow/Savinsky 2013). Eine Weiterentwicklung des OEG ist nicht nur
aus Sicht des WEISSEN RINGS dringend erforderlich, dürfe aber nicht zu Rückschritten in den Leistungen für Opfer führen (siehe dazu auch die Dokumentation des 21. Mainzer Opferforums 2010: Moderne
Opferentschädigung. Betrachtungen aus interdisziplinärer Perspektive. Baden-Baden 2012).

- Menschlicher Beistand und Betreuung nach der Straftat
- Begleitung zu Polizei, Staatsanwaltschaft und Gericht
- Vermittlung von Hilfen anderer Organisationen
- Hilfeschecks für eine für das Opfer jeweils kostenlose frei wählbare anwaltliche bzw. psychotraumatologische Erstberatung sowie für eine rechtsmedizinische Untersuchung
- Übernahme von Anwaltskosten, insbesondere zur Wahrung von Opferschutzrechten im Strafverfahren und Ansprüchen nach dem Opferentschädigungsgesetz
- Finanzielle Unterstützung bei tatbedingten Notlagen
- Bundesweites Opfer-Telefon.

Der WEISSE RING erteilt keine Rechtsberatung und führt keine Therapiegespräche. Neben der persönlichen, mitmenschlichen Betreuung kommt es wesentlich darauf an, medizinische, psychologische, juristische und andere kompetente Hilfen zu vermitteln. Die Opferhelferinnen und Opferhelfer übernehmen insoweit eine Lotsenfunktion (Sielaff 2010, 215).

Voraussetzung für den Einsatz der Mitarbeiterinnen und Mitarbeiter ist eine fundierte Ausbildung: Neben dem verpflichtenden Grundseminar[167] und dem ebenfalls verpflichtenden Aufbauseminar I gibt es zahlreiche Weiterbildungsseminare.[168] Die Aus- und Weiterbildung wurde extern wissenschaftlich evaluiert. Um die Mitarbeiter/innen zu entlasten, bietet der WEISSE RING die Fallsupervision, die Methode der Kollegialen Beratung sowie Supervision im Team der Außenstelle an.[169]

Unter diesen Voraussetzungen ist das Prinzip des ehrenamtlichen Engagements in der Opferhilfe sinnvoll, richtig und zugleich – wie in vielen anderen Bereichen des gesellschaftlichen Lebens auch – nicht nur notwendig, sondern eine wesentliche Voraussetzung für die Zukunftsfähigkeit einer demokratischen Gesellschaft. Zumal für den Bereich der Opferhilfe ein „Rückzug" des Staates aus seiner sozialen Verantwortung und die „Überantwortung" von Aufgaben an bürgerschaftliche Akteure, in der Konsequenz eine Ausnutzung des ehrenamtlichen Engagements, der unbezahlten Arbeit, nicht festzustellen ist.[170]

---

[167] Erst nach der Absolvierung dieses Grundseminars und der Teilnahme an der Bearbeitung von mindestens drei Opferfällen (Mentorensystem) dürfen die Mitarbeiter/innen selbständig Opfer betreuen.

[168] Zur Zeit wird die Einführung von Zertifikatkursen geprüft, die in Zusammenarbeit mit einer Fachhochschule für Soziale Arbeit oder einem Pädagogischen Institut einer Universität erarbeitet und durchgeführt werden sollen.

[169] Damit begegnet der WEISSE RING durchaus berechtigten Vorhaltungen, wie sie etwa von *Baumann/ Schädler* gemacht werden: „in dem sensiblen Bereich der *Opferunterstützung* – insbesondere, wenn es sich um schwer geschädigte Opfer handelt – (ist) Beratungsarbeit durch Laien, die weder aus- noch fortgebildet und ohne Supervision (Praxisberatung) tätig sind, nicht zu verantworten" (1991, 301).

[170] So gibt es in einigen Ländern „Landesstiftungen Opferhilfe" und auch die Zeugenbetreuung wird regelmäßig von staatlichen (justiziellen) Stellen übernommen. Siehe zum bürgerschaftlichen Engagement auch

Bemerkenswert ist auch das Engagement des WEISSEN RINGS auf dem Gebiet von Fachtagungen: Jährlich wird das zweitägige „Opferforum" zu verschiedenen Themen durchgeführt; 2013 wird sich das 24. Opferforum mit der „Opferperspektive in der Kriminalitätsvorbeugung" befassen. Außerdem hat der WEISSE RING zahlreiche wissenschaftliche Arbeiten initiiert und gefördert, zuletzt etwa zu „Urteilsabsprachen und Opferinteressen – in Verfahren mit Nebenklagebeteiligung" (Niemz 2011).[171]

Schließlich ist der WEISSE RING nicht nur Vorbild für vergleichbare Einrichtungen in anderen europäischen Ländern gewesen, sondern auch (Gründungs-)Mitglied bei *Victim Support Europe*, einem Bündnis von inzwischen 21 Organisationen aus 18 Ländern. Über die Arbeit der Nichtregierungsorganisationen hinaus kommuniziert der WEISSE RING seit Jahren auch direkt mit Vertretern der EU, um die Interessen der Opfer zielgerichtet zu vertreten

4.2
Grenzen der Opferhilfe

Die Opferhilfe und Opferbetreuung kann an einem Tag erledigt sein, sie kann aber auch über Jahre andauern. Ziel der Arbeit des WEISSEN RINGS ist es, „die Opfer zu motivieren, vorhandene Unterstützungsmöglichkeiten zu nutzen, um dadurch möglichst bald in das Leben vor dem belastenden Ereignis zurück zu finden."[172]

Dieses Ziel dürften auch andere Einrichtungen der Opferhilfe haben – und wenn sie es erreichen, könnten sie ein **Problem der Hilfe für Opfer** von Straftaten zumindest verringern, auf das *Reemtsma* nachdrücklich hinweist: „wer Opfer eines Verbrechens geworden ist, will so schnell wie möglich wieder ein normales Leben führen und nicht ständig an diese Erfahrung erinnert werden ... jede Unterstützung, die man einem Menschen, der Opfer eines Verbrechens geworden ist, zukommen läßt ... bedeutet (auch), ihn auf seine Rolle als Opfer festzulegen .. das Interesse des Opfers besteht sowohl darin, es als Opfer wahrzunehmen wie darin, es nicht als Opfer wahrzunehmen ... Jede Hilfe muß im Grunde diesen Doppelcharakter haben: durch Anerkennung dieses speziellen Status zu helfen, ihn zu überwinden ... Denn Opfer sein, heißt passiv sein. Hilfe annehmen, heißt auch: passiv sein. Hilfe für Opfer, die nicht auch darauf zielt, den Aktivitätsspielraum in eigener Sache zu erweitern, ist problematisch, meist kontraproduktiv ... Hilfe für Verbrechensopfer ist nur dann hilfreich, wenn sie hilft,

---

Steffen 2009.

[171] Die Reihe „Mainzer Schriften zur Situation von Kriminalitätsopfern" – 1989 Band 1 zur „Risikoverteilung zwischen Bürger und Staat", 2012 Band 50 zu den „Ängsten des Opfers nach der Straftat" – „will eine Plattform bieten für jedwede Art wissenschaftlicher Auseinandersetzung mit der Situation der Opfer von Straftaten aus rechtlicher, medizinischer und sozialer Sicht."

[172] Entsprechend lautete auch das Motto der Jahreskampagne und des Opferforums des WEISSEN RINGS 2012 „Sei stark - Hol Dir Hilfe": Mit dem Appell an die Opfer von Kriminalität und Gewalt, sich nicht passiv zu verhalten, die Straftat anzuzeigen und sich Unterstützung zu suchen, um die schwierige Lebenssituation baldmöglichst zu überstehen bzw. erträglicher werden zu lassen (2012 a, 32).

aus dem Zustand der Hilfebedürftigkeit herauszutreten ... Nicht jede Verletzung ist heilbar. Zur Minimierung von Leid gehört auch, diese Tatsache zu akzeptieren ... Ein gewisses Maß an Hilfe gibt es immer, aber sie ist begrenzt. Zur begrenzten Hilfe gehört wesentlich dazu, daß sie ihre *Grenzen* deutlich macht. *Hilfe für Opfer bedeutet immer – und nicht zuletzt – auch: klarmachen, wo man nicht helfen kann.* Allen Helfern ins Stammbuch geschrieben, denn wer das nicht weiß, richtet Schaden an" (2006, 18, 17).

4.3
Perspektiven der Opferhilfe: Das Konzept der „Parallelen Gerechtigkeit"

Während die Strafrechtspflege den Opfern von Straftaten grundsätzlich nicht gerecht werden und schon gar keine Opferhilfe leisten kann – zum einen kommt nur ein sehr kleiner Teil von Opfern in Kontakt mit den Instanzen der formellen Sozialkontrolle, zum andern ist und bleibt das Strafverfahren täterorientiert und die Aufgabe als Opferzeuge belastend -, hat die Opferzuwendung in der Gesellschaft für die Opferhilfe und Opferunterstützung einiges erreicht.

Gleichwohl sind immer Verbesserungen möglich: Einen interessanten Weg hierzu bietet das Konzept der „Parallelen Gerechtigkeit" (Parallel Justice),[173] das von *Susan Herman*[174] für den Umgang mit Opfern von Straftaten in den USA[175] vorgeschlagen und in einigen Kommunen auch schon umgesetzt worden ist.

Das Konzept der Parallelen Gerechtigkeit, das im Folgenden nach der Veröffentlichung von *Susan Herman* referiert wird, wurzelt in der Überzeugung, dass die Gesellschaft verpflichtet ist, Gerechtigkeit gegenüber dem Opfer zu üben. Parallele Gerechtigkeit ist keine Alternative zum Strafverfahren, sondern eine zusätzliche, oft zeitgleiche Reaktion, die sich an das Opfer richtet.

---

[173] Susan Herman: Parallel Justice For Victims Of Crime. 2010 und: www.paralleljustice.org

[174] **Susan Herman** ist eine international angesehene Fürsprecherin für die Belange von Kriminalitätsopfern. Sie war von 1997 bis 2004 geschäftsführende Direktorin des National Center for Victims of Crime und zuvor vielfältig engagiert für Opferbelange, etwa bei der Unterstützung misshandelter Frauen in New York City oder als Beraterin der New Yorker Polizei. Derzeit ist sie assoziierte Professorin in der Abteilung für Kriminaljustiz der Pace University in New York.

[175] In den USA wie in anderen „adversatorisch" geprägten Verfahrensordnungen (Modell des Parteiprozesses) ist eine Opferbeteiligung am Strafprozess prinzipiell schwerer zu verwirklichen als bei den kontinentaleuropäischen „inquisitorischen" Verfahrensordnungen. Im adversatorischen Verfahren kommt dem Verletzten meist die Rolle des Haupt-Belastungszeugen der Anklage zu. Diese Rolle führt zu erheblichen psychischen Belastungen und verträgt sich auch schlecht mit einem gleichzeitigen Auftreten des Verletzten als Prozesspartei. Dies erkläre es möglicherweise, dass man in den englischsprachigen Ländern zwar viele rhetorisch groß aufgemachte Erklärungen über Opferrechte finde, die den politischen Wunsch nach einer opferfreundlichen Verfahrensgestaltung aufnehmen sollen, dass aber die tatsächlichen Einflussmöglichkeiten des Verletzten wie auch sein Schutz gegenüber Beeinträchtigungen durch das Strafverfahren dort vergleichsweise schwach ausgeprägt seien.
Gut entwickelt hätten sich in den USA allerdings die – teilweise nicht-staatlich organisierten – praktischen Hilfsangebote für Verbrechensopfer einschließlich der Betreuung während des Strafverfahrens (Weigend 2012, 33).

Parallele Gerechtigkeit will neue Rahmenbedingungen für die Reaktion auf Kriminalität schaffen: Zwei getrennte, parallele Wege zur Gerechtigkeit, einen für die Opfer, einen für die Täter:

- Wann immer eine Straftat angezeigt wird, reagiert die Gesellschaft darauf mit dem Bemühen, den Täter zu ermitteln, zu verfolgen, zu verurteilen und schließlich wieder in die Gemeinschaft zu integrieren.

- Das Strafverfahren bietet dem Täter sozusagen ein Forum: Wenn es im Prozess fair zugegangen ist, die Sanktionen der Tat angemessen ausfallen und das Prozessergebnis im Interesse der Gesellschaft ist, dann ist Gerechtigkeit geschehen.

- Für die **Opfer** von Straftaten gibt es keine vergleichbare Reaktion des Gemeinwesens, kein Forum, keine Verpflichtung, auch für das Opfer Gerechtigkeit herzustellen.

- Deshalb sollte es für das Opfer eigene gesellschaftliche Reaktionen geben, die darauf gerichtet sind festzustellen, dass dem Opfer Unrecht geschehen ist, die für seine Sicherheit sorgen, die ihm helfen, mit dem traumatischen Erlebnis der Opferwerdung fertig zu werden und die ihm wieder das Gefühl geben, sein Leben kontrollieren zu können.

Diese Reaktionen hängen nicht davon ab, ob der Täter jemals ermittelt oder verurteilt wird. In jedem Fall wird das Leid, das dem Opfer zugefügt worden ist, anerkannt und separat, getrennt vom Strafverfahren, angegangen. Denn die gesellschaftliche Verpflichtung, Opfern von Straftaten Gerechtigkeit widerfahren zu lassen, geht über das Strafverfahren hinaus.

Außerdem ist das Strafverfahren ohnehin nicht geeignet, den Opfern Gerechtigkeit widerfahren zu lassen: Nur wenige Opfer gelangen bis vor Gericht; das Verfahren selbst „benutzt" die Opfer als Zeugen und sorgt weder für die Sicherheit noch für das Wohlergehen der Opfer. Die inzwischen durchaus erreichten Verbesserungen sind unzureichend: Der Strafprozess bleibt Täter-fokussiert.

Die neue Vision von Gerechtigkeit auch für die Opfer von Straftaten bedeutet für die Instanzen der Kriminaljustiz – Polizei, Staatsanwälte, Gerichte und Strafvollzug – effektiver als bisher auf die Opfer zu reagieren sowie deren Sicherheit und der Verhinderung von weiteren Viktimisierungen eine höhere Priorität zu geben. Auch die Sozialdienste und das Gesundheitswesen sollten ihre Praktiken so neu orientieren, dass sie den Opfern dabei helfen, ihr Leben wiederherzustellen. Jeder Bereich der Zivilgesellschaft kann wichtige Beiträge zur Parallelen Gerechtigkeit leisten.

Parallele Gerechtigkeit erfordert zielgerichtete, gemeinsame Bemühungen die fair, gerecht und maßgeschneidert sind, um den Bedürfnissen der jeweiligen Opfer zu genügen. Eine solche Reaktion hilft nicht nur den Kriminalitätsopfern, sondern leistet auch viel für die Gesellschaft insgesamt: Wegen der Zusammenhänge zwischen Viktimisierung und Alkohol- und Drogenmissbrauch, Depressionen, Selbsttötungen, Teenager-Schwangerschaften, schlechten Schul-und Bildungsabschlüssen, Schwierigkeiten im Beruf, wiederholter Opferwerdung und auch eigener Täterwerdung, kann es durch Gerechtigkeit für Opfer nicht nur zu positiven Auswirkungen auf diese Belastungsfaktoren kommen, sondern auch zu Rückgängen im Kriminalitätsaufkommen.

Parallele Gerechtigkeit entkoppelt das Streben nach Gerechtigkeit für die Opfer von der Wiederherstellung von Gerechtigkeit durch die Bestrafung des Täters. Gerechtigkeit für Opfer ist ein eigenes Ziel und nicht mehr nur ein zufälliges Nebenprodukt in einem System, das anders – nämlich auf den Täter – fokussiert ist. Gerechtigkeit kann so über zwei getrennte Wege erreicht werden, mit der Möglichkeit zu Interaktionen und Verknüpfungen.

Für die **Implementation** von Paralleler Gerechtigkeit in einer Kommune gibt es keine Vorgabe, die eine bestimmte Art und Weise von Politik und Praxis empfiehlt. Das Konzept beruht vielmehr auf Prinzipien, die Leitlinien für die Kommunen bei der Umsetzung Paralleler Gerechtigkeit sein können (Herman 2010, 131 ff):

- Schaffung eines breiten öffentlichen Verständnisses für die Bedürfnisse von Opfern.

- Herstellung einer breiten öffentlichen Unterstützung für eine Reform.

- Schaffung solider Forschungsergebnisse als Basis der Reform (Kriminalitätsanalyse, Befragungen der Opfer zu Viktimisierungserfahrungen und Bedürfnissen etc.).

- Ist-Stands-Analyse der gegenwärtig möglichen Hilfe- und Unterstützungsleistungen für Opfer.

- Auf dieser Basis legt eine „Parallel Justice task force" die Prioritäten fest und kommuniziert das Konzept: Durch Foren, Workshops, die Medien, politisch Verantwortliche und andere Meinungsführer.

„Wir müssen unsere Verpflichtung gegenüber Opfern erfüllen, nicht nur, weil wir eine mitfühlende Gesellschaft sind, sondern weil die Hilfe für Opfer dabei, ihre Leben wiederherzustellen, ein wesentlicher Bestandteil von Gerechtigkeit ist" (Herman 2010, 140).

Wertung:

Mehr als das bis heute schon durch Opferhilfe und Opferschutz erreicht worden ist, dürfte durch ein Konzept wie Parallele Gerechtigkeit das Opfer aufgewertet werden. Im Konzept der Parallelen Gerechtigkeit definiert sich das Opfer nicht mehr über den Täter, sondern als Person, der Unrecht geschehen ist und die einen eigenständigen Anspruch auf soziale Unterstützung und Schadenswiedergutmachung hat.

Das Konzept erfordert die Einbringung der Opferperspektive in alle gesellschaftlichen Bereiche und damit auch deren Vernetzung, Kooperation und Koordination. Es
erinnert in Anlage und Umsetzung an die Idee der Kommunalen Kriminalprävention,
nur dass hier nicht die Kriminalität insgesamt, sondern das Opfer von Straftaten im
Mittelpunkt der Bemühungen steht, entsprechende ressortübergreifende Gremien einzurichten.

Statt ggf. neue Gremien für die „Parallele Gerechtigkeit" einzurichten, sollte geprüft
werden, ob nicht die Gremien Kommunaler Kriminalprävention in Deutschland „An-
dockstellen" für eine Implementation des Konzeptes der „Parallelen Gerechtigkeit"
sein könnten.

5
Mehr Prävention – weniger Opfer

Wie gut und wirkungsvoll auch immer das Strafverfahren, Opferschutz und Opferhilfe
gestaltet werden: Sinnvoller ist, es gar nicht erst zu Straftaten und den damit verbundenen Opferwerdungen kommen zu lassen. Denn auch eine noch so opferfreundliche
Strafverfolgung bzw. noch so gut ausgebaute und funktionierende Opferhilfe können
die physischen und materiellen Opferschäden mit ihren oftmals auch schwerwiegenden psychischen Folgen nicht wieder gut und schon gar nicht ungeschehen machen.

Deshalb ist Kriminalprävention der beste Opferschutz: Keine Straftat bedeutet kein
Opfer und keinen Schaden. Menschen wollen in Sicherheit leben, vor Kriminalität geschützt werden: Kein Mensch will Opfer einer Straftat werden – und schon gar nicht
zum zweiten Mal oder noch öfter (Sielaff 2010, 216).[176]

Dabei bezieht sich eine **opferbezogene Prävention** zum einen auf die Konsequenzen,
die aus den bisher dargestellten Befunden und Problemen zu den Folgen von Viktimisierungen zu ziehen sind:

▪   Auf die Vermeidung bzw. Milderung der psychischen, physischen und materiel-
    len Schäden,

▪   auf die Verhinderung bzw. den Abbau von Kriminalitätsfurcht mit ihren mögli-
    chen Auswirkungen auf das Verhalten und das Wohlbefinden,

▪   auf die Verhinderung bzw. Minderung von Re-Viktimisierungen durch Schutz
    und Hilfe für die Opfer,

▪   auf die Vermeidung des „Kreislaufs der Gewalt",

---

[176] *Herman* stellt in diesem Zusammenhang die geringe Bereitschaft fest, sich für Opferangelegenheiten zu
engagieren, was auch mit der Angst davor zu tun habe, „so etwas" könne einem auch geschehen – „Was
hat die getan, dass ihr das passiert ist" – oder damit, dass man meint, es könne dem Opfer unangenehm
sein, über das Geschehene zu sprechen (2010, 117). Anders *Barton* 2012, 117: „Opfersein ist in der viktimären Gesellschaft mit Prestige, mit Anerkennung, Aufmerksamkeit, Rechten und Privilegien verbunden
... Überspitzt ließe sich für die viktimäre Gesellschaft sogar sagen: ‚Alle wollen Opfer sein'."

- auf die Berücksichtigung der Wünsche der Opfer nach sozialer Unterstützung, Information und Beratung, nach der Bestätigung, das ihnen Unrecht geschehen ist, nach Genugtuung und Wiedergutmachung.

Zum andern bezieht sich **opferbezogene Prävention** „ganz klassisch" auf die Verhinderung bzw. Verminderung von Viktimisierungen. Für diese opferbezogene Kriminalprävention lässt sich wie in anderen – etwa täterbezogenen – Zusammenhängen zwischen universeller, selektiver und indizierter Kriminalprävention unterscheiden (Steffen 2011, 103). Ohnehin sind Opferwerdung und Straftatenbegehung, Opfer und Täter, zwei Seiten ein und derselben „Medaille" Kriminalität – und eine erfolgreiche täterorientierte Kriminalprävention immer auch ein Erfolg hinsichtlich der Vermeidung von Viktimisierungen. „Opferbezogene Kriminalprävention" stellt zwar das Opfer in den Mittelpunkt, meint aber keine Prävention, die nur vom Opfer umgesetzt werden muss bzw. kann, sondern bedeutet Kriminalprävention im üblichen umfassenden, sich auf Opfer, Täter, Situationen beziehenden Sinn.

5.1
Opferbezogene Prävention als universelle, selektive und indizierte Prävention

Universelle (auch: soziale) Prävention

zielt mit allgemein förderlichen Programmen und Maßnahmen auf die Allgemeinheit und/oder Gesamtgruppen. Ohne dass es „konkrete Verdachtsmomente" gäbe, sollen etwa durch eine konsistente Sozial-, Arbeits-, Jugend-, Familien-, Wirtschafts-, Verkehrs- und Kulturpolitik optimale Bedingungen geschaffen werden, damit es gar nicht erst zu Kriminalität und Viktimisierungen kommt.

Wegen ihrer sehr unspezifischen, eben „universellen" Ausrichtung sollte die soziale Prävention nicht als *Kriminal*prävention bezeichnet und verstanden werden – auch wenn ohne jeden Zweifel Sozialisation und Erziehung, individuelle und soziale Lebensbedingungen u.ä. erheblichen Einfluss auf Kriminalitätsentwicklungen haben. Aber es lassen sich eben keine *unmittelbaren* Zusammenhänge zwischen solchen „globalen Rahmenbedingungen" und Kriminalität herstellen. Auch um dem Risiko einer Entgrenzung der Kriminalitäts- und Präventionsbegriffe entgegenzuwirken, ist Kriminalität nicht der geeignete Bezugsrahmen für Strategien der universellen Prävention. Zumal das auch der Bedeutung dieser Maßnahmen nicht gerecht wird.

Außerdem: Wenn alle potentielle Opfer sind,[177] dann kann das zu einer Kriminalpolitik führen, die Politik mit der Furcht der Bevölkerung vor Verbrechen macht. Diese Verbrechensfurcht folgt ihren eigenen Entwicklungsgesetzen und so „trägt und nährt

---

[177] Den Befunden von *Kilchling* zufolge sind Opfererfahrungen bei Zugrundelegung der lebenslangen Perspektive und der Zusammenfassung von eigenen Erlebnissen, indirekten Viktimisierungserlebnissen im sozialen Nahraum sowie von Zeugenerlebnisse zwar „eine nahezu ubiquitäre Erscheinung", aber diese vielen Einzelerlebnisse mit Viktimisierungsbezug differieren in ihrer Intensität und Direktheit doch erheblich (1995, 622 f).

sie die Forderungen nach Verschärfungen dieser Politik, auch wenn die äußeren Anlässe, welche diese Verschärfungen tragen könnten, längst nicht mehr bestehen" (Hassemer/Reemtsma 2002, 109).[178]

Deshalb sollten nur die Strategien, Maßnahmen und Projekte als kriminalpräventiv verstanden werden, die direkt oder indirekt die Verhinderung bzw. Verminderung von Kriminalität und Opferwerdungen zum Ziel haben: Das sind die selektiven bzw. indizierten Strategien, Maßnahmen und Projekte der Kriminalprävention (Steffen 2011, 102).[179]

Selektive oder situative Prävention

zielt auf besondere Teilgruppen, Individuen und Situationen, die durch eine erhöhte Belastung mit Risikofaktoren gekennzeichnet sind und somit unter einem gesteigerten Opfer- wie Täterrisiko stehen („potentielle Opfer und potentielle Täter") bzw., bei Situationen, dadurch gefährdet sind, dass sich hier Kriminalität ereignen kann („Tatgelegenheiten").

Selektive Kriminalprävention ist direkt oder indirekt auf die Verhinderung und Verminderung von Kriminalität bzw. auf die Verbesserung von Sicherheitslage und Sicherheitsgefühl gerichtet.

Es geht hier etwa um Hilfe und Unterstützung von Personen in besonderen Problemlagen, um Information[180] und Schulung potentieller Opfer.

Indizierte oder tertiäre Prävention

richtet sich an die Zielgruppe verletzter Opfer bzw. straffällig gewordener Personen, mit dem Ziel, eine erneute Opfer- bzw. Täterwerdung zu verhindern. **Opferschutz und Opferhilfe** sind der indizierten Prävention zuzuordnen mit dem Ziel, eine erneute Opferwerdung (Re-Viktimisierung) sowie eine sekundäre Viktimisierung zu verhindern. Resozialisierungsmaßnahmen richten sich als indizierte Prävention an Kriminalitätsauffällige.

---

[178] Dafür ein Beispiel: Ende Januar 2013 ist eine Kommission eingesetzt worden, die die gesamte „Sicherheitsarchitektur und Sicherheitsgesetzgebung in Deutschland nach dem 11. September 2001" überprüfen soll – doch der Bundesinnenminister hat einem Bericht in der Zeitung „Die Welt" vom 30. Januar 2013 zufolge „keine Lust auf eine ‚kritische Gesamtschau'".

[179] Anders Kahl (2012, 26), wenn er fordert, das Handlungsfeld der Kriminalprävention nicht weiter zu begrenzen, sondern tatsächlich und daher auch begrifflich zu erweitern bzw. zu entgrenzen.

[180] Diesem Ziel widmet sich beispielsweise die **Polizeiliche Kriminalprävention** – und zwar von Anfang an: Bereits 1964 setzte das Bayerische Landeskriminalamt den Gedanken der aufklärenden Vorbeugung um und gab der Bevölkerung mit und über die Medien Tipps, wie sie sich vor Eigentumsdelikten und anderen Straftaten schützen kann. Diese Ideen wurden vom „Kriminalpolizeilichen Vorbeugungsprogramm (KPVP)" aufgegriffen, in dem ab 1970 alle Bundesländer vertreten waren. Der Slogan „Die Kriminalpolizei rät" wurde zum Programm. Ab 1997 übernahm im Zuge einer Neuorientierung und Umorganisation der polizeilichen Kriminalprävention das „Programm Polizeiliche Kriminalprävention der Länder und des Bundes (ProPK)" diese Aufgabe.

Außerdem zählen zur indizierten Prävention Programme und Maßnahmen für Situationen, an denen sich gehäuft Straftaten ereignet haben („Kriminalitätsbrennpunkte").

5.2
Probleme opferbezogener Prävention

Neben dem schon angesprochenen Problem einer Instrumentalisierung der Opfer für legislatorische Zwecke[181] muss sich die opferbezogene Prävention noch vor allem mit zwei Problemfeldern auseinandersetzen: Mit der Tatsache, dass Kriminalprävention immer auch mit der Angst vor Straftaten „arbeitet" und mit der Forderung, dem Opfer keine (Mit)Schuld an seiner Viktimisierung zuzuweisen.

Kriminalprävention darf keine Ängste schüren

Wenn etwa die Polizeiliche Kriminalprävention mit dem Slogan „Wir wollen, dass Sie sicher leben" Empfehlungen und Ratschläge dafür gibt, wie man sich vor Straftaten schützen kann oder mit der „Aktion-Tu-was" Bürgerinnen und Bürger zu mehr Zivilcourage ermutigen und ihre Hilfsbereitschaft gegenüber den Opfern von Gewalttaten fördern will, dann appelliert sie damit zwangsläufig an die Angst der Menschen, Opfer von Straftaten zu werden.

Das mag bei potentiellen Opfern noch relativ unproblematisch sein.[182] Bei den wirklichen Opfern jedoch kann das die „Ängste des Opfers nach der Straftat" noch verstärken. Einen Ausweg aus diesem Dilemma gibt es nicht. Allenfalls kann man versuchen, die Ängste durch möglichst konkrete, auf den Einzelfall bezogene Empfehlungen und ggf. Hilfen zu mildern – und das möglichst in einem persönlichen Gespräch durch Angehörige der Opferhilfe und Opferberatung.

Opfer haben keine (Mit)Schuld an der Viktimisierung

Opferbezogene Kriminalprävention steht immer in der Gefahr, dass dem Opfer zumindest eine Mitschuld, wenn nicht sogar die Schuld an der Viktimisierung zugewiesen wird bzw. dass es sich selbst diese Mitschuld gibt.[183]

Die Zuweisung von Mitschuld passiert nicht nur Opfern von Eigentumsdelikten („Warum haben Sie Ihre Wohnungstür nicht abgeschlossen, die Fenster offen gelassen

---

[181] *Kölbel* kommt bei seiner Analyse zu dem Schluss, es gebe bislang keine Belege dafür, dass das Opfer „instrumentalisiert" werde, um dem Strafrecht punitive Züge zu verleihen: „Natürlich ist dieser Eindruck vorläufig und überprüfungsbedürftig. Die Entscheidung zwischen der Instrumentalisierungsthese und der herkömmlichen Lesart, die die anhaltende prozessuale Opferrechtsmehrung als sozialstaatlich-fürsorgerisches Projekt interpretiert, ist letztlich nur durch eine nähere Analyse der Gesetzgebungsvorgänge zu treffen" (2012, 228).

[182] *Schwind* weist auf das Phänomen des „forting up" hin, der Festungsmentalität, auf das Booming der Sicherheitsindustrie, auf den Rückzug der Menschen in ihre Wohnungen – aus Furcht vor Kriminalität (2011, § 16 Rdn 13a, § 20 Rdn 14).

[183] Das ist vor allem für Opfer von Sexualdelikten untersucht und belegt worden; siehe dazu Steffen 2012 a.

etc."), sondern vor allem auch Opfern von Kontakt- und Gewaltdelikten. In deren so-
zialem Umfeld dient die Zuweisung von Mitschuld auch der Abwehr eigener Ängste:
„Ich verhalte mich nicht so, also kann mir das auch nicht passieren."

Der Gedanke der Mitverantwortung und Mitschuld des Opfers an der Straftat hat auch
die Viktimologie zunächst geprägt: „Am Beginn der ... Geschichte der Viktimologie
stand nicht etwa der Gedanke, daß das Opfer der Straftat besonderer Zuwendung bedürfe, sondern vielmehr die Überlegung, daß das Delikt nicht allein als Emanation
der Persönlichkeit des Täters, sondern als Ergebnis einer Interaktion zwischen Täter
und Opfer zu verstehen sei ... (man) glaubte im Gedanken der Mitverantwortung des
Opfers für ‚seinen' Täter einen bedeutungsvollen Ansatz zur Erklärung der Verbre-
chensentstehung und zur gleichzeitigen Entdämonisierung des Täters gefunden zu
haben" (Weigend 1989, 299 f).[184]

Wie immer sich auch ein Opfer verhalten hat, ob „unvorsichtig" oder „provozierend"
oder „leichtsinnig" – solange sich dieses Verhalten im Rahmen des Sozialadäqua-
ten und gesetzlich Erlaubten halte, dürfe ihm daraus kein Vorwurf gemacht werden
und schon gar nicht dürften daraus rechtliche Konsequenzen gezogen werden: „Da
... keine rechtliche Verpflichtung zum Selbstschutz existiert, kann die Mißachtung
von Vorsichtsmaßregeln, und seien sie noch so sehr kriminalpolizeilich empfohlen,
nichts an dem Status des Betroffenen als schutzwürdiges, ‚legitimes' Opfer ändern"
(Weigend 1989, 395).[185]

Diese Aussage gilt auch heute noch uneingeschränkt – auch wenn sie im Alltag der
opferbezogenen Prävention nicht immer ganz leicht umzusetzen ist.

---

[184] Dass dieser Gedanke der Mitverantwortung nicht nur den Beginn der Viktimologie prägte, sondern auch
heute noch Probleme bereitet, darauf weist *Görgen* hin, wenn er ausführt, dass die Differenz zwischen der
Analyse der Beteiligung von Opfern am Zustandekommen von Straftaten und einer wahrgenommenen
Schuldzuweisung oftmals schwer zu vermitteln sei (2012, 92).

[185] Zur Opferpräzipitation siehe Weigend 1989, 396 ff.

Literaturverzeichnis

Baier, Dirk u.a. (2009): Jugendliche in Deutschland als Opfer und Täter von Gewalt. Kriminologisches Forschungsinstitut Niedersachsen e.V. Forschungsbericht Nr. 107. Hannover.

Barton, Stephan (2012): Strafrechtspflege und Kriminalpolitik in der viktimären Gesellschaft. Effekte, Ambivalenzen und Paradoxien. In: Barton/Kölbel (Hrsg.), S. 111-137.

Barton, Stephan/Kölbel, Ralf (2012)(Hrsg.): Ambivalenzen der Opferzuwendung des Strafrechts. Zwischenbilanz nach einem Vierteljahrhundert opferorientierter Strafrechtspolitik in Deutschland. Baden-Baden.

Baumann, Michael C. (2000): Opferbedürfnisse, Mitschuldgefühl und Strafbedürfnis sowie die Erwartungen von Kriminalitätsopfern an Politik, Justiz und Polizei. DPolBl H. 2/2000, S. 2-5.

Baumann, Michael C./Schädler, Wolfram (1991): Das Opfer nach der Straftat – seine Erwartungen und Perspektiven. Bundeskriminalamt (Hrsg.). BKA – Forschungsreihe Band 22. Wiesbaden.

Bergmann, Christine (2012): Ängste von Opfern sexuellen Missbrauchs. In: WEISSER RING (2012 b)(Hrsg.), S. 36-49.

Bieneck, Steffen/Pfeiffer, Christian (2012): Viktimisierungserfahrungen im Justizvollzug. KFN Forschungsbericht Nr. 119. Hannover.

Bock, Stefanie(2012): Opferrechte im Lichte europäischer Vorgaben. In: Barton/ Kölbel (Hrsg.), S. 67-88.

Böhm, Klaus Michael (2012): Mehr Begutachtung im Strafverfahren: mehr Opferschutz? Kriminalpolitische Perspektiven. In: Pollähne/Rode (Hrsg.), S. 129-147.

Böttcher, Reinhard (2012): Perspektiven für den Opferschutz im Strafverfahren. NK Neue Kriminalpolitik 4/2012, S 122-125.

Böttcher, Reinhard (2012 a): Bedeutung der Medienöffentlichkeit für die Opfer. In: WEISSER RING e.V., S. 187-199.

Böttcher, Reinhard (2007): Rechtspolitische Forderungen des WEISSEN RINGS – Bilanz und Ausblick. In: WEISSER RING (Hrsg.), S. 15-26.

Bundeskriminalamt (2012)(Hrsg.): Polizeiliche Kriminalstatistik 2011. Bundesrepublik Deutschland. 59. Ausgabe. Wiesbaden.

Bundesministerium der Justiz (2012): OpferFibel. Rechte von Verletzten und Geschädigten im Strafverfahren. 3. Auflage. Berlin.

Bundesministerium des Innern/Bundesministerium der Justiz (2006)(Hrsg.): Zweiter Periodischer Sicherheitsbericht. Berlin.

Deegener, Günther (1996): Psychische Folgeschäden nach Wohnungseinbruch. Erfahrungen von Opfern nach Einbruchsdiebstahl und Raubüberfall. WEISSER RING (Hrsg.): Mainzer Schriften zur Situation von Kriminalitätsopfern. Band 15. Mainz.

Dudeck, Manuela (2012): Psychische Folgeschäden bei Delinquenzopfern. Generalisierbares Wissen und individueller Nachweis. In: Pollähne/Rode (Hrsg.), S. 121-127.

Ellrich, Karoline u.a. (2011): Gewalt gegen Polizeibeamte. KFN Forschungsbericht Nr. 3. Hannover,

Elsner, Erich/Steffen, Wiebke (2005): Vergewaltigung und sexuelle Nötigung in Bayern. München.

Feldmann-Hahn, Felix (2011): Opferbefragungen in Deutschland. Bestandsaufnahme und Bewertung. Holzkirchen/Obb.

Frederking, Gisela (2007): Informiertheit über Opferrechte aus der Sicht des Opferanwalts. In: WEISSER RING (Hrsg.), S. 33-35.

Gelbert, Claudia/Walter, Michael (2013): Probleme des Opferschutzes gegenüber dem inhaftierten Täter. NstZ 2/2013, S. 75-83.

Görgen, Thomas (2012): Zum Stand der internationalen viktimologischen Forschung. In: Barton/Kölbel (Hrsg.), S. 89-109.

Görgen, Thomas u.a. (2010): Sicher leben im Alter? Ergebnisse einer Studie und Konzept eines Aktionsprogramms zur Förderung der Sicherheit älterer Menschen. Kriminalistik 11/2010, S. 644-651.

Görgen, Thomas/Rauchert, Kathrin/Fisch, Sarah (2011): Langfristige Folgen sexuellen Missbrauchs Minderjähriger. Published online: 20.9.2011 (DOI 10.1007/s11757-011-0129-0) Springer-Verlag.

Greve, Werner u.a. (2012): Bewältigung krimineller Opfererfahrungen: Entwicklungsfolgen und Entwicklungsregulation. In: Barton/Kölbel (Hrsg.), S. 263-288.

Hartwig, Sabine (2012): Beitrag im Rahmen des 22. Mainzer Opferforums. In: WEISSER RING (2012 b)(Hrsg.), S. 54-58.

Hassemer, Winfried/Reemtsma, Jan Philipp (2002): Verbrechensopfer: Gesetz und Gerechtigkeit. München.

Haverkamp, Rita (2012): Gefühlte Sicherheiten und Sicherheitsgefährdungen – Barometer Sicherheit in Deutschland (BaSiD). Internetdokumentation des Deutschen Präventionstages. Hannover (www.praeventionstag.de/Dokumentation.cms/2047).

Heinz, Wolfgang (2012): Das strafrechtliche Sanktionensystem und die Sanktionierungspraxis in Deutschland 1882 – 2010. KIS – Konstanzer Inventar Sanktionsforschung. Stand: Berichtsjahr 2010; Version: 1/2012 (www.ki.uni-konstanz.de/kis).

Heinz, Wolfgang (2006): Zum Stand der Dunkelfeldforschung in Deutschland. In: Obergfell-Fuchs, Joachim/Brandenstein, Martin (Hrsg.): Nationale und internationale Entwicklungen in der Kriminologie. Festschrift für Helmut Kury zum 65. Geburtstag. Frankfurt am Main, S. 241-263.

Helfferich, Cornelia u.a. (2012): Bestandsaufnahme zur Situation der Frauenhäuser, der Frauenberatungsstellen und anderer Unterstützungsangebote für gewaltbetroffene Frauen und deren Kinder. Gutachten im Auftrag des Bundesministeriums für Familie, Senioren, Frauen und Jugend. Berlin.

Herman, Susan (2010): Parallel Justice For Victims Of Crime. Washington, DC.

Hilgendorf, Eric/Rengier, Rudolf (2012)(Hrsg.): Festschrift für Wolfgang Heinz zum 70. Geburtstag. Baden-Baden.

Jehle, Jörg-Martin (2009): Strafrechtspflege in Deutschland. Fakten und Zahlen. Hrsg. vom Bundesministerium der Justiz. 5. Auflage 2009. Mönchengladbach.

Kahl, Wolfgang (2012): Eine gute Sozialpolitik ist die beste Kriminalpolitik. forum kriminalprävention 2/2012, S. 26-27.

Kerner, Hans-Jürgen u.a. (2012): Täter-Opfer-Ausgleich in Deutschland. Auswertung der bundesweiten Täter-Opfer-Ausgleichs-Statistik für den Jahrgang 2010. Herausgegeben vom Bundesministerium der Justiz. Berlin.

Kiefl, Walter/Lamnek, Siegfried (1986): Soziologie des Opfers. Theorie, Methoden und Empirie der Viktimologie. München.

Kiefl, Walter/Sieger, Monica (2008): Kenntnisse und Meinungen über Opfer von Gewaltverbrechen. Kriminalistik 1/2008, S. 40-44.

Kilchling, Michael (1995): Opferinteressen und Strafverfolgung. Max-Planck-Institut für ausländisches und internationales Strafrecht. Ed.iuscrim. Freiburg i. Br.

Kirchhoff, Gerd Ferdinand (1990): Opferhilfe in internationaler Betrachtung. Entwicklung und Bestandsaufnahme. In: Schädler u.a. (Hrsg.), S. 22-48.

Kölbel, Ralf (2012): Kriminalpolitische Instrumentalisierung der „Gefahr sekundärer Viktimisierung"? In: Barton/Kölbel (Hrsg.), S. 213-232.

Kreuzer, Arthur (2012): Aussage gegen Aussage – Zum Dilemma von Täter- und Opferschutz bei Beziehungsdelikten. In: Kerner, Hans-Jürgen/Marks, Erich (Hrsg.): Internetdokumentation des Deutschen Präventionstages. Hannover 2012 (www.praeventionstag.de/Dokumentation.cms/2004).

Kreuzer, Arthur (2010): Prävention von Gewalt gegen Senioren. BewHi 1/2010, S. 88-105.

Kühnrich, Bernd/Kania, Harald (2005): Attitudes Towards Punishment in the European Union. Results from the 2005 European Crime Survey (ECSS) with Focus on Germany. ECSS Project: Research Report MPI (30/12/2005).

Kunz, Karl-Ludwig (2011 a): Kriminologie. 6. Auflage. Bern e.a.

Kunz, Karl-Ludwig (2011 b): Opferschutz und Verteidigungsrechte im Kontext von Strafrechtstheorie und symbolischer Rechtspolitik. Sociology in Switzerland. Online Publications (http://socio.ch/cri/t_kunz1.htm; last update: 18. Okt. 2011; Abrufdatum: 11.01.2013)

Ladenburger, Petra (2012): Strukturelle und praktische Defizite der institutionalisierten Opferhilfe in Deutschland. In: Barton/Kölbel (Hrsg.), S. 289-299.

Maercker, Andreas (2006): Opfererfahrungen im Kontext: Soziale Bedingungen für psychische Spätfolgen. In: WEISSER RING (Hrsg.), S. 49-58.

Müller, Ursula/Schröttle, Monika (2004): Lebenssituation, Sicherheit und Gesundheit von Frauen in Deutschland. Eine repräsentative Untersuchung zu Gewalt gegen Frauen in Deutschland. Gutachten im Auftrag des Bundesministeriums für Familie, Senioren, Frauen und Jugend. Berlin 2004.

Niemz, Susanne (2011): Urteilsabsprachen und Opferinteressen – in Verfahren mit Nebenklagebeteiligung. Mainzer Schriften zur Situation von Kriminalitätsopfern Bd. 49. Baden-Baden.

Pollähne, Helmut (2012): „Opfer" im Blickpunkt –„Täter" im toten Winkel? In: Pollähne/Rode (Hrsg.), S. 5-19.

Pollähne, Helmut/Rode, Irmgard (2012)(Hrsg.): Opfer im Blickpunkt – Angeklagte im Abseits? Probleme und Chancen zunehmender Orientierung auf die Verletzten in Prozess, Therapie und Vollzug. Berlin.

PSB = Periodischer Sicherheitsbericht; siehe Bundesministerium des Innern/Bundesministerium der Justiz (2006).

Reemtsma, Jan Philipp (2006): Was sind eigentlich Opferinteressen? Überarbeitetes Manuskript einer Ansprache anlässlich des 25-jährigen Jubiläums des WEISSEN RINGS in Hamburg. die neue polizei 03/2006, S. 16-18.

Reemtsma, Jan Philipp (1999): Das Recht des Opfers auf die Bestrafung des Täters – als Problem. München.

Richter, Harald (1997): Opfer krimineller Gewalttaten. Individuelle Folgen und ihre Verarbeitung. WEISSER RING (Hrsg.): Mainzer Schriften zur Situation von Kriminalitätsopfern. Band 17. Mainz.

Richtlinie 2012/29/EU des Europäischen Parlaments und des Rates vom 25. Oktober 2012 über Mindeststandards für die Rechte, die Unterstützung und den Schutz von Opfern von Straftaten sowie zur Ersetzung des Rahmenbeschlusses 2001/220/JI.

Rössner, Dieter (1990): Historische Aspekte des Opferschutzes und opferorientierter Sanktionen. In: Schädler u.a. (Hrsg.), S. 7-27.

Sautner, Lyane (2010): Opferinteressen und Strafrechtstheorien. Zugleich ein Beitrag zum restaurativen Umgang mit Straftaten. Viktimologie und Opferrechte (VOR). Schriftenreihe der Weisser Ring Forschungsgesellschaft. Band 6. Innsbruck e.a.

Schädler, Wolfram (2012): Opferschutz in der deutschen straf- und prozessrechtlichen Gesetzgebung und dessen Umsetzung in die Judikatur. In: Barton/Kölbel (Hrsg.), S. 51-65.

Schädler, Wolfram u.a. (1990): Hilfe für Kriminalitätsopfer als internationale Bewegung. Ein Vergleich mit den Niederlanden und den USA. Beiträge aus einer Tagung der Evangelischen Akademie Arnoldshain. Bonn: Godesberg.

Schneider, Hans-Joachim (2010): Das Verbrechensopfer gestern und heute. Neue Erkenntnisse der kriminologischen Verbrechensopferforschung. Kriminalistik 11/2010, S. 627-635.

Schöch, Heinz (2012): Opferperspektive und Jugendstrafrecht. ZJJ 3/2012, S. 246-255.

Schöch, Heinz (2003): Das Opfer im Strafprozess. In: Egg, R./Minthe, E. (Hrsg.): Opfer von Straftaten. Kriminologie und Praxis. Band 40. Wiesbaden, S. 19-36.

Schwind, Hans-Dieter (2011): Kriminologie. Eine praxisorientierte Einführung mit Beispielen. 21., neubearbeitete und erweiterte Auflage. Heidelberg e.a.

Seidler, Günter H. (2006): Ergebnisse der Heidelberger Gewaltopferstudie. In: WEISSER RING (Hrsg.), S. 61-68.

Seith, Corinna u.a. (2009): Unterschiedliche Systeme, ähnliche Resultate? Strafverfolgung von Vergewaltigung in elf europäischen Ländern. Länderbericht Deutschland (www.cwasu.org).

Sessar, Klaus (2012): Kriminalitätswirklichkeit im Licht des Dunkelfeldes. In: Hilgendorf/Rengier (Hrsg.), S. 262-274.

Sielaff, Wolfgang (2010): Kriminalitätsopfer – Situation, Problematik, Hilfe. Kriminalistik 4/2010, S. 212-217.

Standler, Lena u.a. (2012): Repräsentativbefragung Sexueller Missbrauch 2011. KFN - Kriminologisches Forschungsinstitut Niedersachsen e.V. Forschungsbericht Nr. 118. Hannover.

Steffen, Wiebke (2012 a): Polizeiliches Verhalten bei Opfern von Sexualstraftaten am Beispiel der Opfer von Vergewaltigungen und sexuellen Nötigungen. In: Barton/Kölbel (Hrsg.), S. 141-158.

Steffen, Wiebke (2012 b): Sicherheit als Grundbedürfnis der Menschen und staatliche Aufgabe. Gutachten zum 17. Deutschen Präventionstag am 16. und 17 . April 2012 in München (www.praeventionstag.de/nano.cms/17-DPT/ Seite/3).

Steffen, Wiebke (2011): Moderne Gesellschaften und Kriminalität. Der Beitrag der Kriminalprävention zu Integration und Solidarität. Gutachten zum 14. Deutschen Präventionstag. In: Marks, E./Steffen, W.(Hrsg.): Solidarität leben – Vielfalt sichern. Ausgewählte Beiträge des 14. Deutschen Präventionstages 2009. Godesberg.

Steffen, Wiebke (2009): Bürgerschaftliches Engagement in der Kriminalprävention. Gutachten zum 13. Deutschen Präventionstag. In: Marks, E./Steffen. W. (Hrsg.): Engagierte Bürger – sichere Gesellschaft. Ausgewählte Beiträge des 13. Deutschen Präventionstages 2008. Godesberg.

Steffen, Wiebke (2008): Jugendkriminalität und ihre Verhinderung zwischen Wahrnehmung und empirischen Befunden. Gutachten zum 12. Deutschen Präventionstag. In: Marks, E./Steffen, W. (Hrsg.): Starke Jugend – starke Zukunft. Ausgewählte Beiträge des 12. Deutschen Präventionstages 2007. Godesberg.

Steffen, Wiebke (1995): Veränderungen in der polizeilichen Aufgabenwahrnehmung – Gemeinwesenorientierung als moderne Zielperspektive? In: 50 Jahre polizeiliche Bildungsarbeit in Münster. Polizei-Führungsakademie Nr. 3/4

1995, S. 107-122.

Steffen, Wiebke (1993): Kriminalitätsanalyse I: Dunkelfeldforschung und Kriminologische Regionalanalysen. Lehr- und Studienbriefe Kriminologie Nr. 4. Hilden.

Steffen, Wiebke (1982): Inhalte und Ergebnisse polizeilicher Ermittlungen. München.

Steffen, Wiebke (1976): Analyse polizeilicher Ermittlungstätigkeit aus der Sicht des späteren Strafverfahrens. BKA-Forschungsreihe Bd. 4. Wiesbaden.

Stock, Jürgen (2012): Stand und Perspektiven der Dunkelfeldforschung in Deutschland und international. In: Hilgendorf/Rengier (Hrsg.), S. 317-331.

Stöckel, Heinz (2006): Opferschutz und Opferhilfe (zu) lange vergessen? die neue polizei 03/2006, S. 3-5.

Treibel, Angelika u.a. (2008): Alltagsvorstellungen über Gewaltopfer in Abhängigkeit von Delikt und Geschlecht – eine internetbasierte Studie. MschrKrim. 91. Jahrgang – Heft 6 – 2008, S. 458-470.

van Dijk, Jan (2012): The International Crime Victims Survey. Latest Results And Prospects. Criminology in Europe. 2012/3, S. 24-33.

van Dijk u.a. (2007): The Burden of Crime in the EU. A Comparative Analysis of the European Crime and Safety Survey (EU ICS). Brussels.

van Hüllen, Helgard (2006): Opferschutz im europäischen Kontext. die neue polizei 03/2006, S. 12-15.

Villmow, Bernhard/Savinsky, Alescha Lara (2013): Staatliche Opferentschädigung nach der Jahrtausendwende – statistische Daten, methodische Probleme und einige Anmerkungen zur gegenwärtigen Praxis des OEG (Veröffentlichung in Festschrift für Jürgen Wolter. Berlin 2013).

Volbert, Renate (2012 a): Sekundäre Viktimisierung: Alte Klagen – neue Erkenntnisse? In: Pollähne/Rode (Hrsg.), S. 149-163.

Volbert, Renate (2012 b): Geschädigte im Strafverfahren: Positive Effekte oder sekundäre Viktimisierung? In: Barton/Kölbel (Hrsg.), S. 197-212.

Voß, Stephan (2003): „Du Opfer ...“ Berliner Forum Gewaltprävention. Nr. 12, S. 56-59

Voß, Hans-Georg W./Hoffmann, Jens/Wondrak, Isabel (2006): Stalking in Deutschland. Aus Sicht der Betroffenen und Verfolger. WEISSER RING (Hrsg.): Mainzer Schriften zur Situation von Kriminalitätsopfern. Band 40. Baden-Baden.

Waller, Irvin (2011): Rights For Victims Of Crime. Lanham e.a.

Weigend, Thomas (2012): Internationale Entwicklungen bei der Stellung des Verletzten im Strafverfahren. In: Barton/Kölbel (Hrsg.), S. 29-50.

Weigend, Thomas (2010 a): „Die Strafe für das Opfer“? – Zur Renaissance des Genugtuungsgedankens im Straf- und Strafverfahrensrecht. RW – Heft 1 2010, S. 39-57.

Weigend, Thomas (2010 b): Das Opfer als Prozesspartei. Bemerkungen zum 2. Opferrechtsreformgesetz 2009. In: Dölling, Dieter u.a. (2010)(Hrsg): Verbrechen – Strafe – Resozialisierung. Festschrift für Heinz Schöch zum 70. Geburtstag. Berlin. S. 947-961.

Weigend, Thomas (1989): Deliktsopfer und Strafverfahren. Berlin.

WEISSER RING e.V. (2012 a)(Hrsg.): Jahresbericht 2011/2012. Finanzbericht 2011. Mainz.

WEISSER RING e.V. (2012 b)(Hrsg.): Ängste des Opfers nach der Straftat. Dokumentation des 22. Mainzer Opferforums 2011. Mainzer Schriftenreihe zur Situation von Kriminalitätsopfern. Band 50. Baden-Baden.

WEISSER RING e.V. (2007)(Hrsg.): Opferschutz unbekannt? Dokumentation des 17. Mainzer Opferforums 2006. Mainzer Schriftenreihe zur Situation von Kriminalitätsopfern. Band 44. Baden-Baden.

WEISSER RING e.V. (2006)(Hrsg.): Opfer bleibt Opfer? Dokumentation des 16. Opferforums 2004 Berlin. Mainz.

Ziegleder, Diana/Kudlacek, Dominic/Fischer, Thomas (2011): Die Wahrnehmung und Definition von Sicherheit durch die Bevölkerung. Erkenntnisse und Konsequenzen aus der kriminologisch-sozialwissenschaftlichen Forschung. Forschungsforum Öffentliche Sicherheit. Schriftenreihe Sicherheit Nr. 5. Berlin.

Ralf Jäger

„Kein Opfer einer Straftat darf vergessen werden"

Anrede,

waren Sie heute schon präventiv?

Jeder von Ihnen hat sich heute Morgen die Zähne geputzt - davon gehe ich jetzt mal aus. Damit haben Sie sich, wenn Sie es denn richtig gemacht haben, vor Karies geschützt.

Vielleicht haben Sie auf dem Weg zur Arbeit auch den Müll runtergebracht und - wie es sich gehört - auch richtig getrennt. Dann haben Sie etwas für unsere Umwelt getan. Mein Kollege, Herr Umweltminister Remmel, wird es Ihnen danken.

Und ich hoffe sehr, dass Sie Fenster und Türen verschlossen haben, bevor Sie sich auf dem Weg hier zu dieser Veranstaltung gemacht haben. Denn damit hätten Sie es Einbrechern erheblich schwerer gemacht, in Ihr Haus oder Ihre Wohnung einzudringen.

Sie sehen:

Wir handeln in vielen Situationen präventiv.

Prävention ist wertvoll, und sie spielt in unserem alltäglichen Leben eine wichtige Rolle. Und wir setzen sie oft völlig unbewusst und natürlich in die Tat um.

Ich weiß nicht, ob bei Ihnen schon einmal eingebrochen wurde. Das Schlimme an Einbrüchen sind oft gar nicht die gestohlenen Wertsachen. Dafür kommen in der Regel die Versicherungen auf.

Nein, es ist der Eingriff in die Privatsphäre, der die Opfer am meisten belastet. Und die Belastung hält länger an, als die meisten vermuten.

Und so geht es vielen Opfern von Straftaten, nicht nur nach Einbrüchen.

Um das zu verhindern, um Menschen diese Belastung zu ersparen, sage ich: wir müssen Straftaten bereits im Vorhinein verhindern. Prävention ist der beste Opferschutz.

Anrede,

vor zwei Wochen habe ich den Landespreis für Innere Sicherheit Nordrhein-Westfalen an ein gemeinsames Projekt der Stadt Marl und der Polizei Recklinghausen verliehen.

Das Projekt setzt ganz früh, nämlich schon im Vorschulalter an, und deckt die Zeit bis zum Erwachsenenalter ab. Eltern bekommen konkrete Hilfsangebote, sie bekommen

Informationen und Unterstützung.

Kinder lernen schon im Grundschulalter, was Gewalt und Missbrauch anrichten. Das gelingt ganz kindgerecht, z.b. durch ein Theaterstück.

Sie sehen: Prävention muss keine hohe Wissenschaft sein, sondern kann oft mit ganz einfachen Mitteln erreicht werden. Wenn wir früh genug damit beginnen!

Wir können mit frühen Hilfen verhindern, dass aus Kindern Täter werden. Wir können so verhindern, dass neue Opfer hinterlassen werden.

Die Menschen, die bereits Opfer einer Straftat geworden sind, benötigen Schutz und Beistand.

Mir ist besonders wichtig: wir dürfen diese Menschen nicht als Objekte in einem Strafprozess ansehen. Wir müssen vor allem auf das entstandene Leid blicken und angemessen helfen.

Menschen, die das tun, arbeiten auch in unserer Polizei, in der Justiz und in anderen öffentlichen Stellen. Genau solche Menschen brauchen wir, damit kein Opfer vergessen wird.

Prävention und Opferschutz haben wir als Landesregierung Nordrhein-Westfalen aufgegriffen und uns für unsere Politik auf die Fahne geschrieben.

Anrede,

wir präsentieren Ihnen hier die Konzepte, mit denen wir in Nordrhein-Westfalen das umsetzen. Darunter sind viele spannende Projekte. Das gilt für die regionalen Konzepte, das gilt für die Arbeit des Landespräventionsrats.

Und es gilt vor allem auch für die großen, landesweiten Kampagnen, wie zum Beispiel „**Kurve Kriegen**".

Bei diesem Projekt wenden wir uns den Kindern und Jugendlichen zu, die schon ganz früh durch Straftaten aufgefallen sind.

Was wir tun, um eine „Karriere" als Straftäter zu verhindern, wen wir dafür mit ins Boot holen - das alles können Sie im Laufe dieses Kongresses erfahren.

Sie werden auch erleben, wie einfach es ist, ein Fenster aufzubrechen. Ich selbst brauche mittlerweile keine 10 Sekunden, um das zu schaffen.

Aber vor allem werden Sie erfahren, was Sie tun können, um sich selbst, aber auch andere vor Einbrüchen zu schützen. Diesem Thema widmen wir uns mit der Kampagne „**Riegel vor!**".

Und Sie werden sehen, welche Gefahren dort lauern, wo jeder von uns sich Tag für Tag immer häufiger aufhält: im Internet.

Sie bekommen Antworten auf die Fragen: Was kann ich tun, um mich zu schützen? Und was kann ich tun, wenn ich schon Opfer geworden bin? Das „**Cybercrime-Kompetenzzentrum**" des Landeskriminalamts in Nordrhein-Westfalen kümmert sich neben der Ermittlung von „Cyber-Kriminellen" auch um diese präventiven Fragen.

Ich hoffe, Sie merken es mir an: als Innenminister dieses Landes freue ich mich sehr darüber, dass dieser größte europäische Kongress in Sachen Kriminalprävention hier in unserem Lande, hier in Bielefeld, stattfindet.

Ich finde, darauf können wir auch ein Stück weit stolz sein.

Anrede,

Prävention hat viele Gesichter. Das zeigt schon ein einfacher Blick auf das Programmheft zu diesem Kongress:

Sie sehen dort viele unterschiedliche Menschen aus ganz verschiedenen Bereichen. Jeder dieser Menschen wird Ihnen aus seiner Sicht berichten, was Prävention bedeutet.

Für mich bedeutet Prävention: wir tun jetzt etwas, wovon nicht nur wir zukünftig profitieren. Wir tun jetzt etwas, wovon auch unsere Kinder und Enkel etwas haben werden.

Vielleicht finden manche diese Überzeugung an eine „bessere Zukunft" weltfremd oder naiv.

Ich sage diesen Menschen: wer Prävention ablehnt, wer von dieser Idee nicht überzeugt ist, bekommt früher oder später die Rechnung dafür. Wir in NRW wollen, dass diese Rechnung nicht aus dem Ruder läuft.

Dafür stehe ich, und dafür steht diese Landesregierung.

Herzlichen Dank.

Pit Clausen

Prävention in Bielefeld

Sehr geehrter Herr Minister Jäger,
sehr geehrter Herr Marks,
meine Damen und Herren!

Ich freue mich wirklich sehr, Sie heute in einer der sichersten und schönsten Städte Deutschlands begrüßen zu dürfen.

Ersteres sagt die Kriminalstatistik aus. Die zweite Behauptung stammt von mir und davon, dass sie stimmt, können Sie sich in diesen Tagen persönlich überzeugen. Bei den Verantwortlichen und Organisatoren des Deutschen Präventionstages möchte ich mich herzlich für die Wahl Bielefelds als Veranstaltungsort 2013 bedanken.

„Mehr Prävention – weniger Opfer" lautet das Motto dieses Jahr. Die Themenwahl finde ich außerordentlich gelungen, da die Opfer von Straftaten in der öffentlichen Wahrnehmung wenig präsent sind und auch das Wissen über Opferbedürfnisse und Opferwerdung relativ gering ist.

In Bielefeld konnten wir in diesem Jahr das 10-jährige Bestehen des Netzwerks Opferhilfe begehen. Wir versuchen das Thema am 22. März jeden Jahres – dem Tag des Kriminalitätsopfers - mit allen relevanten Akteuren vor Ort der Bevölkerung vorzustellen und bewusst zu machen.

Dieses Netzwerk umfasst mittlerweile 18 Organisatoren und hält ein breites und individuell angepasstes Angebot an Unterstützungen für die Opfer und ihre Angehörigen vor. Daneben bemühen wir uns Lücken im Netzwerk zu schließen – wie z. B. durch die neue Arbeitsgruppe im Sozial- und Kriminalpräventiven Rat, die sich mit der Situation junger Männer befasst, die Opfer von Gewalttaten geworden sind.

Meine Damen und Herren!

Das Netzwerk Opferhilfe ist ein Beispiel für präventive Aktivitäten in unserer Stadt. Wir gehen seit 18 Jahren einen gemeinsamen Weg der Prävention mit unseren Partnern – der Polizei Bielefeld und der Universität Bielefeld. Herausgekommen ist ein großes und wie ich meine sehr erfolgreiches Netzwerk: der Sozial- und Kriminalpräventive Rat der Stadt Bielefeld kurz SKPR.

Vor 18 Jahren sind bei der Gründung des SKPR zwei wie ich meine richtige und wichtige Entscheidungen getroffen worden:

1. Die Beteiligung der Universität Bielefeld.

Durch die Mitwirkung wurde der Wirkungskreis um einen wesentlichen Ansatz erweitert: die soziale Komponente. Der SKPR dient daher gleichermaßen als Koordinationsstelle zur Kriminalitätsvorbeugung wie als Gestaltungskoordinator für ein »soziales Miteinander«.

2. Die Lenkungsgruppe ist mit dem jeweiligen Polizeipräsidenten bzw. -präsidentin (heute Frau Dr. Katharina Giere), dem amtierenden Oberbürgermeister der Stadt (zur Zeit meine Person) sowie einen Vertreter der Universität (Prof. Holger Ziegler) sehr gut besetzt.

Mit dieser Konstruktion sollte dem SKPR eine quer zu den Behördenstrukturen liegende Arbeit ermöglicht werden. Das hat bislang gut funktioniert. Der SKPR konnte und kann sehr effektiv dezernats- und behördenübergreifende Projekte durchführen – natürlich in Absprache mit den jeweiligen Verantwortlichen.

Aus der Vielzahl an Projekten möchte ich zwei besonders erwähnen, die auch am Stand des SKPR präsentiert werden:

das Bielefelder Interventionsprojekt gegen Gewalt von Männern in Beziehungen und der Arbeitskreis Graffiti.

Beide Projekte dokumentieren beispielhaft die Arbeit guter und erfolgreicher Präventionsarbeit und zeigen auch die Bandbreite und Differenzierungen, die solche Projekte erreichen können.

So beinhaltet das Interventionsprojekt mittlerweile 8 Bausteine – vom polizeilichen Erstkontakt bis zur gesundheitlichen Versorgung der Opfer.

Aus der AG Graffiti ist 2001 der Verein „stadtklar" entstanden. Hier reinigen Langzeitarbeitslose unter Anleitung eines Malermeisters jährlich zwischen 6.000 bis 9.000 qm städtische Gebäude und Flächen. Daneben führt der Verein alle 2 Jahre ein bundesweites Graffitifachforum durch, bietet für die Meisterkurse der Maler- und Lackiererinnung Fortbildungsveranstaltungen an und vermittelt Flächen und Gebäude für legale Graffiti - Projekte.

Ich könnte noch weitere Projekte aus den Bereichen Gewaltprävention, Gewalt im Sport, Suchtprävention usw. aufführen. Es würde einfach den heutigen Rahmen sprengen. Aber ich darf Ihnen versichern: Alle Projekte basieren auf einem großen Netzwerk und der vertrauensvollen Zusammenarbeit unterschiedlichster Akteure.

Das ist nicht selbstverständlich, dass Projekte so reibungslos laufen – auch in Bielefeld gab es insbesondere in der Anfangszeit durchaus Irritationen, wenn z. B. die unterschiedlichen Welten von Polizei und Sozialarbeit aufeinandertrafen.

Dieser Prozess der kulturellen Annäherung und des Verstehens und Vertrauens hat bei uns fast 2 Jahre gedauert. Mittlerweile kann man von einem traditionell guten Miteinander aller Beteiligten sprechen.

Meine Damen und Herren, nichts ist so gut, dass es nicht auch verbessert werden könnte.

Uns fehlen die Mittel, die durchgeführten Projekte korrekt evaluieren zu können. Daher ist der Austausch im Rahmen des Deutschen Präventionstages und anderer Veranstaltungen aber auch die Anwendung bereits evaluierter Projekte von großer Bedeutung für unsere Arbeit.

Wir müssen den Generationenwechsel managen – die Gründergeneration geht in den nächsten Jahren – der Übergang muss gewährleistet werden.

Und schließlich: Wie nachhaltig sind die durchgeführten und in der Praxis bewährten Projekte wirklich? Halten sie auch nach Jahren einer Überprüfung stand? Und nicht zuletzt hat der heutige Kongress dazu geführt, dass wir im Vorfeld ein Bielefelder Präventionsforum für die Bürgerinnen und Bürger Bielefelds angeboten haben, das wir künftig jedes Jahr durchführen wollen.

Sie sehen, meine Damen und Herren, uns allen wird die Arbeit nicht ausgehen. In diesem Sinne wünsche ich dem Deutschen Präventionstag einen erfolgreichen Verlauf.

Jörg Ziercke

Begrüßungsrede „Zukunft der Opferhilfe"

Sehr geehrte Frau Ministerpräsidentin Kraft!
Sehr geehrter Herr Minister Jäger!
Sehr geehrter Herr Oberbürgermeister Clausen!
Sehr geehrter Herr Marks!
Sehr geehrte Damen und Herren!

Wenn wir einzelne Taten oder Kriminalität als Ganzes betrachten, steht häufig der Täter im Vordergrund: *„Wie kommt es dazu, dass jemand kriminell wird?"*, *„Wie ist er zu bestrafen?"* und *„Wie kann er wieder in die Gesellschaft integriert werden?"* sind immer wiederkehrende Fragen.

Täter sind *„begehrte Objekte"*: Für die Strafverfolgung, die Justiz, für Wissenschaft und Forschung, Medien und letztlich die Gesellschaft. Doch neben Tat und Tätern gibt es noch eine wichtige Größe, die Beachtung finden muss: das Opfer. Opfer müssen Gehör finden, sie müssen aufgefangen werden.

Es geht dabei auf der einen Seite um die angemessene Begleitung und Unterstützung der Opfer bei der Polizei, vor Gericht und danach. Auf der anderen Seite geht es auch um den Aufbau von empirischem Wissen über „Opferwerdung".

Sehr geehrte Damen und Herren!

Erst in den 70er-Jahren beginnt in Deutschland die Zuwendung zu den Opfern von Straftaten. Vorreiter war schon damals der Weiße Ring e.V. Seit 1976[1] engagiert sich der Weiße Ring für die Opfer von Kriminalität und Gewalt. Dabei geht es um Menschen, die plötzlich, mitten aus ihrem unbeschwerten Alltag heraus, Opfer von Gewalt oder anderer oftmals schwerer Kriminalitätsformen geworden sind. Der Weiße Ring steht diesen Menschen bei, berät und begleitet sie und leistet konkrete Hilfen.

Dies erfolgt auch heute weit überwiegend durch ehrenamtliches Engagement, über 3000 Helfer und Helferinnen in bundesweit über 400 Außenstellen wirken dabei mit. Mittlerweile sind mehr als 50.000 Personen Mitglied im Weißen Ring. Daneben gibt es eine Reihe weiterer Organisationen, die sich allgemein oder auf gewisse Zielgruppen spezialisiert haben. So setzen sich beispielsweise „Frauen- oder Kinderschutzorganisationen" für Belange weiblicher Opfer oder Kinder ein.

---

[1] Gegründet am 24.09.1976 als „WEISSER RING – Gemeinnütziger Verein zur Unterstützung von Kriminalitätsopfern und zur Verhütung von Straftaten e.V."; zu den Gründungsmitgliedern zählte u. a. der damalige BKA-Präsident Dr. Herold.

1986 trat das 1. Opferschutzgesetz in Kraft. Seitdem wurden stetig die Rechte von Opfern sowie die Zeugenbetreuung und Opferhilfe ausgebaut. Auch in der Kriminologie hat sich in den letzten zwei Jahrzehnten das Teilgebiet der Viktimologie mit der Opferwerdung eingehend beschäftigt und Erkenntnisse aufgebaut. So geben beispielsweise Dunkelfeldstudien Hinweise auf das tatsächliche Ausmaß der Opferzahlen zu einzelnen Delikten in Deutschland. Schließlich gibt auch die polizeiliche Kriminalprävention seit Jahrzehnten Hinweise an die Bürgerinnen und Bürger, wie sie sich vor Straftaten schützen können.

Neben staatlichen Anlaufstellen hat auch eine Vielzahl nicht staatlicher Stellen ihre Verantwortung für die Bekämpfung der Kriminalität erkannt. Das heißt: Kriminalprävention ist eine gesamtgesellschaftliche Aufgabe und wird bereits an vielen Stellen auch als eine solche verstanden.

Sehr geehrte Damen und Herren!

Diese allgemeine Entwicklung im Bereich Opferschutz stimmt erst einmal positiv: Verbrechensopfer rücken zunehmend in den Fokus von Gesellschaft, Wissenschaft, Justiz, Polizei und Prävention und sind nicht mehr der unbeachtete und vergessene Teil einer Straftat. Dennoch ist festzuhalten, dass auch heute noch eine umfassende Opferhilfe nicht ausreichend sichergestellt ist.

Vor allem der Stand wissenschaftlicher Erkenntnisse zu Opfern von Kriminalität ist nicht zufriedenstellend. So überwiegen in Kriminalitätsstatistiken weiterhin die Merkmale der Täter. Hier muss beispielsweise hinterfragt werden, inwieweit die vorhandenen Opfermerkmale ausreichend sind. Trotz den im Laufe der Historie gewachsenen Rechten von Opfern im Strafverfahren werden heute immer noch die hohen Belastungen – Stichwort: Sekundärviktimisierung – der Opfer während der Strafverfahren von Schutzorganisationen beklagt.

Auch diesem Punkt fehlt die empirische Grundlage. Es ist nur wenig über die Situation der Opfer und deren Wünsche und Bedürfnisse an das Strafverfahren bekannt. Erhalten die Opfer ausreichende Informationen zum Verfahren, angemessene Entschädigungen sowie eine geeignete Betreuung und Behandlung? Dabei dürfen wir natürlich auch nicht vergessen, dass ein rechtsstaatliches Verfahren bei den Opfern in ihrer Funktion als Zeuge zu bestimmten Belastungen führt, die nicht zu vermeiden sind.

Vor diesem Hintergrund stellt die Ende letzten Jahres in Kraft getretene Richtlinie des Europäischen Parlaments und des Rates über Mindeststandards für die Rechte, Unterstützung und den Schutz von Opfern von Straftaten einen weiteren wichtigen Meilenstein in der Opferhilfe dar.

Über den Status der Richtlinie hinaus wird ein für die Mitgliedsländer verbindliches Regelwerk für den Opferschutz aufgestellt. Innerhalb von 3 Jahren muss diese Richtlinie umgesetzt sein.

Vornehmliches Ziel der Richtlinie „*ist es sicherzustellen, dass Opfer von Straftaten angemessene Informationen, angemessene Unterstützung und angemessenen Schutz erhalten und sich am Strafverfahren beteiligen können.*"

Diese sehr weit gefassten Kriterien sind zu einem großen Teil an rechtliche Rahmenkriterien gebunden, die für ein formelles Verfahren[2] gelten müssen. Auch sind in diesen Abläufen die psychologischen Aspekte der Reviktimisierung und der Retraumatisierung aufgenommen.

Dennoch bleiben diese Aspekte verstärkt auf der Ebene des Verfahrensablaufs verhaftet. Das heißt, die Bedürfnisse von Opfern von Straftaten werden auf eine Anerkennungskultur fokussiert, die verstärkt die formale rechtliche Struktur spiegelt.

Jedoch werden vielfach die individuellen Bedürfnisse des Opfers, die individuelle Verarbeitung der schwierigen Situation und die gesellschaftliche, mitmenschliche Anerkennung nur unzureichend berücksichtigt oder nur verkürzt beachtet.

Gerade aber die mitmenschliche und gesellschaftliche Anerkennung sowie die Annahme der Opfersituation als ein gravierendes Ereignis muss stärker in den Fokus gerückt werden. Dazu bedarf es verstärkter Anstrengungen.

Qualitätsstandards und Ausbildung in der Opferhilfe sind somit Konsequenzen, die aus der Richtlinie als notwendige Maßnahmen gefordert werden müssen. Der Weiße Ring hat dies bereits vor langer Zeit erkannt und ein System von Seminaren und Fortbildungen zur Opferbetreuung aufgebaut. Dieses wird regelmäßig evaluiert und zukünftig auch mit Zertifikaten belegt.

Sehr geehrte Damen und Herren!

Wir alle wissen, dass wirkungsvollste Mittel gegen Kriminalität ist, es gar nicht erst zu einer Straftat und damit zur Opferwerdung kommen zu lassen. Es gilt also: Prävention vor Repression und Opferschutz. Konkret bedeutet das, dass sich auch die Prävention verstärkt an der Opferhilfe ausrichten muss.

Dabei sind Projekte und Maßnahmen der Täterprävention natürlich nicht zu vernachlässigen. Jedoch sollte eine stärkere Ausrichtung auf die Entstehung von Opfersituationen (Opferprävention) gelegt werden.

---

[2] Ermittlungs- und Gerichtsverfahren.

Dabei kommt der kommunalen Kriminalprävention eine besondere Bedeutung zu: Die direkten Zugänge zu den Menschen vor Ort, deren Ängste und weiteren Befindlichkeiten können helfen, die Unterstützung und Hilfen zu geben, die von großen Teilen der Gesellschaft erwartet werden.

Kommunale Kriminalprävention schafft Vertrauen in die Gesellschaft, fördert das Vertrauen in die Mitmenschen, stärkt das Selbstvertrauen und formt somit eine Anerkennungskultur von Opfersituationen.

Vor diesem Hintergrund begrüße ich es sehr, dass sich der 18. Deutsche Präventionstag unter dem Titel „Mehr Prävention – weniger Opfer", das Thema „Opferschutz" als Schwerpunktthema gesetzt hat. Vielen Dank!

Rainer Strobl, Christoph Schüle und Olaf Lobermeier

Evaluation
des 18. Deutschen Präventionstages
am 22. und 23. April 2013 in Bielefeld

Hannover, August 2013

Inhalt

1. Einleitung

Der 18. Deutsche Präventionstag fand am 22. und 23. April 2013 unter dem Schwerpunktthema „Mehr Prävention – weniger Opfer" in Bielefeld statt. Nachdem die Belange und Bedürfnisse von Opfern in Deutschland seit dem Ende der 1970er Jahre verstärkt zum Thema in Gesellschaft, Wissenschaft, Strafrechtspflege und Prävention geworden sind, sollte der 18. Deutsche Präventionstag auch eine Zwischenbilanz zum gegenwärtigen Stand und zu den Problemen und Perspektiven der Opferzuwendung ziehen.[1] Im Rahmen des Präventionstages wurden daher vorliegende Erfahrungen und der Stand der empirischen Forschung zur Opferwerdung, zu Opferbedürfnissen und zu Opferwünschen thematisiert. Darüber hinaus wurden aktuelle Problemlagen und Fragestellungen in Strafrechtspflege, Wissenschaft und Gesellschaft diskutiert, die den Trend der Präventionsarbeit im Rahmen der Opferzuwendung markieren. Das Gutachten zum 18. Deutschen Präventionstag gibt hierzu einen umfassenden Überblick.[2]

Während des gesamten Präventionstages wurden unterschiedliche Aspekte des Schwerpunktthemas in zahlreichen Vorträgen analysiert und intensiv diskutiert. Darüber hinaus konnten sich die Besucher während der beiden Kongresstage natürlich auch wieder über verschiedene Facetten der Präventionsarbeit informieren. Hierzu gab es ein breites Angebot an Vorträgen, Filmen, Theater- und Musikdarbietungen sowie eine kongressbegleitende Ausstellung mit Informationsständen, Infomobilen, Sonderausstellungen und Posterpräsentationen. Etwa die Hälfte der Veranstaltungen befasste sich mit dem Schwerpunktthema, die andere Hälfte widmete sich anderen Präventionsthemen. Traditionell nimmt die Kriminalprävention in diesem Zusammenhang den größten Raum ein. Dies gilt auch für den 18. Deutschen Präventionstag. Ein weiterer wichtiger Aspekt der Präventionstage ist der fachliche Austausch mit Experten sowie der Aufbau und die Pflege von Kontakten.

Die Evaluation des diesjährigen Kongresses wurde mit einem ähnlichen Instrument wie in den vergangenen Jahren durchgeführt, so dass vielfältige Vergleiche möglich sind. Wie in den Vorjahren ist die Qualitätssicherung und Optimierung des Deutschen Präventionstages das wichtigste Ziel der Evaluation. Es ist daher Aufgabe der Evaluation zu bewerten, inwieweit der Kongress seine Ziele erreicht und die Erwartungen erfüllt hat. Die Frage nach Wirkungen im Sinne von Veränderungen bei den Zielgruppen ist in diesem Zusammenhang allerdings nur ansatzweise zu beantworten. Auf S. 37 f. gehen wir aber der Frage nach, ob Wissen und Informationen, die auf vorangegangenen Präventionstagen erworben wurden oder Kontakte, die dort geknüpft wurden, dazu beigetragen haben, dass Präventionsaufgaben besser durchgeführt werden können.

---

[1] Vgl. hierzu die Bielefelder Erklärung des 18. Deutschen Präventionstages 2013.

[2] Vgl. hierzu das Gutachten von Dr. Wiebke Steffen im Kongresskatalog. Hannover 2013, S. 43-122.

Insgesamt konzentriert sich die Evaluation jedoch vor allem auf die Leistungen des Präventionstages. Hierzu zählen vor allem folgende Punkte:[3]

- Zahl und Art der angebotenen Veranstaltungen

- Zufriedenheit der Besucherinnen und Besucher mit den Veranstaltungen und mit dem Veranstaltungsangebot sowie

- Zielgruppenerreichung und Art der Teilnahme.

Darüber hinaus dienen die im Leitbild des Deutschen Präventionstages implizit und explizit angesprochenen Ziele als Richtschnur für die Evaluation.[4] Demnach soll der Kongress

1. Kriminalprävention ressortübergreifend, interdisziplinär und in einem breiten gesellschaftlichen Rahmen darstellen und stärken,

2. die Präsentation weiterer Präventionsfelder (z.b. Gesundheitsförderung, Sucht- und Verkehrsprävention) ermöglichen,

3. Verantwortungsträger der Prävention aus unterschiedlichen gesellschaftlichen Bereichen ansprechen,

4. aktuelle und grundsätzliche Fragen der verschiedenen Arbeitsfelder der Prävention und ihrer Wirksamkeit thematisieren,

5. Partner in der Prävention zusammenführen,

6. Forum für die Praxis sein und den Informations- und Erfahrungsaustausch ermöglichen,

7. internationale Verbindungen knüpfen und den Informationsaustausch unterstützen,

8. Umsetzungsstrategien diskutieren sowie

9. Empfehlungen an Praxis, Politik, Verwaltung und Wissenschaft erarbeiten und aussprechen.

Wie in den zurückliegenden Jahren basiert die Evaluation auf einem standardisierten Online- Fragebogen. Lob, Kritik und Anregungen konnten zudem unstandardisiert als Freitext mitgeteilt werden. Hiervon machten die Befragten regen Gebrauch, so dass der Evaluation Kommentare im Umfang von insgesamt 54 Textseiten zur Verfügung stehen.

Den Besucherinnen und Besuchern wurde unmittelbar nach dem Ende des Kongresses und dann abermals knapp eine Woche später eine E-Mail mit der Bitte um die Beantwortung des Fragebogens zugesandt. Die E-Mails enthielten jeweils einen Link,

---

[3]   Vgl. hierzu auch das proVal Handbuch für die praktische Projektarbeit. Hannover 2007, S. 69 (Online im Internet unter http://www.proval-services.net/download/proval-handbuch.pdf) sowie Beywl, Wolfgang/ Schepp-Winter, Ellen: Zielfindung und Zielklärung – ein Leitfaden – (QS21). Bonn: BMFSFJ 1999, S. 76.

[4]   Vgl. das Leitbild des Deutschen Präventionstages auf S. 38 des Kongresskatalogs 2013.

mit dem der Fragebogen aufgerufen werden konnte. Insgesamt wurden 1.092 E-Mails an einzelne Personen verschickt. Zusätzlich wurden 17 Sammelanmelder mit der Bitte angeschrieben, die Nachricht an die zugehörigen Teilnehmerinnen und Teilnehmer weiterzuleiten. Von den angeschriebenen Personen haben 570 den Fragebogen beantwortet. Die Zahl der Rückmeldungen liegt damit niedriger als beim letztjährigen Präventionstag (17. DPT: 679 ausgefüllte Fragebögen). Dennoch bleibt festzuhalten, dass die von proVal durchgeführte Form der Kongressevaluation nach wie vor gut angenommen wird. Allerdings ist darauf hinzuweisen, das von den 1.946 angemeldeten Kongressbesuchern lediglich 1.092 (56,1%) direkt angeschrieben werden konnten, da aufgrund von Sammelbestellungen, Fax- und Briefanmeldungen sowie Anmeldungen an der Tageskasse nicht von allen Teilnehmerinnen und Teilnehmer E-Mail-Adressen vorlagen. Diesbezüglich hat rundgerechnet nur jeder dritte registrierte Besucher eine Rückmeldung abgegeben (29,3%). Insofern können Verzerrungen trotz des guten Rücklaufes nicht grundsätzlich ausgeschlossen werden. Im Vergleich zu den vergangenen Präventionstagen zeigt sich jedoch eine große Stabilität der zentralen Befunde, so dass davon ausgegangen werden kann, dass die Ergebnisse der Befragung die Eindrücke und Meinungen der Besucherinnen und Besucher des 18. Deutschen Präventionstag insgesamt gut widerspiegeln.

2. Plenumsveranstaltungen

Die Plenen bestimmen maßgeblich den Charakter des Präventionstages. Wie im vergangenen Jahr beschränkte sich der Veranstalter auch diesmal auf das traditionelle Eröffnungs- und Abschlussplenum. Ein weiteres wichtiges Element des Präventionstages ist die Abendveranstaltung. Die eben genannten Veranstaltungen tragen insbesondere dazu bei, dass neben der reinen Informationsvermittlung auch Interesse und Motivation für ein Engagement in der Präventionsarbeit entstehen oder bestärkt werden.

2. Eröffnungsplenum

Dem Eröffnungsplenum kommt eine besondere Bedeutung zu, da hier der Rahmen für den Präventionstag gesetzt wird. Auf einer Skala von 1 (sehr gut) bis 5 (sehr schlecht) erreichte die Eröffnungsveranstaltung mit 1,8 einen sehr guten Durchschnittswert und verbesserte sich leicht gegenüber der Vorjahresveranstaltung (17. DPT: 2,0; 16. DPT: 2,1; 15. DPT: 1,5; 14. DPT: 1,8; 13. DPT: 1,6).

Abbildung 1: Wie hat Ihnen das Eröffnungsplenum gefallen? [5]

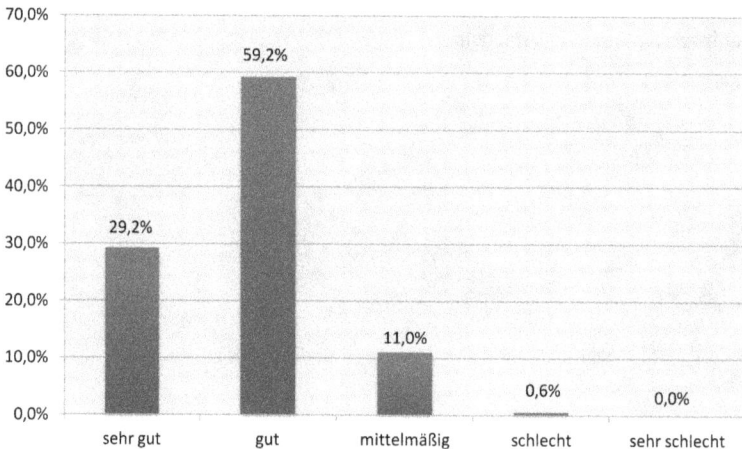

Erstmalig wurden die Befragten in diesem Jahr gebeten, eine differenzierte Bewertung der einzelnen Eröffnungsbeiträge abzugeben. Tabelle 1 zeigt die Rangfolge der einzelnen Beiträge sowie die jeweilige Durchschnittsnote und die dazugehörige Standardabweichung.

---

[5]   Die Prozentangaben beziehen sich auf die Zahl der gültigen Antworten (n=336). 220 Befragte gaben an, das Eröffnungsplenum nicht besucht zu haben.

Tabelle 1: Bewertung der Eröffnungsbeiträge

Rang	Beitrag	Zahl der gültigen Antworten	Durchschnitt	Standard-abweichung
1	Marks: Begrüßung durch den Ge-schäftsführer des Deutschen Präventionstages	311	1,57	0,61
2	Beelmann: Evidenzbasierte Prävention: Stand der Dinge und zukünftige Herausforderungen	244	1,78	0,73
3	Steffen: Einführende Bemerkungen der DPT- Gutachterin zum Schwerpunktthema	290	1,86	0,73
4	Kerner: Anmerkungen zur Schnittmenge von Kriminologie, Viktimologie und Kriminalprävention	286	2,03	0,77
5	Jäger: Kein Opfer einer Straftat darf vergessen werden	300	2,05	0,71
6	Ziercke: Zur Zukunft der Opferhilfe	267	2,18	0,71
7	Neubeck: Mehr Prävention - eine nationale Aufgabe	261	2,26	0,79
8	van Dijk: Aktuelle Entwicklungen des International Crime Victims Survey (ICVS)	246	2,37	0,95
9	Clausen: Prävention in Bielefeld	294	2,40	0,78
10	Rode: Prävention, Sport und Ehrenamt	244	2,46	0,90

Die Begrüßung durch den Geschäftsführer des Deutschen Präventionstages kam sehr gut an. Auch in den Kommentaren wurde die „gute und lockere" Moderation durch Erich Marks wieder einhellig gelobt. Der live eingespielte Gastauftritt des Frankfurter Fußballnationalspielers Sebastian Rode wurde in einem Kommentar zwar als „gute Idee" gewürdigt; insgesamt erhielt dieser Beitrag aber nur die Durchschnittsnote 2,5. In einigen Kommentaren wurde für eine Straffung der Eröffnungsveranstaltung plädiert. Außerdem wurde der Wunsch nach einem längeren Referat anstelle der Kurzbeiträge geäußert.

2.2 Abendempfang

Mit einer Durchschnittsnote von 2,0 wurde der Abendempfang im Vergleich zum Vorjahr um einen halbe Note schlechter bewertet; dennoch liegt er noch deutlich über den entsprechenden Veranstaltungen des 16. und des 14. Präventionstages (17. DPT: 1,5; 16. DPT: 3,0; 15. DPT: 2,1; 14. DPT: 3,0; 13. DPT: 1,2). Insgesamt 75,5% der Besucherinnen und Besucher gefiel der Abendempfang gut oder sehr gut.

Abbildung 2: Wie hat Ihnen der Abendempfang gefallen?[6]

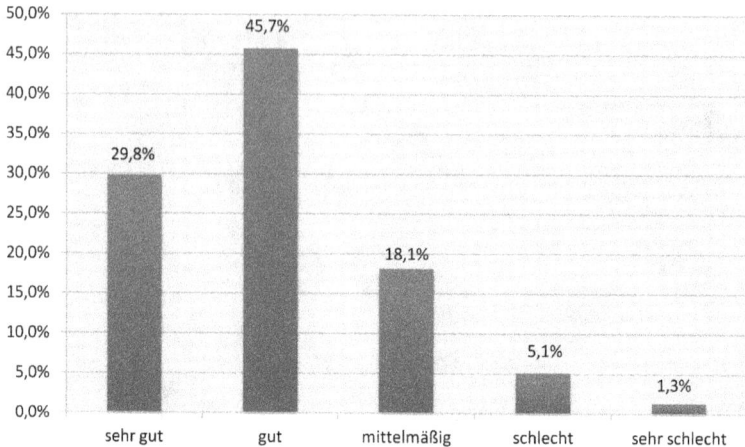

Die gute Bewertung dieser Veranstaltung wird auch in den Kommentaren deutlich. Besonders die Organisation wurde von den Teilnehmerinnen und Teilnehmer positiv hervorgehoben:

„Der Abendempfang war gut organisiert. Vielen Dank an den Veranstalter und die Sponsoren."

Vereinzelte Kritik gab es dagegen an fehlenden Sitzgelegenheiten und beengten Räumlichkeiten.

2.3 Abschlussplenum

Das Abschlussplenum litt wie in den vergangenen Jahren unter der vorzeitigen Abreise vieler Besucherinnen und Besucher. So gaben 62,5% der Befragten an, das Abschlussplenum nicht besucht zu haben.

Insgesamt urteilte die Mehrzahl der befragten Besucherinnen und Besucher jedoch positiv über das Abschlussplenum, das einen Durchschnittswert von 1,9 auf einer Skala von 1 (sehr gut) bis 5 (sehr schlecht) erhielt. Gegenüber dem Vorjahr konnte sich das Abschlussplenum um fast eine halbe Note verbessern (17. DPT: 2,3; 16. DPT: 1,8; 15. DPT: 1,7: 14. DPT: 2,2; 13. DPT: 1,8).

---

[6] Die Prozentangaben beziehen sich auf die Zahl der gültigen Antworten (n=315). 242 Befragte gaben an, den Abendempfang nicht besucht zu haben.

Abbildung 3: Wie hat Ihnen das Abschlussplenum gefallen?[7]

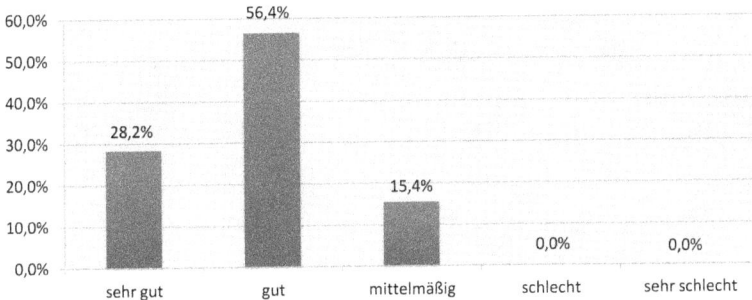

Erstmalig wurden die Befragten in diesem Jahr gebeten, eine differenzierte Bewertung der einzelnen Abschlussbeiträge abzugeben. Tabelle 2 zeigt die Rangfolge der einzelnen Beiträge sowie die jeweilige Durchschnittsnote und die dazugehörige Standardabweichung.

Tabelle 2: Bewertung der Abschlussbeiträge

Rang	Fachvortrag	Zahl der gültigen Antworten	Durchschnitt	Standard-abweichung
1	Marks: Ausblick und Verabschiedung	166	1,66	0,62
1	Steffen: „Bielefelder Erklärung" des Deutschen Präventionstages	178	1,66	0,67
3	Kerner: Abschluss-Statement	170	1,74	0,68
4	Pfeiffer: „Parallel Justice" – Warum brauchen wir eine Stärkung des Opfers in Recht und Gesellschaft?	184	2,11	0,97

Insgesamt erhielten die Beiträge gute bis sehr gute Noten. Bei dem Vortrag von Christian Pfeiffer fällt die relativ große Standardabweichung auf, d.h., die Noten weichen sowohl nach unten als auch nach oben oft relativ stark vom Durchschnittswert ab. Die Kommentare unterstreichen, dass dieser Vortrag die Zuhörer polarisierte.

2.4 Gutachten zum Schwerpunktthema

Auch das DPT-Gutachten zum Schwerpunktthema konnten die Besucherinnen und Besucher in diesem Jahr erstmals separat bewerten. Rund die Hälfte (51%) der Befragten gab an, das DPT-Gutachten „Mehr Prävention – weniger Opfer" gelesen zu gaben. Von diesen Leserinnen und Lesern gefiel das Gutachten 91,8% gut oder sehr gut.

---

[7] Die Prozentangaben beziehen sich auf die Zahl der gültigen Antworten (n=195). 356 Befragte gaben an, den Abschlussplenum nicht besucht zu haben.

Abbildung 4: Wie hat Ihnen das Gutachten zum Schwerpunktthema gefallen?[8]

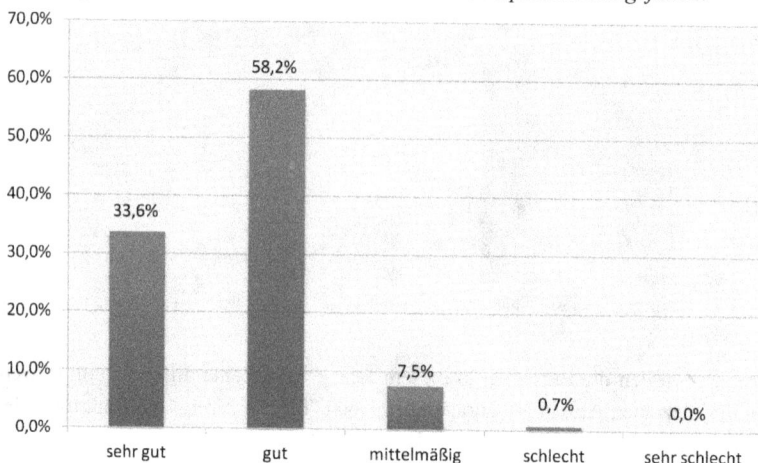

3. Vorträge

3.1 Schwerpunktthema und Offenes Forum

Die in den einzelnen Zeitsträngen parallel gehaltenen Vorträge wurden wie auch bei den letztjährigen Präventionstagen als interessant und vielfältig bezeichnet. Die 55 Vorträge, zu denen jeweils mindestens 10 Rückmeldungen vorliegen und die daher in eine systematische Bewertung einbezogen werden konnten, erhielten eine überwiegend positive Resonanz. Auf einer Skala von 1 (sehr gut) bis 5 (sehr schlecht) erzielten sie einen Durchschnittswert von 2,0 (17. DPT: 1,9; 16. DPT: 2,0; 15. DPT: 2,0; 14. DPT: 2,0; 13. DPT: 2,1). Im Hinblick auf die Nützlichkeit der besuchten Veranstaltungen für die praktische Präventionsarbeit fiel die Bewertung mit einem Durchschnittswert von 2,3 (17. DPT: 2,2; 16. DPT: 2,5; 15. DPT: 2,2) allerdings etwas schlechter als im letzten Jahr aus.

Natürlich gab es auch wieder Vorträge, die besonders herausragten. Die 10 besten Vorträge sind in Tabelle 3 aufgeführt. Dabei wurde für die Bestimmung der Rangfolge sowohl die allgemeine Bewertung als auch die Bewertung der Nützlichkeit für die praktische Präventionsarbeit berücksichtigt.

---

[8] Die Prozentangaben beziehen sich auf die Zahl der gültigen Antworten (n=292)7

Tabelle 3: Die 10 besten Vorträge der Parallelveranstaltungen

Rang	Fachvortrag	Wie hat Ihnen diese Veranstaltung gefallen?			Wie beurteilen Sie die Nützlichkeit dieser Veranstaltung für die praktische Präventionsarbeit?			Gesamt-durch-schnitt
		N	Durch-schnitt	Stan-dard-abwei-chung	N	Durch-schnitt	Stan-dard-abwei-chung	
1	Oetker: Erfahrungen eines Entführungsopfers	51	1,06	0,24	50	1,78	0,95	1,42
2	Glammeier/Schröttle: Gewalt gegen Frauen mit Behinderungen – Ausmaß, Ursachen, Prävention	20	1,40	0,75	20	1,45	0,61	1,43
3	Davey/Wootton: Embedding security within urban design & planning	11	1,36	0,51	11	1,55	0,69	1,46
4	Uslucan: Intervention und Prävention von Gewalt bei Familien mit Zuwanderungsgeschichte	43	1,37	0,54	42	1,55	0,67	1,46
5	Bühler/Groeger- Roth: Brauchen wir eine „Rote Liste Prävention"? Was empfiehlt sich nicht in der Prävention?	70	1,49	0,63	70	1,57	0,71	1,53
6	Mayer: Was brauchen Kinder, damit sie Gewalt nicht brauchen? Zu den Bedingungen der Entstehung von Gewalt	42	1,40	0,70	42	1,71	0,81	1,56
7	Kury: Mehr Strafe - weniger Kriminalität: Wirken (härtere) Strafen?	61	1,39	0,56	61	1,74	0,71	1,57
8	Walter/Gelber: Wege zu einer opferbezogenen Vollzugsgestaltung	14	1,36	0,63	13	1,77	0,73	1,57
9	Schirrmacher/Söchting: Das bundesweite Hilfetelefon „Gewalt gegen Frauen"	32	1,56	0,56	32	1,59	0,62	1,58
10	Dörr/Kaletsch: Präventionsprojekt „BOB"überzeugt! – Erste Evaluationsergebnisse	34	1,56	0,66	32	1,66	0,83	1,61

3.2 Weitere Vorträge und Workshops

3.2.1 Projektspots

Die Projektspots haben sich mittlerweile auf dem Deutschen Präventionstag fest etabliert und erfreuen sich großer Beliebtheit. Im Unterschied zum letzten Jahr konnten die Teilnehmerinnen und Teilnehmer in diesem Jahr jeweils bis zu 3 Projektspots nennen, die ihnen besonders gut oder besonders schlecht gefallen haben. Insgesamt wurden die verschiedenen Projektspots 442-mal positiv hervorgehoben. Tabelle 4 zeigt die 10 am häufigsten genannten Projektspots, die besonders gut gefallen haben.

Tabelle 4: Die 10 am häufigsten genannten Projektspots, die besonders gut gefallen haben[9]

Projektspot	Anteil der positiven Nennungen
Riebler: Rechtsextremismus im Sportverein? Das gibt's bei uns nicht!	4,5%
Nakas: An meiner Schule wird nicht gemobbt	4,5%
Rennefeld: WARNSIGNALE häuslicher Gewalt – erkennen und handeln	3,8%
Bornträger/Pohlmann: NRW-Initiative „Kurve kriegen"	3,6%
Weicht: Vom technischen Einbruchsschutz zum sicheren Stadtteil	3,4%
Weber: Demokratietraining – gegen Rechtsextremismus im Sport	3,2%
Rademacher/Weithöner: Gewaltprävention und Nachhaltigkeit in Schule	3,2%
Gehrmann/Wiards-Reißmann: NETZWERK mit KITAS gemeinsam: Früh gegen häusliche Gewalt!	3,2%
Brambrink/Buskotte/Limmer: Grenzgebiete – Sexuelle Übergriffe unter Jugendlichen	3,2%
Wendelmann: Kölner Haus des Jugendrechts – Zielgruppenbestimmung	2,7%
Heyer: Schutz älterer Menschen vor betrügerischen Kaffeefahrten	2,7%
Gluber/Gottschalk: Sicherheitsberater für Senioren – ein Kooperationsprojekt	2,7%

Bei den Projektspots, die besonders gut gefielen, gibt es in den offenen Antworten häufig Hinweise auf den Vortragsstil (44 Nennungen). Besonders gelobt wurden in diesem Zusammenhang kurze, bündige Darstellungen, die sich auf das Wesentliche beschränkten. Gewürdigt wurden auch informative, verständliche und anschauliche Präsentationen. Ferner kamen lebendige Vorträge, bei denen die Vortragenden engagiert und „mit Herzblut" bei der Sache waren, gut an. Im Zusammenhang mit einem guten Vortragsstil fielen außerdem die Begriffe Leichtigkeit, freie Rede, Überzeugungskraft und inhaltliche Kompetenz. Daneben wurde vor allem der Bereich Praxisnähe/Praxisbezug/Praxisrelevanz betont (33 Nennungen). Inhaltliche Aspekte wurden 15-mal als Merkmal für einen guten Projektspot genannt.

Erfreulicherweise gibt es insgesamt nur 86 Nennungen von Projektspots, die nicht gefielen. Deshalb liegen hierzu auch weniger Anmerkungen vor. Der Vortragsstil spielte aber auch bei diesen Projektspots eine Rolle (10 Nennungen). Kritisiert wurde in

---

[9]   Die Prozentangaben beziehen sich auf die Anzahl aller Nennungen (n=442).Insgesamt 217 Personen nannten mindestens einen Projektspot. 353 Personen nannten demgegenüber keinen Projektspot.

diesem Zusammenhang eine unzureichende Fokussierung auf das eigentliche Thema, eine schlechte Abstimmung zwischen den Referenten, das Ablesen von Folien und insgesamt ein lustloser und fachlich schlechter Vortragsstil. Kritik fand auch die inhaltliche Seite dieser Projektspots (10 Nennungen). Besonders häufig wurde darüber geklagt, dass die Informationen bereits bekannt seien. 6-mal wurde schließlich eine unzureichende Praxisnähe bzw. Praxisrelevanz moniert. 4-mal wurden außerdem ein schlechtes Zeitmanagement und zu wenig Zeit für Nachfragen und Diskussion kritisiert.

4. Ausstellung und Werkstatt

Die Ausstellung umfasst neben den zahlreichen Infoständen der verschiedenen Institutionen auch die Infomobile, die Sonderausstellungen zu verschiedenen Themen sowie die Posterpräsentationen. Unter dem Oberbegriff „Werkstatt" werden die Begleitveranstaltungen, die Bühne und das Filmforum subsumiert.

4.1 Infostände

Die Infostände gefielen fast 93% der Befragten gut oder sehr gut und erreichten auf einer Skala von 1 (sehr gut) bis 5 (sehr schlecht) mit 1,8 einen sehr guten Durchschnittswert.

Abbildung 5: Wie haben Ihnen die Infostände gefallen?[10]

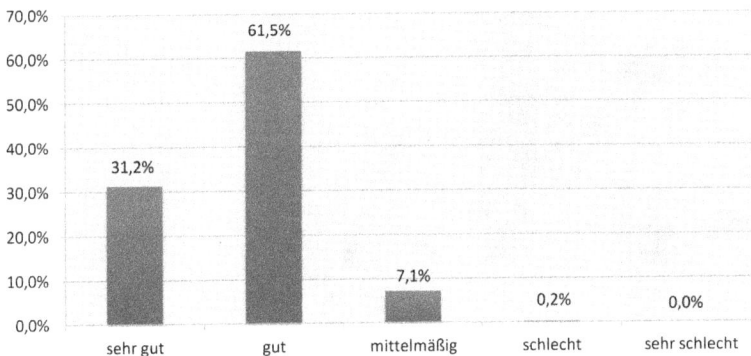

4.2 Infomobile

Rund 82% der Befragten schätzten die Infomobile als gut oder sehr gut ein. Damit erreichten sie auf der bekannten Skala von 1 (sehr gut) bis 5 (sehr schlecht) eine Durchschnittsnote von 2,0.

---

[10]   Die Prozentangaben beziehen sich auf die Zahl der gültigen Antworten (n=548).

Abbildung 6: Wie haben Ihnen die Infomobile gefallen?[11]

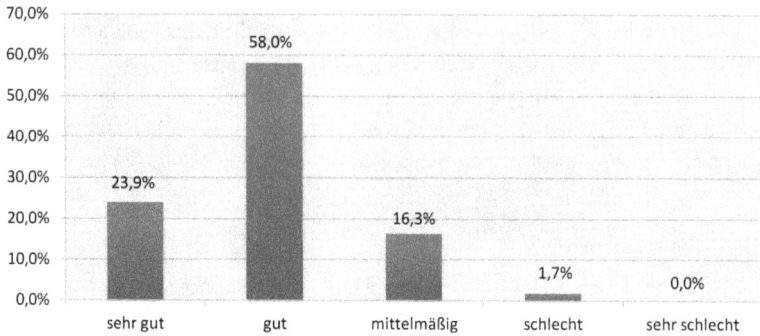

4.3 Sonderausstellungen

Die Sonderausstellungen erhielten auf unserer fünfstufigen Skala einen Durchschnittswert von 2,0 (17. DPT: 1,9) und gefielen rund 82% der Befragten gut oder sogar sehr gut.

Abbildung 7: Wie haben Ihnen die Sonderausstellungen gefallen?[12]

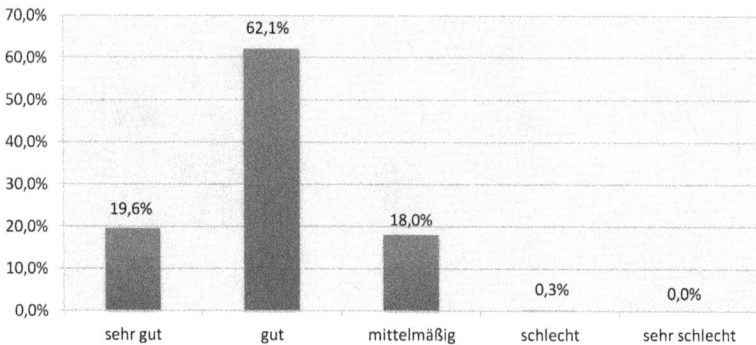

4.4 Posterpräsentationen

Zum Bereich der Ausstellung gehören auch die Posterpräsentationen. Diese wurden von rund 62% der Befragten besucht und erhielten eine Durchschnittsnote von 2,3 (17. DPT: 2,2).

Abbildung 8: Wie haben Ihnen die Posterpräsentationen gefallen[13]

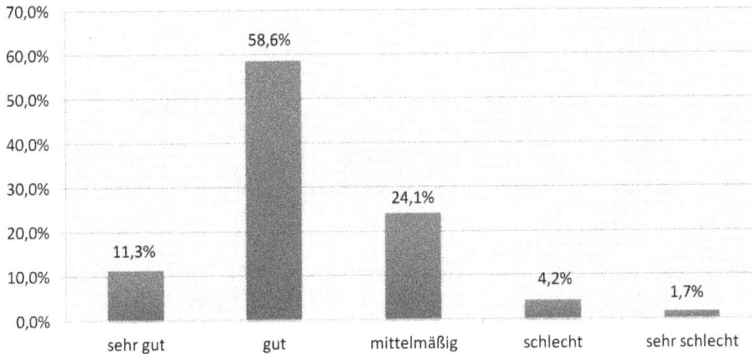

Einzelne Kommentare deuten an dieser Stelle darauf hin, dass die Poster in diesem Jahr vielleicht zu eng platziert und nicht ausreichend ausgeschildert waren:

„Die Aufsteller für die Poster waren viel zu eng gestellt, demzufolge wenig Raum für Gespräche für interessierte Besucher."

„Poster und Sonderausstellungen waren schlecht beschildert, so dass nicht jede/r den Weg dorthin fand."

4.5 Begleitveranstaltungen

Im Rahmen eines Präventionstages finden auch zahlreiche Begleitveranstaltungen statt. Das Spektrum reichte in diesem Jahr vom 20. Stiftungstag der Deutschen Stiftung für Verbrechensverhütung und Straffälligenhilfe (DVS) über mehrere öffentliche Veranstaltungen des Sozial- und kriminalpräventiven Rates (SKPR) der Stadt Bielefeld bis zur 2. Trägerkonferenz „Grüne Liste Prävention". Insgesamt 43,9% der Befragten nahmen an mindestens einer dieser Veranstaltungen teil. 88,4% dieser Besucher bewerteten die Begleitveranstaltungen als sehr gut oder gut und gaben ihnen damit die Durchschnittsnote 2,0 (17. DPT: 1,9).

---

[13]   Die Prozentangaben beziehen sich auf die Zahl der gültigen Antworten (n=353). 186 Befragte gaben an, die Posterpräsentationen nicht besucht zu haben.

Abbildung 9: Wie haben Ihnen die Begleitveranstaltungen gefallen[14]

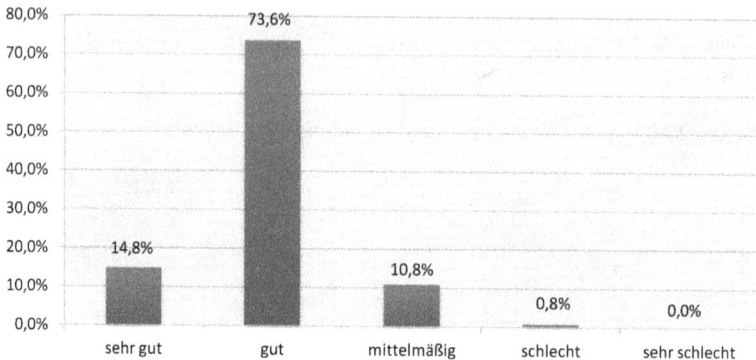

4.6 Die Bühne

Die Bühne wurde in diesem Jahr von 42,3% der Befragten besucht. Hier wurden insbesondere Schulen und Kindergärten aus Bielefeld und dem regionalen Umfeld als Zielgruppen angesprochen. Den offenen Kommentaren zufolge war „das Angebot sehr vielfältig […] leider kann man sich nicht teilen und allen Bedürfnissen nachkommen." Zudem stand nur ein Tag für das reichhaltige Angebot zur Verfügung, „sodass naturgemäß nur ein Teil angesehen werden konnte". Dennoch erzielten die Bühnenveranstaltungen einen Durchschnittswert von rund 2,0 und schnitten damit ungefähr gleich gut wie in den letzten Jahren ab (17. DPT: 1,9; 16. DPT: 2,1; 15. DPT: 1,9).

Abbildung 10: Wie hat Ihnen die Bühne gefallen?[15]

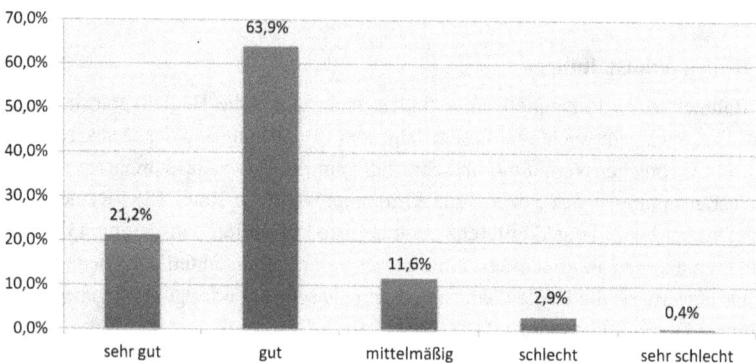

---

[14]   Die Prozentangaben beziehen sich auf die Zahl der gültigen Antworten (n=250). 270 Befragte gaben an, die Begleitveranstaltungen nicht besucht zu haben.

[15]   Die Prozentangaben beziehen sich auf die Zahl der gültigen Antworten (n=241). 286 Befragte gaben an, die Bühnenveranstaltungen nicht besucht zu haben.

4.7 Das Filmforum

Das Filmforum wurde von nur 21,6% der Befragten besucht und fand damit eine geringere Resonanz als auf dem 17. Präventionstag. Die Durchschnittsnote von 2,0 blieb jedoch gleich.

Abbildung 11: Wie hat Ihnen das Filmforum gefallen?[16]

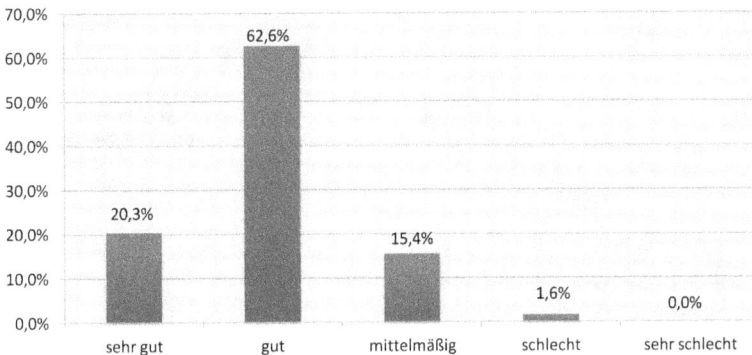

5. Internetauftritt und neue Medien

Auch in diesem Jahr wurden die Befragten wieder um eine Bewertung der Internetseite sowie des sonstigen Online-Angebotes des Deutschen Präventionstages gebeten. Dieses umfasst die Präventions-Suchmaschine dpt-map, die täglichen Präventions-News und die App des Deutschen Präventionsstages sowie die Vortragsmitschnitte der Eröffnungs- und Schlussveranstaltung.

5.1 Die Internetseite des Deutschen Präventionstages

Im Vergleich zu den letzten beiden Jahren hat die kongressunabhängige Nutzung der Internetseite wieder zugenommen. So gaben insgesamt 57,6% der Befragten an, die Internetseite des Deutschen Präventionstages häufig bzw. eher selten – aber auch unabhängig von einem Kongress – zu nutzen (17. DPT: 50,3%; 16. DPT: 42,5%; 15. DPT: 44%; 14. DPT: 52,4%). Der Anteil derjenigen, die die Internetseite überhaupt nicht besuchen, hat sich gegenüber dem Vorjahr von rund 5% auf rund 4% reduziert.

---

[16] Die Prozentangaben beziehen sich auf die Zahl der gültigen Antworten (n=123). 395 Befragte gaben an, die Filmforum nicht besucht zu haben.

Abbildung 12: Wie häufig nutzen Sie die Internetseite des Deutschen Präventionstages?[17]

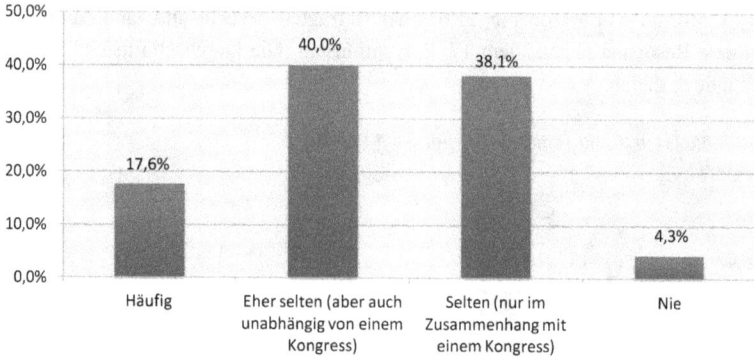

Auch der Anteil derjenigen, die die Struktur und die Gestaltung der Internetseite gut oder sehr gut finden, ist um rund 5 Prozentpunkte auf nunmehr 89,6% gestiegen (17. DPT: 84,4%; 16. DPT: 78,3%). Insgesamt wurde die Internetseite auf unserer Skala von 1 (sehr gut) bis 5 (sehr schlecht) mit 1,9 bewertet (17. DPT: 2,0).

Abbildung 13: Wie finden Sie die Struktur und Gestaltung der Internetseiten[18]

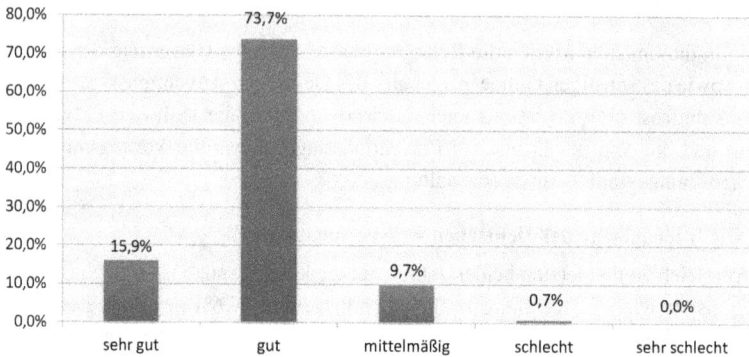

5.2 Die Präventionssuchmaschine dpt-map

Der Anteil derjenigen, die die Präventionssuchmaschine dpt-map kannten, stieg von 54,2% im letzten auf 63,7% in diesem Jahr. Von diesen Befragten gaben 36,6% an, die Suchmaschine häufig bzw. eher selten – aber auch unabhängig von einem Kongress – zu nutzen.

---

[17] Die Prozentangaben beziehen sich auf die Anzahl der gültigen Antworten (n=517). 36 Befragte gaben an, die Internetseite nicht zu kennen.

[18] Die Prozentangaben beziehen sich auf die Anzahl der gültigen Antworten (n=434).

Abbildung 14: Wie häufig nutzen Sie die Präventionssuchmaschine dpt-map?[19]

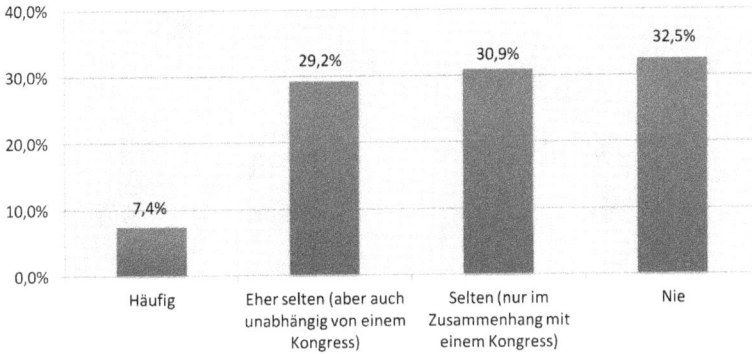

Insgesamt wurde die Präventionssuchmaschine mit einem Durchschnittswert von 2,0 auf unserer Fünferskala als gut bewertet (17. DPT: 2,1). Rund 84% der Befragten, denen die Suchmaschine bekannt war, fanden sie gut oder sehr gut.

Abbildung 15: Wie finden Sie die Präventionssuchmaschine dpt-map?[20]

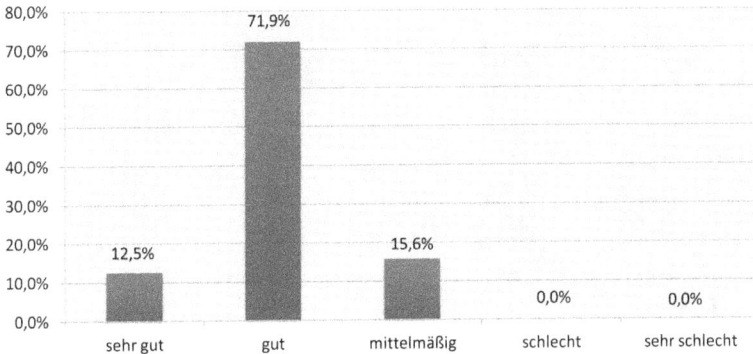

5.3 Die tägliche Präventions-News

Die tägliche Präventions-News ist 76% der Befragten bekannt. Das ist ein Anstieg von 11 Prozentpunkten im Vergleich zum letzten Jahr. Von diesen nutzt etwa die Hälfte (51%) dieses Angebot häufig bzw. eher selten – aber auch unabhängig von einem Kongress. 25,6% der Befragten gaben allerdings an, die tägliche Präventions-News nie zu nutzen.

---

[19] Die Prozentangaben beziehen sich auf die Anzahl der gültigen Antworten (n=363). 184 Befragte gaben an, die Präventionssuchmaschine nicht zu kennen.

[20] Die Prozentangaben beziehen sich auf die Anzahl der gültigen Antworten (n=224).

Abbildung 16: Wie häufig nutzen Sie die tägliche Präventions-News?[21]

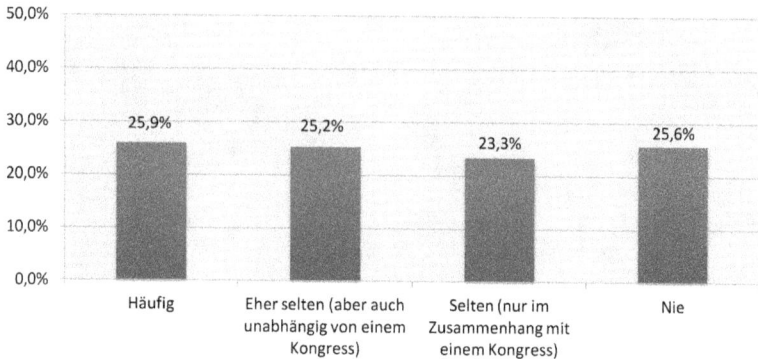

Das Angebot wurde auf unserer Fünferskala mit einem Durchschnittswert von 2,0 ebenfalls als gut bewertet (17. DPT: 2,0). Insgesamt fanden 83,8% der Befragten die tägliche Präventions-News sehr gut oder gut.

Abbildung 17: Wie finden Sie die tägliche Präventions-News[22]

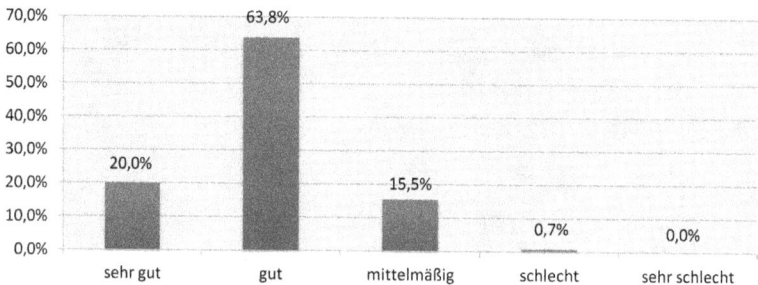

In den offenen Kommentaren findet sich ebenfalls viel Lob, das mit dem Wunsch eines weiteren Ausbaus dieses Angebotes verbunden ist:

„Die tägliche Präventions-News ist sehr wertvoll, da man sich selbst diesen Überblick nur mühsam und lückenhaft erarbeiten kann. Unbedingt beibehalten und qualitativ verbessern."

„Die tägliche Präventions-News gibt einen guten Überblick über viele Bereiche, erspart viele Einzelnewsletter. Es ist ein Meta-Informationsangebot, das noch verbessert werden kann."

---

[21] Die Prozentangaben beziehen sich auf die Anzahl der gültigen Antworten (n=433). 114 Befragte gaben an, die Präventions-News nicht zu kennen.

[22] Die Prozentangaben beziehen sich auf die Anzahl der gültigen Antworten (n=290).

5.4 Die App des Deutschen Präventionstages

Die App des Deutschen Präventionstages ist seit dem letzten Jahr unter den Teilnehmerinnen und Teilnehmern wesentlich bekannter geworden. Während im letzten Jahr nur 48,2% der Befragten die App kannten, sind es in diesem Jahr bereits 61,2%. Trotzdem wird die App bisher nur wenig genutzt. 72,8% der Befragten gaben sogar an, die App des Deutschen Präventionstages nie zu nutzen (17. DPT: 71,1%).

Abbildung 18: Wie häufig nutzen Sie die neue App des Deutschen Präventionstages [23]

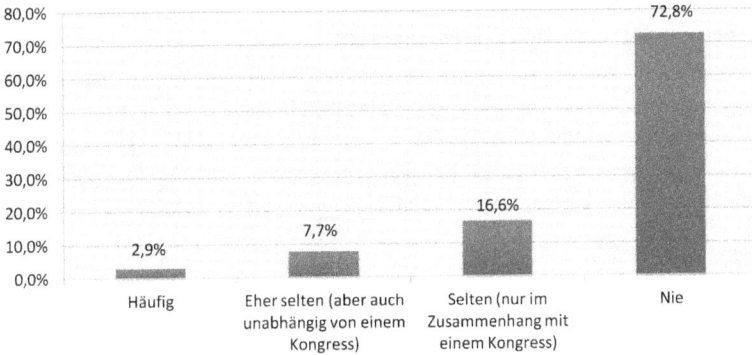

Auf unserer Skala von 1 (sehr gut) bis 5 (sehr schlecht) erreichte die App des Deutschen Präventionstages einen Durchschnittswert von 2,3 (17. DPT: 2,2). 62,4% der Befragten fanden die App des Deutschen Präventionstages gut oder sehr gut.

Abbildung 19: Wie finden Sie die App des Deutschen Präventionstages [24]

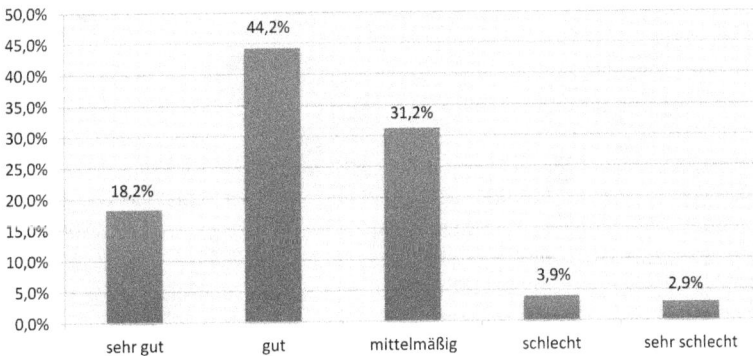

---

[23] Die Prozentangaben beziehen sich auf die Anzahl der gültigen Antworten (n=349). 199 Befragte gaben an, die App nicht zu kennen.

[24] Die Prozentangaben beziehen sich auf die Anzahl der gültigen Antworten (n=77).

In einigen Kommentaren wurde darauf hingewiesen, dass die Handhabung der App verbessert werden sollte:

„Die Idee mit der 'App' finde ich sehr gut, wobei die Umsetzung noch Luft nach oben zeigt. Hier bitte mehr aktuelle Informationen und Service über die App anbieten."

„Die App sollte übersichtlicher gestaltet werden."

5.5 Die Vortragsmittschnitte der Eröffnungs- und Schlussveranstaltung auf der Internetseite des Deutschen Präventionstages

Die Möglichkeit, die Vortragsmitschnitte der Eröffnungs- und Schlussveranstaltung auf der Internetseite des Deutschen Präventionstages anzusehen bzw. live zu verfolgen, kannten 75% der Befragten. Von diesen nutzen aber nur 23,8% diese Möglichkeit häufig bzw. eher selten – aber auch unabhängig von einem Kongress. 44,6% gaben an, dieses Angebot noch nie genutzt zu haben.

Abbildung 20: Wie häufig nutzen Sie die Vortragsmitschnitte der Eröffnungs- und Schlussveranstaltungen auf der Internetseite des Deutschen Präventionstages[25]

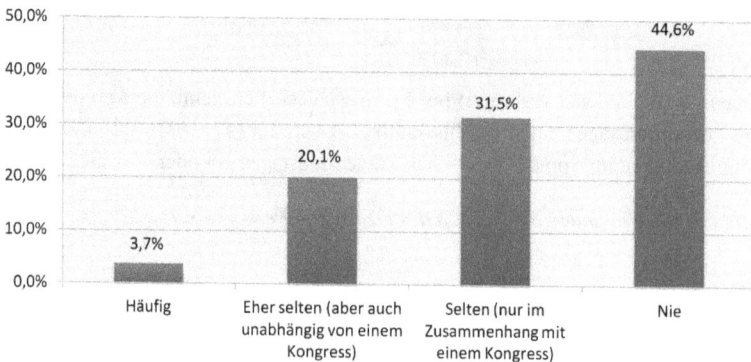

Dennoch erreichten beide Onlineangebote auf unserer Fünferskala jeweils einen Durchschnittswert von 1,8. Insgesamt beurteilten 90,9% der Befragten die Möglichkeit, Vortragsmitschnitte der Eröffnungs- und Schlussveranstaltung auf der Internetseite anschauen zu können, als gut oder sehr gut. Der Anteil derjenigen, die die Möglichkeit des Livestreamings der Eröffnungs- und Schlussveranstaltung als gut oder sehr gut empfanden, beträgt 91,3%.

---

[25] Die Prozentangaben beziehen sich auf die Anzahl der gültigen Antworten (n=428). 120 Befragte gaben an, die Vortragsmitschnitte nicht zu kennen.

Abbildung 21: Wie finden Sie, die Möglichkeit, die Eröffnungs- und Schlussveranstaltung auf der Internetseite anzusehen bzw. live zu verfolgen?[26]

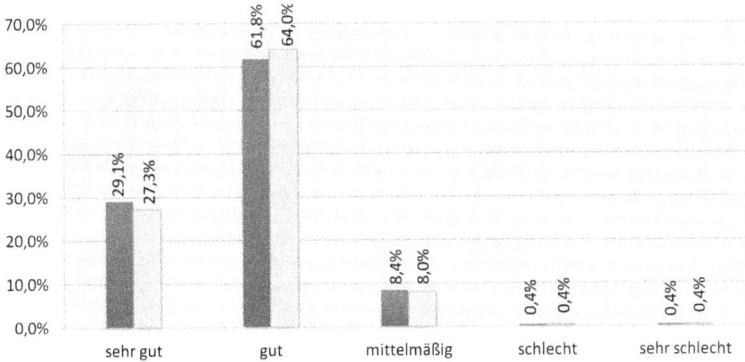

5.6 Nutzung des Facebook- und Twitterprofils

Nur ein sehr geringer Anteil der Befragten nutzt kongressunabhängig die Onlineressourcen des deutschen Präventionstages bei Facebook oder Twitter. In diesem Zusammenhang gaben gerade einmal 7,5% der Befragten an, den Facebook-Account des Deutschen Präventionstages häufig bzw. eher selten – aber auch unabhängig von einem Kongress – zu nutzen. Das ist etwa die Hälfte der Besucherinnen und Besucher, die im letzten Jahr angaben, den Facebook- Account des Deutschen Präventionstages häufig bzw. eher selten nutzen zu wollen. Der Anteil der Teilnehmerinnen und Teilnehmer, die die Nutzung einer Facebook-Präsenz des Deutschen Präventionstages komplett ausschließt, stieg im Vergleich zum Vorjahr um 16 Prozentpunkte auf rund 82%. Mit rund 89% liegt der Anteil der Befragten, die die Twitter-Präsenz nie besuchen, sogar noch deutlich höher. Lediglich 4,1% der Befragten konnten sich eine häufige bzw. eine seltene, aber auch kongressunabhängige Nutzung von Twitter-Einträgen des Deutschen Präventionstages vorstellen.

---

[26]   Die Prozentangaben beziehen sich auf die Anzahl der gültigen Antworten: Die Möglichkeit, Vortragsmitschnitte der Eröffnungs- und Schlussveranstaltung auf der Internetseite anzusehen (n=285); die Möglichkeit, die Eröffnungs- und Schlussveranstaltung auf der Internetseite live zu verfolgen (n=264).

Abbildung 22: Nutzung der Präsenzen des Deutschen Präventionstages bei facebook und twitter[27]

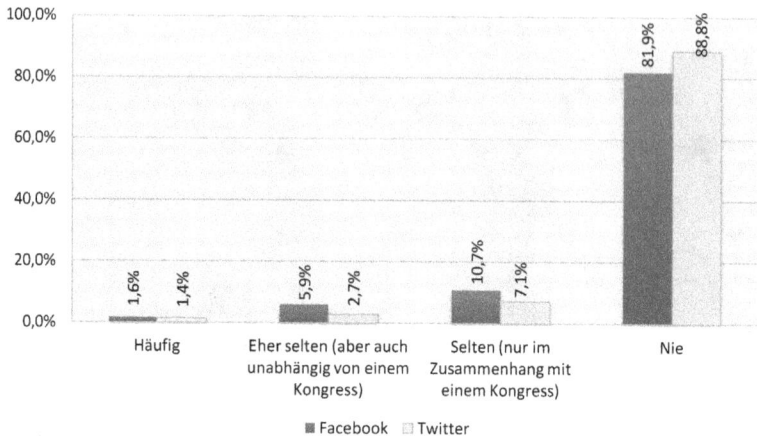

Häufig — Eher selten (aber auch unabhängig von einem Kongress) — Selten (nur im Zusammenhang mit einem Kongress) — Nie

■ Facebook ☐ Twitter

6. Gesamteindruck

Das Eröffnungsplenum wurde in diesem Jahr besser bewertet als im Vorjahr und konnte somit den Spitzenwerten vergangener Jahre wieder näherkommen. Auch das Abschlussplenum schnitt im Vergleich zum letzten Jahr deutlich besser ab und erreichte einen guten Durchschnittswert von 1,9. Über die Vorträge, die Ausstellung und die Werkstatt äußerten sich die Befragten im Großen und Ganzen sehr positiv. Als besonders gelungen ist die gesamte Organisation sowie die Betreuung durch das Servicepersonal hervorzuheben. Auch die angenehme Atmosphäre der Veranstaltung wurde positiv gewürdigt.

Insgesamt erhielt der 18. Deutsche Präventionstag viel Lob:

„Man würde der Sache nicht gerecht werden, wenn man etwas hervorheben würde. Die ganze Veranstaltung war sehr professionell und es gebührt allen ein großes Dankeschön, die dazu beigetragen haben."

„Einen herzlichen Dank für die Atmosphäre der Offenheit und eines gegenseitigen Interesses."

„Hervorragende Organisation des DPT mit der Vielfalt der Veranstaltungen sowie den Möglichkeiten der informellen Gespräche und Kontakte."

„Die freundliche und offene Atmosphäre hat mir gut gefallen. Man kam schnell

---

[27] Die Prozentangaben beziehen sich auf die Anzahl der gültigen Antworten: Facebook (n=375); Twitter (n=365).

mit den unterschiedlichsten Leuten ins Gespräch. Die zentrale Lage und die meisten Orte in unmittelbarer Umgebung waren gut für kurze Wege, wenn man nur wenig Zeit hatte."

Die lobenden Kommentare decken sich mit den Ergebnissen unserer Befragung. So fanden rund 92% der Befragten den 18. Deutschen Präventionstag gut oder sehr gut. Anders als im Vorjahr bewertete ihn keiner als sehr schlecht. Lediglich 0,9% der Befragten empfanden ihn als schlecht, so dass der 18. Präventionstag mit einer Durchschnittsnote von 1,7 das hervorragende Gesamtergebnis des letzten Jahres behaupten konnte (17. DPT: 1,7; 16. DPT: 2,0; 15. DPT: 1,9; 14. DPT: 1,9; 13: DPT: 1,7).

Abbildung 23: Wie fanden Sie den 18. deutschen Präventionstag insgesamt?[28]

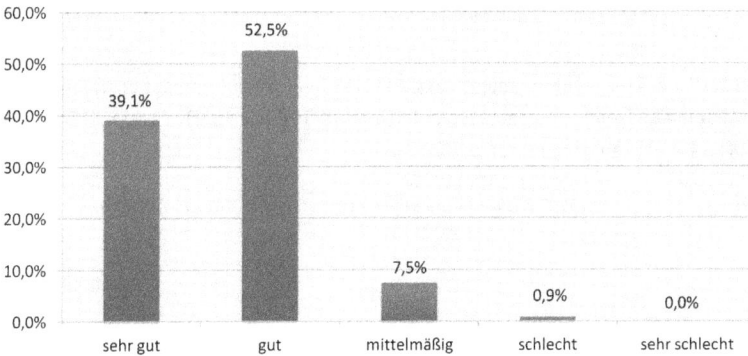

Insgesamt gaben 92,8% der Befragten an, dass ihre Erwartungen an den Präventionstag voll und ganz oder überwiegend erfüllt wurden. Gegenüber dem Vorjahr ist dies ein Zuwachs um rund 2,2 Prozentpunkte (17. DPT: 90,6%; 16. DPT: 84%; 15. DPT: 91%; 14. DPT: 89,1%; 13. DPT: 89,3%). Entsprechend ist die Zahl derjenigen, die ihre Erwartungen eher nicht oder gar nicht erfüllt sahen auf 7,2% gesunken (17. DPT: 9,4%; 16. DPT: 16,1%; 15. DPT: 9%; 14. DPT: 10,9%; 13. DPT: 10,7%).

---

[28] Die Prozentangaben beziehen sich auf die Anzahl der gültigen Antworten (n=558).

Abbildung 24: Meine Erwartungen an den Präventionstag haben sich erfüllt.[29]

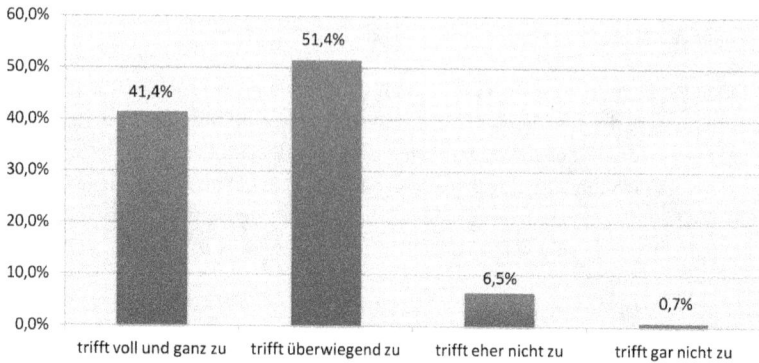

Rund 86% der Befragten meinten, dass von dem Kongress Impulse für die Präventionsarbeit in Deutschland ausgehen werden (17. DPT: 80%; 16. DPT: 80,8%; 15. DPT: 80,5%; 14. DPT: 84,1%; 13. DPT: 82,5%).

Abbildung 25: Von dem Kongress werden Impulse für die Präventionsarbeit in Deutschland ausgehen.[30]

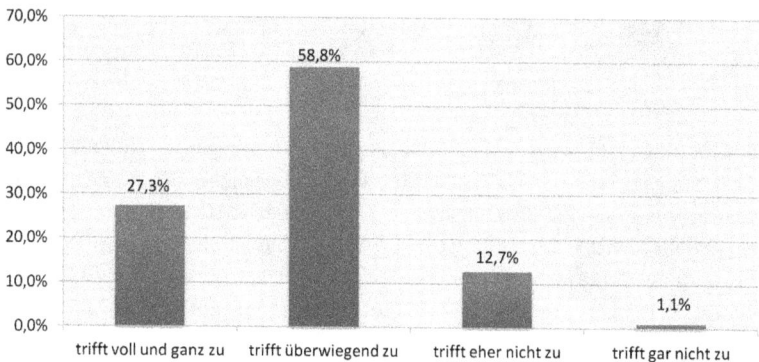

Positiv fiel auch das Urteil hinsichtlich des Anregungsgehaltes der Tagung für die Präventionspraxis aus. So gaben rund 87% der Befragten an, Anregungen für die Präventionspraxis bekommen zu haben (17. DPT: 87%; 16. DPT: 82%; 15. DPT: 85,5%; 14. DPT: 88,8%; 13. DPT: 86,4%).

---

[29] Die Prozentangaben beziehen sich auf die Anzahl der gültigen Antworten (n=558).

[30] Die Prozentangaben beziehen sich auf die Anzahl der gültigen Antworten (n=534).

Abbildung 26: Ich habe viele Anregungen für die Präventionspraxis bekommen.[31]

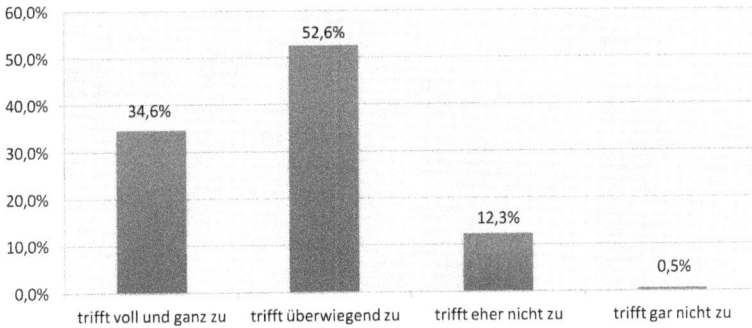

95% der befragten Teilnehmerinnen und Teilnehmer fiel es zudem mehr oder weniger leicht, Kontakte zu knüpfen und Informationen auszutauschen (17. DPT: 95,2%; 16. DPT: 88,7%; 15. DPT: 91,8%; 14. DPT: 91,2%; 13. DPT: 92,8%).

Abbildung 27: Es fiel mir leicht, Kontakte zu knüpfen und Informationen auszutauschen.[32]

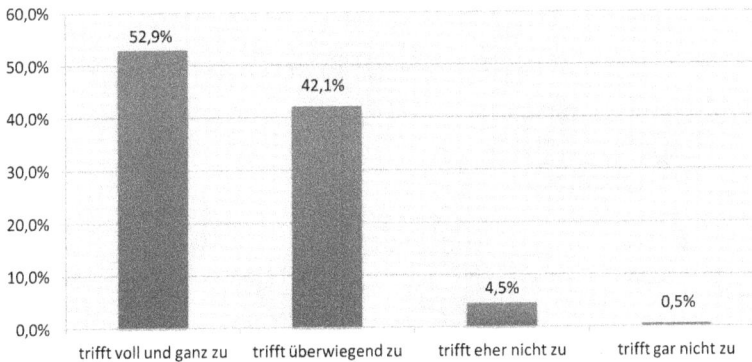

90% der Befragten bezeichneten die Aussage „Es gab genügend Gelegenheiten, um mit Praktikern über Fragen der Prävention zu diskutieren" als voll und ganz oder als überwiegend zutreffend (17. DPT: 93%; 16. DPT: 85,2%; 15. DPT: 87,6%; 14. DPT: 90,6%; 13. DPT: 91,0%).

---

[31] Die Prozentangaben beziehen sich auf die Anzahl der gültigen Antworten (n=555).

[32] Die Prozentangaben beziehen sich auf die Anzahl der gültigen Antworten (n=558).

Abbildung 28: Es gab genügend Gelegenheiten, um mit Praktikern über Fragen der Prävention zu diskutieren.[33]

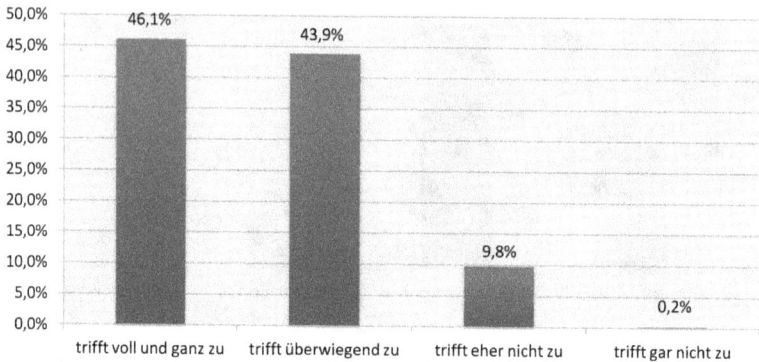

Ein positiver Trend zeigt sich auch bei den Gelegenheiten für den fachlichen Austausch mit den Wissenschaftlerinnen und Wissenschaftlern auf der Tagung. Hier stieg die Zufriedenheit um 1,8 Prozentpunkte von 66,4% im letzten auf 68,2% in diesem Jahr.

Abbildung 29: Es gab genügend Gelegenheit für den fachlichen Austausch mit Wissenschaftlern.[34]

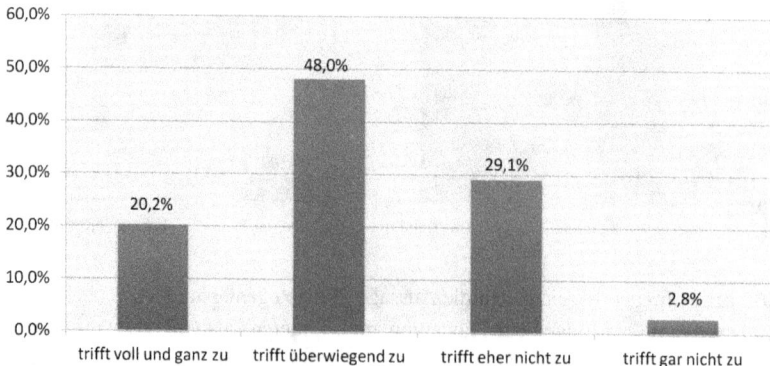

Positiv wurden auch der Aufbau und die Gestaltung des Kongresskataloges bewertet. Auf unserer fünfstufigen Skala erreichte der Katalog mit einem Durchschnittswert von 1,7 wieder ein sehr gutes Ergebnis (17. DPT: 1,7; 16. DPT: 2,1; 15. DPT: 2,0; 14. DPT: 1,9; 13. DPT: 1,6).

---

[33]   Die Prozentangaben beziehen sich auf die Anzahl der gültigen Antworten (n=553).

[34]   Die Prozentangaben beziehen sich auf die Anzahl der gültigen Antworten (n=540).

Abbildung 30: Wie fanden Sie den Kongresskatalog?³⁵

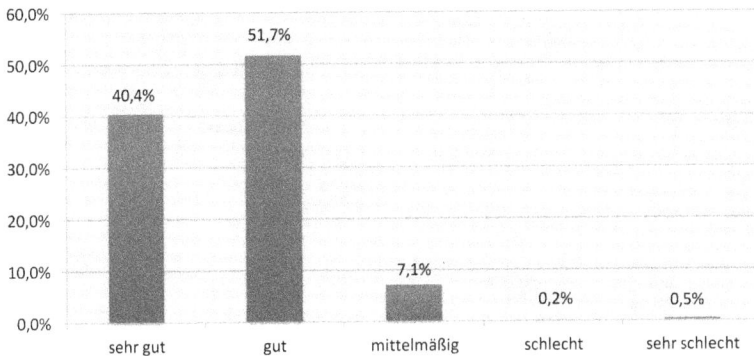

Viel Lob erhielt auch die Kongressorganisation. Mit der Durchschnittsnote 1,6 konnte in diesem Jahr wieder ein Spitzenwert erreicht werden (17. DPT: 1,6; 16. DPT: 1,9; 15. DPT: 2,0; 14. DPT: 1,9; 13. DPT: 1,5).

Abbildung 31: Wie fanden Sie die Kongressorganisation insgesamt?³⁶

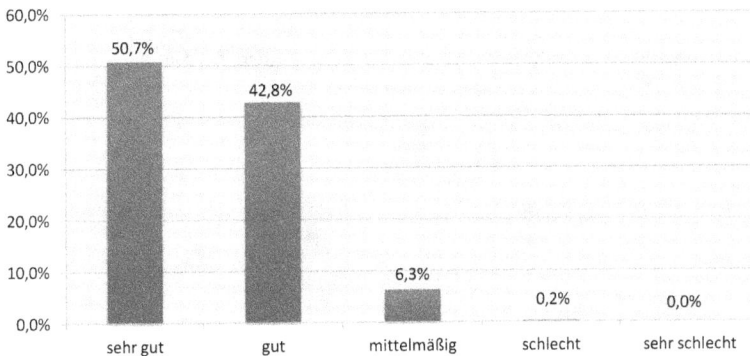

Dieses positive Ergebnis wird durch die Kommentare der Befragten illustriert:

„Die Organisation ist top aktuell unter den Tagungen in Deutschland, und ich bin viel auf Kongressen etc. unterwegs. Online-Betreuung, Namensschilder auf beiden Seiten bedruckt, weil die Dinger sich immer drehen - beim DPT stimmt jedes Detail!"

„Es ist eine sehr gute Veranstaltung mit professioneller Organisation. – Danke."

---

³⁵ Die Prozentangaben beziehen sich auf die Anzahl der gültigen Antworten (n=549).
³⁶ Die Prozentangaben beziehen sich auf die Anzahl der gültigen Antworten (n=554).

Auch in diesem Jahr wurden wieder verschiedene Einzelaspekte der Kongressorganisation erhoben. Die Informationen zur Tagung bewerteten dabei 92,8% der befragten Besucherinnen und Besucher als gut oder sehr gut. Die Zufriedenheit in diesem Bereich erreicht damit einen neuen Höchstwert (17. DPT: 84,4%; 16. DPT: 83,4; 15. DPT: 72,4%).

Abbildung 32: Wie fanden Sie die Informationen zur Tagung (Anfahrtsskizze, Ausschilderung etc.)?[37]

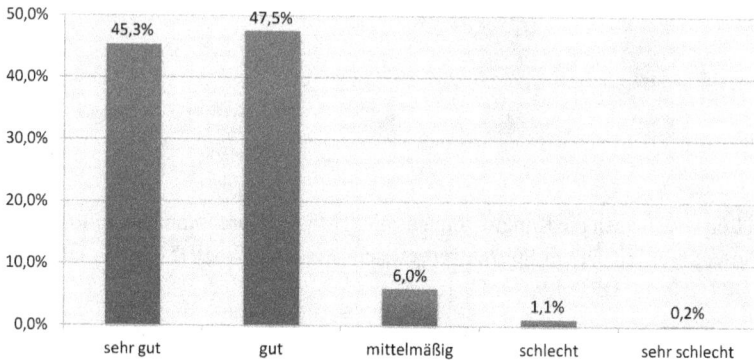

Zudem stieg auch die Zufriedenheit mit dem Service und der Betreuung durch die Organisatoren und erreichte ebenfalls einen neuen Spitzenwert. So fühlten sich 94,6% der Befragten gut oder sehr gut durch die Organisatoren betreut (17. DPT: 89,7%; 16. DPT: 88,8%; 15. DPT: 76,7%).

Abbildung 33: Wie fanden Sie den Service/ die Betreuung durch die Organisatoren?[38]

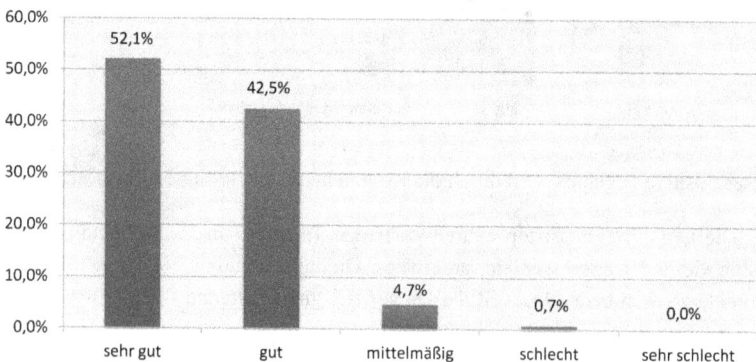

---

[37]   Die Prozentangaben beziehen sich auf die Anzahl der gültigen Antworten (n=550).
[38]   Die Prozentangaben beziehen sich auf die Anzahl der gültigen Antworten (n=555).

Das Catering schnitt dagegen auch in diesem Jahr mit der Note 2,5 wieder eher durchschnittlich ab. So beträgt der Anteil der Befragten, die das Catering gut oder sehr gut fanden, 51,5% (17. DPT: 63,9%; 16. DPT: 37,1%; 15: DPT 29,8%).

Abbildung 34: Wie fanden Sie das Catering?[39]

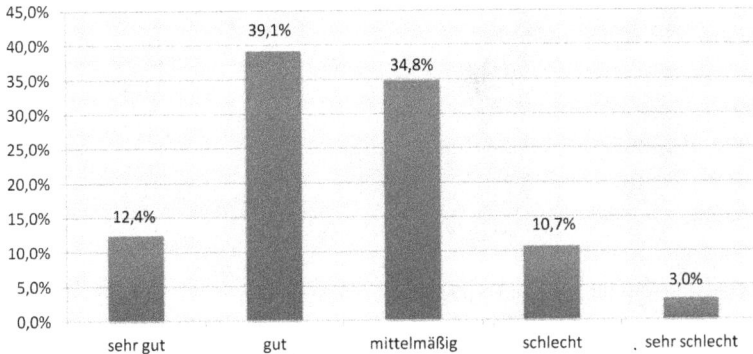

Kritik gab es – wie in den Vorjahren – an den Preisen, die als zu hoch empfunden wurden. Zudem wünschten sich viele Befragte ein abwechslungsreicheres Angebot.

Die Stadthalle Bielefeld fand bei der Mehrzahl der Besucher und Besucherinnen Anklang. Insgesamt 86,3% der Befragten beurteilten den Veranstaltungsort als gut oder als sehr gut.

Abbildung 35: Wie fanden Sie die Stadthalle Bielefeld als Veranstaltungsort?[40]

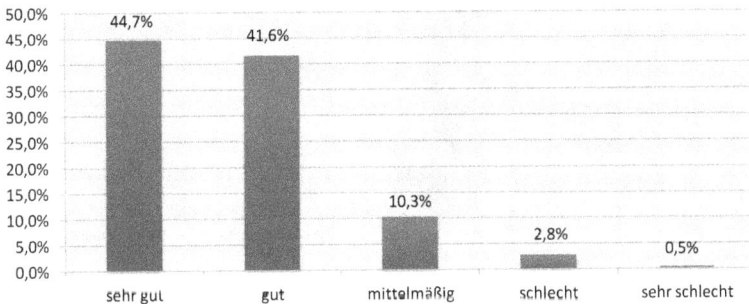

Die Räumlichkeiten wurden hinsichtlich ihrer Ausstattung und ihrer Technik von rund 89,8% der Befragten als gut oder sehr gut bewertet (17. DPT: 92%; 16. DPT: 80,1%; 15. DPT: 65,2%).

---

[39] Die Prozentangaben beziehen sich auf die Anzahl der gültigen Antworten (n=540).
[40] Die Prozentangaben beziehen sich auf die Anzahl der gültigen Antworten (n=562).

Abbildung 36: Wie fanden Sie die Räumlichkeiten (Ausstattung, Technik etc.)[41]

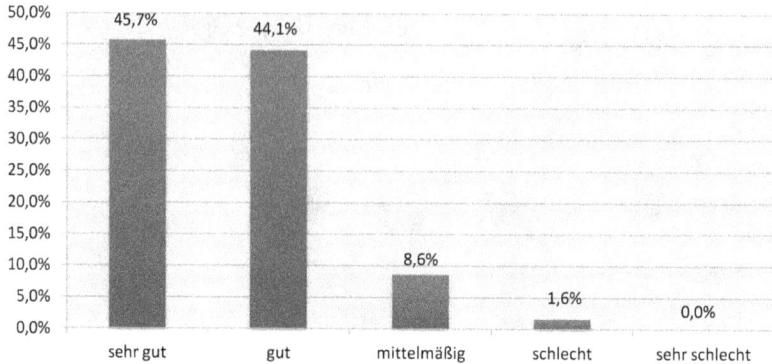

Vor dem Hintergrund der positiven Eindrücke äußerten 89,2% der Befragten die Absicht, auch an zukünftigen Kongressen des Deutschen Präventionstages teilnehmen zu wollen (17. DPT: 84,3%; 16. DPT: 80,9%; 15. DPT: 87,1%; 14. DPT: 91,4%; 13. DPT: 86,7%).

Abbildung 37: Ich werde vermutlich an zukünftigen Veranstaltungen des Deutschen Präventionstages teilnehmen.[42]

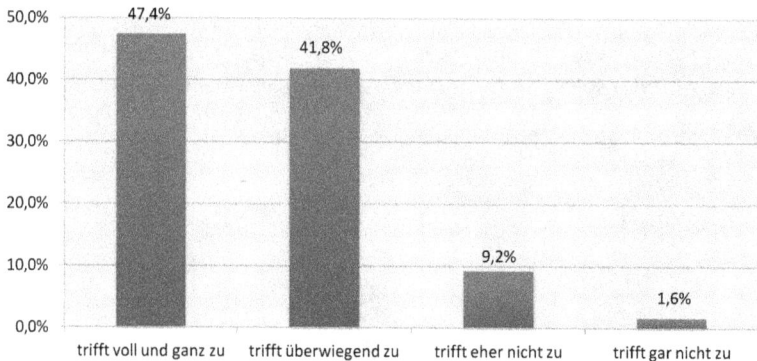

7. Wirkungen der Präventionstage

Auch in diesem Jahr wurden wieder einige Fragen zu den Wirkungen der Präventionstage gestellt. Konkret wurde nach neuem Wissen, neuen Informationen und neuen Kontakten gefragt, die für die Durchführung von Präventionsaufgaben wichtig sind. Diese Fragen wurden allerdings nur Personen gestellt, die zuvor bereits an mindestens

---

[41] Die Prozentangaben beziehen sich auf die Anzahl der gültigen Antworten (n=560).

[42] Die Prozentangaben beziehen sich auf die Anzahl der gültigen Antworten (n=555).

einem Präventionstag teilgenommen hatten. Bei den Antworten handelt es sich um eine subjektive Selbsteinschätzung der Befragten, die aber dennoch interessante Hinweise auf Bereiche gibt, in denen Präventionstage positive Veränderungen anstoßen können.

Rund 88% der Befragten, die schon mindestens einmal einen Präventionstag besucht hatten, gaben an, Wissen für eine bessere Ausführung ihrer Präventionsaufgaben erworben zu haben. Lediglich 0,3% erklärten, dass die entsprechende Aussage gar nicht auf sie zutreffe.

Abbildung 38: Ich habe Wissen erworben, mit dem ich meine Präventionsaufgaben besser durchführen kann.[43]

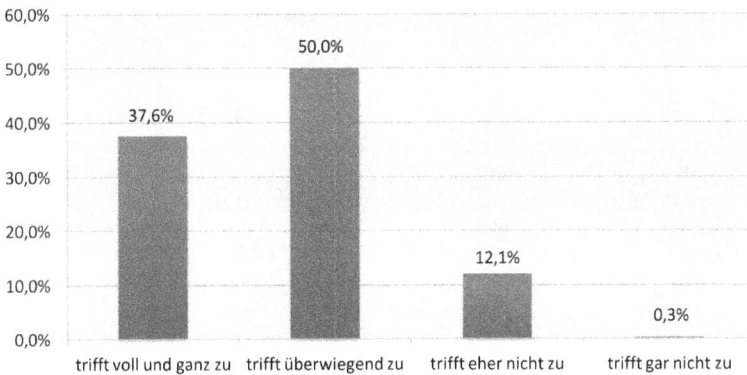

Zudem erklärten rund 91% der Befragten, die schon mindestens einmal einen Präventionstag besucht hatten, Informationen für eine bessere Durchführung ihrer Präventionsaufgaben erhalten zu haben.

---

[43] Die Prozentangaben beziehen sich auf die Anzahl der gültigen Antworten (n=290).

*Abbildung 39: Ich habe Informationen erhalten, durch die ich meine Präventionsauf-
gabe besser durchführen konnte.*[44]

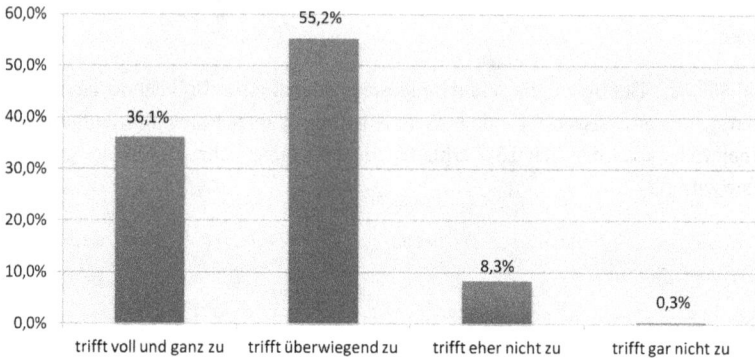

85% der Befragten gaben an, dass sie Kontakte knüpfen konnten, die Ihnen bei der
Durchführung ihrer Präventionsaufgaben geholfen haben.

*Abbildung 40: Ich konnte Kontakte knüpfen, durch die ich meine Präventionsaufga-
ben besser durchführen konnte.*[45]

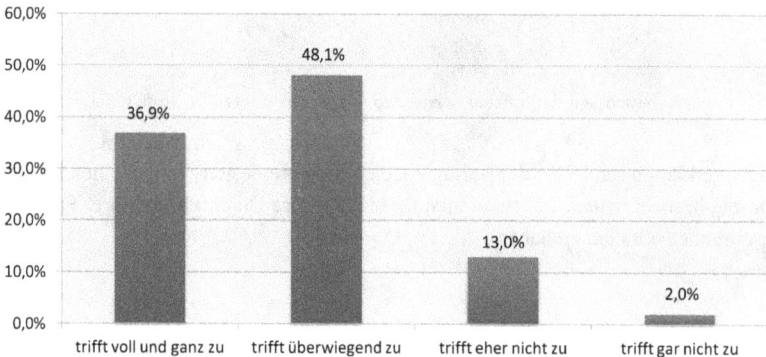

8. Teilnehmerinnen und Teilnehmer des 18. Deutschen Präventionstages

Nach den Ergebnissen der Befragung ist der Anteil der Frauen im Vergleich zum letzten Jahr um 4,6 Prozentpunkte gestiegen und betrug auf dem 18. Deutschen Präventionstag 48,1%. Der beschriebene Trend wird durch die Teilnehmerstatistik bestätigt.
Allerdings lag der Frauenanteil nach der Teilnehmerstatistik bei 41,2% (17. DPT:
38,9%; 16. DPT: 45,4%; 15. DPT: 45,3%; 14. DPT: 40,1%; 13. DPT: 40,2%). Die

---

[44]   Die Prozentangaben beziehen sich auf die Anzahl der gültigen Antworten (n=288).

[45]   Die Prozentangaben beziehen sich auf die Anzahl der gültigen Antworten (n=293).

Stichprobe überschätzt also den Frauenanteil um 6,9 Prozentpunkte. Ein Grund könnten die 17 Sammelanmeldungen sein.

Abbildung 41: Geschlecht der Teilnehmer/innen (nach der Teilnehmerstatistik)[46]

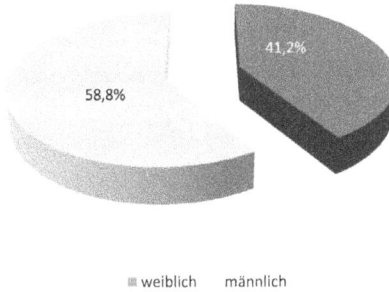

41,2%

58,8%

▥ weiblich   männlich

Auch in diesem Jahr wurde in einigen Kommentaren wieder eine starke Polizeiprä-
senz auf dem Präventionstag kritisiert. Wie Abbildung 44 zeigt, war die Polizei auf
dem 18. Deutschen Präventionstag tatsächlich stark vertreten. Im Vergleich zum letzten Deutschen Präventionstag ist der Anteil der Polizei nach den Ergebnissen der Teilnehmerstatistik jedoch leicht von 33,5% auf 31,1% gesunken.

---

[46]   Die Prozentangaben beziehen sich auf alle registrierten Kongressteilnehmer (n=1946).

Abbildung 42: Kongressteilnehmer/innen nach der Teilnehmerstatistik[47]

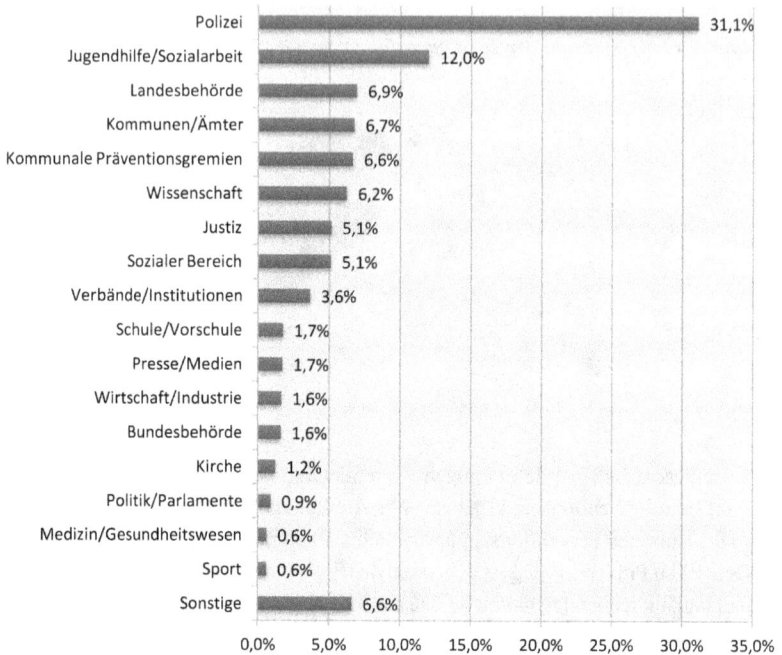

Kategorie	Prozent
Polizei	31,1%
Jugendhilfe/Sozialarbeit	12,0%
Landesbehörde	6,9%
Kommunen/Ämter	6,7%
Kommunale Präventionsgremien	6,6%
Wissenschaft	6,2%
Justiz	5,1%
Sozialer Bereich	5,1%
Verbände/Institutionen	3,6%
Schule/Vorschule	1,7%
Presse/Medien	1,7%
Wirtschaft/Industrie	1,6%
Bundesbehörde	1,6%
Kirche	1,2%
Politik/Parlamente	0,9%
Medizin/Gesundheitswesen	0,6%
Sport	0,6%
Sonstige	6,6%

Wie Abbildung 43 zeigt, waren die meisten befragten Besucherinnen und Besucher des 18. Deutschen Präventionstages hauptamtlich in der Präventionsarbeit tätig. In dieser Hinsicht gab es keine großen Veränderungen zu den Vorjahren.

---

[47]   Die Prozentangaben beziehen sich auf alle registrierten Kongressteilnehmer (n=1946).

Abbildung 43: In welcher Form sind Sie in der Präventionsarbeit beschäftigt?[48]

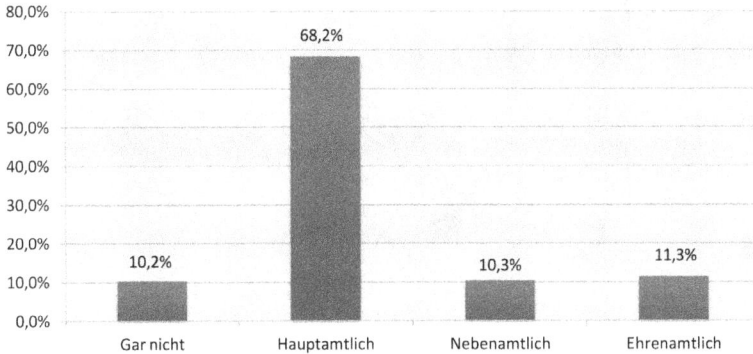

Weitgehend stabil ist auch der erfreuliche Befund, dass sich rund 47% der Teilnehmerinnen und Teilnehmer mit der praktischen Präventionsarbeit beschäftigen.

Abbildung 44: Mit welchen Aufgaben beschäftigen Sie sich im Rahmen ihrer Präventionsarbeit hauptsächlich?[49]

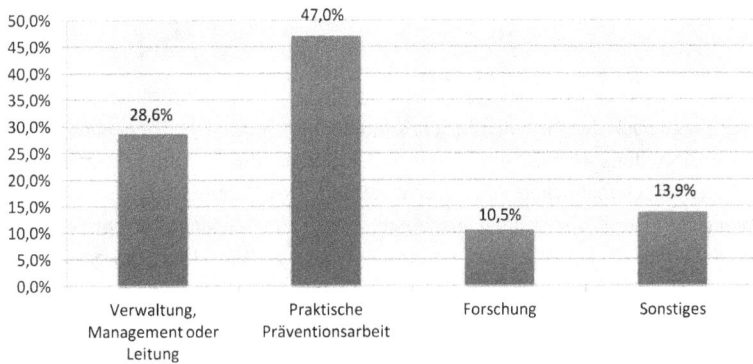

Die Tätigkeitsfelder der Kriminal- und Gewaltprävention waren bei den Befragten am stärksten vertreten. Außerdem ist der Anteil der Teilnehmerinnen und Teilnehmer aus dem Bereich der Kriminalprävention von 39,2% (17. DPT) auf 42,3% (18. DPT) gestiegen. Das Tätigkeitsfelder Gewaltprävention und Verkehrserziehung/Unfallverhütung sind im Vergleich zum Vorjahr ungefähr gleich stark vertreten. Der Bereich der Suchtprävention ist dagegen von 7,5% (17. DPT) auf 4,2% (18. DPT) zurückgegangen. In der Kategorie „Sonstiges" finden sich darüber hinaus zahlreiche weitere

---

[48]   Die Prozentangaben beziehen sich auf die Anzahl der gültigen Antworten (n=551).

[49]   Die Prozentangaben beziehen sich auf die Anzahl der gültigen Antworten (n=656).

Tätigkeitsfelder, die vom Opferschutz über die Prävention von Rechtsextremismus bis zur Suizidprävention reichen.

Abbildung 45: In welchem Präventionsbereich engagieren Sie sich hauptsächlich?[50]

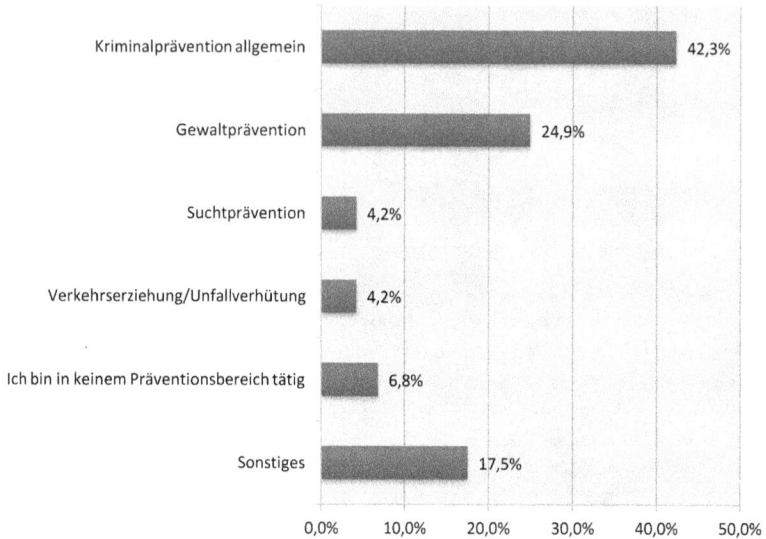

Bei der Frage nach den Gründen für die Anmeldung waren Mehrfachnennungen zugelassen. Abbildung 46 zeigt die Rangliste der Gründe, die auch in diesem Jahr von dem Wunsch nach fachlichem Austausch angeführt wird. Zweitwichtigster Grund war der Wunsch, neue Projekte kennenzulernen. Das Bedürfnis, neue Informationen zu erhalten wurde von den Befragten am dritthäufigsten genannt. Das Schwerpunktthema war für die meisten Befragten – wie bei den vorangegangenen Kongressen – nicht entscheidend für die Teilnahme.

---

[50] Die Prozentangaben beziehen sich auf die Anzahl der gültigen Antworten (n=570).

Abbildung 46: Was waren für Sie die wichtigsten Gründe für die Anmeldung zum Deutschen Präventionstag?[51]

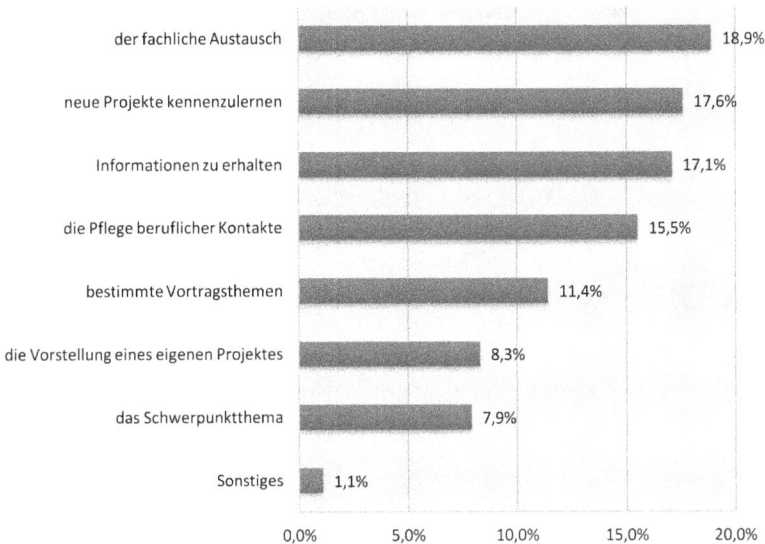

der fachliche Austausch — 18,9%

neue Projekte kennenzulernen — 17,6%

Informationen zu erhalten — 17,1%

die Pflege beruflicher Kontakte — 15,5%

bestimmte Vortragsthemen — 11,4%

die Vorstellung eines eigenen Projektes — 8,3%

das Schwerpunktthema — 7,9%

Sonstiges — 1,1%

0,0% 5,0% 10,0% 15,0% 20,0%

Im Vergleich zum Vorjahr ist der Anteil der Personen, die ausschließlich als Besucher an dem Kongress teilnahmen, um rund 11 Prozentpunkte auf 59% gestiegen (17. DPT: 48,3%; 16. DPT: 51,4%; 15. DPT: 51,9%; 14. DPT: 62,5%; 13. DPT: 59,7%). Der größte Teil der Aktiven war mit einer Präsentation (Infostand, Poster, Film, Bühne usw.) auf dem Kongress vertreten.

---

[51] Die Prozentangaben beziehen sich auf die Anzahl aller Nennungen (n=1946).

Abbildung 47: Wie haben Sie sich an dem Präventionstag beteiligt?[52]

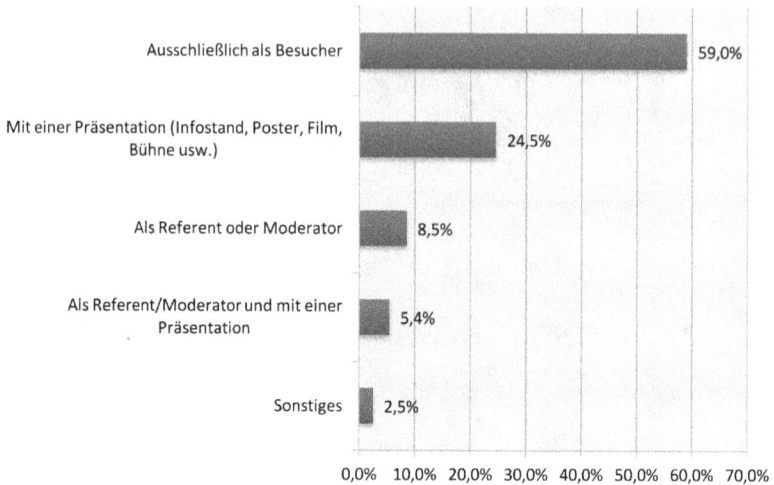

Ausschließlich als Besucher — 59,0%

Mit einer Präsentation (Infostand, Poster, Film, Bühne usw.) — 24,5%

Als Referent oder Moderator — 8,5%

Als Referent/Moderator und mit einer Präsentation — 5,4%

Sonstiges — 2,5%

0,0% 10,0% 20,0% 30,0% 40,0% 50,0% 60,0% 70,0%

Der Anteil der Befragten, die zuvor noch nie einen Präventionstag besucht hatten, sank im Vergleich zum Vorjahr um rund 4 Prozentpunkte auf rund 44%. Der Anteil der Teilnehmerinnen und Teilnehmer, die bereits mehrfach einen Präventionstag besucht hatten, stieg dagegen um 7 Prozentpunkte auf rund 45%.

Abbildung 48: Haben Sie schon früher an Kongressen des Deutschen Präventionstages teilgenommen?[53]

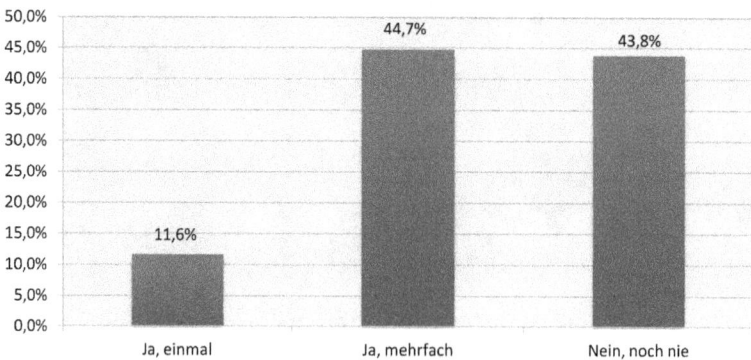

50,0%
45,0%   44,7%   43,8%
40,0%
35,0%
30,0%
25,0%
20,0%
15,0%   11,6%
10,0%
5,0%
0,0%
             Ja, einmal   Ja, mehrfach   Nein, noch nie

---

[52]   Die Prozentangaben beziehen sich auf die Anzahl der gültigen Antworten (n=554).

[53]   Die Prozentangaben beziehen sich auf die Anzahl der gültigen Antworten (n=562).

9. Resümee

Betrachtet man die gesamten Evaluationsergebnisse, so kann der 18. Deutsche Präventionstag als eine sehr gelungene Veranstaltung gewertet werden. Rund 92% der befragten Besucherinnen und Besucher gefiel der Präventionstag sehr gut oder gut. Fast 93% der Befragten gaben zudem an, dass ihre Erwartungen erfüllt wurden. Das Abschlussplenum litt allerdings wieder unter der frühzeitigen Abreise vieler Besucherinnen und Besucher. Dieses Problem ist jedoch nicht vollständig lösbar, da Besucher mit einem weiten Anreiseweg am letzten Konferenztag bereits relativ früh ihre Heimreise antreten müssen.

In diesem Jahr wurden die beliebten Projektspots genauer untersucht. Die Ergebnisse zeigen, dass sich ein guter Projektspot durch folgende Merkmale auszeichnet:

- Neue, praxisrelevante Inhalte,

- kurze, bündige Darstellung des Wesentlichen,

- frei vorgetragene, anschauliche, verständliche und lebendige Präsentation, bei der die inhaltliche Kompetenz deutlich wird sowie

- Einhaltung des zeitlichen Rahmens einschließlich einer angemessenen Zeit für Nachfragen und Diskussion.

Auch die verschiedenen Online-Angebote des Deutschen Präventionstages wurden wieder gründlich evaluiert. Die Ergebnisse machen deutlich, dass sich die eher klassischen Angebote (z.B. Vortragsmitschnitte, Präventions-News) großer Beliebtheit erfreuen. Einige Angebote aus dem Bereich der Neuen Medien – insbesondere das Facebook- und Twitterprofil – werden dagegen wenig genutzt. Ob sich dies in Zukunft ändert, ist schwer vorherzusagen.

Auch in diesem Jahr wurden die Befragten, die bereits in der Vergangenheit einen Präventionstag besucht hatten, um eine Einschätzung der Wirkungen gebeten. Den Ergebnissen zufolge trägt eine Teilnahme aus der Sicht der Befragten dazu bei, Präventionsaufgaben besser durchzuführen, indem neues Wissen erworben, neue Informationen aufgenommen und neue Kontakte geknüpft werden.

Misst man den Präventionstag an den im Leitbild formulierten Zielen, dann bleibt festzuhalten, dass es dem Präventionstag wieder gelungen ist, Kriminalprävention ressortübergreifend, interdisziplinär und in einem breiten gesellschaftlichen Rahmen darzustellen, unterschiedliche Praxisfelder zu präsentieren, einen Erfahrungsaustausch zwischen Verantwortungsträgern, Wissenschaftlern und Praktikern zu ermöglichen, Umsetzungsstrategien und ihre Wirksamkeit zu diskutieren und Empfehlungen zu erarbeiten und auszusprechen. Besonders hervorzuheben ist in diesem Zusammenhang die zunehmende Internationalisierung der Kongresses, durch die eine Diskussion von Präventionskonzepten, -strategien und -erfahrungen über Ländergrenzen hinweg möglich wird.

II. Praxisbeispiele und Forschungsberichte

Christian Pfeiffer

Parallel Justice – warum brauchen wir eine Stärkung des Opfers in der Gesellschaft?

Meine Damen und Herren,

mein eigentliches Thema kennen Sie. Doch dazu bitte ich Sie um etwas Geduld. Es erscheint mir sinnvoll, zunächst auf das Hauptthema dieses Präventionstages einzugehen: **"Mehr Prävention – weniger Opfer"**. Anhand von ganz unterschiedlichen Opfererfahrungen möchte ich als erstes erörtern, wo Prävention offenbar funktioniert und womit das zu erklären ist. Ein Gegenbeispiel soll ferner deutlich machen, wo wir die Prävention dringend ausbauen müssten. Erst diese Analyse von sehr divergierenden viktimologischen Befunden und präventionspolitischen Perspektiven schafft dann die Basis für mein eigentliches Thema – Parallel Justice.

1. Ein langer Weg vom religiös begründeten Prügeln der Kinder zum neuen Trend: Mehr Liebe – weniger Hiebe

Beginnen möchte ich mit **der Urform** von schwerer Viktimisierung: dem Schlagen von Kindern. Diese Erziehungsmethode folgt einer alten Tradition. **"Wer am Stock spart, verdirbt das Kind"**, heißt ein Spruch, der einem Berater des Königs von Assyrien im siebten Jahrhundert v. Chr. zugeschrieben wird. Und in der Bibel (Sprüche 13, 24) heißt es: „Wer seine Rute schont, der hasst seinen Sohn; wer ihn aber lieb hat, der züchtigt ihn". Dahinter steht der religiöse Glaube an eine **angeborene Verderbtheit und Erbsünde des Menschen**[1]. Dem galt es von Beginn an mit aller Härte entgegen zu wirken. „Kindern den Teufel aus dem Leib prügeln", war über Jahrhunderte mehr als nur eine Redewendung.

Doch dann entdeckten unabhängige Köpfe **im Zeitalter der Aufklärung** ganz andere Zusammenhänge. Von dem französischen Philosophen und Humanisten Michel de Montaigne stammt die Aussage: „Von der Rute habe ich bisher keine andere Wirkung gesehen, als dass sie die Kinder zu Kriechern oder zu immer verstockteren Bösewichtern machte"[2].1692 wandte sich der englische Philosoph John Locke in seinem Werk „Gedanken über Erziehung" gegen das Konzept der angeborenen Verderbtheit, die man durch Prügel bekämpft. Zitat: „Kinder sind wie weißes Papier oder wie Wachs, das man positiv und negativ gestalten und formen kann"[3]. Und 70 Jahre später setzte Jean Jacques Rousseau dem christlichen Begriff der Ursünde den der **kindlichen Unschuld** entgegen. Kinder sollten die Chance erhalten, ihre Kreativität zu entfalten und selber aus ihren Erfahrungen schrittweise zu lernen[4].

---

[1] vgl. Pinker, 2011
[2] De Montaigne, Auflage von 1998
[3] vgl. Wattendorff, 1907
[4] Rousseau, 1971

Es dauerte dann jedoch weitere 200 Jahre, bis in **Schweden** und den nordischen Ländern die wunderbaren Kinderbücher von Astrid Lindgren den Boden für eine grundlegende Reform vorbereiteten. Zunächst wurde dort in den fünfziger und sechziger
Jahren das Züchtigungsrecht der Lehrer abgeschafft und zwischen 1979 und 1983
dann auch das der Eltern. Als Deutschland im Jahr 2000 dem schwedischen Beispiel
folgte, hatte im Vorfeld dieser Gesetzgebung auch die empirische Forschung hierzu einen Beitrag geleistet. Aus der internationalen Kriminologie möchte ich David
Farrington[5], Terence Thornberry[6] und Dan Olweus[7] hervorheben, aus Deutschland
Friedrich Lösel[8], Hans-Jürgen Kerner[9] und Peter Wetzels[10]. Heute hat die eingangs
zitierte These Montaignes auf vielfache Weise ihre empirische Bestätigung gefunden.
Ein Beispiel ist unsere 2007/2008 durchgeführte Repräsentativbefragung von 45.000
Neuntklässlern. Von ihren Eltern massiv geschlagene Kinder werden danach fünfmal häufiger zu Mehrfachtätern der Gewalt als liebevoll und gewaltfrei Erzogene. Sie
konsumieren fünfmal häufiger regelmäßig Cannabis und schwänzen viermal häufiger
für mindestens zehn Tage im Jahr die Schule[11].

Darüber hinaus offenbaren unsere Daten, dass von der körperlichen Züchtigung der
Kinder **politisch relevante Wirkungen** ausgehen. Schlagende Eltern versäumen es,
ihren Kindern für Konfliktsituationen positive Verhaltensalternativen vorzuleben.
Stattdessen vermitteln sie ihnen eine falsche Botschaft. Der Stärkere darf und soll sich
mit Gewalt durchsetzen. Es kann deshalb nicht überraschen, dass massiv geschlagene
Kinder im Vergleich zu gewaltfrei erzogenen als Jugendliche dreimal häufiger **rechts-
extreme Überzeugungen** und Verhaltensweisen demonstrieren[12]. Die politische Bedeutung der Erziehungskultur belegen ferner drei von uns seit 2004 durchgeführte
Repräsentativbefragungen von Erwachsenen. Je häufiger und stärker die Befragten als
Kinder von ihren Eltern geschlagen worden waren und so immer wieder unter Ohn-
machtsgefühlen gelitten hatten, umso mehr wünschen sie sich später, eine **Schusswaf-
fe** zu besitzen. Sie verleiht Macht und Kampfkraft und stabilisiert das angeschlagene
Selbstbewusstsein. Und noch etwas hat sich gezeigt: Wer in ständiger Furcht vor den
Schlägen der Eltern groß geworden ist, unterstellt später häufiger, dass Gewalt durch
Mitmenschen droht. Deshalb plädiert er eher für einen **harten Abschreckungskurs**
gegen das Böse bis hin zur Todesstrafe[13].

[5] Farrington 1992a, Farrington 1992b
[6] Thornberry et al, 1991
[7] Olweus, 1980
[8] Bender & Lösel, 1997
[9] Kerner, Stroezel & Wegel, 2003
[10] Wetzels, 1997
[11] Stadler, Bieneck & Pfeiffer, 2011
[12] ebd.
[13] Baier, Kemme, Hanslmaier, Doering, Rehbein & Pfeiffer, 2011

Ein weiteres Beispiel zur politischen Bedeutung der Erziehungskultur eines Landes liefert eine Studie der OECD aus dem Jahr 2008. Man hatte in 20 europäischen Ländern in einer Repräsentativbefragung die sozialen Fähigkeiten von Schülern gemessen. Dabei zeigten gerade die Jugendlichen aus Schweden, Finnland, Norwegen und Dänemark die mit Abstand höchsten Werte zur **Toleranz** und zum **Ausmaß des zwischenmenschlichen Vertrauens**[14]. Das erscheint auch als Folge davon, dass diese vier Länder weltweit als erste das Ideal der gewaltfreien und liebevollen Kindererziehung umgesetzt haben. Denn dort war man sehr früh von zwei Thesen überzeugt. Erstens: Gewaltfreie Erziehung fördert den aufrechten Gang. Und zweitens: Liebevolle Erziehung fördert Empathie.

Doch wie hat sich die Erziehungskultur bei uns entwickelt? Zwei repräsentative Opferbefragungen, die wir 1992 und 2011 jeweils mit Geldern der Bundesregierung realisieren konnten, ermöglichen eine Antwort. Der Datenvergleich belegt einen klaren Trend: **Mehr Liebe, weniger Hiebe.** Der Anteil derjenigen, die völlig gewaltfrei aufgewachsen sind, hat sich im Verlauf der 19 Jahre von 26 Prozent auf 52 Prozent verdoppelt. Parallel dazu ist die Quote derjenigen, die von ihren Eltern als Kinder häufig in den Arm genommen worden sind und mit ihnen intensives Schmusen erlebt haben, von 53 Prozent auf 71 Prozent angestiegen. Deutlich rückläufig sind dagegen die leichte und die schwere Gewalt. Zu den 9.500 befragten Deutschen des Jahres 2011 haben wir ferner die Daten derjenigen gesondert betrachtet, die zum Zeitpunkt der Befragung 16 bis 20 Jahre alt waren. Zu allen vier Punkten ergeben sich dann noch günstigere Befunde. So liegt die Quote der gewaltfrei Erzogenen bei dieser jüngsten Altersgruppe bereits bei 63 Prozent. Der Anteil der massiv Geschlagenen beträgt nur noch sieben Prozent[15].

---

[14] Van Damme, 2012
[15] Pfeiffer, 2012a, Pfeiffer, 2012b, Pfeiffer, 2012d

Abbildung 1: Entwicklung der elterlichen Zuwendung und der elterlichen Gewalt
1992-2011

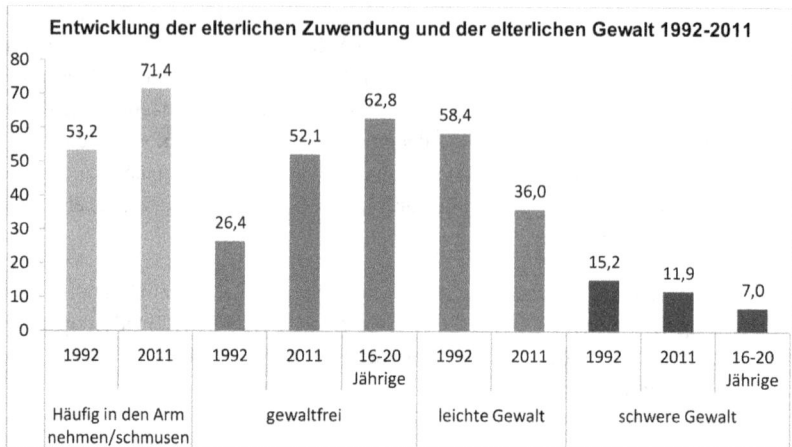

Entwicklung der elterlichen Zuwendung und der elterlichen Gewalt 1992-2011

Die Neuproduktion von Jugendgewalt durch prügelnde Eltern hat also stark abgenommen. Da kann nicht überraschen, was sich in unseren Statistiken findet. Ein Beispiel sind die Daten der Krankenkassen zur Häufigkeit von schweren Raufunfällen
an Schulen, bei denen die Opfer ins Krankenhaus eingeliefert werden mussten. Pro
10.000 Schüler sind solche Fälle seit dem Höhepunkt der Gewalt an Schulen im Jahr
1997 von 16 auf 7 (2010) um 60 Prozent zurückgegangen[16]. Diese Daten sind deswegen so überzeugend, weil es bei den zugrundeliegenden Meldungen der Schulen an
die Krankenkassen faktisch kein Dunkelfeld gibt. Passend dazu zeigen auch die vom
KFN seit 1998 in acht Städten und Landkreisen wiederholt durchgeführten Schüler-
befragungen einen stabilen **Rückgang der Jugendgewalt**[17]. Und schließlich bestätigt
auch die Polizeiliche Kriminalstatistik seit 2007 diesen positiven Trend – und das,
obwohl sich die Anzeigebereitschaft von jugendlichen Opfern der Gewalt erhöht hat.
Pro 100.000 der Altersgruppe ist die Jugendgewalt um 22 Prozent zurückgegangen[18].

Im Ergebnis passen all diese Daten wunderbar zum Thema der Tagung: Mehr Prävention – weniger Opfer. Man kann es aber auch so formulieren: **Mehr Resilienz,
mehr Widerstandskraft – weniger Opfer**. Damit möchte ich erstmals einen Begriff heranziehen, dessen Verwendung hier naheliegt. Eine gesicherte Erkenntnis der
Entwicklungspsychologie lautet: Gewaltfrei und liebevoll erzogene Kinder, die eine
starke Bindung zu ihren Erziehungspersonen entfaltet haben, gewinnen dadurch Kraft

---

[16]   Baier, Kemme, Hanslmaier, Doering, Rehbein & Pfeiffer, 2012

[17]   Ebd.

[18]   Bundesministerium des Innern, 2011

dafür, ihr Leben auch dann zu meistern, wenn es schwierig wird[19]. Heute wird hierfür der Begriff Resilienz verwendet – also die Fähigkeit einer Person, mit belastenden Lebensumständen unter Rückgriff auf die eigenen Ressourcen konstruktiv umgehen zu können[20]. Es liegt auf der Hand, dass Resilienz damit präventive Kraft entfaltet[21]. Zum anderen hat sie aber auch hohe Bedeutung dafür, wie Menschen eine Opfererfahrung verarbeiten. Hierzu werde ich Ihnen später noch zwei konkrete Beispiele anbieten. Zuvor möchte ich allerdings noch einmal auf einen Aspekt zurückkommen, der am Anfang meines Referates eine gewichtige Rolle gespielt hat: Die Bedeutung der christlichen Religion für elterliche Erziehungsmuster.

2. Christliche Religion und Erziehungskultur heute

Die Einbeziehung der Religion erscheint sinnvoll, weil es kirchlich geprägte Erziehungstraditionen waren, gegen die sich die Aufklärung richtete. Wir haben uns deshalb gefragt, ob christliche Gemeinden noch heute von diesen Überzeugungen früherer Jahrhunderte geprägt sind und welche Auswirkungen daraus gegebenenfalls erwachsen.

Bei unserer Analyse konnten wir auf die Daten von knapp 23.500 einheimischen deutschen Jugendlichen aus Westdeutschland zurückgreifen, die nach eigenen Angaben einer christlichen Gemeinde angehören. Knapp die Hälfte war danach evangelisch. Von ihnen hatten wiederum 431 angegeben, dass sie zu einer **evangelisch-freikirchlichen Gemeinde** gehören. Zu dieser Gruppe haben wir eine gesonderte Auswertung vorgenommen[22]. Zwei Redakteure der Süddeutschen Zeitung, Florian Götz und Oliver Das Gupta[23] hatten am 30.09.2010 in der SZ solchen Gemeinden eine extrem repressive elterliche Erziehungskultur bescheinigt. Als Beispiel verwiesen sie auf einen bei den evangelikalen Familien offenbar sehr populären amerikanischen Erziehungsratgeber des fundamentalistischen Pfarrerehepaars Pearl.

Das nachfolgende Zitat beschreibt eine der zentralen Botschaften des Textes:

„Wenn es Zeit wird, die Rute anzuwenden, atmen Sie tief ein, entspannen Sie sich und beten Sie: Herr lass das eine gute Lektion werden. [...] Reißen Sie Ihr Kind nicht herum. Erheben Sie Ihre Stimme nicht. Das Kind sollte die Rute an ihrem ganzen ruhigen, überlegten und beherrschten Geist kommen sehen [...] Wenn Sie sich auf das Kind setzen müssen, um es zu versohlen, dann zögern Sie nicht. Und halten Sie es solange in dieser Stellung, bis es aufgegeben hat

---

[19] Suess & Kißgen, 2005, Daigle, Beaver & Turner, 2010

[20] Werner & Smith, 1992, Lösel & Bender, 2007, Pianta, Stuhlmann & Hamre, 2007, Greve, Hellmers & Kappes, 2012

[21] Matt & Siewert, 2008, Wegel, Kerner & Stroezel, 2011

[22] Pfeiffer & Baier, 2013 (Manuskript in Vorbereitung)

[23] Götz & das Gupta, 2010

[…]. Manchmal bei älteren Kindern, wenn die Schläge nicht kräftig genug sind, ist das Kind noch aufmüpfig. Wenn das der Fall ist, nehmen Sie sich Zeit zum Erklären und versohlen Sie weiter. Hören Sie mit Ihrer Disziplin nie auf, bevor das Kind sich ergeben hat."

Die deutsche Fassung des Buches war 2008 erschienen und bei uns ca. 4.000-mal verkauft worden. Dann wurde sie von der Bundeszentrale für jugendgefährdende Medien im Herbst 2010 indiziert[24]. Eine ganz ähnliche Botschaft vermittelt das Buch „Eltern – Hirten der Herzen"[25]. Autor ist der amerikanische Pfarrer Tedd Tripp. Hier nur ein Zitat: „Die Rute ist per Definition eine elterliche Pflicht. Körperliche Züchtigung anzuwenden – das ist auch ein Akt des Glaubens. Gott hat ihren Gebrauch angeordnet". Doch auch zu diesem Buch hat die Bundeszentrale letzte Woche ihre Indizierungsentscheidung getroffen. Der Verlag ist bereits informiert. Am 30.04.2013 wurde die Indizierung im Bundesanzeiger veröffentlicht[26].

Abbildung 2 stellt dar, was sich zum Schlagen von Kindern zeigt, wenn man danach differenziert, ob die Familien der befragten Jugendlichen einer katholischen, evangelischen oder evangelisch-freikirchlichen Gemeinde angehören. Ferner wird jeweils danach unterschieden, wie die Jugendlichen den Grad der Religiosität ihrer Eltern eingestuft haben.

---

[24] Bundesprüfstelle für jugendgefährdende Medien, Entscheidung vom 06.08.2010, Entscheidung Nr. 9389 (V); BAnz 2010, Nr. 130.

[25] Im Original erschienen 1995: „Sheperding a Child's Heart".

[26] Bundesprüfstelle für jugendgefährdende Medien, Entscheidung vom 05.04.2013, Entscheidung Nr. 10919 (V); BAnz 2013 AT.

Abbildung 2: Elterliche Gewalt in der Kindheit nach Religionsgruppe und Religiosität; Nicht-Akademiker-Familien, Schülerbefragung 2007/2008[27]

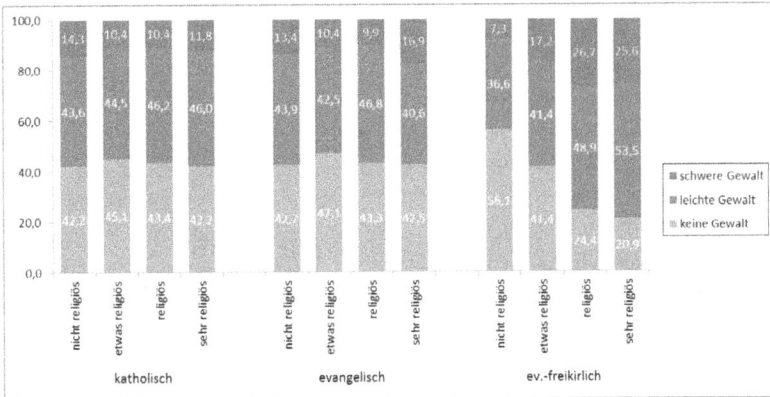

Für katholische Familien gilt, dass die Kinder in nicht religiös geprägten Elternhäusern mit 14 Prozent am meisten geprügelt worden sind. In den religiösen bis sehr religiösen Familien waren es nur 10 Prozent bzw. 12 Prozent. Bei evangelischen Familien fällt das Bild ähnlich aus. Hier wird allerdings in der Gruppe von sehr religiösen Eltern am meisten zugeschlagen (17 %). Völlig aus dem Rahmen fallen die Befunde zu den **evangelisch-freikirchlichen Familien**. Hier gilt: **Je stärker die Eltern in ihrem Glauben verankert sind, umso mehr prügeln sie.** Die Quote der massiv geschlagenen Kinder steigt von 7 Prozent der nicht religiösen Eltern bis zu 26 Prozent der hoch religiösen. Und noch etwas ist zu beachten: Im Vergleich der vier Gruppen sinkt hier der Anteil der gewaltfrei erzogenen Kinder von 56 Prozent (nicht religiöse Eltern) auf 21 Prozent (hoch religiöse Eltern)[28].

Die Chance der Befragung von 11.500 Erwachsenen haben wir im Jahr 2011 auch dazu genutzt, diese Untersuchung ein zweites Mal durchzuführen. Dabei hat sich erneut bestätigt, was bereits die Schülerbefragung erbracht hatte. Die Befragten aus evangelisch-freikirchlichen Gemeinden hatten als Kinder sehr religiöser Eltern mehr als doppelt so oft massive Schläge erlitten als die Vergleichsgruppe, die nicht/etwas religiöse Eltern hatten[29]. Auch hier konnte wegen der geringen Zahl der Angehörigen dieser religiösen Minderheit nicht weiter danach differenziert werden, um welchen Typus von Gemeinde es sich im Einzelnen gehandelt hat.

---

[27] Pfeiffer & Baier, 2013 (Manuskript in Vorbereitung)

[28] Ebd.

[29] Pfeiffer, 2012a; Pfeiffer 2012b

Bei den betroffenen Kindern hinterlassen diese unterschiedlichen Erziehungsmuster natürlich ihre Spuren. So ergibt sich für katholische und evangelische Befragte übereinstimmend ein klarer Befund. Je religiöser sie sind, desto seltener üben sie Gewalt aus. Nicht religiöse Jugendliche sind zu 16 Prozent Gewalttäter, sehr Religiöse dagegen nur zu sechs Prozent. Bei den evangelisch-freikirchlichen Jugendlichen fällt dieser Zusammenhang allerdings erheblich schwächer aus (nicht religiös 12 %, sehr religiös 8 %). Ferner zeigt sich besonders für katholische, aber auch für evangelische Jugendliche, dass ihre Lebenszufriedenheit stark zunimmt, je gläubiger sie sind. Bei den jungen Katholiken fällt dabei dieser Trend besonders klar aus (Nichtgläubige zu 35 % sehr zufrieden, Hochgläubige zu 52 %). Zu den evangelisch-freikirchlichen Jugendlichen hat sich dagegen kein entsprechender Zusammenhang ergeben. Mit diesen Erkenntnissen korrespondiert schließlich ein weiterer Befund. Insbesondere für katholische Jugendliche gilt: Je religiöser sie sind, desto niedriger fällt der Anteil derjenigen aus, die über Selbstmordgedanken berichtet haben. Zu den evangelisch-freikirchlichen Jugendlichen zeigt sich dagegen ein schwacher Trend in die andere Richtung[30].

3. Die repressive Erziehungskultur der USA

Von dem KFN befragten Jugendlichen, gehörte nur ein Prozent solchen Gemeinden an. In den USA liegt der Bevölkerungsanteil der evangelikalen Christen dagegen bei 26 Prozent, in den Südstaaten teilweise sogar über 50 Prozent[31]. Dazu passt der Befund einer Untersuchung von Human Rights Watch. In den USA sind im Schuljahr 2006/2007 mehr als 200.000, ganz überwiegend in den Südstaaten lebende Schüler von ihren Lehrern mit dem Stock geschlagen worden. In 21 Staaten ist das erlaubt[32]. Zudem verfügen die amerikanischen Eltern landesweit über ein Züchtigungsrecht. Zwei dazu von Gershoff und Straus 2010 durchgeführte Übersichtsstudien zeigen, dass nur 15 % der amerikanischen Kinder von ihren Eltern gewaltfrei erzogen werden[33] (Ich erinnere: bei uns sind es inzwischen 63 %). Ferner stimmten 60 Prozent der amerikanischen Eltern dem Satz zu: „Ab und zu brauchen Kinder eine richtige Tracht Prügel"[34]. Die Zahlen dokumentieren, was für eine repressive Erziehungskultur in den USA unter dem starken Einfluss fundamentalistisch-christlicher Gruppierungen immer noch besteht. Es liegt auf der Hand, dass daraus auch politische Konsequenzen erwachsen.

Die innenpolitische Spaltung der Nation, die Macht der Tea Party, die Intoleranz der reaktionär Konservativen gegenüber liberalen Gruppierungen, das beachtliche Ag-

---

[30] Pfeiffer & Baier, 2013 (Manuskript in Vorbereitung)

[31] Pew Forum on Religion & Public Life, 2008

[32] Human Rights Watch & American Civil Liberties Union, 2008

[33] Gershoff, 2010

[34] Straus, 2010, S. 17. Aussage im englischen Original: „It is sometimes necessary to discipline a child with a good hard spanking."

gressionspotenzial der amerikanischen Gesellschaft gekoppelt mit ihrem Drang zur Selbstbewaffnung und ihre extreme Straflust – dies alles wird durch die repressive Erziehungskultur in Familien und Schulen stark gefördert. Hierfür zahlen die USA einen hohen Preis: Pro 100.000 Bürger sitzen dort acht- bis zehnmal so viele Menschen im Gefängnis wie in Deutschland oder den nordeuropäischen Ländern[35]. Ferner geschehen in den USA pro 100.000 Bürger Schusswaffentötungen 15 Mal häufiger als bei uns[36]. Hinzu kommt, dass dort auch die Rate der sonstigen Tötungsdelikte um mehr als das Dreifache über der Deutschlands liegt[37]. Natürlich spielen hierbei auch andere Faktoren eine Rolle wie etwa der harte Überlebenskampf der in den USA von Armut betroffenen Menschen oder die historisch gewachsene Tradition des Waffenbesitzes. Aber der Einfluss der rückständigen Erziehungstraditionen ist offenkundig sehr stark.

Das alles hat auch für uns Bedeutung. Die USA sind nun einmal eine Leitkultur dieses Erdballs. Darum ist es wichtig, dass man dort als Reaktion auf den letzten Amoklauf nicht nur versucht, den privaten Waffenbesitz einzuschränken. Was die USA vor allem brauchen, ist eine Abrüstung in den Köpfen. Die aber setzt einen radikalen Wandel der Erziehungskultur voraus. Deshalb sollten wir nicht länger passiv zuschauen, sondern einen Appell an diese starke, große Nation und an ihren Präsidenten richten: schaffen Sie das Züchtigungsrecht für Eltern und Lehrer ab.

4. Sexueller Kindesmissbrauch und Gewalt gegen Frauen – zwei Beispiele für die hohe Bedeutung von Resilienz

Meine Damen und Herren, nach diesem Ausflug in die große Politik, möchte ich nun mit dem fortsetzen, was ich bereits angekündigt hatte: den beiden Beispielen für die hohe Bedeutung der Resilienz. Das erste betrifft den **sexuellen Kindesmissbrauch**. Unsere beiden Repräsentativbefragungen von 1992 und 2011 zeigen hierzu einen ähnlich positiven Trend, wie zur innerfamiliären Gewalt gegen Kinder. Auch das Risiko der unter 16-Jährigen, Opfer eines Missbrauchs zu werden, hat stark abgenommen – von 7,1 auf 4,4 % (Missbrauch mit Körperkontakt)[38]. Bei der Suche nach Erklärungen bietet ein Befund der Befragungsdaten von 1992 einen wichtigen Hinweis. Ein besonders hohes Missbrauchsrisiko haben danach solche Kinder, die von den Eltern vernachlässigt und geschlagen worden sind[39]. Wer nicht satt geworden ist an elterlicher Liebe, strahlt Verunsicherung aus. Pädophile haben dafür eine Antenne, machen solchen Kindern Zuwendungsangebote und bemächtigen sich ihrer. Wer aber zu Hause selbstbewusst und stark werden konnte, wer ausgeprägte Resilienzkräfte

---

[35] United Nations Office on Drugs and Crime (UNODC), 2011
[36] Zahlen basierend auf den Veröffentlichungen zur Schusswaffentötung 2010 vom FBI und Bundesministerium des Innern, sowie den jeweiligen Einwohnerzahlen 2010. Für die USA ergeben sich hierbei 2,84 Tötungen durch Schusswaffen je 100.000 Einwohner, die Zahl in Deutschland liegt hingegen bei 0,19.
[37] Ebd.
[38] Stadler, Bieneck & Pfeiffer, 2012
[39] Pfeiffer & Wetzels, 1997

entwickelt hat, der ist weniger in Gefahr, von Onkel, Nachbar, Priester oder Fremden missbraucht zu werden.

Und wenn es dann trotzdem passiert, haben die heute selbstbewussteren und aktiveren Opfer weit mehr Power als früher, die Geschichte zu beenden, sich Hilfe zu holen und Anzeige zu erstatten. Die Befragung von 2011 zeigt das besonders deutlich im Vergleich der drei von uns erfassten Altersgruppen. Die zum Zeitpunkt der Befragung 31- bis 40-Jährigen hatten den Missbrauch je nach Tat-Typ nur zu 5 % bis 13 % angezeigt, die 16- bis 20-Jährigen dagegen zwischen 28 und 41 %. Die Daten der 21 bis 30-Jährigen liegen dazwischen. Während also in den 80er Jahren im Durchschnitt nur etwa jeder 12. Täter mit einem Strafverfahren rechnen musste, gilt das heute für jeden Dritten[40]. Das dämpft offenkundig den Tatendrang potenzieller Missbrauchstäter.

Aber auch hier besteht keine Monokausalität. Weitere Faktoren, die den Anstieg der Anzeigebereitschaft erklären können, liegen auf der Hand. Die Schamgrenzen haben sich im Verlauf der letzten drei Jahrzehnte verschoben. Ferner kommt hier die engagierte Arbeit von zahlreichen Organisationen der Opferhilfe sehr zum Tragen, die die betroffenen Menschen ermutigt haben, aus ihrer Passivität auszusteigen[41]. Und schließlich haben sich die öffentliche Aufmerksamkeit und die Anteilnahme für das Leiden der Betroffenen im Laufe der letzten drei Jahrzehnte deutlich erhöht. All das hat ihnen Mut gemacht, ihr Schweigen zu durchbrechen und sich Hilfe zu holen.

Mein zweites Beispiel betrifft die **körperliche Gewalt gegen Frauen** innerhalb und außerhalb von Haushalt und Familie. Die nachfolgende Abbildung 3 zeigt im Vergleich der Befragungsergebnisse von 1992 und 2011, welcher Anteil der Frauen in den fünf Jahren vor der Befragung Opfer einer Körperverletzung geworden ist. Insgesamt gesehen zeigt sich ein Rückgang von 22,8 auf 16,6 %. Bei dem Vergleich der Verletzungsorte offenbart sich allerdings eine gegenteilige Entwicklung. Die Quote der Frauen, die ausschließlich zu Hause Opfer einer Körperverletzung geworden sind, ist im Verlauf der 19 Jahre von knapp 18 auf 10 % gesunken. Parallel dazu sind Frauen aber seit 1992 einem stark wachsenden Risiko ausgesetzt, im Außenfeld von Familie und Haushalt Gewalt zu erfahren. Hier hat sich ihre Opferquote von 1,7 Prozent auf 4,1 Prozent erhöht[42].

---

[40]   Stadler, Bieneck & Pfeiffer, 2012
[41]   Stiftung Opferhilfe Niedersachsen, 2011
[42]   Pfeiffer & Thoben, 2013

Abbildung 3: Körperliche Gewalt gegen 16- bis 40-jährige Frauen innerhalb und außerhalb der Familie

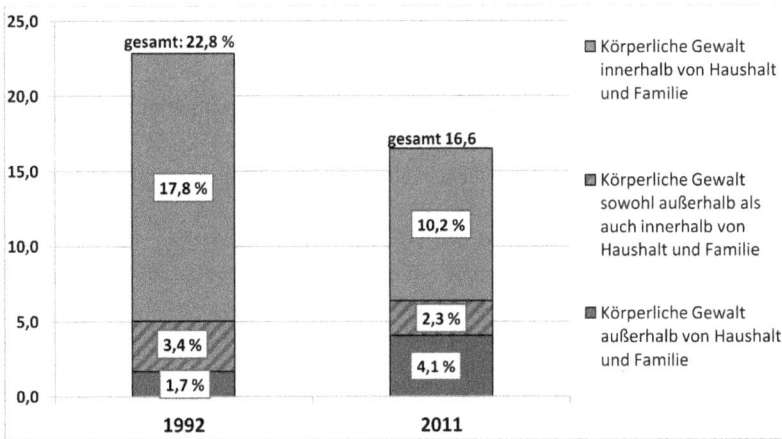

Doch warum ist die häusliche Gewalt so stark zurückgegangen? Eine erste Erklärung liegt auf der Hand: Die engagierte Umsetzung des Gewaltschutzgesetzes durch die Polizei. Mindestens ebenso wichtig erscheint ein anderer Punkt: die Mädchen haben von dem oben beschriebenen Wandel erheblich stärker profitiert, als die Jungen. So ist im Vergleich der Altersgruppen unserer Befragung des Jahres 2011 das massive elterliche Schlagen gegenüber Mädchen seit den 80 Jahren von 17 auf sechs Prozent zurück gegangen – bei den Jungen nur von 14 auf acht Prozent[43]. Auf der anderen Seite haben die Mädchen im Vergleich zu den Söhnen, anders als früher nicht nur von den Vätern, sondern nun auch von den Müttern deutlich mehr Zuwendung und Liebe erhalten[44]. All das hat ihr Selbstbewusstsein gestärkt und zu steigenden Erfolgsquoten in Bildung und Beruf beigetragen. Dadurch sind sie unabhängiger geworden, lassen sich in Beziehungen mit Männern nicht mehr so leicht „unterkriegen" wie früher. Sie verfügen heute über mehr Widerstandskraft gegen etwaige Dominanzansprüche ihrer Partner und setzen öfter Grenzen, wenn das erforderlich ist. All das verringert ihr Risiko deutlich, Opfer innerfamiliärer Gewalt zu werden[45]. Mehr Resilienz bedeutet mehr Prävention[46].

Doch warum hat sich die Quote der Frauen so stark erhöht, die im öffentlichen Raum Opfer körperlicher Gewalt geworden sind? Auch hier dürfte das steigende Selbstbewusstsein der Frauen eine wichtiger Faktor sein. Je mehr sie sich von der früheren

---

[43] Pfeiffer, 2012a, Pfeiffer, 2012b

[44] Pfeiffer, 2012d

[45] Pfeiffer & Thoben, 2013

[46] Walklate, 2011

Rolle des „Heimchens am Herd" freigemacht haben, desto stärker hat sich auch ihr Freizeitverhalten verändert. Heute gehen sie erheblich mehr nach draußen. Damit ist verbunden, dass sie größere Risiken in Kauf nehmen. Im Ergebnis ist so das öffentliche Leben der Frauen spannender geworden, aber eben auch etwas gefährlicher.

5. Zum positiven Trend nun das Gegenbeispiel: der Wohnungseinbruch

Meine Damen und Herren, am Anfang meines Vortrags hatte ich ergänzend zu all diesen positiven Präventionsgeschichten ein Gegenbeispiel angekündigt. Dabei handelt es sich um den Wohnungseinbruch. Die Polizeiliche Kriminalstatistik verzeichnet hier für die Jahre zwischen 2006 und 2011 einen Anstieg um 25 Prozent. Parallel dazu ist die Aufklärungsquote von 20 auf 16 Prozent gesunken[47]. Die uns bisher aus elf Bundesländern vorliegenden Daten des Jahres 2012 zeigen, dass sich die Situation weiter verschlechtert hat. Im Vergleich zu 2011 ist eine Zunahme der Fallzahl um knapp 10 Prozent und ein weiteres Sinken der Aufklärungsquote zu erwarten. Hinzu kommt, dass die Daten der Polizei die Situation noch sehr beschönigen. Die Staatsanwaltschaften sehen nämlich nur bei jeden Fünften der von der Polizei als aufgeklärt gemeldeten Fälle ausreichende Anhaltspunkte dafür, den oder die Tatverdächtigen anzuklagen. Im Ergebnis errechnet sich so für das Jahr 2011 bezogen auf die angezeigten Fälle ein Verurteilungsrisiko der Taten von nur zwei Prozent[48]. Für die Profis unter den Einbrechern ist das eine klare Botschaft. Zu 98 Prozent können sie in Deutschland damit rechnen, die Mühen ihrer kriminellen Arbeit straflos zu genießen. Das ist eine richtige Einladung an bandenmäßig organisierte Gruppierungen zur Tat zu schreiten – ganz gleich, ob sie in Deutschland oder in unseren osteuropäischen Nachbarländern zu Hause sind.

Die Chance der großen Repräsentativbefragung des Jahres 2011 haben wir am KFN dazu genutzt, die 11.500 Personen auch zum Wohnungseinbruch zu befragen. Die Befunde passen zu dem düsteren Bild der offiziellen Statistikzahlen. Von den fünf Prozent, die angegeben haben, dass sie schon einmal Opfer eines Wohnungseinbruchs geworden sind, gab es viele problematische Botschaften. Die durchschnittliche Schadenshöhe betrug ca. 3.200 Euro. 38 Prozent waren nicht versichert, mussten also den Schaden selber tragen. Viele gaben allerdings an, dass sie etwas anderes viel stärker belastet hat: **dieser Einbruch in die Intimsphäre und die Geborgenheit ihrer Wohnung.** Jeder zweite hat psychisch lange darunter gelitten. Vor allem die Frauen berichten häufig von anhaltenden, starken Angstgefühlen (37 %) und klagen über massive Schlafstörungen (27 %). Insgesamt gesehen ist jeder Fünfte wegen des Einbruchs aus der Wohnung ausgezogen. Als sehr unbefriedigend und als enttäuschend beschrieben drei Viertel Opfer ferner, dass der Täter von der Polizei nicht ermittelt werden konnte (77 %)[49].

---

[47] Bundesministerium des Innern, 2012

[48] Ebd.

[49] Pfeiffer, 2012c, vgl. auch Görgen, 2012

Angesichts dieser schockierenden Daten zum Wohnungseinbruch fragt man sich natürlich, ob solche Befunde eine Ausnahme beschreiben oder ob es aus viktimologischer Sicht noch andere aktuelle Negativbeispiele gibt. Dazu hier nur Stichworte:

1. Der Menschenhandel hat erheblich zugenommen.
2. Viele Mädchen und möglicherweise auch Jungen werden im Internet beim Chatten in Kinderforen Opfer von aggressiver Anmache durch pädophile Männer
3. Die Subkultur von Rockergruppen wie Hells Angels, Bandidos oder Mongols wächst offenbar stark an.

6. Parallel Justice – Gerechtigkeit für alle Opfer

Diese Schlaglichter gehören zum Gesamtbild. Sie können aber nur eine begrenzte Ergänzung zu dem darstellen, was Wiebke Steffen uns zur **Lage der Kriminalitätsopfer in Deutschland** im Rahmen ihres überaus differenzierten Gutachtens präsentiert hat[50]. Zu Recht weist sie darauf hin, dass sich die Situation insgesamt betrachtet in vielfacher Hinsicht verbessert hat. Beginnend mit dem Opferentschädigungsgesetz von 1976 und dem Opferschutzgesetz von 1986 hat der Staat nach und nach die Rechtsposition der Kriminalitätsopfer gestärkt. Allein zum **Strafprozessrecht** hat es seit 1986 neun opferbezogene Reformen gegeben - vom Recht auf Akteneinsicht des Verletzten angefangen, über den Opferanwalt auf Staatskosten, bis hin zur Verbesserung des Adhäsionsverfahrens[51]. Ein letztes Beispiel betrifft das kürzlich verabschiedete Gesetz zur Stärkung der Rechte von Opfern sexuellen Missbrauchs, mit dem den Verletzten beispielsweise erweiterte Erklärungsrechte und Anfechtungsmöglichkeiten eingeräumt werden.

Hinzu kommen 13 Änderungen des **materiellen Strafrechts** – von verschiedenen Regelungen zum Täter-Opfer-Ausgleich angefangen über Strafrechtsverschärfungen im Bereich des Sexualstrafrechts bis hin zu Neuregelungen zum Schutz gegen Menschenhandel oder zur Strafbarkeit des Stalking.

Viele dieser gesetzlichen Regelungen werden von Wiebke Steffen zu Recht begrüßt, weil sie dazu beigetragen haben, eine Reviktimisierung des Opfers im Strafverfahren zu verhindern und es dabei zu unterstützen, sich im Verfahren gegen unangemessene Angriffe des Täters und seines Anwalts zu behaupten. Ich folge ihr aber auch bei ihrer Kritik daran, dass diese Reformen nur die 12 % der Opfer betreffen, deren Taten angeklagt worden sind. Zum anderen moniert Steffen zu Recht, dass diesen Opferschutzgesetzen kein klares systematisches Konzept zugrunde liegt. Sie sind häufig in Abhängigkeit von aktuellen Ereignissen entstanden, waren manchmal sehr populis-

---

[50] Steffen, 2013
[51] Böttcher, 2012, Schöch, 2012

tisch orientiert und sind auch als Resultat der Lobbyarbeit der Opferschutzverbände zu bewerten. Vor allem aber ist ein krasses Defizit an empirischer Forschung zu den Erfahrungen und wirklichen Bedürfnissen der Opfer zu kritisieren.

Der Gesetzgeber behauptet stets, im Interesse der Opfer zu handeln, hat sich aber fast nie die Mühe gemacht, sorgfältig ermitteln zu lassen, ob seine Annahmen zutreffen. Darüber hinaus interessiert er sich kaum dafür, ob sich die angestrebte Stärkung der Opferrechte in die gewünschte Richtung ausgewirkt hat und welche Erfahrungen die verschiedenen Verfahrensbeteiligten mit der praktischen Anwendung der gesetzlichen Neuregelungen gesammelt haben. Dabei gäbe es durchaus Anlass dazu, hier eine umfassende Evaluierung vorzunehmen. Dies gilt etwa im Hinblick auf die von vielen Kritikern der Opferschutzgesetzgebung vorgetragene Sorge, sie würde eine effektive Strafverteidigung behindern. Ein anderes Beispiel wäre die Strafverfolgung von Sexualdelikten. Die Aussage vieler Opfer, rückblickend gesehen würden sie angesichts der im Prozess gesammelten Erfahrungen nie mehr Anzeige erstatten, müsste den Gesetzgeber eigentlich dazu veranlassen, auch insoweit die den Gesetzen zugrundeliegenden Annahmen empirisch überprüfen zu lassen[52].

Auf diese Forschungsdefizite werde ich noch einmal zurückkommen. Sie lassen sich allerdings erst dann richtig einschätzen, wenn zuvor unser Blick erweitert wird. An dieser Stelle des Vortrags soll nun endlich das Konzept von Opferschutz in die Analyse einbezogen werden, das seit einigen Jahren unter dem Begriff „Parallel Justice" diskutiert wird. Susan Herman, Professorin für Criminal Justice an der Pace University New York hat mit ihrem gleichnamigen Buch weit über die Grenzen der USA hinaus eine sehr grundlegende kriminalpolitische Diskussion ausgelöst[53]. Ihre Thesen basieren einerseits auf einer Fülle von empirisch-viktimologischen Studien. Andererseits haben sie als Grundlage ihre breiten Erfahrungen aus mehr als 30 Jahren praktischer Opferhilfe. So hat sie in Washington für sieben Jahre das National Center for Victims of Crime geleitet und war zuvor in New York die Leiterin der Opferhilfe für Fälle der häuslichen Gewalt.

Ihre Thesen lassen sich in vier Punkten zusammenfassen[54].

1. Strafrecht und Strafprozessrecht sind primär auf den Täter fixiert. Wenn er seine gerechte Strafe bekommen hat und bei Bedarf Unterstützung dabei erhält, sich wieder in die Gesellschaft zu integrieren, gehen wir davon aus, dass der Gerechtigkeit Genüge getan ist.

2. Für die Opfer von Straftaten gibt es bisher kein vergleichbares Forum, in dem für sie von Seiten des Staates Gerechtigkeit organisiert wird. Zwar

---

[52]   Vgl. Krahé, 2012, Volbert, 2012

[53]   Herman, 2010

[54]   Ebd.

hat der Staat sich im Wege der Opferschutzgesetzgebung durchaus bemüht, den Bedürfnissen der Opfer im Rahmen von Strafverfahren Rechnung zu tragen. Doch damit beschränkt er sich auf die kleine Minderheit,
deren Täter vor Gericht gestellt werden. Die große Mehrheit der Opfer
geht hier leer aus. Und auch für die anderen bringt die Rolle des Zeugen
trotz der gesetzgeberischen Bemühungen häufig sehr unbefriedigende und
belastende Erfahrungen mit sich.

3. Angesichts dieser eklatanten Vernachlässigung der Opferinteressen sollten wir das Bemühen um Gerechtigkeit für Täter und Opfer voneinander
    entkoppeln. Die **Gerechtigkeit für Opfer** erhält so einen **eigenen Stellenwert**. In einem gesonderten Verfahren sollte ein Handlungskonzept
    aus drei Elementen umgesetzt werden – der Feststellung, dass dem Opfer
    Unrecht geschehen ist; dem effektiven Schutz des Opfers gegen eine Reviktimisierung und schließlich der Unterstützung des Opfers dabei, die
    Viktimisierungsfolgen zu bewältigen und sein Leben wieder in den Griff
    zu bekommen.

4. Es darf hierbei keine Hierarchie von Opferansprüchen geben, die **bestimmten** Opfern Vorrechte einräumen gegenüber anderen. Das widerspricht unserem Basiskonzept von Gerechtigkeit. Deshalb gibt es keinen
    ausreichenden Grund, den Opfern von Gewalt mehr Rechte einzuräumen
    als etwa denen von Einbruch, Stalking oder Betrug. Ferner darf es keine
    Rolle spielen, ob eine Straftat auf der Straße geschehen ist, in einem Gefängnis, in einer Pflegeeinrichtung oder in der Psychiatrie. Und schließlich darf die Umsetzung des Konzepts von Parallel Justice nicht davon
    abhängen, ob der Täter jemals ermittelt oder verurteilt worden ist.

Im Hinblick auf das Thema unseres Präventionstages enthält Susan Hermans Buch
zwei klare Botschaften, die sie mit verschiedenen empirischen Studien belegen kann.
Erstens: Wer einmal Opfer geworden ist, hat ein deutlich erhöhtes Risiko, erneut Opfer zu werden. Zweitens: Parallel dazu gibt es aber auch klare Belege dafür, dass
Opfer häufig zu Tätern werden. So gilt unter Jugendlichen als stärkster Prädiktor für
zukünftige Kriminalität, dass man selber Opfer eines Angriffs geworden ist. Für Susan Herman ist ferner etwas sehr wichtig: die Opferhilfe darf die Betroffenen nicht auf
die Rolle des schwachen, hilfsbedürftigen Menschen festlegt. Sie sollen sich möglichst nicht für längere Zeit oder sogar für den Rest seines Lebens primär als Opfer definieren. Das wäre erlernte Hilflosigkeit und würde das Risiko einer erneuten
Viktimisierung erhöhen[55].

Stattdessen muss alles daran gesetzt werden, die **Widerstandskraft der Opfer zu stärken**, ihre Resilienz zu fördern. Sie brauchen konkrete Hilfen und starke Unterstützung

---

[55] Herman, 2010

dabei, einer Wiederholung der Opfererfahrung aktiv vorzubeugen. Andererseits sollte Opferhilfe aber auch dem Rechnung tragen, dass bei vielen Betroffenen als Folge der Tat der Wunsch erwächst, zurückzuschlagen, sich zu rächen, den tiefsitzenden Frust über die demütigende Opfererfahrung irgendwie zu bewältigen[56]. Diese Bedürfnisse sollten dann offen angesprochen werden, damit gemeinsam ein Weg gefunden werden kann, das Problem konstruktiv zu lösen. Auch das ist höchst wirksame Prävention.

Doch wer sind die Akteure von Parallel Justice? Die Antwort lautet: Alle! Angesprochen sind zunächst alle Menschen, die beruflich im Rahmen der Strafverfolgung oder im Kontext von Schule, Jugendhilfe, Opferhilfe oder Sozialarbeit mit der Tatsache konfrontiert sind, dass jemand Opfer einer Straftat geworden ist. Zum anderen sollten sich aber auch all diejenigen angesprochen fühlen, die im Alltag mit einer solchen Situation konfrontiert werden – also beispielsweise der Nachbar, der mitbekommen hat, dass da jemand Opfer eines Einbruchs oder einer Schlägerei geworden ist. Sie alle und wir alle können und sollten im Sinne der gerade dargestellten Handlungsstrategien zur Stabilisierung des Opfers beitragen.

Ich möchte das am **Beispiel der Polizei** näher erläutern. Für sie bedeutet Parallel Justice, dass sie sich nicht mehr auf die Wahrnehmung der gewohnten Rolle beschränken darf. In einer von Parallel Justice geprägten Strafverfolgung hat sie zwei gleichrangige Funktionen. Zum einen ist sie wie bisher dafür zuständig, zu der ihr bekannt gewordenen Straftat einen Täter zu ermitteln. Darüber hinaus hat sie aber völlig unabhängig davon, ob ihr dies gelingt, auch die Aufgabe, sich dem Opfer zuzuwenden und ihm als erstes eine klare Botschaft zu vermitteln: „Du bist nicht Leidtragender eines Unglücks geworden. Nein, Dir ist durch einen Täter Unrecht widerfahren. Das wird von uns nicht akzeptiert". Dabei sollte die Polizei jedem Opfer mit Respekt, Sensibilität und Empathie gegenübertreten[57]. Und sie sollte grundsätzlich jedes Opfer als glaubwürdig behandeln. Nur wenn es konkrete Hinweise darauf gibt, dass Zweifel angebracht sind, gilt diese Regel nicht.

Aufgabe der Polizei ist es anschließend, sehr detailliert zu klären, wie groß der entstandene Schaden ist. Das ist später gerade dann von hoher Bedeutung, wenn es ihr nicht gelingen sollte, einen Täter zu ermitteln. Ferner kommt es bei diesem ersten Kontakt zur Polizei ganz entscheidend darauf an, dass das Opfer zu zwei wichtigen Punkten detaillierte Informationen erhält. Zum einen sollte es erfahren, was es im Strafverfahren zu erwarten hat. Zum anderen sollte die Polizei ihm umfassende und sehr konkrete Informationen dazu bieten, welche Unterstützungsangebote zur Verfügung stehen – vom Weißen Ring angefangen über eine etwaige staatliche Opferhilfe bis hin zu den spezifischen Unterstützungsangeboten, wie sie etwa für Opfer sexualisierter Gewalt, innerfamiliärer Gewalt oder des Stalking zur Verfügung stehen.

---

[56] Dutton & Greene, 2010; Barton, 2012
[57] Vgl. Herman, 2010

Anwesende Polizeibeamte könnten nun zu ihrem Nachbarn gewandt sagen: „Aber das tun wir doch alles bereits". „Wirklich?", frage ich zurück. Gilt das uneingeschränkt auch für Migranten, die Opfer einer Straftat geworden sind, für Strafgefangene, für Obdachlose, für angetrunkene Opfer und solche, die emotional stark erregt sind und schwer ansprechbar erscheinen? Wird in solch schwierigen Kommunikationssituationen die nötige Information für das Opfer später wirklich nachgeholt? Auf diese Fragen gibt es noch keine befriedigenden Antworten. Sie zeigen erste Forschungsdefizite auf, auf die ich abschließend zu sprechen kommen möchte.

Mir fehlt hier die Zeit, nun zu sämtlichen Verfahrensbeteiligten das durchzubuchstabieren, was Parallel Justice konkret bedeutet. Da empfehle ich schlicht, Susan Hermans wirklich inspirierendes Buch zu lesen und sich dann im Einzelnen zu fragen, was ihre Empfehlungen bedeuten, wenn wir sie in unser Strafverfolgungssystem übertragen. Aber auf einen besonderen Punkt möchte ich doch noch zu sprechen kommen.

Unter Ziffer 3 des Parallel Justice Konzepts hatte ich dargestellt, dass Susan Herman ein **gesondertes Verfahren zur Feststellung des Opferstatus** empfiehlt. Aus der Umsetzung dieses Vorschlags würden sich meines Erachtens neue Perspektiven dafür eröffnen, manche Streitfragen zu klären, die gegenwärtig zwischen Opferverbänden und anderen Gruppierungen bestehen. Dies gilt beispielsweise für das Verjährungsproblem[58].

Vertreter der Opfer verlangen im Hinblick auf den sexuellen Missbrauch teilweise eine komplette Aufhebung der Verjährungsfrist. Rechtswissenschaftler und Vertreter der Strafverteidiger wenden sich mit dem Argument gegen solche Forderungen, die daraus entstehenden sehr späten Strafverfahren könnten zu keinem vernünftigen Ergebnis führen. Das Konzept von Parallel Justice bietet hier mehr Flexibilität. Im Hinblick auf die Strafverfolgung des Täters könnte es beim bisherigen System bleiben. Völlig unabhängig davon stünde aber das Verfahren zur Feststellung, dass jemand Opfer einer derartigen Straftat geworden ist. Hier könnte man erwägen, die Verjährungsfrist auf 30 Jahre festzulegen oder gar völlig aufzuheben. Dies könnte dazu beitragen, dass beispielsweise innerfamiliäre Zeugen eines Missbrauchs nicht mehr länger schweigen, weil sie von der Last befreit sind, mit ihrer Aussage einen Familienangehörigen ins Gefängnis zu bringen.

---

[58] Vgl. Albrecht, 2011, Barton, 2012

7. Evaluation und Forschung – die Antriebsmotoren für eine schrittweise Umsetzung von Parallel Justice in die Praxis und die Gesetzgebung

Für eine schrittweise Umsetzung von Parallel Justice in unsere Rechtskultur erscheinen zwei Punkte wichtig: Erstens die strikte Orientierung an den realen Bedürfnissen der Opfer und zweitens der Anspruch, dem in der Praxis und Gesetzgebung zur Opfergerechtigkeit Rechnung zu tragen. Konkret erwächst daraus für die **praktische Umsetzung des Konzepts** die Notwendigkeit, deren Qualität laufend zu überprüfen. Ich möchte das erneut am Beispiel der polizeilichen Arbeit erläutern.

Der leicht angetrunkene Herr Müller ist auf dem Heimweg von seiner Kneipe von zwei Mitzechern zusammengeschlagen und beraubt worden. Deshalb hat er sofort danach bei der nächstgelegenen Polizeiwache Anzeige erstattet. Drei Tage später wird er von einer mit der Polizei kooperierenden Evaluationsagentur angerufen. Man erklärt ihm, dass er zu 50 Opfern gehört, die man zufällig dafür ausgewählt hat, die Arbeit dieser Polizeidienststelle zu bewerten. Anonym darf er nun Noten dafür geben, wie zufrieden er mit dem Kommunikationsstil des Beamten gewesen ist oder wie er die Ermittlungen des ihm widerfahrenen Schadens bewertet und die Beratung, die er im Hinblick auf Opferhilfe und etwaige Opferentschädigungsansprüche erhalten hat. Die Polizeidienststelle erhält wiederum über das gesamte Ergebnis der 50 Opferrückmeldungen ein differenziertes Feedback und ebenso die Polizeidirektion[59]. Eine derartige **Evaluation** sollte regelmäßig und landesweit erfolgen. Sie wäre ein wichtiger Beitrag dazu, Parallel Justice schrittweise in die Praxis umzusetzen.

Aber auch der **viktimologischen Forschung** kommt hier zentrale Bedeutung zu. So erscheint es unverzichtbar, durch eine regelmäßig wiederholte Repräsentativbefragung unserer Bevölkerung aufzuklären, welche Viktimisierungsrisiken die Menschen in verschiedenen Kriminalitätsbereichen haben. Erst eine derartige **Dunkelfeldforschung** ermöglicht es, in Verbindung mit der Polizeilichen Kriminalstatistik die Sicherheitslage der Bevölkerung zu bewerten. Erst dadurch werden wir in die Lage versetzt, die Tauglichkeit verschiedener Präventionsansätze systematisch zu überprüfen. Und wir haben endlich die Chance, die Opferrisiken der verschiedenen Bevölkerungsgruppen zu überprüfen. Es ist deshalb sehr zu begrüßen, dass es dem Bundeskriminalamt und dem Freiburger Max-Planck-Institut gemeinsam gelungen ist, letztes Jahr fast 35.000 Menschen zu ihren Viktimisierungserfahrungen zu befragen[60]. Erst diese große Zahl lässt zu seltenen Opferrisiken belastbare Befunde erwarten. Man kann deshalb nur hoffen, dass daraus ein Dauerprojekt wird.

Darüber hinaus brauchen wir aber einen **zweiten viktimologischen Forschungsansatz: die unmittelbare Opferbefragung,** also von Personen, von denen man schon

---

[59]   Vgl. Herman, 2010

[60]   Modul 4 des Projektes Barometer Sicherheit in Deutschland (BaSiD), das von dem Max-Planck-Institut in Kooperation mit dem Bundeskriminalamt durchgeführt wird.

vorher weiß, dass sie Opfer einer bestimmten Straftat geworden sind. Nur so wird es möglich, die Fragen zu den Folgen der Viktimisierung so differenziert zu stellen, dass gestützt darauf ausreichend fundierte Bewertungen zur Opfergerechtigkeit möglich werden. Dies möchte ich nachfolgend am Beispiel des **Opferentschädigungsrechts** erläutern.

Das 1976 in Kraft getretene OEG hat seit seiner Einführung jährlich Tausenden von Menschen, die Opfer einer Gewalttat geworden sind, zu beachtlichen Entschädigungsleistungen verholfen[61]. Trotzdem gibt es im Hinblick auf zwei Gesichtspunkte kritische Fragen. Zum einen geht es um die **Zugangsgerechtigkeit**, also um Ziffer 4 des oben dargestellten Konzepts von Parallel Justice. Warum werden die Opfer eines tätlichen Angriffs privilegiert? Welche Gruppen von Opfern erscheinen ähnlich schwer betroffen wie die gegenwärtigen Leistungsempfänger und sollten deshalb auch antragsberechtigt werden? Zum Thema der Zugangsgerechtigkeit gehören aber auch Fragen an Opfer, die im Prinzip antragsberechtigt wären, die dann jedoch die ihnen vom OEG eröffneten Entschädigungschancen nicht genutzt haben. Sind sie falsch oder gar nicht beraten worden? Gibt es hier Besonderheiten im Hinblick auf ihren sozialen Status oder auf bestimmte Deliktstypen (z.B. innerfamiliäre Gewalt)? Wie lassen sich die sehr großen regionalen Unterschiede zur Antragshäufigkeit erklären, auf die der Weiße Ring hinweist?

Zum anderen wird aber auch die **Anwendungsgerechtigkeit** des OEG zunehmend thematisiert. Die Frage stellt sich, ob die vor allem vom Weißen Ring und verschiedenen Medien vorgetragene Kritik berechtigt erscheint, dass viele Opfer trotz eines gestellten Antrags leer ausgehen, obwohl sie die gesetzlichen Voraussetzungen erfüllen[62]. Hier könnte man durch eine breit angelegte **Aktenanalyse** aufklären, wo möglicherweise Probleme bei der Anwendung des OEG auftreten und wie sie im Interesse der angestrebten Opfergerechtigkeit gelöst werden könnten. Zu untersuchen wäre dann auch, woran es liegt, dass die OEG-Verfahren teilweise eine extreme Dauer aufweisen und dass Anträge auf vorgezogene, schnelle Hilfe offenbar nur selten Erfolgschancen haben.

Es wird nicht einfach sein, die zuständigen Ministerien und Behörden von der Notwendigkeit solcher Forschungsansätze zu überzeugen. Aber vorsichtiger Optimismus erscheint zumindest im Hinblick auf eine Opfergruppe angebracht. Der **Runde Tisch zum sexuellen Kindesmissbrauch** hat sich mit vielen der hier angesprochenen Probleme, die bei der Anwendung des OEG entstehen, kritisch und konstruktiv auseinander gesetzt[63]. Zudem gab es bei der abschließenden Sitzung des Runden Tisches von

---

[61] Stiftung Opferhilfe Niedersachsen, 2011
[62] Weißer Ring e. V., 2012
[63] Abschlussbericht Runder Tisch „Sexueller Kindesmissbrauch in Abhängigkeits- und Machtverhältnissen in privaten und öffentlichen Einrichtungen und im familiären Bereich".

Seiten der Politik ein klares Signal. Die Staatssekretärin im Bundesministerium für Arbeit und Sozialordnung, Frau Dr. Niederfranke, hat sich dafür ausgesprochen, die offenen Fragen, die hier zur Anwendung des OEG bestehen, durch eine wissenschaftliche Untersuchung klären zu lassen.

Meine Damen und Herren, was ich hier am Beispiel des Opferentschädigungsrechts dargestellt habe, lässt zwei Schlussfolgerungen zu. Zum einen besteht Bedarf, den Appell, den Susan Herman mit ihrem Konzept von Parallel Justice auch an uns richtet, sowohl im Wege einer Verbesserung der praktischen Anwendung des Rechts als auch von gesetzgeberischen Reformen zu beantworten. Zum anderen wird aber auch deutlich, dass wir für beide Ansätze breit angelegte wissenschaftliche Untersuchungen benötigen.

8. Forschung zu Missbrauchsopfern von Priestern – will die Kirche hier aussteigen?

Der **Zweck viktimologischer Forschung** ist mit dem oben gesagten freilich noch nicht hinreichend erfasst. Sie hat für die Opfer auch einen ganz eigenen, unmittelbaren Stellenwert. Die wissenschaftliche Auseinandersetzung mit dem Leiden, das Opfern zugefügt worden ist, bedeutet für die Betroffenen zugleich Anerkennung und Wertschätzung. Die Opfer werden ernst genommen. Man hört ihnen zu. Das, was ihnen widerfahren ist, wird gründlich registriert, analysiert und schließlich veröffentlicht. Es kann nicht mehr unter den Teppich gekehrt werden.

Ich betone diesen Punkt auch deshalb, weil es bei uns zurzeit eine große Gruppe von Opfern gibt, die in dieser Hinsicht zu kurz kommen könnten. Ich meine die Menschen, die als Kinder oder Jugendliche von Priestern, Ordensangehörigen oder Diakonen der Katholischen Kirche sexuell missbraucht worden sind. Da hatte die **Deutsche Bischofskonferenz** zunächst mit uns ein Forschungskonzept vertraglich vereinbart, das den Opfern wirklich breite Möglichkeiten geboten hätte, sich konstruktiv einzubringen. Aber dann scheiterte das Projekt, weil die Kirche auf einmal im Wege von Vertragsänderungen weitgehende Kontroll- und Zensurwünsche durchsetzen wollte, die wir nicht akzeptieren konnten[64]. Die offene Frage ist nun, welchen **Stellenwert die Opfer in einem etwaigen Nachfolgeprojekt haben werden**. In einer Presseerklärung der Bischofskonferenz vom 21.02.13 heißt es dazu: „Zu den wesentlichen Zielen gehören nach wie vor die Erhebung von verlässlichem Zahlenmaterial sowie eine Sichtung der Personalakten. Dadurch sollen Erkenntnisse über Zahl und Vorgehen der Täter gewonnen und über das Verhalten der Kirchenverantwortlichen in den zurückliegenden Jahrzehnten eine vertiefte Einsicht erhalten werden".

Die Opfer kommen hier mit keinem Wort vor. Ich frage mich, ob das auch damit zu tun hat, dass offenbar viele Akten vernichtet worden sind. Zwar hat die Kirche darauf hingewiesen, dass bei einer Aktenvernichtung die Urteilsformel und eine Kurzfassung

---

[64] Pfeiffer, Mößle, Baier, 2013 (Manuskript in Vorbereitung)

des Sachverhaltes aufgehoben werden. Diese in der Personalakte eines Täters weiterhin verfügbaren Fakten würden es doch weiterhin ermöglichen, das Forschungsprojekt zu realisieren. Aber das erscheint mir doch sehr zweifelhaft. Bei einer Aktenvernichtung gehen gerade die Informationen verloren, die das Leiden der Opfer betreffen. Aus viktimologischer Sicht ist mit solchen Personalakten nichts mehr anzufangen. Sollte es also tatsächlich doch noch einen Neustart des Projekts geben, dann müsste meines Erachtens die Kirche vorher offenlegen, wie viele Akten in jeder einzelnen Diözese vernichtet worden sind. Erst dann ließe sich beurteilen, ob die Forschung aus der Sicht der Opfer überhaupt noch Sinn macht. Es wäre deshalb hilfreich, wenn die Opferverbände drei Punkte anmahnen: Erstens darf es im Hinblick auf das zukünftige Projekt weder im Vertrag noch in versteckten Nebenabreden zu Zensurregelungen geben. Zweitens müssen die Leiden der Opfer weiterhin ein zentraler Schwerpunkt des Projekts sein. Und drittens: Die Kirche sollte nicht versuchen die Geschichte auszusitzen und auf ein Forschungsprojekt völlig zu verzichten.

9. Ausblick – ein besonderes Forschungsprojekt zur Opfer-Täter-Konstellation beim Kindesmissbrauch

Der Appell an die Deutsche Bischofskonferenz soll allerdings nicht den Abschluss meines Vortrags bilden. Am Ende soll etwas ganz anderes stehen: ein kurzer Blick auf ein wirklich interessantes **Forschungsprojekt** der Universität Stuttgart **zum Thema des sexuellen Missbrauchs**. Dieter Urban und Joachim Fiebig[65] konnten auf der Grundlage von 490 Gefangenen-Personalakten und gestützt auf eine methodisch exzellent durchgeführte Datenanalyse zunächst einmal etwas feststellen, was nicht weiter überrascht. Für Männer, die in ihrer Kindheit von einem pädophilen Täter missbraucht worden sind, ergibt sich später ein deutlich gesteigertes Risiko, selber ein Missbrauchstäter zu werden. Sehr spannend ist jedoch ihre zweite Erkenntnis: Wenn solche früh missbrauchten Jungen aber in ihrer weiteren Kindheit durch besonders aggressive Verhaltensweisen aufgefallen sind, dann ist die Wahrscheinlichkeit deutlich geringer, dass sie später selber pädophile Täter werden. Die Autoren bieten für diesen Befund eine plausible Deutung an. Das aggressive Verhalten solcher Jungen ist als eine Strategie zu verstehen, das Trauma des ihnen widerfahrenen Missbrauchs zu bewältigen. In dem sich der Junge als aggressiver Kämpfer beweist, kompensiert er den vom Missbrauch ausgelösten Verlust an Selbstwert und Selbstwirksamkeitserfahrungen.

Was lehrt uns das? Für den Heimweg biete ich zum Nachdenken zwei Überlegungen an: Erstens mit aggressiven Kindern sollten wir sehr achtsam umgehen. Für ihr Verhalten kann es viele Gründe geben. Einer davon könnte eine frühe Missbrauchserfahrung sein.

---

[65]   Urban & Fiebig, 2011

Zweitens: Das schlichte Bestrafen und Unterbinden der aggressiven Fehlverhaltens-
weisen von Kindern ist der falsche Weg. Wir dürfen nicht nachlassen, gerade auch
solchen Kindern Wege aufzuzeigen, wie sie Selbstwertgefühl und Selbstwirksamkeit
gewinnen können. Die Programmüberschrift lautet Lust auf Leben wecken, durch ein
breites Angebot von echten Herausforderungen in den Bereichen Sport, Musik, The-
aterspielen, Zirkus und ähnlichen Aktivitäten. Wenn die Kinder dann für irgendeines
solcher Angebote eine echte Leidenschaft entwickeln, dann entsteht aus dieser Erfahrung der Selbstwirksamkeit das, was ich oben angesprochen habe: Widerstandskraft,
Resilienz. Das wäre dann zum einen wirksame Prävention und zum anderen eine ge-
steigerte Fähigkeit, auch Opfererfahrungen gut zu bewältigen.

Literaturverzeichnis

Albrecht, H.-J. (2011). Sexualstrafrecht – Reformen und Ergebnisse. *Recht der Jugend und des Bildungswesens*, 59 (2), 148-162.

Baier, D., Kemme, S., Hanslmaier, M., Doering, B., Rehbein, F. & Pfeiffer, C. (2012). *Kriminalitätsfurcht, Strafbedürfnisse und wahrgenommene Kriminalitätsentwicklung. Ergebnisse von bevölkerungsrepräsentativen Befragungen aus den Jahren 2004, 2006 und 2010. (KFN-Forschungsbericht Nr. 117).* Hannover: KFN.

Barton, S. (2012). Strafrechtspflege und Kriminalpolitik in der viktimären Gesellschaft. Effekte, Ambivalenzen und Paradoxien. In: S. Barton & R. Kölbel: *Ambivalenzen der Opferzuwendung des Strafrechts. Zwischenbilanz nach einem Vierteljahrhundert opferorientierter Strafrechtspolitik in Deutschland. (Interdisziplinäre Studien zu Recht und Staat, Band 53).* Baden-Baden: Nomos, 111-140

Bender, D. & Lösel, F. (1997). Risiko- und Schutzfaktoren im Prozeß der Mißhandlung und Vernachlässigung von Kindern. In: U. T. Egle, S. O. Hoffmann & P. Joraschky (Hrsg.) *Mißbrauch, Mißhandlung, Vernachlässigung.* Stuttgart: Schattauer, 35-53.

Boers, K., Feltes, T., Kinzig, J., Sherman, J., Streng, F. & Trüg, G. (Hrsg.) (2013) *Festschrift für Hans-Jürgen Kerner.* Tübingen: Mohr Siebeck. (Manuskript in Vorbereitung).

Böttcher, R. (2012). Perspektiven für den Opferschutz in Strafverfahren. *Neue Kriminalpolitik, 24 (4)*, 121-164.

Bundesprüfstelle für Jugendgefährdende Medien. (2010). Entscheidung Nr. 9389 (V) vom 06.08.2010; bekannt gemacht im Bundesanzeiger 130 vom 31.08.2010.

Bundesprüfstelle für Jugendgefährdende Medien. (2013). Entscheidung Nr. 10919 (V) vom 05.04.2013; bekannt gemacht im Bundesanzeiger AT vom 30.04.2013.

Daigle, L. E., Beaver, K. M. & Turner, M. G. (2010). Resiliency against victimization: Results from the National Longitudinal Study of Adolescent Health. *Journal of Criminal Justice, 38*, 329-337.

De Montaigne, M. (1998). *Essais.* Frankfurt am Main: Eichborn GmbH & Co. Verlag KG.

Dutton, M. A. & Greene, R. (2010). Resilience and Crime Victimization. *Journal of Traumatic Stress, 23* (2), 215-222.

Farrington, D. (1992a). The need for longitudinal experimental research in offending and antisocial behavior. In: J. McCord & R. E. Tremblay (Hrsg.). *Preventing antisocial behavior.* New York: Guildford Press, 353-376.

Farrington, D. (1992b). Psychological contributions to the explanation, prevention and treatment of offending. In: F. Lösel, D. Bender & T. Bliesener (Hrsg.). *Psychology and law: international perspectives.* Berlin: De Gruyter, 35-51.

Gershoff, E. T. (2010). More Harm than good: A Summary of Scientific Research on the Intended and Unintended Effects of Corporal Punishment on Children. *Law and Contemporary Problems*, 73 (2), 31-57.

Görgen, T. (2012). Zum Stand der internationalen viktimologischen Forschung. In: S. Barton & R. Kölbel: *Ambivalenzen der Opferzuwendung des Strafrechts. Zwischenbilanz nach einem Vierteljahrhundert opferorientierter Strafrechtspolitik in Deutschland. (Interdisziplinäre Studien zu Recht und Staat, Band 53).* Baden-Baden: Nomos, 89 109.

Götz, F. & das Gupta, O. (2010). Erziehung mit der Rute. Liebe geht durch den Stock. *Süddeutsche Zeitung*, Jhg. 66 (39), Nr. 273

Greve, W., Hellmers, S. & Kappes, C. (2012). Bewältigung krimineller Opfererfahrungen: Entwicklungsfolgen und Entwicklungsregulation. In: S. Barton & R. Kölbel: *Ambivalenzen der Opferzuwendung des Strafrechts. Zwischenbilanz nach einem Vierteljahrhundert opferorientierter Strafrechtspolitik in Deutschland. (Interdisziplinäre Studien zu Recht und Staat, Band 53).* Baden Baden: Nomos, 89 109.

Herman, S. (2010). *Parallel Justice for Victims of Crime.* Washington, DC: The National Center for Victims of Crime.

Human Rights Watch & American Civil Liberties Union (Eds.). (2008). *A Violent Education. Corporal Punishment of Children in US Public Schools.* New York: Human Rights Watch.

Kerner, H.-J., Stroezel, H. & Wegel, M. (2003). Erziehung, Religion und Wertorientierungen bei jungen Gefangenen. *Zeitschrift für Jugendkriminalrecht und Jugendhilfe*, 14 (3), 233-240.

Krahé, B. (2012). Soziale Reaktionen auf primäre Viktimisierung: Zum Einfluß stereotyper Urteilsmuster. In: S. Barton & R. Kölbel: *Ambivalenzen der Opferzuwendung des Strafrechts. Zwischenbilanz nach einem Vierteljahrhundert opferorientierter Strafrechtspolitik in Deutschland. (Interdisziplinäre Studien zu Recht und Staat, Band 53).* Baden-Baden: Nomos, 159-176.

Lösel, F. & Bender, D. (2008). Von generellen Schutzfaktoren zu spezifischen protektiven Prozessen. Konzeptuelle Grundlagen und Ergebnisse der Resilienzforschung. In: G. Opp & M. Fingerle (Hrsg.) *Was Kinder stärkt. Erziehung zwischen Risiko und Resilienz.* München, Basel: Ernst Reinhardt Verlag, 279-298.

Matt, E. & Siewert, S. (2008). Resilienz, Lebenslaufperspektive und die Frage der Prävention. Einige kriminalsoziologische Betrachtungen zur Jugenddelinquenz. *Zeitschrift für Jugendkriminalrecht und Jugendhilfe*, 19 (3), 268-275.

Olweus, D. (1980). Familial and temperamental determinants of aggressive behavior in adolescent boys: A causal analysis. *Developmental Psychology*, 16 (6), 644-660.

Pew Forum on Religion & Public Life (Eds.). (2008). *U. S. Religious Landscape Survey. Religious Affiliation: Diverse and Dynamic.* Washington, D. C.: Pew Research Center.

Pfeiffer, C. & Wetzels, P. (1997). *Kinder als Täter und Opfer. Eine Analyse auf der Basis der PKS und einer repräsentativen Opferbefragung. (KFN Forschungsbericht Nr. 68).* Hannover: KFN.

Pfeiffer, C., Wetzels, P. & Enzmann, D. (1999). *Innerfamiliäre Gewalt gegen Kinder und Jugendliche und ihre Auswirkungen. (KFN-Forschungsbericht Nr. 80).* Hannover: KFN.

Pfeiffer, C. (2012a). Mehr Liebe, weniger Hiebe. *Süddeutsche Zeitung,* Jhg. 68 (2), Nr. 14, S. 2.

Pfeiffer, C. (2012b). Weniger Hiebe, mehr Liebe. Der Wandel familiärer Erziehung in Deutschland. *Centaur,* 11 (2), 14-17.

Pfeiffer, C. (2012c). Einbruch in die Seele. *Centaur,* 11 (5), 2-5.

Pfeiffer, C. (2012d). Zu wenig Liebe für unsere Söhne? Teil 1. *Centaur,* 11 (8).

Pfeiffer, C. & Baier, D. (2013) *Christliche Religiosität und elterliche Gewalt. Ein Vergleich der familiären Sozialisation von Katholiken, Protestanten und Angehörigen der evangelischen Freikirchen.* (Manuskript in Vorbereitung).

Pfeiffer, C., Mößle, T. & Baier, D. (2013). *Kontrolle und Zensur statt Kooperation und Forschungsfreiheit. Der Konflikt zwischen der deutschen Bischofskonferenz und dem Kriminologischen Forschungsinstitut Niedersachsen (KFN).* (Manuskript in Vorbereitung).

Pianta, R. C., Stuhlmann, M. W. & Hamre, B. K. (2008). Der Einfluss von Erwachsenen- Kind-Beziehungen auf Resilienzprozesse im Vorschulalter und in der Grundschule. In: G. Opp & M. Fingerle (Hrsg.) *Was Kinder stärkt. Erziehung zwischen Risiko und Relienz.* München, Basel: Ernst Reinhardt Verlag, 279-298.

Pinker, S. (2011). *Gewalt. Eine neue Geschichte der Menschheit.* Frankfurt am Main: S. Fischer. (Im Original erschienen 2011: The Better Angels of Our Nature. Why Violence has Declined).

Rousseau, J. J. (1971). *Emile oder über die Erziehung.* Paderborn: Ferdinand Schöningh.

Schöch, H. (2012). Opferperspektive und Jugendstrafrecht. *Zeitschrift für Jugendkriminalrecht und Jugendhilfe,* 23 (3), 246-254.

Suess, G. J. & Kißgen, R. (2005). Frühe Hilfen zur Förderung der Resilienz auf dem Hintergrund der Bindungstheorie: das STEEP™ –Modell. In: M. Cierpka (Hrsg.). *Möglichkeiten der Gewaltprävention.* Göttingen: Vandenhoeck & Ruprecht, 135-152.

Stadler, L.; Bieneck, S. & Pfeiffer, C. (2012). *Repräsentativbefragung Sexueller Missbrauch 2011. (KFN-Forschungsbericht Nr. 118).* Hannover: KFN.

Stiftung Opferhilfe Niedersachsen (2011). *Hilfe schenkt Freiheit. Festschrift anlässlich des 10-jährigen Jubiläums der Stiftung Opferhilfe Niedersachsen.* Hannover: Stiftung Opferhilfe Niedersachsen.

Straus, M. A. (2010). Prevalence, Societal Causes, and Trends in Corporal Punishment by Parents in World Perspective. *Law and Contemporary Problems,* 73 (2), 1-31.

Thornberry, T. P., Lizotte, A. J., Krohn, M. D., Farnworth, M. & Jang, S. J. (1991). Testing interactional theory: An examination of reciprocal causal relationship among family, school and delinquency. *Journal of Criminal Law and Criminology,* 82 (1), 3-33.

Urban, D. & Fiebig, J. (2011). Pädosexueller Missbrauch: wenn Opfer zu Tätern werden. Eine empirische Studie. *Zeitschrift für Soziologie,* 40 (1), 42-61.

Van Damme, D. (2012). Non cognitive Skills Surveys in OECD. Vortrag anlässlich der ESP conference in Amsterdam, 3.-4. 12. 2012.

Volbert, R. (2012). Geschädigte im Strafverfahren, positive Effekte oder sekundäre Viktimisierung? In: S. Barton & R. Kölbel: *Ambivalenzen der Opferzuwendung des Strafrechts. Zwischenbilanz nach einem Vierteljahrhundert opferorientierter Strafrechtspolitik in Deutschland. (Interdisziplinäre Studien zu Recht und Staat, Band 53)* Baden-Baden: Nomos, 197-212.

Walklate, S. (2011). Reframing criminal victimization: Finding a place for vulnerability and resilience. *Theoretical Crminology,* 15 (2), 179-194.

Wattendorff, L. (1907). *John Lockes Gedanken über die Erziehung.* Paderborn: Ferdinand Schöningh.

Wegel, M., Kerner, H.-J. & Stroezel, H. (2011). Mobbing und Resilienz in Schulen. Zusammenhänge des Opferwerdens und dessen möglicher Vermeidung. *Kriminalistik,* 8-9, 526-532.

Weißer Ring e. V. (Hrsg.). (2012). *Moderne Opferentschädigung. Betrachtungen aus interdisziplinärer Perspektive. Dokumentation des 21. Mainzer Opferforums 2010. (Mainzer Schriften zur Situation von Kriminalitätsopfern, Band 48).* Baden-Baden: Nomos.

Werner, E. E. & Smith, R. S. (1992). *Overcoming the Odds. High Risk Children from Birth to Adulthood.* Ithaca and London: Cornell University Press.

Wetzels, P. (1997). *Gewalterfahrungen in der Kindheit. Sexueller Mißbrauch, körperliche Mißhandlung und deren langfristige Konsequenzen. (Interdisziplinäre Beiträge zur kriminologischen Forschung Band 8).* Baden-Baden: Nomos.

Online-Quellen

Abschlussbericht Runder Tisch: „Sexueller Kindesmissbrauch in Abhängigkeits-
und Machtverhältnissen in privaten und öffentlichen Einrichtungen und im
familiären Bereich".
http://www.rundertisch-kindesmissbrauch.de/documents/AB%20RTKM_
barrierefrei.pdf
(letzter Zugriff am 29.04.2013, 15:47 Uhr)
Barometer Sicherheit in Deutschland:
http://basid.mpicc.de/basid/de/pub/projekt.htm
(letzter Zugriff am 30.04.2013, 10:53 Uhr)
Bundesministerium des Innern: Polizeiliche Kriminalstatistik 2010F
http://www.bmi.bund.de/SharedDocs/Downloads/DE/Broschueren/2011/
PKS2010.pdf?__blob=publicationFile
(letzter Zugriff am 30.04.2013, 16:09 Uhr)
Bundesministerium des Innern: Polizeiliche Kriminalstatistik 2011
http://www.bmi.bund.de/SharedDocs/Downloads/DE/Broschueren/2012/
PKS2011.pdf?__blob=publicationFile
(letzter Zugriff am 30.04.2013, 16:47 Uhr)
Federal Bureau of Investigation (FBI): Murder Victims by Weapon, 2006-2010
http://www.fbi.gov/about-us/cjis/ucr/crime-in-the-u.s/2010/crime-in-the-
u.s.-2010/tables/10shrtbl08.xls
(letzter Zugriff am 30.04.2013, 16:10 Uhr)
Steffen, W. (2013). Gutachten für den 18. Deutschen Präventionstag 22. & 23. April
2013 in Bielefeld „Mehr Prävention – Weniger Opfer".
http://www.praeventionstag.de/kriminalpraevention/Module/Media/
Medias/18-DPT-Gutachten_267.pdf
(letzter Zugriff am 30.04.2013, 16:30 Uhr)

Die Entführung

RICHARD OETKER ist selbst Opfer einer brutalen Entführung geworden. Heute spricht er über das Drama und setzt sich beim Weißen Ring für andere Opfer ein.

VON CAROLINE LINDEKAMP

Ein mulmiges Gefühl hat Richard Oetker, als er im Dezember 1976 den eng neben seinem Auto geparkten Kastenwagen sieht. Er dreht sich um und will zurück zu seinen Freunden in die Universität gehen, doch hinter ihm steht ein maskierter Mann und richtet eine Waffe auf ihn, zwingt ihn in eine viel zu kleine Holzkiste, wo er angekettet verharrt – für 48 Stunden.

Viele können sich kaum vorstellen, die Angst und Ungewissheit dieser Stunden zu ertragen. Richard Oetker erzählt von seiner Entführung mit beeindruckender Gelassenheit und äußerst differenziert. Sein Vortrag im Westfalensaal beim Deutschen Präventionstag hat viele Besucher angelockt.

Die spektakuläre Lösegeldsumme von 21 Millionen DM forderte der Entführer von der Unternehmerfamilie. Auf ein Tonband musste der damals 25-jährige Richard Oetker die Nachricht für seinen Bruder August sprechen. „Ich war optimistisch, dass ich freikommen würde", sagt er während seines Vortrags beim Präventionstag. „Und auf die Zeit habe ich mich vorbereitet, indem ich mir möglichst viel gemerkt habe, um den Täter später zu überführen." Bemerkenswert viele Details hat sich Oetker eingeprägt, obwohl er mit einer Kapuze über dem Kopf den Täter nie zu Gesicht bekam.

Doch als der Entführer Dieter Zlof zwei Jahre nach der Geiselnahme verurteilt wird, werden Oetkers Aussagen in der Öffentlichkeit angezweifelt. 15 Jahre kam Zlof ins Gefängnis, aber erst als er 19 Jahre nach dem Urteil das Lösegeld im Ausland „waschen" wollte, wurde er endgültig überführt. Für Oetker war das eine große Erleichterung, denn ihm war klar, dass Zlof keinen Profit mehr aus der Tat schlagen konnte. „Eine große Hand hat mich damals aus dem einen Leben rausgerissen und in ein anderes reingeworfen", sagt Oetker. „Es ist erstaunlich, wie Sie das verpacken", merkt ein Zuhörer in Bielefeld an. „Da bin auch überrascht", antwortet Oetker achselzuckend „Ich bin dankbar, dass ich Hass und Rache nicht kenne, das würde mir nur zu viel Energie nehmen."

Selbst seinen schweren Verletzungen, unter deren Folgen er bis heute leidet, nimmt Oetker gelassen Als ihm der Entführer einen Elektroschock versetzte, brach er sich in der kleinen Kiste zwei Brustwirbel und beide Hüften. „Rückblickend hat mir der Stromschlag das Leben gerettet." Wegen der gedrängten Haltung in der engen Kiste war ein Teil seiner Lunge bereits inaktiv. Viel länger hätte das Organ nicht überlebt, doch wegen den Verletzungen durch den Elektroschock öffnet der Entführer die Kiste.

„Die Entführung hat mir gezeigt, dass man viel stärker ist, als man glaubt", schließt Oetker seinen Vortrag.

Hilfe für die Opfer

Weißer Ring e. V. Der gemeinnützige Verein setzt sich für Kriminalitätsopfer und die Verhütung von Straftaten ein. Er wurde 1976 gegründet, in dem Jahr, in dem ichard Oetker entführt wurde. Bundesweit engagieren sich mittlerweile rund 50.000 Mitglieder beim Weißen RIng, viele von ihnen ehrenamtlich.

Vier Fragen an . . .

Das Urteil gegen Ihren Entführer war Resultat eines Indizien-Prozesses. Haben Sie selbst jemals an dem Urteil gezweifelt?

OETKER: Nein. Ich war immer davon überzeugt, dass der Richtige verurteilt worden ist.

In der öffentlichen Wahrnehmung wurde das Urteil aber angezweifelt und Ihnen vorgeworfen, einen Unschuldigen hinter Gitter gebracht zu haben. Wie sehr kann das ein Opfer belasten?

OETKER: Das kann eine ganz große Belastung sein. Ich finde auch immer noch, dass die Öffentlichkeit falsch umgeht mit Opfern. Man sollte sensibler mit ihnen sein. Ein Fehlurteil ist noch mal eine besondere Belastung; ich würde das Opfer in dieser Phase in Ruhe lassen.

Motiviert die schlechte Erfahrung nach dem Prozess Ihr Engagement beim Weißen Ring?

OETKER: Ich habe anhand meines Schicksals erleben müssen, wie wehrlos man ist. Ich hatte das große Glück, dass ich eine große Familie, das Unternehmen und einen großen Freundeskreis habe, die mir geholfen haben, im Alltag wieder zurecht zu kommen. Aber was machen die armen Opfer, die das alles nicht haben? Gott sei Dank gibt es den Weißen Ring! Ich setze mich für den Weißen Ring ein und damit für Opfer.

Hat sich seitdem im Bereich Opferschutz denn etwas getan?

OETKER: Es hat sich sehr viel getan, aber man kann beinah gar nicht genug tun.

Gisela Mayer

Was brauchen Kinder, damit sie Gewalt nicht brauchen? – Zu den Bedingungen der Entstehung von Gewalt

Am 11.März 2009 betrat ein siebzehnjähriger Junge in Winnenden seine ehemalige Schule, nahm aus seinem Rucksack die mitgebrachte Pistole seines Vaters, stieg die Treppe zum Obergeschoss hinauf, öffnete die Tür an der Rückseite seines ehemaligen Klassenzimmers und erschoss die Mädchen, die in der letzten Reihe saßen von hinten aus zwei Metern Entfernung.

Das war der Beginn eines Amoklaufs, an dessen Ende sechzehn Menschen ihr Leben verloren hatten und nichts mehr war wie vorher.

Was geschehen war, war keine Naturkatastrophe, kein Naturphänomen, das aus dem Nichts kommend über die Welt hereinbricht wie ein Unwetter und dann schnell vorüberzieht. Ein Mensch hat diese Katastrophe in Gang gesetzt, einer, der mit seinem Leben nicht mehr zurechtkam, es nicht mehr wollte.

Eine Tat wie diese – von einem Menschen an anderen Menschen verübt – aber stellt auch die Aufforderung dar, alles Menschenmögliche zu tun, damit es keine Wiederholung gibt, damit junge Menschen Gewalt nicht als eine Handlungsalternative zur Lösung ihrer Probleme begreifen.

Attraktivität von Gewalt

Gewalt als „menschliche Ausdrucksform", vor allem in Konfliktsituationen, hat es immer gegeben. Entscheidend ist, wie wir damit umgehen, welche Ventile uns bei der Bewältigung von schwierigen Lebenssituationen zur Verfügung stehen.

Was aber macht Gewalt attraktiv?

Eine Studie des Instituts für Friedenspädagogik, Tübingen/WSD Pro Child 2010 zeigt wesentliche Faktoren auf:

- Gewalt hilft Interessen/Ziele durchzusetzen
- Gewalt bedarf keiner Begründung und schafft Klarheit in einer komplexen Welt
- Gewalt schafft Anerkennung in der Gruppe und garantiert mediale Aufmerksamkeit
- Gewalt vermittelt das Gefühl von Selbstwirksamkeit

Auch wenn die historische Entwicklung in Richtung einer Abnahme physischer Gewalt geht, lässt sich feststellen, dass gewalttätige Umgangsformen – der raue Umgangston – in Familie, Kindergarten, Schule, Medien, Freizeit und nicht zuletzt am Arbeitsplatz zunehmen. Zudem zeigt sich trotz abnehmender Quantität gewalthaltiger

Vorfälle eine Zunahme und Veränderung der Qualität der Ausübung von Gewalt. Es ist die Überschreitung von Grenzen, die sogenannte Brutalisierung, die Anlass zur Sorge gibt, wenn beispielsweis jugendliche Täter in der U-Bahn einen Menschen grund- und anlasslos brutal zusammenschlagen und - auch wenn ihr Opfer bereits wehrlos auf dem Boden liegt - mit den Füßen mitleidlos auf seinen Kopf eintreten.

Aggression oder Kooperation

Sind wir also wirklich gewalttätige Wesen, sind Mord und Totschlag, wie Freud dies sah, naturgemäß und kaum vermeidbar. Oder hat sich die menschliche Spezies derart verändert seit Aristoteles vor etwa zweitausendvierhundert Jahren meinte „der Mensch ist von Natur aus ein gemeinschaftsbildendes Wesen, er kommt erst in seinem Gegenüber ganz zu sich selbst" (Aristoteles, Politika).

Das ist eine weitreichende Aussage. Sie besagt, dass der Mensch nicht etwa ein soziales Wesen ist, weil es sich in der Gruppe einfach erfolgreicher jagen und damit besser leben lässt, also weil soziales Verhalten letzten Endes individuellem Überleben dient, sondern weil der Mensch erst im Kontakt zu seinen Mitmenschen zu dem wird, was er seinen Möglichkeiten nach sein kann.

Heute, also zweitausendvierhundert Jahre später, bestätigt die Neurobiologie diese Einsicht.

Die Frage nach dem, was den Menschen antreibt, wird nicht mehr mit dem Verweis auf einen „evolutionären Überlebenskampf" oder ein „egoistisches Gen" beantwortet, sondern bereits die bloße Erfahrung, freundlich zugewandten anderen Menschen zu begegnen erweist sich als eine biologisch verankerte Grundmotivation (Joachim Bauer, Schmerzgrenze, April 2011).

Allerdings ist es zu früh, nun ein neues Zeitalter des „Gutmenschentums" auszurufen. Der Mensch ist keineswegs ab sofort ein „gutes Wesen", gleichwohl besitzt er einen sensiblen neurobiologischen Apparat, der massiv Einfluss auf seine alltäglichen Entscheidungen ausübt.

Wird das auf Kooperation und Fairness ausgerichtete Motivationssystem allerdings frustriert, wird soziale Akzeptanz, Zuwendung oder auch Gerechtigkeit verweigert, bleibt nicht nur die Aktivierung des Motivationssystems aus – obwohl allein das bereits schwerwiegende Folgen hat. Wer einen Menschen unfair behandelt, ausgrenzt oder demütigt, tangiert damit die neurobiologische „Schmerzgrenze" und muss mit Aggressionen und letztlich Gewalt rechnen. Psychische Gewalt – Demütigung, Ausgrenzung, Mobbing – wird dabei vom menschlichen Gehirn in keiner Weise von physischem Schmerz unterschieden. Die Rede von der bösen Bemerkung, der Beleidigung, die ein „Schlag ins Gesicht" des Betroffenen ist, hat also durchaus ihren Sinn.

Aus der Sicht des menschlichen Gehirns ist soziale Akzeptanz ebenso überlebens-
wichtig wie körperliche Unversehrtheit. (Bauer, a.a.O., 2011)

Soziale Akzeptanz, Leben in Gemeinschaften und Bindungen sind Einflussfaktoren
von enormer Bedeutung. Noch mehr als für Erwachsene gilt dies für Kinder und die
Beziehungen zu ihren Eltern und Angehörigen. Wenn Bindungen nicht ausreichend
verfügbar oder bedroht sind, wenn wenig oder keine Anerkennung erlebt wird oder
wenn soziale Ausgrenzung und Demütigung den Alltag bestimmen, kommt es zu einer Aktivierung der Angst-, Schmerz- und Aggressionssysteme. Diese Systeme sind
besonders bei Kindern und Jugendlichen Alarmsysteme zur Sicherung und Wiedererlangung von Bindungen.

Empathie

Bindungen, die aus der Verbundenheit mit anderen Menschen entstehen, kommt also
eine überragende Bedeutung für das Aggressionsverhalten zu.

Obwohl das Motivationssystem mit dem starken Wunsch nach guten Beziehungen und
sozialer Akzeptanz ausgestattet ist, ist die Fähigkeit erwachsener Personen, emotional
befriedigende zwischenmenschliche Beziehungen einzugehen, sehr unterschiedlich
ausgeprägt. Wer aufgrund früherer, zumeist in der Kindheit erlittener Verletzungen,
keine Bindung zu anderen Menschen aufbauen kann, hat in schwierigen Alltagssituationen auch schneller das Gefühl abgelehnt und ausgegrenzt zu werden.

Wo aber erfahren wir Verbundenheit, lernen, was es bedeutet, anderen Menschen
zu begegnen, Bindungen zu entwickeln? Bei allen individuellen Unterschieden gilt:
Kinder erlernen gewisse Verhaltensweisen in ihren Familien, indem sie ihre Eltern,
Geschwister oder andere Bezugspersonen nachahmen. Das ist der Kern dessen, was
Aristoteles meint, wenn er sagt, der Mensch sei „wesentlich auf den anderen Men-
schen hin geordnet und bedürfe seiner, um ganz Mensch zu werden".

Von der ersten Minute unseres Lebens an sind wir darauf angewiesen, dass uns ein
menschliches Wesen gegenübertritt und uns zeigt, was es heißt, Mensch zu sein. Fehlen diese Bezugspersonen können Kinder ihre emotionalen Bedürfnisse nicht befrie-
digen und das hat tiefgreifende Folgen. Wir vergessen häufig, dass uns Empathie nur
als Fähigkeit angeboren ist. Wir müssen sie erlernen indem wir üben, ähnlich wie
die Sprache. Die wichtigsten Lehrmeister sind dabei im Allgemeinen die Eltern, sie
stehen sozusagen Modell. Und zwar weniger mit dem, was sie sagen, als mit dem,
was sie tun.

Empathie wird nur im Umgang mit anderen Menschen erlernt, im Umgang mit einem
interessierten Gegenüber, zu dem wir mit Mimik, Gestik oder Sprache Kontakt aufnehmen und das darauf reagiert. Diese Reaktion oder Spiegelung ist die Basis für die
Entwicklung eines intuitiven Verstehens unserer eigenen Gefühle, denn im Verhalten

der Eltern erkennen Kinder ihre eigenen Empfindungen, lange bevor sie in Worten ausdrücken können, was sie bewegt.

Schon mit drei Monaten imitieren Kinder den Gesichtsausdruck ihrer Eltern, der ihr eigenes Verhalten spiegelt. Ist es traurig oder wütend, reagiert die Bezugsperson, lacht es, lächelt das Gegenüber zurück. Unser Gehirn ist in der Lage die Zustände anderer Menschen mitzuerleben, mitzuspüren (Christian Keysers, 2013)

Funktioniert dieses Wechselspiel, lernt das Kind, sich seiner eigenen Gefühle bewusst zu werden – und der Reaktionen, die diese bei anderen hervorrufen. Und das ist die Voraussetzung dafür, dass wir später unser Gegenüber auch als einen Menschen, der seinerseits Gefühle hat, begreifen können. Erst im Umgang mit menschlichen Bezugspersonen finden wir den Zugang zu unseren eigenen Gefühlen und schaffen damit die Voraussetzung, die Gefühle anderer erkennen zu können.

Dass wir ein Mensch unter Menschen sind, lernen wir nur durch die emotionale Reaktion unserer Bezugspersonen. Dieser erste Schritt ins „Menschenleben" kann in seiner Bedeutung nicht überschätzt werden. Der Züricher Psychoanalytiker Arno Grün spricht in diesem Zusammenhang vom „Terror der Leere", wenn Eltern zwar körperlich anwesend sind, aber emotional für das Kind unerreichbar bleiben. Ihm fehlt damit eine entscheidende Orientierungshilfe beim Erkennen eigener Gefühle und der des Gegenübers.

Mangelnde Empathie, die fehlende Antenne für die Gefühle anderer, ist jedoch nicht nur ein schwerer Defekt. Ein Mensch ohne Empathie ist einsam, denn er hat weder Zugang zu sich selbst noch kann er den Zugang zu anderen Menschen wirklich erfahren. Die Fähigkeit zur Empathie ist nicht nur den Kern des Menschseins, sondern auch „die entscheidende zivilisatorische Hemmschwelle vor dem Bösen, die Schranke zum Unmenschlichen".(A.Grün, a.a.O.) Empathie ist die Voraussetzung für das Erlernen sozialer Kompetenzen und für die Entwicklung von Verantwortungsgefühl. Denn wer mitfühlt, wird andere nicht so leicht verletzen, weil er sich sonst selbst schlecht fühlt. Ein emotionaler Kontrollmechanismus, der bei Exzesstätern ganz ausgehebelt und bei vielen anderen Jugendlichen zumindest verkümmert zu sein scheint.

Wo aber liegt die Ursache?

Ein Kind, das im Gesicht seiner Eltern nie Anteilnahme lesen konnte, hat auch nie gelernt, Anteil zu nehmen. In Situationen, in denen es zu Gewalt kommt, kann es später nicht erkennen, wann Grenzen erreicht sind, und setzt die Gewalt auch dann fort, wenn der andere längst aufgegeben hat und die Situation entschieden ist. Dann wird die Schranke zum Unmenschlichen durchbrochen. Und wir lesen am nächsten Tag in der Zeitung, dass – wie unlängst in Berlin geschehen – im U-Bahnhof Jugendliche aus gutem Hause ohne Grund einen Menschen zusammengeschlagen haben und auch dann weiter auf den Kopf ihres am Boden liegenden Opfers eingetreten haben, als dieses längst völlig wehrlos war.

Die Erklärung einer solchen Tat mit dem Hinweis auf ein gewalthaltiges Umfeld greift allerdings zu kurz. Es ist zwar durchaus richtig, dass der gewohnheitsmäßige Umgang mit Gewalt, gewalttätiges Verhalten als Problemlösungsstrategie begünstigt, allerdings ist dies keine zureichende Erklärung für die zunehmende Brutalisierung – das Überschreiten jeglicher Grenzen der Menschlichkeit. Der Grund ist vielmehr in dem Fehlen des Zugangs zu eigenen wie zu fremden Gefühlen zu suchen, dem Verfehlen der Möglichkeit zu erkennen, dass das Gegenüber ein Mensch ist, kein Gegenstand.

Diese Unterscheidung ist, obwohl dies zunächst schwer zu akzeptieren ist, keine Selbstverständlichkeit. Ein Kind erfährt seine Umwelt zunächst als ununterschieden – was den Menschen vom Gegenstand unterscheidet erlernt es erst im Umgang mit Bezugspersonen, die sein Verhalten spiegeln und ihm damit die notwendige Orientierung geben, seine Gefühle wie die Gefühle anderer Menschen zu erkennen und zu verstehen. Das aber ist die Aufgabe von Erziehung.

Erziehung ist Beziehung.

Erziehung ist selbstverständlich, sie ist das „was nebenbei geschieht" (R. Spaemann, 2002) . Sie ist ein facettenreicher Prozess, der den Schutz des Kindes, seine Ernährung, emotionale Zuwendung und sichere Bindungen miteinschließt. Gute Erziehung heißt, sich als Eltern im Lauf der Zeit abzuschaffen und die Kinder zu lehren, stabil auf eigenen Füßen zu stehen. Das setzt voraus, dass Eltern vorher auch da sind, dass sie Verantwortung übernehmen und jenes feine Netz spannen, das Kinder nicht einengt, sie aber jederzeit auffangen kann.

Erziehung ist zum Problem geworden, wie eine Studie der Konrad-Adenauer-Stiftung mit dem bezeichnenden Titel „Eltern unter Druck" jüngst (2008) aufgezeigt hat. Da heißt es unter anderem „...*Eltern treten ihrem Kind gegenüber nicht mehr als distanzierte Autoritätsperson auf. Im Erziehungsverhältnis wird das Kind als Persönlichkeit mit eigenen Wünschen, Bedürfnissen und Rechten akzeptiert... Eltern versuchen sich in die Perspektive des Kindes zu versetzen. Damit können nicht alle Eltern gleichermaßen gut umgehen. Vor allem dann kommt es zu einem erhöhten Erziehungsdruck, wenn Eltern vom Verlust des Arbeitsplatzes betroffen sind und/oder Kinder massive Bildungsdefizite aufweisen. Angesichts des zunehmenden Konsums der Kinder, des selbstverständlich gewordenen Medienumgangs von Kindern und Jugendlichen sind Eltern in ihren Erziehungsaufträgen täglich gefordert. "*

Kein vernünftiger Mensch wird diesen Aussagen widersprechen wollen. Akzeptanz des Kindes, Eingehen auf seine Wünsche und Bedürfnisse haben sich gegenüber autoritär ausgerichteten Erziehungsstilen entscheidend verbessert.

Und genau hier liegt das Problem.

Die Fähigkeit des Menschen, mit seinen Mitmenschen umgehen zu können, Beziehungen zu leben und zuverlässig einer Arbeit nachgehen zu können, ist keine Frage im Sinne des Beherrschens eines Regelkatalogs, sondern eine Frage der Entwicklung (M. Winterhoff,2009). Die elterliche Aufgabe besteht also vor allem darin, die Entwicklung des Kindes zu begleiten und zu fördern. Das bedeutet, dass Funktionen wie Frustrationstoleranz, Gewissensbildung und Umgang mit Aggressionen immer wieder geübt werden müssen.

Nur dann können Kinder zu beziehungsfähigen Wesen heranwachsen, die in der Lage sind in der Welt zurecht zu kommen. Erst darauf aufbauend ist dann Wertevermittlung ein wichtiges Erziehungsziel.

Erziehung im Sinne des Vermittelns von Regeln und Werten ist also keineswegs obsolet, sie ist sogar unbedingt notwendig. Allerdings kann Erziehung in diesem Sinn erst auf dem Boden einer gesunden Entwicklung des Kindes greifen. Jedes noch so durchdachte Erziehungskonzept muss ins Leere gehen, wenn Kinder und junge Menschen nicht in der Lage sind, die Unterweisungen und Anweisungen anderer Personen anzunehmen und umzusetzen.

Diese Entwicklung geschieht aber ausschließlich über die Beziehungsebene. Es ist kein Zufall, dass man die Personen, mit denen das Kind vom ersten Tag seines Lebens an zusammen ist, Bezugspersonen nennt. Beziehung ist ein stetes Wechselspiel, das, wenn es gelingt, die Entwicklung des Kindes in eine positive Richtung beeinflusst und es ihm ermöglicht, mit zunehmendem Alter zu begreifen, dass es sich in einer Gesellschaft befindet, in der das ganze Leben sich in Beziehungen und Interaktionen mit anderen Menschen abspielt.

Erziehung im heutigen Sinn, also im Sinn des Vermittelns von Regeln und Werten, kann nur funktionieren, wenn das Kind diese Regelvermittlung wahrnehmen kann. Das aber geschieht nur, wenn es den Erwachsenen als ein zuverlässiges, ihn steuerndes Gegenüber erkennt. Immer häufiger allerdings sind Eltern mit dieser Aufgabe überfordert. In Konsequenz stehen dann im schlimmsten Fall viele Kinder zwischen den beiden Polen Vernachlässigung und Überforderung durch Überförderung. Die Folgen des ersten Extrems sind evident, die des zweiten wirken subtiler und hängen mit dem Einfluss der außerfamiliären Umwelt zusammen.

Beziehungsmodelle

- In unserer hektischen Zeit bleibt Erwachsenen immer weniger Raum für intensive, befriedigende Sozialbeziehungen. Kollegen, Freunde und Verwandte befinden sich häufig in der gleichen Endlosschleife, wie man selbst. Jeder ist mit seinem Fortkommen, seinen eigenen Problemen beschäftigt. In dieser Situation neigen Eltern immer häufiger dazu, die Zuneigung ihres Kindes als Kompensation zu benutzen. Dadurch geraten sie in ein Abhängigkeitsverhältnis zu ihrem Kind, das eine genaue Umkehrung der eigentlichen Ordnung darstellt.

Aus Angst, das Setzen von Grenzen oder die Ablehnung eines Wunsches könne zu einem Verlust der kindlichen Liebe führen, verwöhnen sie ihr Kind mehr, als gut ist.

Dabei geraten zwei Dinge völlig aus dem Blick:

Zum einen wird Kindern so die Botschaft übermittelt, Erwachsene seien nur dazu da, ihre Wünsche zu erfüllen. Zum anderen erfahren sie eine Form von Grenzenlosigkeit, die sie in ihrer Entwicklung nicht fördert, sondern behindert.

Denn wir brauchen Widerstand, um die eigene Kraft und den eigenen Einfluss auf andere Menschen einschätzen zu lernen. Eltern, die Strukturen schaffen, nehmen ihr Kind ernst in seinen Bedürfnissen. Sie fördern seine Fähigkeit, mit Problemen umgehen zu können und eine gesunde Frustrationstoleranz zu entwickeln. Wo sonst sollten Kinder lernen, mit Enttäuschung und Wut über einen abgeschlagenen Wunsch umzugehen, wenn nicht im Elternhaus?

Eltern, die die Augen vor den entstehenden Problemen verschließen, kokettieren gerne damit, dass ihr Kind eben eine starke Persönlichkeit habe, deren Entwicklung man schließlich auch nicht entgegenstehen wolle. Und fordert nicht auch die Gesellschaft das ein? Starke Persönlichkeiten, die sich durchsetzen können? Vergessen wird dabei, dass eine Gesellschaft nur durch Kooperation überleben kann. Anpassungsunfähige Egoisten waren zu keiner Zeit die Basis einer starken Gemeinschaft.

Kinder, die in dem **Beziehungsmodell „Ich-will-von-meinem-Kind-geliebt-werden"** aufwachsen, haben zwar möglicherweise ihre Familie im Griff. Sie werden aber spätestens dann Probleme bekommen, wenn sie in ihrem Umfeld auf Menschen treffen, die nicht gewillt sind, sofort auf alle ihre Forderungen einzugehen, oder die ihrerseits Ansprüche an sie stellen. Eltern sollten ihre Kinder als Person ernst nehmen und ihre Wünsche und Bedürfnisse respektieren. Aber sie sollten das Recht nicht abgeben, diese auch zu überprüfen. Ein Kind ist nicht in der Lage, die Gesamtsituation zu überblicken. Es wird sich immer auf die Erfüllung seiner Wünsche und Bedürfnisse konzentrieren.

Es gehört zur Schutzfunktion von Eltern, den Gesamtzusammenhang im Auge zu behalten und gegebenenfalls Entscheidungen zu treffen, die für das Kind schmerzhaft und im Augenblick unverständlich sind. Auch das ist ein Zeichen von Wertschätzung. Wir dürfen unseren Kindern nur das Maß an Eigenverantwortung übertragen, das sie in der Lage sind zu bewältigen. Sie verlieren sonst die Orientierung. Ein Bild, das diesen Vorgang sehr gut veranschaulicht, ist das folgende: Stellen sie sich vor, sie betreten einen dunklen Raum, in dem sie keinerlei Anhaltspunkte erkennen können. Sie werden versuchen, die Wand zu ertasten, um sich an ihr zu orientieren. Kinder, die keine Grenzen erleben, können diese Wand nicht ertasten, es ist, als ob sie ständig zurückweichen würde. Angst, Unsicherheit und Orientierungslosigkeit sind die Folgen.

- Ein anderes **misslingendes Beziehungsmodell können wir als „mein-Kind-ist-Teil- meiner-selbst"** bezeichnen.

Weil die Welt immer komplexer und damit verwirrender wird, richten Erwachsene häufig den Blick auf die ihre unmittelbare Umgebung. Sie soll Halt versprechen.

Die beste Projektionsfläche eigener Wünsche und Bedürfnisse ist dann das eigene Kind, das so funktionieren soll, wie ich gerne funktionieren würde. Damit aber wird das Kind nicht mehr als eigen Person wahrgenommen, sondern nur noch als Teil des eigenen Selbst(-bildes). Da sich damit seine Interessen und Fähigkeiten den meinen angleichen, werden sie kontrollierbar.

Dieses Danken hängt mit unserer technischen Zugehensweise auf die Welt zusammen, die dazu führt, dass wir nicht nur Objekte, sondern auch andere Menschen und zuletzt uns selbst als Gegenstände begreifen, deren Wert in ihrer Funktion besteht.

So fällt es vielen Eltern schwer, mit abweichendem Verhalten ihrer Kinder umzugehen. Sie suchen Halt in „technischen" Erklärungen. Funktioniert mein Auto nicht, gebe ich es in die Werkstatt, funktioniert mein Kind nicht, muss eine Diagnose gefunden werden. Mangelnde Konzentrationsfähigkeit und Unruhe werden häufig voreilig als AD(H)S diagnostiziert. Die Konsequenzen dieser Häufung von diagnostizierten AD(H)S Erkrankungen sind mehr als bedenklich.

Also Psychopille statt Erziehung?

Ein bemerkenswertes Ergebnis ergab die Studie der Universität Frankfurt aus dem Jahr 2010. Knapp die Hälfte aller Kinder, bei denen AD(H)S diagnostiziert wurde, bekommt entsprechende Medikamente, am häufigsten Präparate mit dem Wirkstoff Methylphenidat (Ritalin, Medikinet, Concerta), die insbesondere in der Altersgruppe der Neun- bis Zwölfjährigen verabreicht werden. Insgesamt wird die Zahl der medikamentös behandelten Kinder weltweit auf über zehn Millionen geschätzt. Auch Deutschland ist bei dieser Entwicklung dabei. Nach dem neuesten Bericht des Bundesinstituts für Arzneimittel und Medizinprodukte sind enorme Steigerungsraten zu verbuchen: Der Verbrauch dieser Mittel hat von 1993-2010 um 3591%, von 34 Kilogramm auf 1221 Kilogramm zugenommen, wurden im Jahr 2000 0,5 Tonnen Methylphenidat durch Apotheken erworben, waren es 2011 bereits 1,8 Tonnen. Tendenz steigend!

Wir begehen hier in doppelter Weise Unrecht. Wir attestieren unseren Kindern eine Krankheit und befreien uns so von Schuld und Verantwortung, da wir die Angelegenheit an „medizinisches Fachpersonal" delegieren – und wir tun denjenigen Unrecht, die lediglich besonders lebhaft, verträumt oder einfach anstrengend sind, in Wahrheit aber vielleicht genau die kreativen Köpfe, die unsere Gesellschaft braucht. Und dabei gilt, so der Würzburger Kinderpsychiater Christoph Schubert (2013) „In den meisten

Fällen, bei denen die Konzentration verlorengeht, spielen Umwelt und Gesellschaft eine Rolle und weniger die Gene." Und Andreas Warnke, bis zu seiner Emeritierung im vergangenen Jahr, Leiter der Kinderpsychiatrie Würzburg, räumt ein „Was wir gelernt haben, ist paradox. Je mehr wir von der Genetik wissen, desto stärker müssen wir uns auf das Nicht-Genetische besinnen: auf die psychosozialen und lebensgeschichtlichen Einflüsse".

Nicht die Diagnose einer Krankheit sondern der Blick auf die Beziehungsgestaltung mag in vielen Fällen der richtige Weg sein. (Selbstverständlich soll hier nicht behauptet werden, dass die Diagnose AD(H)S nicht in vielen Fällen berechtigt und eine Behandlung erforderlich und sinnvoll ist. Es wird lediglich die Grundlage für die vorliegende epidemieartig anwachsende Anzahl der Diagnosen bezweifelt).

Die Konsequenzen des beschriebenen Beziehungsmodells werden vor allem dann sichtbar, wenn Verhaltens- oder Leistungsdefizite auftreten.

Ein Beispiel, das keinem, der je mit schulischen Angelegenheiten befasst war, fremd sein dürfte. An einem Elternabend hatte ich die Aufgabe, die Eltern einer Klasse darüber zu informieren, dass ihre Kinder andere schwer beleidigt und drangsaliert hatten. Ich bat die Eltern, ihren Kindern im häuslichen Gespräch zu verdeutlichen, dass ihr Verhalten inakzeptabel sei – und hatte in derselben Sekunde die gesamte Elternschaft gegen mich. Jedes Fehlverhalten der Kinder wurde aufs Energischste zurückgewiesen, eine derartige Entgleisung ihrer Kinder sei unvorstellbar. Die Emotionalität und Vehemenz der Argumentation der Elternschaft waren ein deutliches Zeichen dafür, dass die Kritik am Verhalten der Kinder als existentielle Kritik an den Eltern selbst verstanden wurde.

Kein Zweifel - es ist selbstverständlich und natürlich, dass Eltern ihre Kinder in Schutz nehmen. Wenn aber jede Kritik reflexartig und unreflektiert zurückgewiesen wird, dann läuft etwas falsch – und zwar in doppeltem Sinn. Zum einen wird das selbstständige Handeln des Kindes nicht wahrgenommen – was nicht stattgefunden hat, muss auch nicht durch erzieherische Maßnahmen korrigiert werden. Wenn aber Eltern das Verhalten ihres Kindes in dieser Weise negieren oder durch Ausflüchte zu beschönigen versuchen, wird auch Außenstehenden wie Lehrern oder Erziehern jede Möglichkeit genommen, einzugreifen. Und wenn sie es dennoch versuchen, scheuen viele Eltern nicht davor zurück, juristische Maßnahmen zu ergreifen. In Bayern beispielsweise, ist die Zahl der Beschwerdeverfahren in den letzten zehn Jahren um das Vierfache angestiegen.

Und die Kinder?

Für Kinder ist das Verhalten ihrer Eltern in einer solchen Beziehung ein fatales Signal. Sie müssen keine Autoritäten anerkennen, die einzige Autorität sind die Eltern und damit sie selbst. Gleichzeitig müssen sie keine Verantwortung für ihr Tun übernehmen – sie handeln ja nicht wirklich selbst, sondern nur nach Maßgabe ihrer Eltern.

Dieses Prinzip funktioniert so lange , bis das Kind auf Widerstände von außen trifft. Es hat bis zu diesem Zeitpunkt nur gelernt, dass seine Umwelt manipulierbar ist und eigentlich nur dazu da ist, seine Erwartungen zu erfüllen. Die Erfahrung, dass jemand sich weigert, diesem Schema zu entsprechen, wird dann als zutiefst kränkend empfunden. Das Kind hat zudem nie Strategien entwickeln können, mit so einer Situation umzugehen. Bisher war es nie ein Problem, den eigenen Willen durchzusetzen, wenn die einzige Autorität die Eltern waren, die ohnehin ihren Willen mit dem des Kindes identifizierten. Die Durchsetzung eigener Vorstellung muss nun mit allen Mitteln der Manipulation versucht werden – und notfalls eben auch mit Gewalt.

Das ist das Verhalten von Menschen, die in frühkindlichem Narzissmus verharren, weil sie nie eine Chance hatten, sich als Mensch unter Menschen zu begreifen. In seiner Extremform ist das Verharren in frühkindlichem Narzissmus auch bei Amoktätern zu finden. Sie fühlen sich als Zentrum ihrer Welt und haben keine realistische Einschätzung ihres Umfeldes. Wenn dieses anders reagiert als erwartet, - indem es im schulischen oder privaten Bereich die Anerkennung versagt oder sogar ausgrenzt – kann ein solcher junger Mensch nicht mehr zwischen dem Scheitern in einem Lebensbereich und dem Scheitern als Person unterscheiden. Weil seine Mitmenschen ihn nicht so sehen, wie er es meint verdient zu haben, weil sie seinen Erwartungen Widerstand entgegensetzen, müssen sie bestraft werden. Die Verantwortung für sein Handeln übernimmt ein solcher Täter nicht – er fühlt sich selbst als Opfer.

Und wenn wir unsere Kinder als Partner verstehen?

Beziehungsmodell „Partnerschaft"

Auf den ersten Blick scheint es, als sei das die selbstverständlichste Sache der Welt, unsere Kinder als Partner zu sehen und zu behandeln. Wir leben in einer Zeit, in der alles erklärungs- und begründungsbedürftig ist und selbstverständlich wird auch Erziehung als Modell des Erklärens und Verstehens begriffen.

Um einem naheliegenden Missverständnis vorzubeugen:

Die Erklärung des eigenen Verhaltens oder die Begründung von Entscheidungen sind wichtige Aspekte menschlichen Zusammenlebens. Wenn wir jedoch versuchen, selbst fünfjährigen Kindern alles erläutern zu wollen, überfordern wir sie nur. Wir nehmen ihnen den Schutzraum, den Kindern haben, weil Eltern ihnen Entscheidungen abnehmen, deren Tragweite sie noch nicht überblicken können. Es gibt in diesem Zusammenhang den wunderbaren Satz, der in seinem Doppelsinn, die Problematik deutlich macht: „Zum Glück fehlten ihm die Probleme der Erwachsenen". Wir sollten dafür sorgen, dass Kindern Probleme, die sie belasten, die sie aber nicht lösen können, immer fehlen. Kinder sollten entsprechend ihrer Entwicklungsstufe wahrgenommen werden. Sie sind gleichberechtigt vor allem in ihren Bedürfnissen - und zu diesen gehört auch das Recht auf den Schutzraum, in dem sie unbeschwert von den Problemen der Erwachsenenwelt Kind sein dürfen.

Das Konzept einer falsch verstandenen partnerschaftlichen Erziehung beruht vor allem auf zwei Missverständnissen.

Zum einen auf dem nur allzu verständlichen Wunsch nach Harmonie auf Seiten der Eltern. Wenn alles erklärt und verstanden wird, haben Verweigerung und Aggression keinen Platz mehr. Das ist nicht nur ein Trugschluss, man verweigert damit auch eine wesentliche Aufgabe der Erziehung: die Übung des Umgangs mit natürlicher Aggression. Alle, auch gesunde und gut entwickelte Kinder verweigern sich hin und wieder. Das ist wichtig, insofern sie auf diese Weise herausfinden, wie sie sich selbst abgrenzen und auf ihre Umwelt Einfluss nehmen können. In einem überfordernden partnerschaftlichen Beziehungsmuster wird Verweigerung nicht mehr als natürliche Reaktion wahrgenommen, sondern als Unfähigkeit oder Unvermögen – schließlich wurde doch alles erklärt und verstanden. Dass das vermeintliche Unvermögen lediglich ein Zeichen für Überforderung ist , wird dabei gerne übersehen.

Zum anderen entsteht das partnerschaftliche Erziehungsmodell aus dem Bedürfnis zu delegieren. Aufgaben zu delegieren ist eine Verhaltensweise , die heute die Arbeitswelt bestimmt. Projekte werden an kompetente Mitarbeiter oder Kollegen weitergegeben. Und genau das ist der springende Punkt. Diese Mechanismen funktionieren nur dann, wenn man sich auf Augenhöhe begegnet, was Wissens- und Leistungsstand angeht. Im Verhältnis Eltern-Kind ist diese Augenhöhe nicht gegeben. Trotzdem werden Kinder häufig zwangsweise in diese Position gehoben. Sie bekommen – um im Bild zu bleiben – eine Aufgabe zugeteilt, an der sie scheitern müssen. Im Job würden wir so etwas tunlichst vermeiden. Zu Hause machen wir aus blutjungen Lehrlingen des Lebens Teilnehmer am runden Tisch der Familienbosse.

Der partnerschaftliche Umgang mit dem eigenen Kind kann im Grunde erst in späteren Jahren, frühestens in der Pubertät, funktionieren. Vorher sollten wir uns hüten, Kindern die Last einer Verantwortung aufzubürden, die wir selbst nicht zu schultern bereit sind – und das unter dem Deckmantel des vermeintlich partnerschaftlichen Umgangs miteinander. In Wahrheit überfordern wir sie damit, provozieren ihr Scheitern und machen sie am Ende noch dafür verantwortlich.

Und noch eine mögliche Konsequenz gilt es zu bedenken: Wenn wir einen Fünfjährigen wie einen Fünfzehnjährigen behandeln, dürfen wir uns nicht wundern, wenn wir in der Pubertät den Zugang zu ihm verlieren. Er hat schließlich gelernt, dass er berufen ist, alle Probleme dieser Welt nach seinen Ansichten lösen zu können. Seine Meinung war ja schon immer maßgeblich für Entscheidungen, auch wenn er die zugrunde liegenden Probleme nicht verstanden hat. Was also sollte ihn daran hindern als junger Erwachsener ebenso zu verfahren? Der Wunsch, einen selbständigen, reflektierten und verantwortungsbewussten jungen Menschen zu erziehen, hat sich ins Gegenteil verkehrt. Am Ende steht ein Jugendlicher, der sich selbst als Nabel der Welt begreift, seine eigenen Fähigkeiten nicht einschätzen kann und dabei nicht mit einem stabilen Selbstbewusstsein ausgestattet ist. Er hat nicht gelernt, dass es Dinge gibt, die nicht in seiner Macht liegen. Dementsprechend niedrig ist seine Frustrationstoleranz und jede Kritik wird zum Angriff auf die ganze Person.

Kinder, die sich selbst nie als Person mit Grenzen erleben durften, werden immer dann Schwierigkeiten haben , wenn sie Erwartungen – eigene und fremde – nicht erfüllen können oder wenn sie jede Einschränkung ihres Willens als Angriff auf ihre Person werten.

Wie gesagt - Erziehung heißt für Eltern, sich im Laufe der Zeit selbst überflüssig zu machen. Das kann aber nur gelingen, wenn man zuvor anwesend war und seinem Kind Zeit, Zuwendung und Vertrauen entgegengebracht hat, wenn man das Kind mit seinen Stärken und Schwächen als Person wahr- und angenommen hat. Diese Anerkennung wird auch im Setzen von Grenzen deutlich, sie sind wichtige Orientierungshilfen. Damit wird es für das Kind möglich, Freiheit in einem geschützten Raum zu leben, als Person wahrgenommen zu werden, ohne mit den Problemen der Erwachsenenwelt überfordert zu werden.

Wir dürfen dabei nicht vergessen, dass Kinder keine Maschinen sind, die beliebig steuerbar sind und auf Erfolg programmiert werden können – oder, wie es der Schweizer Kinderarzt und Autor Remo Largo formuliert „Kinder können nicht anders sein, als sie sind. Wenn die Eltern sie aber anders haben wollen, beschädigen sie ihre Kinder."

Schule

Eltern werden nicht nur durch die Anforderungen unserer Leistungsgesellschaft unter Druck gesetzt, sondern durch das ganze „Fördersystem". Kaum ist die Kindertagesstätte gewählt geht es bereits um die Wahl der richtigen Grundschule und kaum ist das Kind eingeschult, drehen sich alle Diskussionen um die weiterführende Schule, denn hier werden die Weichen für die Zukunft gestellt. Spätestens ab der dritten Klasse wird „die Spreu vom Weizen getrennt". Die einen werden aufgrund guter Noten Richtung Gymnasium weiter gehen – und die anderen? Die werden bereits in der Grundschule mit Nachhilfe auf die richtige, die erfolgversprechende Spur gebracht. So zumindest stellt sich die Sache für viele besorgte Eltern dar.

Dass der damit verbundene Leistungsdruck Kindern schon früh die Lust am Lernen nehmen kann, ist evident. Trotzdem machen wir alle dabei mit. Die Eltern, die Druck auf ihre Kinder ausüben, die Gesellschaft, die nur normierte Leistungsträger kennt, die Schulen, die nach diesen Kriterien selektieren und die Lehrer, die unter umfangreichen Lehrplänen, Ansehensverlust und den an sie delegierten Erziehungsaufträgen leiden. Auf der Strecke bleibt dabei das, worum es eigentlich geht, die Aufgabe, Kinder nach ihren individuellen Entwicklungsmöglichkeiten zu fördern. Das ist sicher keine einfache Aufgabe, sie kann auch nur gelingen, wenn alle Teile des Systems ihre Zielvorgaben überdenken. Im Falle der Eltern heißt das, einerseits für mehr Gelassenheit zu plädieren und andererseits Verantwortung nicht zu delegieren. Im Falle der Gesellschaft und der Schulen heißt das, nicht nur normierte und damit überprüfbare Leistung zu fordern, sondern denen, um die es geht, die Möglichkeit zu individueller Entwicklung zu geben.

Für viele junge Menschen ist Schule keineswegs ein Lebensraum – nicht etwa weil sie schlechte Noten hätten, sondern weil sie Schule längst nicht mehr mit Freude am Lernen verbinden, sondern mit extremem Wettbewerb und Auslese. Weil sie Schule als einen Ort erleben, an dem tatsächliche oder subjektiv empfundene Demütigungen durch Mitschüler oder Lehrer an der Tagesordnung sind. Weil Schule kein Ort zur Übung gegenseitigen Respekts und Empathie ist, sondern ein Ort an dem das Recht des Stärkeren herrscht. Wo Schule nicht mehr lehrt, Wissen kritisch zu bewerten und in Handeln umzusetzen und sich hinter immer komplizierteren Lehrplänen verschanzt, gilt folgendes Ergebnis einer Studie der Berliner Humboldt-Universität (2009): „Die Inhaltsfülle erschwert das angestrebte Ziel, mehr Zeit für das Wesentliche zu gewinnen. Infolge des vorzulegenden Lerntempos kann es zu einer Überforderung bei Schülern und Lehrern kommen."

Dabei „ist Schule eigentlich simpel. Alles, was man braucht, sind pädagogische Ideen, gutes Personal und Geld," so der Leiter eines Gymnasiums in der Nähe von Stuttgart (2009, Spiegel). In der Realität hapert es oft genug an allen drei Dingen. Eine Bildungskrise folgt der anderen. Alle Beteiligten – Schüler, Lehrer, Eltern – sind mit dem, was sie tun, nicht selten unzufrieden und gesellschaftlich anerkannt wird ihre Arbeit ohnehin kaum. Schüler und Lehrer arbeiten häufig gegeneinander und auch Eltern sprechen lieber über als mit Lehrern. Politiker sehen nur den Ausweg, mehr Geld für Bildung zu versprechen, obwohl inzwischen hinlänglich bekannt ist, dass das kaum etwas bringt und nicht nur die Zufriedenheit mit dem System seit Jahren abnimmt sondern auch die Zahl der Abnehmer (Schüler) geringer wird.

Diesem Missstand versucht man nun mit immer neuen Reformen beizukommen. Allerdings genügen die Überprüfungen dieser Reformen vor ihrer Umsetzung selten wissenschaftlichen Standards. Denken wir beispielsweise an die flächendeckende Einführung der verkürzten Gymnasialzeit – besser bekannt unter der Abkürzung G8. In den neuen Bundesländern wurde nach der Wende die Gymnasialzeit den damals geltenden Verhältnissen im Westen angepasst und damit um ein Jahr verlängert, auf 9 Jahre. Inzwischen haben sich die Verhältnisse erneut geändert und es wurde das achtjährige Gymnasium nach vierjähriger Grundschulzeit als Resultat neuester pädagogischer Entwicklungen eingeführt. Dieselben Lehrer sind nun aufgefordert - nur wenige Jahre nachdem man ihnen erklärt hat, dass dreizehn Schuljahre die Voraussetzung für nachhaltiges Lernen seien - das achtjährige Gymnasium in die Praxis umzusetzen. Zumindest in Baden-Württemberg ist das nun ebenfalls bereits überholt und der Rückweg zum neunjährigen Gymnasium , als neues Modell der Wahlfreiheit für Eltern, wird angetreten. Kann das ein motivierter und kritisch denkender Lehrer ernsthaft mitmachen? Wie diese Reform - von G8 auf G9 und wieder zurück zu G8 und jetzt wahlweise G9 - hat jede Reform, die unüberlegt in viel zu kurzer Abfolge die vorherige ablöst, das Potential zur Demotivierung derer, die sie implementieren müssen. Wer dann das Scheitern von Reformen denjenigen anlastet, die sie umsetzen müssen, handelt zynisch, denn kein Lehrender steht morgens mit dem Gedanken auf heute zu scheitern oder besonders schlechten Unterricht zu machen.

Lehrer sind vielmehr mit Problemen konfrontiert, denen sie aufgrund ihrer Ausbildung in der Regel nicht gewachsen sein können. Die Ausbildung zukünftiger Lehrer wird zumeist von Professoren geleistet, die selbst keine Schüler haben. Sie halten selbst keinen Unterricht, haben zum Teil weder ein Lehramtsstudium absolviert noch je an einer Schule unterrichtet. Wie sollten sie die Probleme an heutigen Schulen kennen? Wie soll ein angehender Lehrer von ihnen lernen, wie man mit Problemen wie Migrationshintergrund, Aggressivität, Intoleranz oder Motivationslosigkeit umgeht? Wie soll die Ausbildung junger Pädagogen gelingen, wenn ihre Lehrer keinerlei Erfahrung haben in dem Fachbereich, der über das Fachwissen hinaus den Lehrer erst als Lehrer qualifiziert?

Die Profession des Lehrers ist die Kunst des Unterrichtens, nicht das jeweilige Fachwissen. Für alle angehenden Pädagogen gilt deshalb, dass didaktische und psychologische Fähigkeiten in der Ausbildung einen zentralen Stellenwert einnehmen. Dabei genügt es nicht, den Kanon relevanter Studienfächer kurzerhand zu erweitern, vielmehr müssen Theorie und Praxis frühzeitig miteinander verzahnt werden. Während in Deutschland der Großteil der zukünftigen Pädagogen erst im Referendariat sein zukünftiges Berufsfeld näher kennenlernt, arbeiten beispielsweise in Finnland Lehramtskandidaten vom ersten Semester an regelmäßig mit Schulklassen – und merken schnell, dass Fachwissen allein noch keinen guten Lehrer macht. Die Kompetenz, Wissen weiterzugeben, Beziehungen zu gestalten und Persönlichkeitsentwicklung zu fördern sagen mehr über seine Befähigung aus, als ein Numerus Clausus, den manche Politiker als Auswahlkriterium vorschlagen.

So hat eine Studie der Universität Freiburg (2011/2012) ergeben , dass der wesentliche Faktor für Erkrankung, Burn-Out und häufig auch vorzeitige Pensionierung von Lehrkräften Beziehungskonflikte im Klassenzimmer ist. Der Umkehrschluss verweist auf die Unabdingbarkeit einer Veränderung der Ausbildung. Es geht nicht nur darum, Lehrerinnen und Lehrer in die Lage zu versetzen, die Entwicklung junger Menschen besser zu fördern, gewalttätigen Umgang zu verhindern und die schulische Atmosphäre zu verbessern – es geht auch um die Verpflichtung zur Gesundheitsfürsorge für Lehrkräfte und Erziehende.

Gewalt an Schulen - Risikofaktoren

Schule als Selektionsinstanz

Da unser Schulsystem vor allem nach unten durchlässig ist – ein späterer Wechsel auf eine weiterführende Schule ist zwar theoretisch möglich, aber oft mit Problemen verbunden – hat sich bei vielen Eltern das Gefühl eingestellt, dass ein Fehler bei der Schulwahl lebensentscheidend und nicht wieder zu korrigieren sei. Dabei ist das einzige Kriterium für eine „falsche" Schulwahl die Unangemessenheit der Schule im Hinblick auf die Bedürfnisse und Fähigkeiten des Kindes. Konsequenterweise hat in den letzten Jahren eine starke Verschiebung hin zum Gymnasium stattgefunden. Etwa sechzig Prozent aller Eltern erwarten, dass ihr Kind Abitur macht. Dieser Abschluss verleiht nach der Vorstellung Vieler eine Art Gütesiegel fürs Leben, jeder andere Abschluss wird folgerichtig abgewertet. Da aber nicht alle Schüler in der Lage sind, das Pensum eines Gymnasiums zu bewältigen, werden sie bereits frühzeitig unter enormen Druck gesetzt – oder landen vermeintlich auf der Verliererstraße. Kinder lernen auf diese Weise früh, dass das Leistungsprinzip jeden Winkel ihres Lebens durchdringt.

Leistung wird honoriert von Eltern, Lehrern und der Gesellschaft. Sie ist messbar, schafft Vergleichsmöglichkeiten und hilft, die eigene Position zu bestimmen. Darin liegt allerdings auch eine große Gefahr. Es ist normal, dass wir in einer immer komplexer werdenden Welt nach Halt und Struktur suchen. Problematisch wird es allerdings, wenn Leistung nicht ein Kriterium unter vielen ist, sondern allein über den Wert einer Person entscheidet. In der Schule ist häufig genau das Realität. Die Note ist der Stempel, den ein Lehrer seinem Schüler aufdrückt. Sie vermittelt scheinbar Objektivität und soll eine neutrale Rückmeldung über eine erbrachte Leistung sein. Tatsächlich muss, um überhaupt benoten zu können, eine Wettbewerbssituation geschaffen werden, die auf Rivalität setzt.

Nun ist Wettbewerb an sich keineswegs falsch. Richtig verstanden macht er sogar Spaß. Man muss allerdings zwei Arten des Wettbewerbs unterscheiden. Die eine Art des Wettbewerbs steht auf der Basis grundsätzlicher Akzeptanz des Anderen. Zu keinem Zeitpunkt ist in Frage gestellt, dass alle Teilnehmer des Wettbewerbs, unabhängig von ihrem Erfolg, anerkannte Mitglieder der Gemeinschaft bleiben. Die andere Form des Wettbewerbs aber grenzt den Verlierer aus der Gemeinschaft aus, lässt ihn spüren, dass er in seinem Lebensweg gescheitert ist. Aus dem Sieger macht er einen Einzelkämpfer. Eben diese schädliche Form des Wettbewerbs bestimmt häufig unser Schulsystem. Lehrer haben auf die individuelle Leistung des Schülers zu achten und diese nach normierten Maßstäben zu benoten. Schüler haben darauf zu achten, den größtmöglichen Profit in Form guter Noten einzufahren. In diesem System bleibt nur wenig Raum für Gemeinsamkeit, es ist wesentlich ein System der Konkurrenz. Was dabei übersehen wird, ist die Tatsache, dass sich Schulzeit mit der Zeit der Persön-

lichkeitsentwicklung deckt. In der Pubertät ist es ganz normal, dass sich Phasen der
Stärke und Schwäche abwechseln. Liebeskummer, Zukunftsängste, die körperliche
Entwicklung sind alles Herausforderungen, denen sich junge Menschen stellen müssen und die nicht selten Krisen hervorrufen. In solchen Krisen wird dann die Leistungsbewertung zum Gradmesser für den Selbstwert. Zumal wenn die Anerkennung
in anderen Lebensbereichen versagt bleibt. Wenn Eltern oder Freunde kein Gegenge-
wicht bilden, wenn man keine Freizeitbeschäftigung hat, die das angeknackste Selbstbewusstsein wieder aufpoliert, dann erhält die Beurteilung schulischer Leistungen ein
immer größeres Gewicht.

Denn was wir inzwischen sicher wissen, ist, dass es nicht die jungen Menschen sind,
die von vornherein die gesellschaftlich vermittelten Werte ablehnen, die schließlich
Gewalt als Handlungsstrategie zur Lösung ihrer Probleme wählen. Es sind vielmehr
diejenigen, die in ihrem Erstreben zentraler gesellschaftskonformer Werte enttäuscht
sind, die aggressiv werden und sich an denen, die sie für schuldig halten auf grausame
Weise rächen. Ausgrenzung und Demütigung wird wie körperlicher Schmerz empfunden und löst Aggression aus. Schulisches Versagen aber führt zu Ausgrenzung -
wer in der Schule nichts kann, wird eben nicht Klassen- oder gar Schulsprecher. Wer
dann keine Alternativen mehr hat, das angeschlagene Selbstwertgefühl aufzupolieren,
neigt, so die Ergebnisse von Langzeitstudien, (vgl. K. Hurrelmann, 2009) dazu, gewalttätig zu werden.

Schulische Möglichkeiten der Gewaltprävention
Schule als Lebensraum

Es ist an der Zeit umzudenken – das ist sogar im Bildungsplan des Landes Baden-
Württemberg aus dem Jahr 2007 formuliert: "*Jeden Bildungsplan wird man zukünftig
daran messen, ob er geeignet ist, die Zuversicht junger Menschen, ihr Selbstbewusstsein und ihre Verständigungsbereitschaft zu erhöhen.*" Schule soll also die Persönlichkeit entwickeln, das Vertrauen in die eigenen Fähigkeiten stärken und die Grundlagen
für einen menschlicheren Umgang miteinander schaffen. Damit sind zugleich die
schulischen Möglichkeiten der Gewaltprävention beschrieben – kein junger Mensch,
der sich in einer Gemeinschaft angenommen fühlt, wird diese gewaltsam zerstören.

Schulische Gewaltprävention besteht also vor allem darin

- Möglichkeiten zur Partizipation zu schaffen. Wer in schulischen Gremien als
  Schülervertreter mitarbeitet, wendet sich nicht gegen den Lebensraum, an dessen
  Gestaltung er beteiligt ist.

- Möglichkeiten zur Identifikation zu schaffen. Rituale und wahrnehmbare Zeichen der Zugehörigkeit schaffen Gemeinschaft, die ihre gewaltsame Zerstörung
  selbst verhindert.

- transparente, gerechte und wertschätzende Leistungsbewertung. Eines der Ergebnisse neurobiologischer Forschung der letzten zehn Jahre besteht in dem Nachweis, dass Ungerechtigkeit die Tendenz zu aggressivem Verhalten verstärkt. Wer sich ausgegrenzt fühlt leidet und wird wütend, wer sich ausgegrenzt und einen anderen gleichzeitig bevorzugt sieht, wird aggressiv und häufig auch gewalttätig.

Gewaltprävention an Schulen kann allerdings nur gelingen, wenn im Schulalltag dafür Raum geschaffen wird. Wenn Lehrpläne gezielt überarbeitet werden, um Raum für individuelle Förderung zu schaffen, wenn Lernen vor allem als Lebensschulung verstanden wird, wenn Pädagogen entsprechend geschult und ausgewählt werden, wenn der Druck auf die Schüler, zu jeder Zeit abrufbare Leistungen bringen zu müssen, reduziert wird. Und vor allem, wenn junge Menschen in ihrer ganzen Persönlichkeit wahrgenommen und wertgeschätzt werden.

Was also brauchen unsere Kinder ...

Kinder brauchen zwischenmenschliche Bindungen. Sie brauchen sie vom ersten Tag ihres Lebens an.

Doch wie entstehen solche Bindungen, die auf der Erfahrung beruhen, dass ein anderer Mensch so fühlen kann, wie man selbst fühlt. Besonders bei Kindern und Jugendlichen ist diese Erfahrung , dass ein anderer Mensch – Familie, Freunde, Lehrer - sich in sie einzufühlen vermag, von entscheidender Bedeutung.

Neurobiologische Grundlage für diese Fähigkeit ist ein Netz von Nervenzellen, das System der Spiegelneurone („mirror neuron system", MNS), das die Zeichen (Sprache, Körpersprache) , die ein anderer aussendet, verwertet und daraus rekonstruiert, was in diesem Menschen vorgeht. Menschen sind keine isolierten Wesen, sie sind auf Beziehung und Bindung angelegte Wesen, sie sind immer Bestandteile eines engvernetzten sozialen Gewebes. (Keysers, 2013)

Allein mit Einfühlung ist das Potential der Spiegelneurone jedoch noch nicht ausreichend beschrieben. Indem wir auf die Zeichen, die das Verhalten eines Kindes oder eines Jugendlichen aussendet, reagieren – und das tun wir nicht freiwillig oder wahlweise, sondern immer und in jeder Situation, manchmal deutlich und bewusst, häufig jedoch unbewusst – spiegeln wir etwas zurück. Kinder und Jugendliche suchen nach diesem Spiegelbild und sie tun dies aus zwei Gründen: Sie wollen spüren, dass sie wahrgenommen werden aber auch wie sie wahrgenommen werden , sie wollen wissen, wer sie sind.

Der „Korridor":

Junge Menschen befinden sich in einer Entwicklungssituation, von der sie nicht wissen, wohin sie führt. Das kann auch Angst machen. Deshalb suchen sie unbewusst in dem Bild, das sich Erwachsene – und besonders ihre Bezugspersonen – von ihnen machen, Auskunft darüber, was sie sich zutrauen dürfen, worin ihre Potentiale und Entwicklungsmöglichkeiten liegen. Diesen Suchprozess, der im Kind und im Jugendlichen unbewusst abläuft, bezeichnet Joachim Bauer (2008) als einen der wichtigsten Vorgänge , wenn es um Erziehung und Bildung geht. Mittels der Art, in der wir den jungen Menschen durch unser Reden und unser Verhalten Auskunft über sich selbst geben, legen wir einen „Korridor" an, der in die Zukunft weist und in dem sich –bis zu einem gewissen Grad – die Kraft einer sich selbst erfüllenden Prophezeiung entfalten kann. Die Kunst der Erziehung besteht nun darin, gegenüber den jungen Menschen die Kritik und die Benennung von Mängeln immer mit der Perspektive einer Entwicklung zu verbinden, so dass sie diesen „Korridor" der aus der augenblicklichen Problemsituation hinausweist, immer erkennen können.

Dabei muss die Kritik nicht stets simultan mit einer solchen Vision einhergehen. Kritik kann auch im gegebenen Fall für sich allein stehen – unabdingbar ist , dass sie nicht demütigt und ausgrenzt und den jungen Menschen nicht auf die kritisierten Eigenschaften festlegt. Niemand ist jemals „ein hoffnungsloser Fall."

Denn Dreh- und Angelpunkt für Erziehung sind vom ersten Tag an die Erfahrungen, die junge Menschen mit anderen Menschen machen. Ein lebendiges Miteinander, das geprägt ist von Zuwendung und dem Mut der Erwachsenen, Verantwortung zu übernehmen, Haltungen und Meinungen zu haben und diese auch zu leben ist die Basis für die Fähigkeit beziehungs- und gemeinschaftsfähig zu werden.

Kinder und Jugendliche brauchen das Gefühl, dass die Welt auf sie wartet, dass sie wahrgenommen werden, dass sie gebraucht werden. Sie brauchen das Gefühl, dass wir etwas von ihnen fordern, weil sie die Chance haben, ihre Potentiale zu entfalten.

Wir tragen als Eltern die Verantwortung für unsere Kinder - nicht nur für ihre Kleidung, Ernährung und Schulwahl, sondern vor allem auch dafür, was wir ihren Gehirnen und ihrer Seele zumuten. Wir tragen die Verantwortung dafür, dass sie wissen, dass sie nicht unseren Vorstellungen von dem, was sie sein sollen zu entsprechen haben, sondern dass sie Individuen sind, deren Wert darin besteht, zu sein.

Literatur:

Bauer, Joachim; Lob der Schule, München 2008
Bauer, Joachim; Schmerzgrenze, München 2011
Spaemann, Robert, Grenzen, Stuttgart 20012
Winterhoff, Michael, Warum unsere Kinder Tyrannen werden, Gütersloh 2008
Schubert, Christoph; Warnke, Andreas, in „ Der Spiegel" 26/2013
Keysers, Christian, in „Der Spiegel", 29/2013

Nils Christie

Heilung nach den Gräueltaten[1]

Die Gräueltaten

Es war am Nachmittag des 22. Juli 2011. Eine gewaltige Bombe explodierte in einem Auto, das knapp außerhalb des Regierungszentrums in Oslo geparkt war. Das Regierungszentrum ist ein Hochhaus, in dessen oberstem Stockwerk die Büros des Ministerpräsidenten liegen. Das Gebäude und seine Umgebung sahen aus, als wäre ein Krieg ausgebrochen. Acht Menschen wurden sofort getötet, weitere lagen schwer verletzt im Krankenhaus. Der Täter, dessen Fahrzeug bis an den Rand mit Sprengstoff gefüllt war, hatte sich im Verkehr verspätet, und die Explosion ereignete sich eine Stunde nach den normalen Bürozeiten. Andernfalls wären Hunderte getötet worden.

Die ersten Versuche, diese Gräuel zu erklären, folgten sogleich: Vielleicht eine muslimische Vergeltung für unsere Teilnahme an den Kriegen in Afghanistan und Libyen? Oder für das Nachdrucken dieser Mohammed-Karikaturen? In diesem Fall hätten unseren Einwanderern schlechte Zeiten bevorgestanden.

Aber dann, als die Nacht fortschritt, sickerten weitere, alarmierende Nachrichten durch: Es gab Schießereien in einem Sommerlager für politisch aktive Jugendliche aus der Arbeiterpartei. Sie ereigneten sich auf einer winzigen Insel in einem Binnensee eine Autostunde von Oslo entfernt. Ein großgewachsener Mann ging hin und her und tötete systematisch jeden, den er finden konnte - einige waren erst vierzehn Jahre alt. Gnadenlos, einfach jeden Jugendlichen umbringend, dem er begegnete. Insgesamt tötete er 77 Menschen.

Das Entsetzen, die Verzweiflung und den Schmerz, die sich im Lande ausbreiteten zu beschreiben würde die Gaben eines Künstlers erfordern. Ich sehe davon ab, hebe aber eine Einzelheit aus den Nachrichten hervor, die eine gewisse Erleichterung im Laufe dieser langen Nacht mit sich brachte. Der Täter war **kein** Einwanderer. Er war ein groß gewachsener, blonder Mann, offenkundig ein Norweger. Und bald wurde deutlich, dass es derselbe Mann war, der einige Stunden zuvor den Sprengstoffanschlag auf das Regierungszentrum verübt hatte.

Die Heilung, erster Akt

Sind nach solchen Ereignissen Gedanken an Heilung, an das Wiederherstellen der gesellschaftlichen Identität überhaupt möglich?

Die Getöteten werden nie zurückkommen - außer in Träumen und Erinnerungen. Und was die ihnen Nahestehenden angeht, so könnten sie meinen, dass der Mörder auf ewig in der Hölle brennen möge.

---

[1]   Übersetzung aus dem Englischen durch Dr. Burkhard Hasenpusch

Was bleibt dann noch übrig zu heilen, wieder herzustellen?

Die Gesellschaft bleibt übrig.

Rosen statt Hass

Im Falle dieses 22. Juli begannen die ersten Schritte dieses Heilungsprozesses, wie ich ihn bezeichnen möchte, unmittelbar nach den Ereignissen. Kurz nachdem die Bombe explodiert war, sprach der Ministerpräsident im Radio und im Fernsehen. Seine Ansprache drückte Schmerz und Verzweiflung aus, Solidarität mit den Opfern, aber auch - wesentlich für seine Ansprache in dieser Nacht und für die Reden in den folgenden Tagen - dass wir auf diese Taten <u>nicht</u> mit Rache und Vergeltung antworten werden, sondern indem wir an unseren Idealen für eine demokratische Gesellschaft festhalten.

Am dritten Tage nach diesen Gräueltaten fand eine Gedenkveranstaltung vor dem Rathaus von Oslo statt. Die Stadt hat 600.000 Einwohner. Schätzungsweise 150.000 von uns waren dort. Der Kronprinz sprach, der Ministerpräsident sprach, Überlebende sprachen. Von keinem von ihnen hörte ich auch nur einen Satz über Rache. Stattdessen, so drückte es einer der Überlebenden aus: Lasst uns mit Rosen antworten, nicht mit Rache. Oder, so ein anderer der jungen Überlebenden: Wenn ein einzelner Mann so viel Hass freisetzen kann, dann stellt Euch nur vor, wie viel Liebe wir alle zusammen freisetzen können. Der Bürgermeister von Oslo sagte es in einem Interview so: Wir werden den Mörder gemeinsam bestrafen. Unsere Strafe wird bestehen aus noch mehr Offenheit, noch mehr Toleranz, noch mehr Demokratie. Einige Wochen nach dem Massaker fanden im Land Kommunalwahlen statt. Der Bürgermeister wurde mit außergewöhnlich großem Vorsprung wiedergewählt.

Nichts als Rosen, in Worten und in Wirklichkeit. Fast jeder hatte Blumen in der Hand und legte sie später an verschiedenen Erinnerungsorten in der Stadt nieder. Eine Prozession vom Rathaus zur Hauptkirche war geplant, wurde aber abgesagt. Es waren zu viele Menschen da, überall. Ähnliche Gedenkveranstaltungen fanden in den folgenden Tagen im ganzen Land statt. Die Einfuhrzölle auf Rosen wurden vorübergehend aufgehoben, um genügend Blumen ins Land zu bekommen. Der öffentliche Nahverkehr in Oslo musste umgeleitet werden, damit die vielen Gedenkstätten aus Blumen in der Innenstadt nicht zerstört werden.

In gewisser Weise kamen wir einander in diesen Tagen näher. Die Politiker spielten dabei eine wichtige Rolle und waren eine treibende Kraft. Unser Ministerpräsident, Jens Stoltenberg, erwies sich als ganz außergewöhnlich mit seiner Gabe, Worte und Gefühle zu vereinen. Nichts war hier zu spüren von der politischen Rhetorik eines George Bush nach dem 11. September oder eines David Cameron nach den Jugendrevolten in britischen Städten. Die politischen Führer Norwegens kamen überein, einander eine Zeitlang nicht anzugreifen, obwohl eine Wahl dicht bevorstand. Die Lage war zu ernst für kleinliches parteipolitisches Herumstreiten. Die Stimmung dieser Tage erinnerte mich an die Zeit, als die Besetzung Norwegens durch die Deutschen 1945 endete. Ein unglaubliches Gefühl von Gemeinschaft, eine geeinte Nation. Eine Zeitlang.

Schreckliche Tage, aber auch hoffnungsvolle. Über einen Artikel zwei Tage nach den Gräueltaten, den ich zusammen mit Hedda Giertsen verfasste, setzten wir die Überschrift: „Ein besseres Norwegen wird hieraus erstehen" (*Information*, Kopenhagen, 25. Juli 2011). So fühlte es sich an. Das Entsetzen trieb uns auf die Straße und führte uns dort zusammen.

Worum scharten wir uns? Zuallererst um die Opfer. Unschuldige Jugendliche, die auf dieser Insel zusammen gewesen waren, um zu lernen, wie sie unser Land erhalten und verbessern könnten. Sie wurden umgebracht, gnadenlos. Und dann um unsere Gesellschaft selbst. Wir waren alle bedroht worden. Unsere Grundwerte und unsere Wahrnehmung von uns selbst als Nation waren angegriffen worden. Der Mörder hatte Bestandteile unseres zentralen Wertesystems in Frage gestellt. International vergleichende Studien zeigen, dass Norweger mehr als alle anderen einander vertrauen und seltener als die meisten anderen einander umbringen.

Und dann diese Gräueltaten!

Einem Land seine Seele zurückgeben

Norwegen war in diesen ersten Wochen in gewisser Weise in ein einziges großes Forum der Versöhnung verwandelt worden. Gewöhnlich denken wir bei Versöhnung an einen Prozess mit einer begrenzten Zahl von Beteiligten: Dem Opfer, dem Täter, dem Mediator - das ist das Muster. Aber bei uns war in den Tagen nach dem 22. Juli die ganze Nation beteiligt. Der Schock und der Schmerz waren so groß, dass neue Formen dafür geschaffen werden mussten. Gefühle wurden gezeigt, Werte verdeutlicht, Normen bestärkt. Zu einem großen Teil waren die überlebenden Jugendlichen von der Insel die treibende Kraft bei all diesem. Keine Sachverständigen dazwischen. Sachverständige kamen erst ins Spiel, als das Strafverfahren vorbereitet wurde. „Rosen statt Hass" war in diesen ersten Tagen ein Geschenk für uns alle, direkt von den überlebenden Jugendlichen.

Aber es war ein Strafverfahren

Das Gerichtsverfahren dauerte zehn Wochen. Es war ein Strafverfahren. Eine andere Lösung wäre nicht möglich gewesen. Selbst als glühender Verfechter von *restorative justice* - oder von Schiedsstellen für alternative Konfliktbearbeitung, wie ich diese Einrichtungen gerne nenne - muss ich zugeben, dass ich nicht glaube, dass diese eine angemessene Alternative für die Bearbeitung dieses Falles außerhalb der Strukturen des Strafgesetzes gewesen wäre. Aber vieles von dem, was in diesem Verfahren geschah, ähnelte durchaus dem, was oft in solchen Schiedsstellen passiert. Vieles von dem, was in diesem Gerichtsverfahren geschah, sollte festgehalten, erinnert und als Vorbild dafür genutzt werden, wie Strafgerichte mit anderen, gewöhnlicheren Fällen umgehen. Elemente von *restorative justice* sollten das Strafverfahren durchdringen, nicht umgekehrt.

Die Gräueltaten vom 22. Juli waren zu allererst nicht eine Sache zwischen einem einzelnen Übeltäter und einer begrenzten Zahl von Leuten. Eine ganze Nation war betroffen. Es war eine Sache zwischen Einem und dem größten Teil der Gesellschaft. Wir konnten nicht alle dabei sein. Es musste ein geeignetes Forum gefunden werden.

Und dieses Forum musste ein offenes Forum sein. Wir hatten alle einen Anspruch darauf, Bescheid zu wissen. Die meisten Gespräche im Rahmen von *restorative justice* finden ohne Medien-Beteiligung in geschlossenen Räumen statt. Das ist oft unumgänglich, um ein offenes Gespräch in dieser Form der Konfliktbearbeitung sicherzustellen. Ein Strafgericht muss in einer offenen Gesellschaft nach dem entgegengesetzten Grundsatz handeln. Und das Gericht (*Oslo tingrett*) erfüllte diese Erwartung. Bevor das Verfahren begann, wurde ein 29 Seiten langes Dokument veröffentlicht. Darin wurden die Grundlagen und der Ablaufplan für das Verfahren beschrieben. Insgesamt hätten 2500 Personen das Recht gehabt, an dem Prozess teilzunehmen. 700 Journalisten von 200 verschiedenen Medien-Firmen aus der ganzen Welt hatten die Akkreditierung beantragt. Das Innere des Gerichtsgebäudes im Zentrum von Oslo wurde umgestaltet. Der größte Gerichtssaal bot danach Platz für 193 Zuhörer - er war ausgelegt für 100 Angehörige der Verstorbenen und für 90 Journalisten. Den übrigen Personen mit dem Recht, dabei zu sein, und den verbleibenden Journalisten standen sieben weitere Gerichtssäle in dem Gebäude zur Verfügung, und darüber hinaus Räume in einem nahegelegenen Hotel. Diese zusätzlichen Räume waren mit großen Bildschirmen ausgestattet, auf die alles übertragen wurde, was im großen Gerichtssaal geschah. Außerdem wurden für die Personen mit dem Recht, am Prozess teilzunehmen, 17 Gerichte vom Norden bis zum Süden des Landes mit der gleichen Technik ausgestattet. Unsere Nationale Sendeanstalt übertrug ebenfalls das Meiste von dem, was passierte, neben zahlreichen Interviews und Kommentaren.

Ein weiterer Grund dafür, dass es unmöglich war, in diesem Fall alternative Formen der Konfliktbearbeitung zu verwenden, lag darin, dass der Angeschuldigte seine Taten nicht bereute und bis heute nicht bereut. Er betrachtet sich selbst hartnäckig als heldenhaften Soldaten, der tat was er tun musste. Ein Märtyrer. Er kämpfte in einem Heiligen Krieg. Ein Beschützer des Landes und der Christenheit vor einer Invasion der Muslime und auch (was weniger Aufmerksamkeit auf sich zog) vor kulturellem Marxismus und Feminismus. Er hat ein 1500 Seiten langes Manuskript mit dieser Botschaft verbreitet. Er tötete, um Norwegen zu retten. Und - nach seinen Vorstellungen - ist Norwegen noch nicht gerettet. Er kämpfte einen Ein-Mann-Krieg von einer extrem rechten Position aus. Er bedauert nichts, was er gesagt hat. Jetzt war er handlungsunfähig. Man konnte ihm in Freiheit nicht trauen. Er war und ist ein gefährlicher Mann. Außerdem wäre er wahrscheinlich nach kurzer Zeit von jemandem getötet worden, wenn er nicht durch (Gefängnis-) Mauern geschützt gewesen wäre.

Rosen im Gerichtssaal

Aber so, wie es sich entwickelte, wurden wesentliche Ideale der *restorative justice* während des Verfahrens berücksichtigt. Der Gerichtssaal wurde ein Forum für das Erreichen eines landesweiten Verständnisses dessen, was geschehen war, ein sehr wirksames Forum auf Grund der außerordentlich gut organisierten Kommunikation vom Gericht zum Rest der Bevölkerung. Den Opfern wurde mit ganz außergewöhnlicher Aufmerksamkeit begegnet. Das bewegendste Beispiel: Gerichtsmediziner erklärten, was in jedem Einzelfall zum Tode geführt hatte. Es wurde alles bis ins kleinste Detail beschrieben. In jedem Einzelfall wurde ein großes Bild des getöteten Opfers gezeigt. Nachdem die Ärzte beschrieben hatten, wie und wodurch der Tod eingetreten war, wurde eine kurze Gedenk-Ansprache gehalten, eine Ansprache, in der beschrieben wurde, wer diese Person in ihrem so kurzen Leben gewesen war. Nach einer Woche, in der es um die Toten ging, gab es in der folgenden Woche Raum für die Überlebenden, von denen viele sichtbare Zeichen ihrer schweren Wunden aufwiesen.

Niemals, nicht einmal in heutiger Zeit, ist in einem norwegischen Gericht so vielen Opfern so viel Aufmerksamkeit zuteil geworden. Hinzu kam, dass sowohl den Angehörigen der Opfer als auch allen Überlebenden, die dies wünschten, ein oder mehrere Anwälte zur Seite gestellt wurden, als eine Art Nebenkläger. Mehr als 170 solcher Nebenkläger waren an dem Fall beteiligt. Solche Nebenkläger bewirken ein grundsätzliches Gleichgewichtsproblem im Verfahren. Meistens unterstützen sie die Staatsanwälte. Im Ergebnis standen 172 Ankläger zwei Verteidigern gegenüber.

Im Gericht wurde dem Mörder im Allgemeinen mit Höflichkeit begegnet. Er trug normale Zivilkleidung. Seine Handschellen wurden abgenommen. An den ersten paar Tagen zeigte er eine Art Nazi-Gruß, wenn er den Gerichtssaal betrat, gab dies aber dann auf, bis er den Gerichtssaal am allerletzten Tag der Verhandlung verlies. Der Staatsanwalt gab ihm zur Begrüßung die Hand und er wurde ohne ausgesprochene Aggressivität vernommen. Er durfte die politischen Vorstellungen, die seinen Taten zu Grunde lagen, in einem einstündigen Monolog vortragen.

Die Stimmung im Gerichtssaal war ruhig, ernst - oft verzweifelt traurig. Eine Art Begräbnis, Tag für Tag. Mit einer Ausnahme. Ein Mann schrie auf: "Fahr zur Hölle, du Mörder meines Bruders!" Dann warf er einen seiner Schuhe in die Richtung des Mörders. Es war ein symbolischer Akt der Erniedrigung - er stammte aus dem Irak. Der Schuh traf einen der Verteidiger. Einige im Saal applaudierten. Aber eine Straßenecke weiter, ich glaube es war am selben Tag oder am Tag davor, hatten sich ungefähr 40.000 Menschen auf einem riesigen Platz gegenüber dem Gebäude unserer Arbeiterpartei versammelt - auf Anregung einiger Jugendlicher auf Facebook. Sie sangen gemeinsam „Kinder des Regenbogens", ein Lied, von dem der Mörder gesagt hatte, dass er es hasste. Es ist ein Lied für Kinder aller Hautfarben.

Über das Zufügen von Übel

So weit, so gut, auch aus der Sicht von *restorative justice*. Aber dies fand in einem Strafverfahren statt. Darin ist über drei Fragen zu entscheiden:

Ist der Angeklagte schuldig?

Sofern schuldig, kann er bestraft werden?

Sofern er bestraft werden kann, welches ist das passende Maß an Übel, das ihm zugefügt werden sollte?

Was die Schuld angeht: Er gibt die Tötungen zu, sieht sich selbst aber nicht als schuldig an. Er sieht sich als Befehlshaber in einem Heiligen Krieg. Ein christlicher Soldat im Krieg. Insoweit hatte das Gericht einen - scheinbar - einfachen Fall vorliegen. Schuldig.

Die Tat eines Verrückten?

Danach aber kommt die nächste Frage in einem Strafverfahren: Vielleicht ist dieser Mann kein normaler Mann? Vielleicht ist er geisteskrank und kann nicht zur Rechenschafft gezogen werden? Um dies herauszufinden, wurden Psychiater zu Rate gezogen.

Schon bevor das Strafverfahren eröffnet worden war, hatten zwei forensische Psychiater den Geisteszustand des Mörders untersucht. Sie erklärten ihn für geisteskrank. Schizophrene Paranoia. Eine einfache Möglichkeit, ihn für anders als die meisten von uns zu erklären. Der ganze Bericht sollte eigentlich geheim gehalten werden, aber umfangreiches Durchsickern von Informationen machte deutlich, dass die Psychiater, neben Tests und Explorationen, ihre Diagnose weitgehend mit seinen Taten begründeten - den Gräueltaten - ohne den politischen Hintergrund des Ganzen zu berücksichtigen. So zu handeln, und so darüber zu schreiben, wie er es getan hatte, wurde für die forensischen Psychiater zum endgültigen Nachweis dafür, dass er geisteskrank war.

Diese Diagnose rief einen Sturm der Entrüstung hervor. Die Opfer - Überlebende und Personen, die Angehörige durch seine Taten verloren hatten - verlangten eine erneute psychiatrische Begutachtung. Die Staatsanwaltschaft protestierte, aber das Gericht stimmte zu. Zwei neue Sachverständige wurden berufen. Sie erklärten ihn für zurechnungsfähig.

Eine groteske Situation. Die beiden Paare von forensischen Psychiatern saßen während der ganzen zehn Wochen des Verfahrens nebeneinander in der ersten Reihe im Gerichtssaal, dem Angeklagten direkt gegenüber. Das eine Paar sah einen Mann, den es außerhalb der Normalität eingeordnet hatte und den es deshalb auf dem Weg in ein psychiatrisches Krankenhaus sah, das andere Paar einen Menschen, den sie als auffällig ansahen, aber nicht so sehr, als dass er nicht zurechnungsfähig wäre.

Aber diese seltsame Situation hatte auch ihre Vorteile. Die Meinungsunterschiede zwischen den Sachverständigen erlaubten es den Richtern, wieder die Kontrolle über das zurückzugewinnen, was im Gerichtssaal geschah, indem sie die Widersprüche aufdeckten. Die Meinungsunterschiede zwischen den Sachverständigen machten diese kritisierbar und eröffneten die Möglichkeit für eine pointierte Befragung. Die Sachverständigen verloren ihren Glorienschein, das Gericht konnte seine Rolle als Gericht spielen, und die Richter waren nicht lediglich Schreibkräfte für die Sachverständigen.

Das Gericht entschied, dass der Angeklagte zurechnungsfähig war - zur großen Erleichterung von vielen unter uns. Eine Diagnose als geisteskrank wäre ein bequemer Weg gewesen, ihn auszugrenzen, ihn in ein Wesen zu verwandeln, das von den meisten von uns völlig verschieden gewesen wäre. Aber er ist ein Norweger - wie ich. Gleiche soziale Klasse. Eine Zeit lang lebte ich in der Nähe seiner Wohngegend. Warum er? Wo fand er seine Vorbilder, - und seine Ideen? Oder, noch bedrohlicher: Gibt es da etwas in unserem Norweger-Sein, das dies möglich machte? Wir leben in einer Kultur, die besessen ist von materiellem Erfolg. Und in einem Land, das vor ziemlich kurzer Zeit in mehrere Kriege verwickelt war. Als norwegische Piloten von Libyen zurückkehrten, nachdem sie dort angeblich erfolgreiche Bombenangriffe geflogen hatten, empfing sie unser damaliger Verteidigungsminister mit Dank für ihre „Bomben-Leistung".

Je mehr wir aus dem Mann hinter den Ereignissen des 22. Juli etwas Böses, ein Monster oder einen Geisteskranken machen, desto weniger können wir die Wurzeln verstehen, die wir mit ihm gemeinsam haben, und auch, was wir in unserem Land verändern sollten, wenn wir es zu akzeptablen Maßstäben zurückführen wollen, nach denen wir leben können.

Eine Diagnose als geisteskrank hätte außerdem ein weiteres Problem geschaffen: Eine solche Diagnose verbirgt die Normalität des Tötens. Verhältnismäßig viele Menschen sind in der Lage, die schrecklichsten Verbrechen gegen andere Menschen zu verüben: Von Elektroschocks über Folter bis hin zum Massenmord. Diese Menschen sind nicht verrückt. Sie sind ganz normale Menschen, die in Situationen versetzt wurden, die diese Taten möglich machten. Es ist nicht nur eine Frage der Banalität des Bösen, sondern auch des Verstehens der Bedingungen, die es erlauben, eine Hölle als Folge von Routine zu erschaffen. Wieder müssen wir uns fragen: Was ist los mit uns, und mit der weltweiten politischen Lage, das solches Verhalten möglich macht? Wie können wir das System verbessern, damit Töten weniger attraktiv wird? Die Herausforderung besteht darin, soziale Verhältnisse zu schaffen, die uns alle fähig machen, ein menschliches Wesen zu erkennen - selbst im Mörder.

Das Urteil

Das Gericht verurteilte ihn zu 21 Jahren Sicherheitsverwahrung mit einer Mindestdauer von zehn Jahren, vorbehaltlich einer zusätzlichen Klausel, die es dem Staat ermöglichen würde, ihn für eine unbegrenzte Anzahl von Fünf-Jahres-Zeiträumen im Gefängnis zu halten, wenn er weiterhin als gefährlich angesehen werden sollte. Sofern er nicht als gefährlich angesehen werden sollte, würde er deutlich früher zu entlassen sein, vielleicht nach etwa 15 oder 20 Jahren.

Viele, besonders Journalisten aus dem Ausland (und es waren einige hundert von ihnen mit dem Fall beschäftigt), drückten ihre Überraschung über dieses Urteil aus, das in ihren Augen ein extrem mildes Urteil war. Aber wie hätte es härter sein können, wenn wir uns weiter an grundlegende rechtliche Prinzipien halten wollen?

Frau Justitia wird meistens dargestellt mit dem Schwert in der einen Hand und der Waage in der anderen. Das Strafmaß muss die Menge der begangenen bösen Taten aufwiegen. Nicht zu viel, nicht zu wenig. Was aber, wenn die bösen Taten überwältigend schrecklich werden? Wie kann man sie dann aufwiegen?

Wie könnte der Mann, der diese Gräueltaten begangen hat, jemals bezahlen für das, was er getan hat? Bezahlen durch persönliches Leiden? Der Mann hinter diesen Morden gehört in die erste Reihe der Übeltäter der modernen westlichen Geschichte. Adolf Eichmann tötete Millionen, aber war in verschiedener Hinsicht weiter von den aktuellen Taten entfernt. Eichmann handelte aus seinem Büro heraus, ein Verwaltungsfachmann der Ausrottung. Der Mann in Norwegen baute und zündete selbst eine Bombe. Dann erschoss er die Teenager auf der Insel, langsam umherschlendernd, systematisch jeden tötend, den er sah. Er verschonte einige kleine Kinder. So wie er es sah, waren sie nicht gefährlich. Sie waren noch nicht indoktriniert worden, Muslime im Land zu akzeptieren.

Eine Bestrafung, die die Taten des norwegischen Mörders aufwiegen könnte, ist nicht denkbar. Was er getan hat kann ihm nie vergolten werden. Insgesamt brachte er 77 Menschen um. Sollten wir ihn 76 mal auf's Schafott bringen, ohne ihn aufzuhängen, und es dann beim 77. Mal tun? Eine Katastrophe ist eingetreten, eine, der nur begegnet werden kann, indem wir die grundlegenden Werte der norwegischen Gesellschaft beachten. Gräueltaten können nie mit dem Zufügen eines ähnlichen Maßes an Schmerz aufgewogen werden. Wir können Gräueltaten nicht mit gleicher Münze heimzahlen. Es muss weniger sein.

Um Standards für diese begrenzte Reaktion zu finden, müssen wir so altmodische Werte wie Vergebung und Gnade zu Rate ziehen. Aber um Vergebung und Gnade zu wecken, ist Eines wesentlich: Wir müssen nahe genug an den Täter herankommen, um in ihm mehr zu sehen als einen Mörder, wir müssen in die Lage kommen, ihn als Menschen zu sehen, einfach als einen von uns.

Der Mörder als einer von uns

Dies bringt mich zum Kern dessen, was über weite Strecken meines Lebens mein persönliches und wissenschaftliches Interesse ausgemacht hat: Die Frage nach den Voraussetzungen dafür und den Folgen dessen, dass wir anderen nahe kommen. So nahe, im Leben oder durch die Kunst, dass es möglich wird, Elemente gemeinsamer Menschlichkeit in allen Arten von Menschen zu erkennen.

Ich bin davon überzeugt, dass je mehr wir in die Lage versetzt werden, einander als Mitmenschen anzusehen, wir umso mehr durch dieses Wissen im Zaum gehalten werden, und durch das ganze Gefüge von Normen und Werten, die uns unser ganzes Leben lang eingepflanzt wurden, wie wir uns anderen Leuten gegenüber verhalten, von Kleinkindern bis zu alten Menschen. Den Anderen, den Mitmenschen anzusehen bedeutet, in dem Netz von Werten gehalten zu sein, das uns menschlich macht. Je näher wir einer anderen Person kommen, umso ausgeprägter werden die Hemmungen gegen einen Umgang mit dieser Person in einer Art und Weise, die in der Kultur, zu der wir gehören, als inakzeptabel angesehen wird. Dies zu erreichen ist für mich die große Herausforderung für die meisten Arten kriminalpräventiver Arbeit.

Der Mörder selbst wollte als etwas Außergewöhnliches angesehen werden. Ein Befehlshaber im Krieg. An seinem ersten Tag vor Gericht wollte er eine Polizeiuniform tragen, als der Haftbefehl verkündet wurde. Das wurde natürlich nicht akzeptiert. Er war als Kraftsportler aktiv gewesen und hatte sich auch operieren lassen, um noch mehr wie der perfekte Mann auszusehen. Es ist nicht ganz leicht, ihn als einen gewöhnlichen Menschen anzusehen, als einen von uns.

Das Ende

Die Richterin verkündete ihr Urteil am 24. August 2012. Es wurden keine Rechtsmittel eingelegt, und am 7. September war das Urteil rechtskräftig. „Nie zuvor ist das Wort Erleichterung häufiger benutzt worden" war die Schlagzeile der *Aftenposten*, der größten Zeitung im Lande. Ihr Leitartikel am Tag nach dem das Urteil rechtskräftig geworden war lautete: „Klärung und Erleichterung".

Ich denke, dass dies die Stimmung der Bevölkerung wiedergab. Dies wurde sogar durch Untersuchungen bestätigt. Über Jahre hat es international vergleichende Untersuchungen gegeben zur Verbreitung von Vertrauen in verschiedenen Ländern. Norweger scheinen nach diesen Untersuchungen einander mehr zu vertrauen als die Einwohner der meisten anderen Länder, und in den Monaten gleich nach den Gräueltaten sogar noch mehr als sonst. Inzwischen sind wir wieder beim Normalzustand angelangt, aber immer noch an der Spitze2. Ich denke, dass das damit zu tun hat, dass

---

2   Dag Wollebæk, Bernard Enjolras, Kari Steen-Johnsen og Guro Ødegård: Tillit i Norge etter 22 juli. Pp. 29-58 in: Helge Skirbekk og Harald Grimen: Tillut i Norge. Res Publica 2012.

wir in einem Wohlfahrtsstaat leben, dass wir nicht so viele sind, fünf Millionen, und dass wir - noch nicht - große innere Klassenunterschiede aufgebaut haben. Wir sind noch in der Lage, einander zu sehen.

Aber die Zukunft macht mir Angst. Das Geld könnte Gift für den sozialen Zusammenhalt sein. Es ist bei weitem nicht sicher, dass unser gegenwärtiger, Öl-geschmierter Wohlstand ein Segen für Norwegen werden wird. Wir werden alle wohlhabender werden, aber die obere Schicht in einem Maße, das unsere bislang verhältnismäßig egalitäre Gesellschaft gefährdet. Für einen Kongress über Kriminalprävention ist es aus meiner Sicht äußerst wichtig, vor einer Entwicklung zu Lebensstilen zu warnen, durch die wir einander als Mitglieder der gleichen Gesellschaft aus dem Auge verlieren.

Bettina Zietlow

Gewalt gegen Polizeibeamte – die Bewältigung belastender Erfahrungen

Für Polizistinnen und Polizisten gehören Aggression und Gewalt – auch gegen die eigene Person – zum Berufsalltag. In einigen Momenten ist dabei eine Eskalation etwa aufgrund von Vorerfahrungen erwartbar, in anderen erscheint sie den Betroffenen völlig unvermittelt. Adressat von Gewalt kann dabei „der Staat"/"die Polizei" oder auch gezielt der/die einzelne Polizist/Polizistin sein.

Überlegungen zu diesem Thema ergeben sich nicht nur aus dem Umstand, dass die Gewalt gegen Polizistinnen und Polizisten in den vergangenen Jahren zugenommen hat (Ellrich, Baier & Pfeiffer, 2012), sondern vor allem aus der Frage, wie die Gesundheit und die (Arbeits)Zufriedenheit jener erhalten und gefördert werden kann, die am Arbeitsplatz Opfer von Gewalt werden. Es geht in dem folgenden Beitrag also um die Folgen der Viktimisierung, aber auch um die Frage, wie das Risiko künftiger Opferwerdung verringert werden kann.

Die Wahrscheinlichkeit, Opfer eines Angriffs gegen die eigene Person zu werden, ist für Polizistinnen und Polizisten recht hoch (Ellrich, Baier & Pfeiffer, 2012). Das Spektrum der Übergriffe reicht dabei von verbalen Angriffen, die acht von zehn Polizisten innerhalb eines Jahres erlebten bis zum Einsatz von Waffen. Körperliche Gewalt erfuhr jeder Dritte durch schubsen, stoßen oder festhalten. Knapp jeder fünfte Beamte war im Rahmen seines Dienstes geschlagen oder getreten worden. Schwere Formen der Gewalt sind im Vergleich dazu eher selten. Dennoch erlebte jeder elfte Beamte einen Angriff mit Waffen oder anderen gefährlichen Gegenständen.

Belastungen im Berufsalltag von Polizistinnen und Polizisten können sich jedoch nicht nur aus Momenten ergeben, die speziell mit dem Polizeidienst zusammenhängen, wie etwa dem Gewalterleben, der Wechselschichtarbeit und der Konfrontation mit Extremsituationen (Reinecke, S.; Runde, B.; Bastians, F.; Bär, O.; Weiss, U. & Heuft, G., 2006), sondern können sich auch aus Umständen ergeben, die nicht originär zum polizeilichen Handeln gehören. Dazu zählen etwa zwischenmenschliche Konflikte, Unzufriedenheit mit Vorgesetzten oder Mobbingerfahrungen. Die Belastungsqualitäten lassen sich dabei in zwei Gruppen einteilen (Nörenberg, L., Hering, T., Arndt, D. & Beerlage, I., 2006): Einerseits jene Belastungen, die aus der Arbeitsaufgabe, also nicht selten aus dem Einsatzgeschehen heraus resultieren (operative Stressoren). Dazu zählen die Konfrontation mit dem Tod oder der Verletzung von anderen Personen, insbesondere von Kindern sowie die Konfrontation mit einer Gefahr für das eigene Leben; andererseits solche Belastungen, die im Zusammenhang mit der Organisationsstruktur der Polizei stehen (administrative Stressoren). Hierzu gehören das Ausmaß der Arbeitsbelastung, Personalmangel, Unzufriedenheit mit der polizeilichen Führung oder die Unvereinbarkeit von Beruf und Familie (z.B. Hallenberger & Mueller, 2000; Sennekamp & Martin, 2003). Angriffe auf die eigene Person stellen für die betroffenen Beamten einen operativen Stressfaktor dar.

Nicht jedes potenziell belastende Ereignis wird jedoch als Stressor empfunden, und nicht jede potenziell Stress auslösende Situation führt bei jedem Menschen zu einer Stressreaktion. Die Frage danach, ob Kollegen oder Mitarbeiter durch eine Erfahrung traumatisiert sind, lässt sich also nicht pauschal beantworten. Für die Entstehung von Stress spielen Wahrnehmungs- und Bewertungsprozesse eine Rolle. Diesem Grundgedanken entspricht das transaktionale Stressmodell von Lazarus (1966). In einer primären Bewertung wird eingeschätzt, ob eine Situation irrelevant, positiv oder stressend ist. Stressreich erlebte Situationen werden im nächsten Schritt danach bewertet, ob sie eine Schädigung bzw. einen Verlust, eine Bedrohung oder eine Herausforderung darstellen. Die sekundäre Bewertung dient der Überprüfung der Bewältigungsmöglichkeiten und der eigenen Fähigkeiten zur Bewältigung der Situation. Mit diesen Informationen erfolgt nun eine Neubewertung der Situation. Wenn die Bewältigungsmöglichkeiten und -fähigkeiten als ungenügend wahrgenommen werden, kommt es zu einer Stressreaktion (Wittchen & Hoyer, 2006; Klemisch, 2006).

Stressfaktoren können in drei Kategorien eingeteilt werden: daily hassles, kritische Lebensereignisse und traumatische Ereignisse. Daily hassles - alltäglich auftretende Belastungen – werden nicht so intensiv wie kritische oder traumatische Ereignisse erlebt, haben aber aufgrund ihres häufigen Auftretens ein hohes Chronifizierungsrisiko und erhöhen somit auch das Risiko für die Entwicklung von körperlichen und psychischen Störungen. Im Polizeialltag können dies etwa verbale Angriffe oder als respektlos erlebtes Verhalten gegen die eigene Person sein.

Kritische Lebensereignisse sind in ihrer zeitlichen Dauer klar begrenzt. Sie erfordern von der betroffenen Person eine Anpassungsleistung bzw. Neuorganisation (Filipp, 1990). Beispiele für kritische Lebensereignisse sind der Tod eines Angehörigen, Scheidung, Arbeitsplatzverlust, aber auch Ereignisse mit nicht zwangsläufig negativer Wertigkeit, wie etwa eine Beförderung oder die eigene Hochzeit. Auch diese positiven kritischen Ereignisse können als belastend erlebt werden.

Traumatische Ereignisse zeichnen sich durch eine sehr hohe Intensität bei gleichzeitigem Fehlen von angemessenen Bewältigungsmöglichkeiten aus. Die betroffene Person kann die erforderlichen Anpassungsleistungen nicht erbringen. Traumatische Ereignisse sind „unerwünscht, unvorhersehbar, von stark negativer Valenz, [...] und von geringer bis keiner Kontrollierbarkeit" (Klemisch, 2006, S.6). Solche Ereignisse erhöhen das Risiko für die Entwicklung von akuten Belastungsstörungen, Anpassungsstörungen und Posttraumatischen Belastungsstörungen. Die differenzierte Kenntnis dieser möglichen Folgen kann die Einordnung von beobachtetet Verhalten und somit die Unterstützung der Kollegen erleichtern.

Posttraumatische Belastungsstörung (PTBS)

Ein Trauma ist definiert als eine „potenzielle oder reale Todesbedrohung, ernsthafte Verletzung oder Bedrohung der körperlichen Unversehrtheit bei sich oder anderen, auf die mit intensiver Furcht, Hilflosigkeit oder Schrecken reagiert wird" (DSM-IV, APA 1996, S. 487). Dazu zählen z.b. Unfälle mit Verletzten und/oder Toten, Naturkatastrophen, Geiselnahmen, Vergewaltigung/sexueller Missbrauch oder Folter (Bundesministerium der Verteidigung, 1996; Hallenberger, 1998, 2001; Maercker, 2003).

Nach der Konfrontation mit einem solchen Ereignis zeigen die Betroffenen oft kurzfristige Reaktionen, die innerhalb von Stunden oder Tagen abklingen. Diese werden umgangssprachlich als „Schock" bezeichnet. Dauern die Symptome (ständiges Wiedererleben des Traumas z.b. durch Träume oder Intrusionen, Vermeidungsverhalten bezogen auf Gedanken an das Trauma oder mit ihm assoziierte Orte oder Situationen sowie ein erhöhtes Erregungsniveau in Form von Schlaflosigkeit, Hypervigilanz, Reizbarkeit und Schreckreaktionen) mindestens zwei Tage (aber höchstens vier Wochen) an, spricht man von einer akuten Belastungsreaktion. Hält das Störungsbild länger als einen Monat an und rufen die Symptome klinische bedeutsame Beeinträchtigungen in wichtigen Funktionsbereichen hervor, kann eine Posttraumatische Belastungsstörung (PTBS) diagnostiziert werden (Wittchen & Hoyer, 2006). Die meisten Polizeibeamten erleben mindestens ein potenziell traumatisierendes Ereignis während ihrer Berufstätigkeit (Gasch, 1998; Klemisch et al. 2005; Sennekamp & Martin, 2003; Teegen, 2003). Die Lebenszeitprävalenz[1] für eine Posttraumatische Belastungsstörung wird für die Allgemeinbevölkerung mit 8% beziffert. Die Angaben variieren für Polizisten zwischen 7% und 21% (Klemisch et al. 2005).

Zu den Faktoren, die einen Einfluss auf die Wahrscheinlichkeit haben, an einer PTBS nach erlebter Gewalt zu erkranken, gehören Variablen, die bereits vor dem traumatischen Ereignis existieren, so genannte prätraumatische Faktoren. Dazu zählen z.b. frühere Belastungen, Geschlecht, Bildung oder Alter. Eine weitere Gruppe von Variablen beschreibt so genannte peritraumatische Faktoren. Diese umfassen Merkmale der Person zum Zeitpunkt des Ereignisses (wie z.b. Intoxikation) und Merkmale des Traumas. Eine weitere Gruppe posttraumatischer Faktoren, bezieht sich auf psychische und soziale Prozesse zur Bewältigung des Traumas. Die Forschungsergebnisse hierzu sind bislang inkonsistent. Keine der bislang untersuchten Faktoren(-gruppen) kann die Entwicklung einer Posttraumatischen Belastungsstörung hinreichend erklären (Wittchen & Hoyer, 2006, S. 828). Als weitere moderierende Variable gilt das (Dienst-) Alter von Polizeibeamten. Belastende Situationen scheinen sich umso negativer auf das Wohlbefinden auszuwirken, je länger Beamte schon im Polizeidienst

---

[1] Häufigkeit der Personen, die einmal in ihrem Leben an einer bestimmten Erkrankung leiden.

tätig sind (Sennekamp & Martin, 2003). Es ist denkbar, dass kumulierte Lebensbelastungen im dienstlichen und privaten Bereich einen Risikofaktor für die Entstehung einer Posttraumatischen Belastungsstörung darstellen (Myrtek et al., 1994). Es kommt also durch die berufliche Routine nicht zu einem erhöhten psychischen Schutz, sondern durch die gemachten Erfahrungen zu einer stärkeren Empfindsamkeit.

Der Frage nach schützenden Faktoren gehen auch Schneider und Latscha (2010) in ihrer Studie zur Polizeikultur nach. Sie gehen davon aus, dass Polizisten über ein gutes soziales Netzwerk verfügen, das als Schutzfaktor wirkt. In dienstlichen Situationen hat der Zusammenhalt bzw. der Teamgeist von Polizisten einen präventiven Einfluss (z.B. Engel, 1995). Ferner nehmen die Autoren an, dass Polizeibeamte über Persönlichkeitsmerkmale verfügen, die ein effektives Coping, eine effektive Bewältigung, ermöglichen und so einer Posttraumatischen Belastungsstörung vorbeugen können (Schneider & Latscha, 2010). Diese Persönlichkeitsstruktur bilde sich durch die polizeiliche Tätigkeit und die Teilnahme an der Polizeikultur heraus. Für die Polizeibeamten gehört es zum beruflichen Alltag, körperlichen Bedrohungen nicht aus dem Weg zu gehen (Waddington, 1999) und auch das Risiko eines gewalttätigen Angriffs wird als ein Teil des Jobs angesehen. Die Persönlichkeitsstruktur von Polizisten sollte durch ein hohes Maß an Handlungsfähigkeit, einem erhöhten Selbstwertgefühl, guten Kommunikations- und Problemlösefähigkeiten, erhöhter Selbstwirksamkeitserwartung und Resilienz gekennzeichnet sein (Schneider & Latscha, 2010, Brönnimann & Ehlert, 2011). In der Studie von Schneider & Latscha (2010) zeigten die befragten Polizeibeamten im Vergleich zur Allgemeinbevölkerung signifikant höhere Ausprägungen in den Persönlichkeitsmerkmalen Resilienz und Selbstwirksamkeitserwartung. Innerhalb der Gruppe der Polizisten zeigten diejenigen, die nach einem belastenden Ereignis nicht erkrankten, höhere Werte auf der Resilienzskala und eine stärkere wahrgenommene soziale Unterstützung. Sowohl Resilienz als auch wahrgenommene soziale Unterstützung (vor allem auch innerhalb der Polizeigemeinschaft) können als protektive Faktoren in Bezug auf Posttraumatische Belastungsstörungen gelten. Dies deckt sich auch mit den Ergebnissen früherer Forschungen (Schützwohl & Maercker, 1997; Solomon & Horn, 1986; Ulich, 1987). „Fehlende Wertschätzung kann zur fortgesetzten Retraumatisierung beitragen bzw. führen." (Maercker, 2003, S. 27).

Coping
Menschen unterscheiden sich in der Art und Weise, wie sie mit Stresssituationen umgehen - in der individuellen Art der Bewältigung (Coping). Unterschieden werden kann zwischen problemorientierten und emotionsorientierten Copingstrategien (Lazarus & Launier, 1981). Mittels des problemorientierten Copings wird versucht, die Situation selbst oder die eigene Einstellung zu verändern. Beim emotionsorientierten Coping wird hingegen versucht, die negativen Gefühle wie Angst oder Ärger zu verändern und damit den Spannungszustand zu reduzieren (z.B. durch Verleugnen oder

Vermeidungsverhalten). Beeinflusst werden Copingbemühungen durch Persönlich-keitsmerkmale, Merkmale des Stressors und der zur Verfügung stehenden sozialen Ressourcen (Klemisch, 2006).

Konstruktive Strategien im Umgang mit Belastungen im polizeilichen Kontext sind nach Teegen (2003) ein guter Zusammenhalt unter Kollegen, das Gefühl, sich auf Kollegen verlassen zu können, der Glaube an die eigene Stärke und ein Erkennen der Sinnhaftigkeit des betreffenden Einsatzes. Als dysfunktionale Strategien gilt etwa Galgenhumor. Wichtig für die Verarbeitung von traumatischen Situationen sind die Wahrnehmung und der Ausdruck von Emotionen. Wird im beruflichen Alltag erwar-tet, stets sachlich, neutral und in den Emotionen kontrolliert zu sein, kann dies zu dysfunktionalem Copingverhalten führen, wie Schütte, Bär, Weiss & Heuft (2009) be-legen. Die Autoren konnten zudem zeigen, dass traumatisierte Polizisten im Vergleich zu nicht-traumatisierten Kollegen signifikant erhöhte Werte in den Copingbereichen depressive Verarbeitung, regressive Tendenz, Misstrauen und Pessimismus zeigten. Die Werte in den Bereichen Gefühlskontrolle und sozialer Rückzug waren allerdings nur bei einigen der traumatisierten Polizeibeamten signifikant erhöht. Werden kriti-sche Ereignisse zudem als sinnhaft interpretiert und bewertet, führt dies eher zu einer Reduzierung der Beanspruchung (Antonovsky, 1987; Frankl, 1996, 1999).

Vorteilhaft sind ferner problemlöseorientierte Bewältigungsstrategien. Wie etwa die positive Neubewertung der Situation als Herausforderung. Eine selektive Wahrneh-mung positiver Aspekte des kritischen Ereignisses ist hilfreich. Auch der konstruktive Ausdruck und das Mitteilen von Gefühlen werden als effizient gesehen. Bei beson-ders belastenden Ereignissen sind Intellektualisierung und Distanzierung dienliche Bewältigungsmechanismen. Unvorteilhaft für die Verarbeitung ist es dagegen, sich selbst zu beschuldigen oder abzuwerten (Laux & Weber, 1990). Viele dieser Bewäl-tigungsstrategien (Intellektualisierung, Distanzierung, Neubewertung) können unter dem Oberbegriff der kognitiven Kontrolle zusammengefasst werden (Averill, 1973). Darunter fallen auch Selbstinstruktionen wie „Ich packe es", „jetzt muss ich helfen" (Hermanutz & Buchmann, 1994) und der Versuch der Selbstregulation von Emotio-nen (Eckert, 1996). Gespräche mit nahe stehenden Personen sind unter Polizisten eine häufig angewandte Art des Copings (Gercke, 1995; Steinbauer, 2001). Die Art, wie Kollegen und Führungskräfte auf die Probleme des betroffenen Beamten reagieren, ist mitentscheidend für die Bewältigung der Belastung (Mittendorff, 1996, zit. nach Steinbauer, 2001). Nach Hallenberger (2001) wird die Hemmschwelle, fremde Hilfe anzunehmen, dadurch erhöht, dass die Sorge besteht, eine Inanspruchnahme profes-sioneller Hilfe könnte sich negativ auf eine spätere Beurteilung durch Vorgesetzte auswirken oder bei diesen zu einer falschen Einschätzung führen: „ … der Chef hält mich doch für verrückt!?" (Ziehme & Müller-Cyran, 2011).

Bei der Frage, wie Gewalterlebnisse von Polizistinnen und Polizisten erlebt, bewertet und verarbeitet werden, geht es also weniger um die isolierte Betrachtung singulärer

Ereignisse, als vielmehr um Erlebnisse, die in einen beruflichen und sozialen Kontext eingebettet sind, der seine eigenen Probleme und Konflikte mitbringt (Ziehme & Müller-Cyran, 2011), aber auch Ressourcen bereitstellen kann. Um dies komplexe Geschehen erfassen zu können erschien es angemessen, einen qualitativen Forschungsansatz zu wählen. Nur so kann ein besseres Verständnis davon entstehen, warum es etwa trotz scheinbar günstiger Begleitumstände zu einer ungünstigen Verarbeitung von erfahrener Gewalt kommen kann.

Methode

Die am KFN in zehn Bundesländern durchgeführte Befragung „Gewalt gegen Polizeibeamte (Ellrich et al., 2011) wurde um einen qualitativen Teil ergänzt. Die Forschungsfrage, die mit den Interviews beantwortet werden soll, lautet: Wie werden gewalttätige Angriffe gegen die eigene Person erlebt und welche Faktoren begünstigen eine positive Verarbeitung dieser Erfahrungen?

Stichprobe

Grundlage des Samplings bilden jene Teilnehmer der quantitativen Studie des KFN (Ellrich et al., 2011), die angegeben hatten, zwischen dem Jahr 2005 und dem Jahr 2009 nach einem Gewaltübergriff 5 Tage und länger dienstunfähig gewesen zu sein. Die insgesamt 35 Interviews fanden zwischen März 2010 und Februar 2011 statt.

Die Mehrheit der Befragten war zum Zeitpunkt des jeweiligen Übergriffs im Einsatz- und Streifendienst tätig (29 Befragte). Vier Beamte waren in besonderen Einsatzeinheiten (Einsatzhundertschaften) tätig, zwei Befragte in anderen Tätigkeitsbereichen (Scout einer Bundespolizeieinheit bzw. Verkehrsdienst). Zehn der befragten Polizisten sind im mittleren Dienst tätig (davon drei Frauen), 25 im gehobenen (davon zwei Frauen), keiner im höheren Dienst. Der Altersdurchschnitt der Befragten liegt bei 39,4 Jahren. Der jüngste Teilnehmer war 25 Jahre alt, der älteste 56. Die Anzahl der absolvierten Dienstjahre variierte von 6 bis 39 Jahre. Im Durchschnitt waren die Befragten seit etwa 20 Jahren im Polizeidienst tätig.

Auswertung

Die Interviews wurden vollständig transkribiert und anonymisiert. Die Auswertung des Datenmaterials orientiert sich an der qualitativen Inhaltsanalyse nach Mayring (2008). Die hier verwendete Vorgehensweise entspricht der zusammenfassenden Inhaltsanalyse. (Mayring, 2008). Die wesentlichen Aussagemuster wurden in mehreren Schritten unter Einbeziehung exemplarischer Zitate als Ergebnis zusammengefasst. Die Auswertung der Interviews fand unter inhaltlichen Gesichtspunkten mit dem Fokus auf Gemeinsamkeiten und Unterschieden in den Sichtweisen der Beamten statt. Nachfolgend werden anhand ausgewählter Zitate relevante besonders relevante Aspekte vorgestellt.

Ergebnisse

Der Angriff

Immer wieder angesprochen wurde der „überraschende Angriff" (Schmalzl, 2008, S. 21). Die Angriffe auf die Befragten seien aus Routineeinsätzen heraus entstanden, die zunächst ruhig und kontrolliert abgelaufen seien. Mit einer Eskalation hatten die Polizeibeamten daher nicht gerechnet.

„Also es war, die Situation selber hätte das auch normalerweise gar nicht ergeben. Ich hab mich da wirklich drüber gewundert ehm, dass das so eskaliert ist, damit hätte ich in keinster Weise gerechnet. So ne polizeiliche Überprüfung, die habe ich zu Hunderten eh mittlerweile durch und ehm man rechnet nicht damit, dass von jetzt auf gleich, dass die Situation so eskaliert." (Nr. 14)

Auf die Frage, warum Angriffe häufig als überraschend erlebt werden, bietet ein Beamter einen Erklärungsansatz:

„Weil wenn über einen gewissen Zeitraum wirklich nichts passiert, dann eh wird man betriebsblind. Ist so. Und das ist sehr oft eh kann ich mir vorstellen, bei vielen Sachen ist es so, dass einfach eine gewisse eh Nachlässigkeit einfach entsteht, wo man eh wenn die nicht entstehen würde, es zu vielen eh Sachen wahrscheinlich gar nicht kommen würde." (Nr. 12)

Einige der befragten Polizisten machen Angaben zu ihren Gedanken und Gefühlen während der betreffenden Einsätze und Angriffe auf ihre Person. Ein dabei vielfach geäußerter Aspekt ist das Gefühl erlebter Hilflosigkeit - der Eindruck, das eigene Verhalten („die getroffenen Maßnahmen") zeigten keine Wirkung.

„...wie hilflos, wenn einer richtig ausflippt, eh wie hilflos man in dem Moment ist, [...] eh als wenn die so nen Adrenalinstoß bekommen und haben übermenschliche Kräfte, man man kann tun und lassen, was man will, man kommt da erst im ersten Moment nicht gegen an...." (Nr. 12)

Eine Beamtin schildert besonders ausführlich, welche Hilflosigkeit und Todesangst sie während des Angriffs auf sich und ihren Kollegen empfand:

„...das für mich das Schlimme, weil ich jetzt wusste, jetzt bin ich tot. Wenn der mir den Schlagstock abnimmt, der schlägt mich mit der Faust schon kaputt, der schlägt mir zweimal auf den Kopf und dann bin ich tot" (Nr. 3)

Die hier beschriebene Hilflosigkeit und Todesangst verdeutlichen, dass ein Übergriff auf die eigene Person die Kriterien eines Traumas erfüllen kann.

Folgen

Die Befragten gaben nach dem Übergriff an, das eigene Verhalten verändert zu haben. Sie seien vorsichtiger und aufmerksamer geworden und hielten mehr Distanz zum Gegenüber.

> „...klar man geht gewisse Einsätze einfach vorsichtig an oder eh ja man holt sich dann gleich halt Unterstützung dazu..." (Nr. 18)

Andere Befragte zeigen nach dem Übergriff Angst vor weiteren körperlichen Auseinandersetzungen. Diese Verunsicherung nehmen auch Kollegen wahr.

> „Außendienst hätte ich net gekonnt. Allein beim Gedanken an Widerstand habe ich so angefangen zu zittern. [...] ich hab direkt wieder Angst gekriegt. [...] Und ehm auch mein Streifenpartner, der mich auch sehr gut kannte, der hat gemerkt, dass ich mich verändert hab. Er meinte, ich werde unsicherer und er ist nicht mehr gerne mit mir raus gefahren dann, weil er wusste, ich kann nicht mehr auf ihn aufpassen." (Nr. 3)

Die Übergriffe hinterlassen bei vielen der befragten Polizisten psychische Folgen. Dazu gehören Schlafprobleme, Grübeln, wiederkehrende Bilder des Vorfalls oder eine verstärkte Emotionalität in Form von unkontrollierbaren Tränenausbrüchen.

> „...man hat sich auch tagsüber häufiger mal damit beschäftigt ehm und eben dieses dieses unruhige Schlafen. [...] es war eher so die eh dieses dieses eh Schädel zermartern, hast du alles richtig gemacht. Hättest du es hättest du es verhindern können ehm das war eigentlich so das so das schlechte Einschlafen oder dann wach werden und dann nachts kam wieder dieser Gedanke..." (Nr. 9)

Bei dieser Polizeibeamtin war in Folge des Übergriffs eine posttraumatische Belastungsstörung diagnostiziert worden.

> „...die Schuldgefühle, die blieben [...], auch das Gefühl von der Todesangst, wobei ehm ich das am Anfang erfolgreich verdrängen konnte, aber das der das Schuldgefühl gegenüber dem Kollegen, das konnte ich net ablegen. [...] das ging dann ein Vierteljahr und ich hab gemerkt, das wird immer schlimmer anstatt besser." (Nr. 3)

Unterstützung durch die Kollegen und den Vorgesetzten

Die Rolle des direkten dienstlichen Umfeldes, die Reaktion des unmittelbaren Vorgesetzten und das (auch durch ihn bestimmte) Klima erwiesen sich als relevante Einflussfaktoren auf eine günstige, aber auch auf eine ungünstige Verarbeitung der erlebten Gewalt. Als unterstützend wurde dabei die offizielle Nachbereitung erlebt.

„...was mir halt noch mal geholfen hat, um auch mich selbst noch mal irgend-
wo zu bestätigen oder bestätigt zu bekommen was ja, denke ich mal, auch
recht wichtig ist, ehm war noch mal dieses dieses Gespräch im Zugverband,
dass man einfach noch mal alle Fürs und Widers abwägt...“ (Nr. 6)

Ein anderer Teil der Befragten gibt an, es habe keine zufriedenstellende oder überhaupt keine Einsatznachbereitung gegeben, was als negativ empfunden wird.

„...bei uns in der Dienststelle wurde das totgeschwiegen, wurde nicht drüber
geredet“ (Nr. 5)

Von fast allen Beamten wird die Unterstützung durch Kollegen nach dem Übergriff
thematisiert. Kollegen wird als Experten, aber auch Vertrauten eine wichtige Rolle
zugeschrieben

„Ehm bei der Gerichtsverhandlung habe ich zum Glück hier von der Dienststelle Unterstützung erfahren und bin begleitet worden, dass ich nicht alleine
hin musste. […] Vorm Gerichtssaal natürlich auch von Presse erst mal befragt
worden, aber ganz gut von den Kollegen abgeschirmt worden und […] für
mich als Person war es eh das Beste, was sie gemacht haben...“ (Nr. 16)

Auch die Unterstützung durch Vorgesetzte nach den Übergriffen wird von fast allen befragten Polizisten thematisiert. Wenn Unterstützung durch Vorgesetzte erfolgte
wurde dies stets als hilfreich erlebt.

„...mein Vorgesetzter, der ist da recht vorbildlich gewesen […] mit meinem
Hundertschaftsführer habe ich eigentlich die ganze Zeit in Kontakt gestanden,
also der hat mich auch öfter angerufen, […] der hat sich generell da um mich
gekümmert. Ich stehe auch mit dem bis heute in Kontakt....“ (Nr. 7)

Erfolgte keine Unterstützung durch die Vorgesetzten wurde dies als deutlich negativ
und als zusätzlich belastend erlebt.

„...was mir dann am meisten zu schaffen gemacht hat war mein Dienstgruppen-
leiter, nach außen hin sehr beschützend, unterstützend […] in so Vier-Augen-
Gesprächen „na ja, jeder […] verträgt nen paar Schläge auf die Mappe anders,
mir hätte es jetzt nix ausgemacht“, so Sprüche habe ich dann gehört...“ (Nr. 3)

Professionelle Hilfe erhielten einige der Befragten.

„...zwei Damen von der Sozialbetreuung, die waren von zu Hause alarmiert
worden […] und eh standen da also für die Betreuung [..] bereit […] bin dann
anschließend noch eh ne Stunde lang im Gesp ins Gespräch gegangen mit diesen beiden Damen von der Sozialbetreuung und eine von den beiden betreut
mich bis heute...“ (Nr. 22)

Andere hatten keine entsprechenden Angebote erhalten hätten sich dies jedoch ge-
wünscht, um die erlebte Belastung zu reduzieren und den Verarbeitungsprozess zu
beschleunigen.

Coping

Fast alle befragten Polizisten geben an, das Erlebte mit der Familie oder mit Freunden
besprochen zu haben.

> „…ich hab mit meiner Lebensgefährtin da wirklich jemanden an der Seite,
> die wirklich zuhört, auch ehm mal ne andere Seite beleuchtet und das auch
> schonungslos, also so wie man das eigentlich vorstellt, dass man auch mal
> […] gesagt bekommt, ich glaube da das siehst du nicht richtig oder versuch es
> mal anders zu sehen. Ehm, ja und das ist eigentlich das, wo ich wo ich dann
> noch mal eh ja nicht abschalten kann, aber die Sachen, die mir auf der Seele
> liegen, eh noch mal irgendwie anders beleuchten kann oder vielleicht lösen
> kann für mich." (Nr. 6)

Einige berichten davon, den Übergriff unterstützt durch eine Kur oder Therapie verarbeitet zu haben.

> „…habe ich dann ne Therapie angefangen […] irgendwann so während der
> Therapie habe ich dann halt gemerkt ehm, die Träume verändern sich lang-
> sam. Ich hab dann ehm ich kann mich schon mal wieder wehren, also ich bin
> net jedes Mal zwangsläufig zu Tode gekommen. Ich hab dann irgendwann
> konnte ich mich wehren, und oder konnte dann aber flüchten und so was, also
> und mittlerweile ich meine die Bedrohungsträume, die kommen immer mal
> wieder, aber längst nimmer in so nem beängstigenden Maße, wie es war […]
> Ich glaub es war Trauma und aber auch Verhaltenstherapie." (Nr. 3)

Die kritische Auseinandersetzung mit dem Geschehen und die Frage nach den Ursachen der Eskalation waren für viele Befragte wichtig. Die eigene Rolle wurde dabei
ebenso diskutiert, wie das Verhalten des Angreifers.

> „Das ging dem Kollegen genauso, wenn wir gewusst hätten, dass der [Tä-
> ter] so abdreht, dann hätten wir den [Schlagstock] gleich richtig eingesetzt
> […] Ich wollte ihn zwar festnehmen, aber […] ich will net unbedingt jemand
> furchtbar weh machen, um den festzunehmen. Wenn es anders geht, mache
> ich das so. Und das waren die komplett falschen Gedanken in dem Moment.
> Ich hätte mir so denkt, ja ich hau dir die Rübe ab und dann wäre das gegangen,
> vielleicht. " (Nr. 3)

Deutlich wird, dass zu einer erfolgreichen Verarbeitung belastender Erlebnisse neben
einer (im weitesten Sinn) psychologischen Nachbereitung auch die Analyse der Ein-
satztaktik gehört. Durch entsprechende Trainings erfolgt eine Stabilisierung und zum

Schutz vor zukünftigen Belastungen wird Handlungssicherheit (wieder)hergestellt. „Routine durch Polizeitraining und Selbstverteidigung erleichtern die Handhabung schwieriger Situationen." (Bundespolizei kompakt, 2011, S. 7).

Sonstige Belastungen

Zum Berufsalltag von Polizistinnen und Polizisten gehört der Umgang mit (weiteren) belastenden Momenten. Über diese Erfahrungen wurde in den Interviews ausführlich berichtet.

„Belastende Erlebnisse viel, viel. Also es ist schon nen Mann in meinen Händen gestorben, da war ich in O in der Rotation, noch in dieser Zeit, wusste man sofort, da ist nichts mehr zu machen. Der ist also am eingeklemmt im Auto, (I: Hmhm) ich hab noch die Hand gehalten und (I: Hmhm) ich fand ganz gut, wie er damit umgegangen ist und wie ich damit umgegangen ist in dem Moment, aber das sind schon so Sachen, das vergisst man auch nicht, (I: Hmhm) ne. Ehm hat auch gesagt „Ja, ich weiß, es ist zu Ende und grüß alle schön von mir" und (I: Hmhm) der hat auch nicht geweint, gar nicht, nur und auf einmal war war die Hand, die war leblos, die ist dann so (I: Hmhm) runter gefallen. Das war schon das war schon belastend." (Nr. 6)

Resümee

In den Interviews zeigt sich, dass Angriffe gegen die eigene Person sehr unterschiedliche Reaktionen hervorrufen. Ebenso wenig, wie jedes Erlebnis als deutlich belastend erlebt wird, wird nicht jede Unterstützung als unbedingt hilfreich erfahren. Interessantes Ergebnis der hier geführten Gespräche ist die Rolle der direkten Vorgesetzten, die durch ihr Handeln maßgeblich zur Bewältigung belastender Erfahrungen, aber auch zur Gestaltung einer unterstützenden Kultur beitragen können.

Aus den Angaben der Befragten wird deutlich, dass die Dauer und Intensität belastender Gefühle individuell unterschiedlich ist und von verschiedenen Faktoren abhängt (Nörenberg et al., 2006). Neben der Schwere des Angriffs sind das Maß der parallel dazu erlebten Belastungen (Klemisch, Kepplinger & Muthny, 2005; Steinbauer, 2001), die eigene Persönlichkeit sowie der Umfang individueller und sozialer Ressourcen zentrale Einflussfaktoren (Schneider & Latscha, 2011). Ferner ergeben sich Einflüsse aus der Effektivität der genutzten Bewältigungsstrategien (Neugebauer & Latscha, 2009; Reininger & Gorzka, 2011), wobei die Bewertung, ob es sich um einen schweren oder minderschweren Angriff handelt, nicht immer von objektiven Kriterien bestimmt sein muss. Eine Rolle spielt hier die persönliche Grenze jedes Einzelnen und seine individuellen Erfahrungen. Der Umstand, immer wieder geschubst oder beschimpft zu werden, kann sich auf Dauer ähnlich belastend auswirken, wie der Angriff mit einer Waffe. Das Erleben von Gewalt kann zudem Ursache für die Entstehung einer Posttraumatischen Belastungsstörung sein (Maercker, 2009).

Mittel- und langfristig kann das Erleben von Gewalt zudem psychische Folgen wie Burnout, Ermüdung, Motivationsverlust, Rückzug aus der Arbeit und innere Kündigung (vgl. z. B. Bär, Pahlke, Dahm, Weiss & Heuft, 2004), aber auch eine erhöhte Wachsamkeit, eine größere Distanziertheit sowie konsequenteres polizeiliches Handeln bedingen. Gewalterfahrungen verändern das (berufliche) Handeln. Sie werden zum einen als Lernerfahrung – Quelle beruflicher und persönlicher Weiterentwicklung – bewertet, können aber zum anderen auch das berufliche Selbstverständnis so stark verändern, dass daraus weitere negative Erfahrungen resultieren. Hilfreich für einen konstruktiven Umgang mit solchen Erlebnissen kann die polizeiliche Gemeinschaft und die Teilnahme an der Polizeikultur sein (Schneider & Latscha, 2011). Die Vorhersehbarkeit des Ereignisses, die Vorbereitung darauf und die (unmittelbare) kollegiale Unterstützung scheinen hier relevante Faktoren zu sein. Dabei gilt es, den individuellen Bedarf an Unterstützung zu identifizieren.

Unmittelbar nach einem Angriff erfolgt psychosoziale Nachsorge auf unterschiedlichen Ebenen. Zum einen kann vor allem nach „klassischen Extrembelastungen" (Konfrontation mit Verletzung, Tod, Schusswaffengebrauch) auf Angebote der Notfallversorgung zurückgegriffen werden (z. B. Nörenberg et al., 2006). Hier gibt es ein Netz an Beratungsstellen, Diensten und Seelsorgern. Diese Angebote müssen bekannt und kurzfristig zugänglich sein. Zum anderen wird Vorgesetzen und Kollegen eine wichtige Rolle zugesprochen (Steinbauer, 2001). Positiv bewertet wird es, wenn sie als Ansprechpartner zur Verfügung stehen, aber auch wenn sie in der Lage sind, Anteilnahme zu zeigen und eine schützende Atmosphäre zu schaffen. Weniger klar scheint der Umgang mit Ereignissen zu sein, die nicht als extrem belastend gewertet werden. Wer unter gewalttätigen Angriffen leidet, die allgemein als „part of the job" (Behr 2006, S. 134) aufgefasst werden, ist auf eine unterstützende Alltagskultur angewiesen. Damit sich Routinen der Kommunikation über schwierige Situationen bilden können, ist die systematische Nachbereitung sinnvoll, wobei dies noch immer nicht die Regel nach Gewaltübergriffen zu sein scheint (Ellrich et al. 2011, S. 98).

Im Kontext alltäglicher Routinen ist auch der Moment der Rückkehr nach Dienstunfähigkeit von Bedeutung. Hier wurden vor allem erlebte Gleichgültigkeit oder ironische Bemerkungen von Vorgesetzten und Kollegen als belastend empfunden. Jene Polizeibeamten, die neben einem stabilen beruflichen und privaten Netzwerk über ein ausgeprägtes Kohärenzgefühl verfügen (die Welt als verstehbar und handhabbar und ihr Tun als sinnhaft erleben), bewerten berufsbedingte Belastungen weniger negativ und bleiben auch nach Extremereignissen eher handlungsfähig und gesund (Fährmann, Remke & Reschke, 2006).

Weiterhin lassen sich durch verschiedene Formen der Prävention die Einflüsse beruflicher Belastungen verringern und die Selbstwirksamkeit bzw. die Handlungssicherheit erhöhen. Primäre Prävention – vor Eintritt eines belastenden Ereignisses - dient in Form von Aus- und Weiterbildung der Erweiterung von Kompetenzen und Ressourcen. Durch eine bessere Vorbereitung auf spezifische Ereignisse und ihre möglichen Folgen soll erreicht werden, dass die Betroffenen ihre Gefühle als normal erleben und sich nicht „hilflos hinter einer harten Fassade verstecken" (Hallenberger, 2006, S.33; Gercke, 1995; Rommel, 1995). Auch Verhaltenstraining ist Prävention. Durch dieses Training bleibt in Extremsituationen die Handlungsfähigkeit unabhängig von störenden Faktoren (etwa belastenden Kognitionen) erhalten. Dies wird durch hochautomatisierte Abläufe erreicht, die umso intensiver eingeübt werden müssen, je komplexer das geforderte Verhalten ist (Hallenberger, 1995, 2006). Sekundäre Prävention – direkt nach einem belastenden Ereignis – ist in erster Linie definiert durch Krisenintervention. Tertiäre Prävention ist in Form von Psychotherapie oder Supervision langfristig angelegt (Nörenberg et al., 2006).

Insgesamt zeigt sich somit ein differenziertes Bild. Das Erleben von Gewalt gehört zum Polizeialltag. Nicht jeder Übergriff wird dabei als belastend oder traumatisierend erlebt. Die vorhandenen Ressourcen sollten daher weiter gestärkt werden. Sinnvoll erscheint zum einen die Diskussion zu der Frage, wie möglichst professionell mit Aggressivität umzugehen ist und zum anderen darüber, wie sich die Kultur innerhalb der Polizei in positiver Weise so gestalten lässt, dass sie eine unterstützenden Funktion entfalten kann.

252   Bettina Zietlow

Literatur

Antonovsky, A. (1987). Unraveling the mystery of health. San Francisco: Jossey-Bass.

Averill, J.R. (1973). Personal control over aversive stimuli and its relationship to stress. Psychological Bulletin, 80, S. 286-303.

Bär, O., Pahlke, C., Dahm, P., Weiss, U. & Heuft, G. (2004). Sekundärprävention bei Traumatisierung im Polizeidienst. Zeitschrift für Psychosomatische Medizin und Psychotherapie, 50, 190-202.

Behr, R. (2006). Polizeikultur. Routinen-Rituale-Reflexionen. Bausteine zu einer Theorie der Praxis der Polizei. Wiesbaden: VS.

Brönnimann, R. & Ehlert, U. (2011). Traumafolgestörungen bei gefährdeten Berufsgruppen. In Seidler, G.H., Freyberger, H.J. & Maercker, A. (Hrsg.) Handbuch der Psychotraumatologie. Stuttgart: Klett Kotta.

Bundesministerium der Verteidigung (1996). Im Einsatz. Einsatzbedingter Streß – Der Umgang damit. Koblenz: Zentrum Innere Führung.

Bundespolizei kompakt. Pass auf dich auf! – Gewalt im Polizeialltag. 3-2011, S. 4-13.

DSM-IV (1996). Diagnostisches und Statistisches Manual Psychischer Störungen der American Psychiatric Association. Göttingen: Hogrefe.

Eckert, F.J. (1996). Streß und Situationsbewältigung bei extremen Belastungen (I und II). Polizei heute, 5, S. 170-180 und 6, S. 224-228.

Ellrich, K., Baier, D. & Pfeiffer, C. (2011). Gewalt gegen Polizeibeamte. Befunde zu Einsatzbeamten, Situationsmerkmalen und Folgen von Gewaltübergriffen. Forschungsbericht Nr. 3. Hannover: KFN.

Ellrich, K., Baier, D. & Pfeiffer, C. (2012). Polizeibeamte als Opfer von Gewalt. Ergebnisse einer Befragung von Polizeibeamten in zehn Bundesländern. Baden-Baden: Nomos.

Engel, H. (1995). Psychische Reaktionen und Verarbeitungsmechanismen am Beispiel der Identifizierungskommission des BKA. In: Buchmann, K.E. & Hermanutz, M. (Hrsg.): Trauma und Katastrophe. Villingen-Schwenningen.

Fährmann, A., Remke, S. & Reschke, K. (2006). Der Einfluss des Kohärenzgefühls auf das subjektive Erleben berufsbedingter Belastungen bei Polizeibeamten. In C. Lorei (Hrsg.), Polizei & Psychologie (S. 107-124). Frankfurt: Verlag für Polizeiwissenschaft.

Filipp, S.-H. (1990). Subjektive Theorien als Forschungsgegenstand. In R. Schwarzer (Hrsg.), Gesundheitspsychologie. S. 247-262. Göttingen: Hogrefe.

Frankl, V.E. (1996). Die Sinnfrage in der Psychotherapie. München: Pieper.

Frankl, V.E. (1999). Theorie und Therapie der Neurosen. München: Reinhardt.

Gasch, U. (1998). Polizeidienst und psychische Traumen. Kriminalistik, 12, S. 819-823.

Gercke, J. (1995). Zur psychischen Belastung von Todesermittlern. Kriminalistik, 1/95, S. 29-34.

Gewerkschaft der Polizei (1988). Fachveranstaltung `88. Dienst für den Bürger rund um die Uhr – Wechselschichtdienst der Polizei. Polizei.

Hallenberger, F. (1995). Wie automatisiert verlaufen Schreibhandlungen. Universität Mainz: Dissertation.

Hallenberger, F. (1998). Polizeiliche Beanspruchung – Ein Plädoyer für polizeiliche Supervision. Die Polizei, 150-156.

Hallenberger, F. & Mueller, S. (2000). Was bedeutet für Polizistinnen und Polizisten Stress? Polizei & Wissenschaft, 1, 58-65.

Hallenberger, F. (2001). Polizeilicher Schusswaffengebrauch: Erleben und Folgen. Polizei & Wissenschaft, 1/2001, 3-12.

Hallenberger, F. (2006). Primäre Prävention für kritische Ereignisse – Vorbereitung auf Hochstress. Polizei & Wissenschaft, 2/2006, S. 29-51.

Hermanutz, M. & Buchmann, K.E. (1994). Körperliche und psychische Belastungsreaktionen bei Einsatzkräften während und nach einer Unfallkatastrophe. Die Polizei, 11, S. 294-302.

Klemisch, D. (2006). Psychosoziale Belastungen und Belastungsverarbeitung von Polizeibeamten. Dissertation, Westfälische Wilhelms-Universität Münster.

Klemisch, D., Kepplinger, J. & Muthny, F. A. (2005). Belastungen, Belastungsstörungen und psychische Störungen von Polizeibeamten. Polizei & Wissenschaft, 1, 27-42.

Krampen, G. (1982). Differentialpsychologie der Kontrollüberzeugung. Göttingen: Hogrefe.

Laux, L. & Weber, H. (1990). Bewältigung von Emotionen. In: Scherer, K.R. (Hrsg.): Psychologie der Emotion. Göttingen: Hogrefe.

Lazarus, R. S. (1966). Psychological stress and the coping process. New York: McGraw Hill.

Lazarus, R. S. & Launier, R. (1981). Stressbezogene Transaktionen zwischen Person und Umwelt. In: J. R. Nitsch (Hrsg.). Stress. Theorien, Untersuchungen, Maßnahmen. S. 213-259. Bern: Huber.

Maercker, A. (2003). Erscheinungsbild, Erklärungsansätze und Therapieforschung. In Maercker, A. (Hrsg.): Therapie der posttraumatischen Belastungsstörungen. Berlin: Springer.

Maercker, A. (2009). Symptomatik, Klassifikation und Epidemiologie. In A. Maercker (Hrsg.), Posttraumatische Belastungsstörungen (S. 13-33). Heidelberg: Springer.

Mayring, P. (2008). Qualitative Inhaltsanalyse. Grundlagen und Techniken. 10. Auflage, Weinheim und Basel: Beltz.

Myrtek, M.; Itte, H.; Zimmermann, W. & Brügner, G. (1994). Psychische Bewältigung von Unfällen bei Lokomotivführern: Die Relevanz von Copingfragebogen zu Erfassung von funktionalen und dysfunktionalen Copingprozessen.

Zeitschrift für Klinische Psychologie, 23(4), S. 293-304.

Neugebauer, U. & Latscha, K. (2009). Bewältigung belastender Ereignisse bei Polizeibeamten. Polizei & Wissenschaft, 3, 55-62.

Nörenberg, L., Hering, T., Arndt, D. & Beerlage, I. (2006). Belastungen im Polizeiberuf, Belastungsfolgen. Polizei & Wissenschaft, 4, 28-42.

Reinecke, S.; Runde, B.; Bastians, F.; Bär, O.; Weiss, U. & Heuft, G. (2006). Qualität, Intensität und Quantität von psychischen Belastungen innerhalb der Polizeiarbeit. Bericht über ein Forschungsprojekt. Polizei & Wissenschaft, 2, S. 4-16.

Reininger, K. M. & Gorzka, R. (2011). Copingmuster bei Polizistinnen und Polizisten. Polizei & Wissenschaft, 1, 48-56.

Rommel, D. (1995). Harte Männer braucht die Polizei..., Die Polizei, 11, S. 331.

Schmalzl, H.P. (2008). Einsatzkompetenz. Frankfurt/a.M.: Verlag für Polizeiwissenschaft.

Schneider, D. & Latscha, K. (2010). Polizeikultur als Schutzfaktor bei traumatischen Belastungen. Polizei & Wissenschaft, 4/2010, S. 30-43.

Schneider, D. & Latscha, K. (2011). Geschlechtsdifferenzierte polizeispezifische Schutzfaktoren bei traumatischen Belastungen. Polizei & Wissenschaft, 2, 2-14.

Schütte, N.; Bär, O.; Weiss, U. & Heuft, G. (2009). Copingmechanismen von Polizeibeamten mit psychischen und psychosomatischen Symptomen nach einem potenziell psychotraumatischen Ereignis. Z Psychosom Med Psychother 55/2009, S. 70-83.

Schützwohl, M. & Maercker, A. (1997). Social support and coping as predictors of PTSD thirty years after traumatization. In Maercker, A.; Schützwohl, M. & Solomon, Z. (Hrsg.). Posttraumatic stress disorder: A lifespan developmental perspective. Seattle: Hogrefe & Huber.

Sennekamp, W. & Martin, H. (2003). Psychosozialer Beratungsbedarf von Polizeibeamten bei dienstlichen Belastungssituationen. Polizei & Wissenschaft, 1, S. 29-36.

Solomon, R.M. & Horn, J.M. (1986). Post-Shooting trauma reactions; A pilot stugy. In: Reese, J.T. & Goldstein, H.A. (Eds.). Psychological services for law enforcement. Washington, D.C.: U.S. Government Printing Office.

Steinbauer, M. (2001). Stress im Polizeiberuf und die Verarbeitung von belastenden Ereignissen im Dienst. Polizei & Wissenschaft, 4, S. 46-59.

Teegen, F. (2003). Posttraumatische Belastungsstörungen bei gefährdeten Berufsgruppen. Bern: Huber.

Ulich, D. (1987). Krise und Entwicklung. Zur Psychologie der seelischen Gesundheit. Weinheim: Psychologie Verlags Union.

Waddington, P.A.J. (1999). Policing Citizens. London Routledge.

Wittchen, H.-U. & Hoyer, J. (2006). Klinische Psychologie & Psychotherapie. Springer.

Zieme, C. & Müller-Cyran, A. (2011) „... Der Chef hält mich doch für verrückt!?" In C. Lorei (Hrsg.), Polizei & Psychologie 2009 (S. 403-415). Frankfurt: Verlag für Polizeiwissenschaft.

Detlef Heyer

Schutz älterer Menschen vor betrügerischen Kaffeefahrten

In Deutschland finden täglich etwa 400 sogenannter „Kaffeefahrten" statt. An ihnen nehmen jährlich bis zu vier Millionen Menschen teil. Die meisten von ihnen sind Seniorinnen und Senioren, die einen geselligen Tag und etwas Abwechslung genießen wollen.

Tatsächlich handelt es sich aber um Werbeverkaufsveranstaltungen, bei denen die Veranstalter Waren verkaufen, deren tatsächlicher Wert in der Regel weit unter dem Verkaufspreis liegt. Allein im Jahr 2010 haben sich mehr als 16 000 Menschen in den Verbraucherzentralen in NRW beraten lassen, weil sie sich von den Verkäufern getäuscht fühlten. Nur ein Bruchteil dieser Beschwerden wurde polizeilich bekannt.

Die Busreisen starten meist in den frühen Morgenstunden, damit Berufstätige nicht teilnehmen können. Die Veranstalter wollen gezielt ältere Menschen in die Veranstaltungen locken, da sie argloser, weniger wehrhaft, leichter zu täuschen und zu beeinflussen sind. Um die „Kaffeefahrten" interessant zu machen, werben die Veranstalter häufig mit Gewinnmitteilungen, in denen suggeriert wird, dass die Empfänger irgendetwas gewonnen hätten. In den Genuss der qualitativ zweifelhaften Gewinne kommen die Angeschriebenen aber nur, wenn sie an einer Veranstaltung teilnehmen.

In einigen Fällen wurde die Rückfahrt im Reisebus davon abhängig gemacht, ob die Gäste etwas gekauft haben bzw. wurden kritische Teilnehmer von der Rückfahrt ausgeschlossen. Derartige Drohungen sind besonders wirksam, da die Veranstaltungsorte in der Einladung oft nur vage benannt werden, meist weit außerhalb von Ortschaften liegen und die mitfahrenden Seniorinnen und Senioren vor Ort immobil sind.

In den Veranstaltungen werden ganz unterschiedliche Produkte, häufig angebliche (Wunder-)Heilmittel, Nahrungsergänzungsmittel, Rheumadecken, Gesundheitsmatratzen, Sauerstoffgeräte u. ä. angeboten. Deren tatsächlicher Nutzen oder ihre Qualität entsprechen selten den Versprechungen. Die Verkaufspreise bei unseriösen Kaffeefahrten sind drastisch überzogen und hochwertigere Produkte im regulären Handel erheblich preiswerter.

Die Verkaufsveranstaltungen können bis zu sechs Stunden dauern. Die Verkäufer setzen dabei auf die Übermüdung der Teilnehmer. In einigen Fällen behaupten sie, dass ein Kauf in der Veranstaltung nicht möglich sei. An ihrem Ende können die beworbenen Produkte dann aber „ausnahmsweise" bestellt oder gekauft werden. Eine weitere Variante ist die Vermittlung angeblich kostenloser Reisen, die aber durch Gebühren, Kaution oder Bindung an Ausflugspakete deutlich teurer werden als auf dem seriösen Reisemarkt. Bei Rücktritten von derart unseriösen Reiseverträgen wird die Buchungsgebühr i. d. R. nicht erstattet. Das gesetzliche Widerrufsrecht wird regelmäßig dadurch unterlaufen, dass in den Kaufbelegen Scheinfirmen mit Sitz im In- und Ausland eingetragen und die Ware oder Reisebuchung bar zu bezahlen sind.

Nach Kaffeefahrten (besser Verkaufsveranstaltungen) beklagen sich Geschädigte bei den Verbraucherzentralen oft über rigides Vorgehen der Veranstalter, das vielfach den Anfangsverdacht von Straftaten wie Freiheitsberaubung, Nötigung, Betrug und Urkundenfälschung begründet. Ordnungswidrigkeiten sind geradezu an der Tagesordnung.

Die möglichen Verstöße der Veranstalter, Gaststättenbetreiber und Busfahrer gegen Rechtsvorschriften sind vielfältig und können u. a. die Gewerbeordnung (GewO), das Gesetz gegen den unlauteren Wettbewerb (UWG), EU-Richtlinien, das Lebensmittel-, Bedarfsgegenstände- und Futtermittelgesetzbuch (LFGB), das Heilmittelwerbegesetz (HWG), das Personenbeförderungsgesetz (PBefG) sowie das Strafgesetzbuch (StGB) betreffen.

Originär sind die Gewerbe- und Ordnungsämter für die Verfolgung von Verstößen gegen die genannten Rechtsvorschriften (StGB ausgenommen) zuständig. Liegen hingegen Anhaltspunkte für Verstöße gegen das StGB wie Freiheitsberaubung, Nötigung, Betrug und Urkundenfälschung vor, trifft die Polizei die erforderlichen Maßnahmen. Durch gemeinsames Einschreiten von Polizei und Ordnungsbehörden können jedoch alle rechtlichen Möglichkeiten ausgeschöpft werden.

Das LKA NRW informiert im Projektspot über mögliche Normverstöße, rechtliche Regelungen, Möglichkeiten der Zusammenarbeit und entsprechende Maßnahmen im Zusammenhang mit „Betrügerischen Kaffeefahrten".

Kostenlose Beratung und persönliche Hilfe erhalten Bürger/innen bei Beratungsstellen der Verbraucherzentrale NRW und bei den Kriminalkommissariaten Kriminalprävention/Opferschutz der Polizei NRW. Die wichtigsten Tipps sind im Internet unter http://www.polizei.nrw.de/media/Dokumente/Behoerden/LKA/121203_PraevTipp_Kaffeefahrten.pdf abrufbar.

Daniel Lederer

Opfererfahrungen im fortgeschrittenen Alter

KFV (Kuratorium für Verkehrssicherheit), Österreich

Allgemeines

In einer österreichweiten Erhebung wurden im Jahr 2012 mehr als 2.000 Personen der Altersgruppe 60+ zu verschiedenen Themen der persönlichen Sicherheit befragt. Das Hauptziel war, Aussagen über die Verbreitung und mögliche Ursachen zu Kriminalitätsfurcht und Opferwerdung (Viktimisierung) dieser Zielgruppe machen zu können.

In einer ersten Auswertungsphase des Projektes wurde der Fokus auf Opfererfahrungen der über 60-Jährigen gelegt. Neben der klassischen Viktimisierung im Bereich von strafrechtlich relevanten Handlungen (Raub, Körperverletzung, Warenbetrug und verschiedene Ausprägungen des Diebstahls) wurden auch nicht-kriminelle Erfahrungen zur Altersdiskriminierung erfasst. Außerdem wurden bestimmte Erscheinungsformen der Vernachlässigung und des Missbrauchs von älteren Menschen berücksichtigt, die nur zum Teil strafrechtlich relevante Tatbestände darstellen.

Die in diesem Zusammenhang gewonnenen Informationen wurden zur Bestimmung der Verbreitung und der Häufigkeit von Opfererfahrungen verwendet. Die höchsten Prävalenzwerte (Opferzahlen) wurden bei Täuschungs- und Betrugsdelikten (Betrug, Diebstahl und Raub) festgestellt. Einerseits sind die Zahlen an Opfern von Tricktätern[1] im Vergleich zu anderen „traditionellen" Delikten (z.B. Wohnungseinbruch) hoch, andererseits werden nur wenige Fälle der Polizei gemeldet. Auf Grund der hohen Anzahl an Betrugsopfern aus der repräsentativen Stichprobe und der geringen Anzeigerate für diese Delikte ergibt sich ein prekäres Dunkelfeld an unbekannten Kriminalfällen. Hinzukommend lässt sich anhand der bekanntgewordenen Kriminalfälle feststellen, dass immer mehr Personen in die Falle von Tricktätern tappen und es auch hohe und stetig steigende Schadenssummen gibt. In der folgenden Ausführung werden die wichtigsten Fakten aus (1) der polizeilichen Kriminalstatistik, aus (2) weiteren Veröffentlichungen der Exekutive sowie (3) die Ergebnisse der vorliegenden Opferwerdungsstudie, in welcher Risiko- und Schutzfaktoren für die Präventionsarbeit ermittelt wurden, dargestellt. Zukünftig werden die gewonnenen Erkenntnisse für die schwerpunktbasierte Kriminalpräventionsarbeit des KFV in Zusammenarbeit mit verschiedenen Entscheidungsträgern genutzt.

---

[1] Die Bezeichnung „Täter" umfasst in der vorliegenden Arbeit sowohl männliche als auch weibliche Personen und gleichsam Gruppen an Tätern oder Täterinnen.

Polizeiliche Kriminalstatistik

Der veröffentlichten Kriminalstatistik des österreichischen Bundesministeriums für Inneres (BMI) können keine direkten Fall- oder Opferzahlen zu den verschiedenen Formen an „auf Täuschung basierenden" Eigentums- und Betrugsdelikten gegen über 60-Jährige (Trickbetrug, -raub und -diebstahl) entnommen werden. Allerdings weisen aktuelle Veröffentlichungen der Exekutive darauf hin, dass ältere Menschen immer häufiger Opfer von Räubern, Dieben und Betrügern werden (LATTACHER 2010: 10).

In der aktuellen Kriminalstatistik lässt sich anhand der angezeigten Fälle von „Taschen- und Trickdiebstählen in Wohnobjekten" im Zeitraum 2007 bis 2011 ein Anstieg von 551 auf 1.794 Fälle ausmachen (BMI 2011: 153), wobei die Angabe im Sicherheitsbericht keine genauere Aussage zu den Opferzahlen in der Altersgruppe der über 60-Jährigen zulässt.

Im Zeitraum 2004 bis Mai 2010 verzeichneten die Ermittler/innen der österreichischen Exekutive 161 Betrugsfälle des „Enkel-/Neffentricks" mit einer Schadenssumme von 4,5 Millionen Euro, wobei die Exekutive von einer weitaus höheren Dunkelziffer ausgeht (LATTACHER 2010: 13). Die Schadenssummen steigen auf Grund von Betrugsfällen des „Enkel-/Neffentricks" stetig an, so dass allein für die Bundeshauptstadt Wien im Jahr 2011 ein Schaden von über drei Millionen Euro entstanden ist (BMI 2011: 253). Weitere statistische Informationen zu anderen Formen an Betrugs- und Täuschungsdelikten gegen ältere Menschen in Österreich sind in der polizeilichen Kriminalstatistik oder aus sonstigen Veröffentlichungen des BMI nicht verfügbar.

Dunkelfelderhebung des KFV

Im Frühjahr 2012 wurden 2.069 Einwohner/innen aus Österreich mit festem Wohnsitz (unabhängig der Nationalität) ab einem Alter von 60 Jahren, die über ausreichend Kenntnisse der deutschen Sprache verfügten, an der Teilnahme gewillt waren und psychisch sowie physisch dazu in der Lage waren, in mündlichen und persönlichen Interviews zu Opferwerdung und Kriminalitätsfurcht befragt. Diese repräsentative Befragung wurde im Auftrag des KFV vom Institut für empirische Sozialforschung GmbH (IFES) unter wissenschaftlicher Projektbegleitung des kriminologischen Instituts der Universität Zürich durchgeführt.

Die in diesem Zusammenhang gewonnenen Informationen wurden zur Bestimmung der Verbreitung und der Häufigkeit von Opfererfahrungen strafrechtlich relevanter Handlungen verwendet. Hierbei zeigte sich, dass in den vergangenen fünf Jahren nahezu ein Drittel ($n = 650$) aller befragten älteren Menschen auf Grund eines versuchten oder vollendeten Verbrechens Opfererfahrungen erlebte. In Summe wurde bei 19 % der Befragten ($n = 386$) zumindest eine der abgefragten Straftaten vollendet. Die höchsten Opferzahlen finden sich in der Bundeshauptstadt Wien.

Am öftesten fallen die über 60-Jährigen Straftaten zum Opfer, die auf Täuschung und Betrug basieren. In der Opferwerdungsbefragung des KFV konnte dies anhand der Verbreitung von Waren- und Trickbetrugsdelikten festgestellt werden. Insgesamt waren 20 % ($n = 405$) der befragten Personen von zumindest einer dieser beiden Deliktsformen in den vergangenen fünf Jahren betroffen und wurden auf Grund eines versuchten oder vollendeten Täuschungs- oder Betrugsdelikts zum Opfer.

Negative Erfahrungen im Zusammenhang mit dem Kauf von Waren, indem die Personen absichtlich über den Wert oder die Beschaffenheit der Waren vom Verkäufer/der Verkäuferin getäuscht wurden, machten in den Jahren 2008 bis 2012 14 % ($n = 280$) aller befragten Senior/innen. Tatsächlich ist die Hälfte der Betroffenen auf den Warenbetrug hineingefallen.

Die gezielte Täuschung von älteren Menschen in Form von verschiedenen Techniken des Trickbetruges kommt ebenso vergleichsweise häufiger vor. Der KFV-Opferwerdungsstudie zufolge kamen in den Jahren 2008 bis 2012 8 % ($n = 164$) aller befragten Senior/innen mit Tricktätern in Kontakt. Bei mindestens jedem/jeder achten Betroffenen konnten die Täter erfolgreich zuschlagen und Bargeld oder andere Vermögenswerte erbeuten.

In der Erhebung wurden auch Angaben zur Anzeigeerstattung durch die betroffenen Personen erfasst. Dabei wurde festgestellt, dass 80 % der Opfer von versuchten und vollendeten Tricktaten keine Anzeige bei der Polizei erstatteten. Dieses hohe Dunkelfeld an nicht-gemeldeten Kriminalfällen deckt sich sowohl mit den vorhin genannten Äußerungen der Exekutive als auch mit Erfahrungswerten von Opferschutzorganisationen. So machte erst kürzlich der Weiße Ring darauf aufmerksam, dass die Dunkelziffer bei Verbrechen gegen Senior/innen enorm sei (siehe ORF 2012).

Zusammenfassend lassen sich bei der 5-Jahresprävalenzrate an versuchten oder vollendeten Täuschungs- und Betrugsdelikten vergleichsweise hohe Opferzahlen von bis zu 20 % ausmachen, die einer niedrigen Anzeigerate von 20 % gegenüberstehen. Eine derart hohe Diskrepanz bei der Prävalenz- und Anzeigerate von Täuschungs- und Betrugsdelikten verdeutlicht die Notwendigkeit einer intensiven Präventionsarbeit für die Zielgruppe der über 60-Jährigen.

Delikte und Tathergänge

In den Trickbetrugsdelikten erfolgte die Kontaktaufnahme der Täter mit ihren potentiellen Opfern vorwiegend telefonisch (83 %), was anhand der Tatbeschreibungen aus der Befragung der älteren Menschen festgestellt werden konnte. Bei etwa 10 % der betroffenen Personen haben die Tricktäter an der Wohnungs- oder Haustür geläutet. In den übrigen Fällen kamen verschiedenste Tatbegehungsformen, wie beispielsweise durch Kommunikation per Internet oder Brief, vor.

Im Allgemeinen können unterschiedliche Varianten an „auf Täuschung basierenden" Eigentums- und Betrugsdelikten, die sich im Besonderen gegen ältere Menschen richten, identifiziert werden. Im deutschsprachigen Raum sind vor allem Trickdiebstähle, -raube und -betrügereien verbreitet, wobei die Täter immer wieder neue Methoden finden, ältere Menschen zu täuschen, um an deren Eigentum und Vermögen zu gelangen. Aus diesem Grund erfolgt in der vorliegenden Zusammenstellung keine detaillierte Beschreibung einzelner Tathergänge, da eine allumfassende Darstellung aufgrund der verschiedensten Varianten an Delikten, in welchen immer wieder unterschiedliche Täuschungsrollen durch die Täter angewendet werden, nicht möglich wäre. In der Analyse der häufigsten Tathergänge, die durch eine Recherche an aktuellen Informationsmaterialien (z.b. BK 2009; BDK 2012; BMFSFJ 2011) und Veröffentlichungen der Exekutive (z.b. LATTACHER 2010) zusammengefasst wurden, konnten mit dem „Trickdiebstahl", dem „Trickraub" und dem „Trickbetrug" drei größere Straftatbestände herausgearbeitet werden, welchen die meisten Varianten an Täuschungs- und Betrugsdelikten gegen ältere Menschen zugeordnet werden können. Dabei erfolgt eine zusammengefasste Darstellung der Tathergänge nach (1) der Kontaktaufnahme durch den Täter, (2) der Tatörtlichkeit, (3) dem Modus Operandi und (4) dem Ziel der Tat. Diese Informationen sind in der Analyse der Opferwerdung von entscheidender Bedeutung, da die Tathergänge einerseits im Zusammenhang mit den Risikofaktoren zu sehen sind, andererseits einen wichtigen Anknüpfungspunkt für die Ableitung von möglichen Strategien zum Schutz der Senior/innen bieten können.

Beim „Trickdiebstahl" erfolgt die Kontaktaufnahme durch den Täter direkt vor Ort im Wohnbereich des Opfers, was zugleich auch die spätere Tatörtlichkeit ist. Der Täter tritt mit dem Opfer direkt in Kontakt und setzt hierbei verschiedene Täuschungsrollen und -mechanismen ein, um in den Wohnraum vordringen zu können, mit dem Ziel, Bargeld und Wertgegenstände zu stehlen. Bekannte Beispiele hierfür sind der Handwerker- oder Stadtwerketrick.

Der „Trickraub" ist vom Tathergang dem „Trickdiebstahl" äußerst ähnlich, da zum Teil die gleichen Täuschungsrollen und -mechanismen eingesetzt werden. Der große Unterschied liegt in der Gewaltanwendung des Täters gegen sein Opfer, was bei älteren Menschen fatale Folgen haben kann. Im internationalen Sprachgebrauch hat sich hierfür die Bezeichnung der „Home Invasion" etabliert.

Beim „Trickbetrug" konnten drei verschiedene Gruppen an Tathergängen identifiziert werden: Bei der ersten Gruppe tritt der Täter indirekt durch einen Telefonanruf mit dem Opfer in Kontakt. Die Tatörtlichkeiten befinden sich zum einen im Wohnraum des Opfers (Ort der Kontroll- oder Kontaktaufnahme) und zum anderen beim Übergabeort der Vermögensbestände. Die Täter setzen verschiedene Täuschungsrollen ein, indem sie sich z.B. als Verwandte des Opfers ausgeben. Außerdem werden durch die Anwendung bestimmter Täuschungsmechanismen, indem z.B. eine Finanznot dem Opfer vorgespielt wird, die Opfer psychisch unter Druck gesetzt. Bekannte Beispiele hierfür sind der Nichten-/Neffen- oder Enkeltrick oder auch der Schockanruf. In der zweiten Gruppe an Tathergängen des „Trickbetruges" erfolgt eine direkte Kontaktaufnahme des Täters mit dem Opfer, die meist im Wohnbereich geschieht. Die Täter versuchen, gültiges Geld des/der Pensionisten/Pensionistin mit mitgebrachtem Falschgeld auszutauschen, was in der Täuschungsrolle einer/eines Polizisten/Polizistin oder Bankangestellten durchgeführt wird. Die letzte Gruppe an „Trickbetrügereien" umfasst Tathergänge, bei welchen die Täter minderwertige Produkte (z.B. Kameras) zu überhöhten Preisen an die Senior/innen verkaufen, was meist direkt vor Ort im Wohnbereich oder in Form von organisierten Reisen abläuft.

Analyse der Opferwerdung

In der vorliegenden Opferwerdungsstudie wurden besondere Merkmale oder Verhaltensweisen von Betroffenen eines Täuschungs- oder Betrugsdeliktes analysiert, mit den spezifischen Tathergängen aus der Literaturrecherche und der Dunkelfelderhebung in Verbindung gebracht, und daraus Risikofaktoren abgeleitet. Diese Informationen sollen dabei helfen, potentiell gefährdete ältere Menschen zu identifizieren und allfällige Risikogruppen unter den über 60-Jährigen zu bestimmen. Desgleichen wird nach möglichen Schutzfaktoren gesucht, um in weiterer Folge aus den ermittelten Gesamtinformationen entsprechende Präventionsmaßnahmen entwickeln zu können (siehe Abbildung 1).

Abbildung 1: Von der Analyse der Opferwerdung hin zur Prävention von Täuschungs- und Betrugsdelikten

Risikofaktoren

Die Identifikation der Risikofaktoren erfolgte durch eine Gegenüberstellung der Ausprägungen bestimmter Merkmale (z.B. Gesundheitszustand, Größe des sozialen Netzwerks etc.) der Opfer von Täuschungs- und Betrugsdelikten mit denen der nicht betroffenen Gleichaltrigen. Hierzu wurde eine statistische Analyse zur Ermittlung von signifikanten Unterschieden zwischen den beiden Gruppen durchgeführt.

Risikofaktor 1 – fehlende Distanz und mangelhafte Reflexion in herausfordernden Gesprächssituationen

In den meisten Täuschungs- und Betrugsdelikten treten die Täter in eine Gesprächssituation mit ihren vermeintlichen Opfern und verwenden hierbei aggressive Kommunikationstechniken. Durch eine dreiste und überzeugende Vorgehensweise werden die älteren Menschen unter Druck gesetzt und geraten so in den Prozess der Opferwerdung, der von den Tätern gezielt gesteuert wird. Dabei nutzen die Täter ein Verhaltensmerkmal, das gerade ältere Menschen haben. Erfahrungsgemäß weist im Besonderen die Generation der über 60-Jährigen ein ausgeprägtes Sozialverhalten auf, das durch Hilfsbereitschaft, Vertrauenswürdigkeit, höflichen Anstand, Rücksichtnahme und gute Manieren gekennzeichnet ist. Dieses allgemeine Verhaltensmuster stellt die Grundlage dafür dar, dass es gerade in herausfordernden oder aggressiven Gesprächssituationen zu einer Überforderung des älteren Menschen kommt, keine Distanz zur Gesprächssituation aufgebaut werden kann und dementsprechend auch die Inhalte und Forderungen des Gegenübers von den Älteren nicht ausreichend reflektiert werden können. Vielfach zeigt sich, dass Senior/innen in solchen Situationen – trotz etwaiger Zweifel – eher einmal zu viel Hilfsbereitschaft zeigen (z.b. Neffen-Enkel-Trick), bürgerliche Pflichten erfüllen (z.b. Polizeibesuch), einen sparsamen Einkauf tätigen (z.b. Kameratrick), als einmal zu wenig. Tricktäter kennen diese typischen Verhaltensweisen und nutzen diese auch gezielt durch ihre verschiedenen Techniken aus.

Risikofaktor 2 – altersbedingte körperliche Einschränkungen

Die Opfer an trick- und täuschungsbasierten Delikten weisen, gerade was den selbsteingeschätzten Gesundheitszustand betrifft, vergleichsweise schlechtere Werte als die Nicht-Betroffenen der gleichen Altersgruppe auf. Dementsprechend tappen über 60-Jährige, die Einschränkungen im Hören und Sehen haben, häufiger in die Falle von Trick- und Betrugstätern.

Risikofaktor 3 – ausgedünntes soziales Netzwerk

Die mit ansteigendem Alter zunehmende Schwächung des sozialen Netzwerkes ist ein weiterer bedeutsamer Risikofaktor, wenn es im Allgemeinen um Opferwerdung geht. Das gilt auch, im Falle von Betrugs- und Täuschungsdelikten. Im Vergleich zu nicht betroffenen Senior/innen weisen Trickbetrugsopfer ein schwächeres soziales Netzwerk auf und leben häufiger alleine daheim. Die betroffenen Personen besprechen ihre Probleme vergleichsweise seltener mit der Familie, anderen Verwandten, Freund/innen, Nachbar/innen, (ehemaligen) Arbeitskolleg/innen sowie Schul- und Jugendfreund/innen. Leider zeigt sich auch ein negatives Bild, wenn es darum geht, ob sich die Betroffenen von ihrem sozialen Netzwerk Hilfe erhoffen. Diesbezüglich weisen Trickbetrugsopfer tiefere Werte auf, als dies bei den Nicht-Betroffenen der Fall ist, was wiederum ein Zeichen für eine stärkere Isolierung ist.

Die beschriebenen Formen an Täuschungs- und Betrugsdelikten werden vorwiegend an älteren Menschen verübt, da diese Altersgruppe typische Merkmale aufweist, die überwiegend mit dem Alter einhergehen, und sie dadurch eher für die Tricktäter attraktiv macht. Dementsprechend stehen die ermittelten Risikofaktoren in einem Zusammenhang zu allgemeinen Begleiterscheinungen in der Alterszunahme. Beispiele hierfür sind die Abnahme an körperlichen Fähigkeiten oder der zunehmende Verlust des sozialen Netzwerkes im Alter, weil z.B. der/die Partner/in verstirbt und man alleine lebt.

Schutzfaktoren

Aus den ermittelten Risikofaktoren können im Umkehrschluss auch Schutzfaktoren und mögliche Präventionsmaßnahmen bestimmt werden, die dazu beitragen können, dass ältere Menschen weniger leicht auf Täuschungen und Betrügereien hereinfallen.

Schutzfaktor 1 – kritische Reflexion von Gesprächsinhalten

Eine kritische Reflexion von Gesprächsinhalten ist der wichtigste, aber zugleich auch am schwersten zu erreichende Faktor im Schutz vor Täuschungs- und Betrugsdelikten. Dabei sollte ein klarer Trennstrich zwischen „dem Misstrauen" und „der Hinterfragung" von bestimmten Situationen – die sich leider oftmals zu spät als Tatsituationen herausgestellt haben – gezogen werden. Eine Forderung nach einem allgemeinen Misstrauen von Senior/innen in typischen Tathergängen kann die Lage eher verschlechtern, denn gerade das Vertrauen in das soziale Netzwerk oder in andere Einrichtungen ist von besonderer Bedeutung in der Prävention von auf Täuschung basierenden Straftaten. Einen wesentlich besseren Zugang stellen Handlungsweisen dar, die in typischen Gesprächssituationen eine gewisse Distanz zum Gegenüber aufbauen. Dadurch besteht eher die Möglichkeit, dass die Gesprächsinhalte von den älteren Menschen hinterfragt werden können. Hier könnte der folgende Handlungsablauf empfohlen werden, der nicht das Misstrauen fördert, sondern vielmehr auf ein überlegtes Handeln setzt: (1.) Abstand gewinnen, (2.) Situation überdenken, (3.) Lage besprechen (4.) mit dem Gegenüber wieder in Kontakt treten. Dieser Ansatz, der durch Aufklärungskampagnen, Schulungen oder Präsentationen vermittelt werden kann, lässt sich relativ leicht im Alltag anwenden, und könnte damit auch in Situationen von Täuschungs- und Betrugsdelikten zu einem wesentlichen Schutzfaktor für ältere Menschen werden.

Schutzfaktor 2 – Gesundheitsvorsorge

Darüber hinaus sind auch ein entsprechendes Seh- und Hörvermögen von Bedeutung, wenn es um den Schutz vor Tricktätern geht. Regelmäßige Arztbesuche, insbesondere bei den jeweiligen Fachärzt/innen, können hierbei eine wertvolle Hilfe leisten, indem Probleme besprochen werden sowie mögliche Behandlungen oder technische Hilfsmittel von Optiker/innen oder Akustiker/innen empfohlen werden. Beispielsweise bieten moderne Hörgeräte eine verbesserte Hörleistung und ermöglichen es, auch an Gesprächen mit mehreren Personen teilnehmen zu können, da die verschiedenen Geräuschpegel digital angepasst werden. Darüber hinaus empfiehlt sich die Verwendung von altersgerechten Telefonanlagen, die über ein vergrößertes Display verfügen, die Anrufer-Nummern anzeigen oder akustisch über den Namen oder die Rufnummer des Anrufers Bescheid geben. Unbekannte oder unterdrückte Telefonnummern können auch mit speziell eingestellten Telefongeräten blockiert werden.

Schutzfaktor 3 – langfristige Sicherung des sozialen Netzwerkes

In Notsituationen ist ein aufrechtes soziales Netzwerk ein entscheidender Schutzfaktor für ältere Menschen. Die Aufrechterhaltung von Kontakten zu Familienangehörigen, Freunden oder Bekannten bietet den Senior/innen die Möglichkeit, Probleme besprechen zu können, was in weiterer Folge auch positiv dazu beitragen könnte, dass Täuschungs- und Betrugsdelikte verhindert werden. Nicht alle Senior/innen verfügen über ein aufrechtes soziales Netzwerk, weswegen – gerade im Hinblick auf den gesellschaftlichen Wandel – staatliche oder private Unterstützung angeboten und von den Senior/innen angenommen werden sollte. Beispielsweise durch den Besuch von Tageszentren, an welchen ältere Menschen je nach Belieben ihre Freizeit gemeinsam mit anderen Pensionist/innen verbringen können und auch in Kontakt zu Betreuungspersonal kommen. Die Mitarbeiter/innen der Tageszentren könnten gute Ansprechpartner/innen in verschiedenen Problemsituationen und wichtige dauerhafte soziale Bezugspunkte für die Senior/innen werden.

Fazit und Ausblick

In der vorliegenden Studie wurden Opfererfahrungen von österreichischen über 60-Jährigen in Bezug auf Täuschungs- und Betrugsdelikte näher analysiert und der Versuch unternommen, eine möglichst gute Grundlage für eine schwerpunktbasierte Kriminalpräventionsarbeit zu erarbeiten. Dabei wurden diverse Statistiken zum Kriminalitätsgeschehen und im Besonderen eine Dunkelfelderhebung des KFV genutzt, um Risiko- und Schutzfaktoren ableiten zu können. Die Herausforderung besteht nun darin, die ermittelten Schutzfaktoren in gezielten Präventionsmaßnahmen umzusetzen. Dabei sollte eine Verknüpfung von einzelnen Handlungsfeldern zu einem umfassenden Programm in der Prävention von Täuschungs- und Betrugsdelikten an älteren Menschen erreicht werden. In diesem Zusammenhang verfolgt das KFV eine zukünftige Zusammenarbeit mit verschiedenen nationalen Entscheidungsträgern aus der Exekutive, Opferschutzorganisationen, dem Gesundheitsbereich und weiteren Interessensvertretern.

Nach der Präsentation dieser Ergebnisse am 18. Deutschen Präventionstag in Bielefeld wurde in interessanten Gesprächen mit Kolleg/innen der deutschen Polizei deutlich, dass es sich bei den Täuschungs- und Betrugsdelikten um ein internationales Phänomen handelt, und sich daher die Tathergänge, die Täter und auch die Merkmale der Opfer in den verschiedenen Ländern wahrscheinlich kaum unterscheiden. Diese Erkenntnis sollte über die Veranstaltung hinweg weiterverfolgt werden und dazu führen, dass zukünftig auch zu dieser Kriminalitätsform, die besonders unsere älteste Generation betrifft, eine verstärkte internationale Zusammenarbeit in der Kriminalpräventionsarbeit stattfindet.

Quellenverzeichnis

BDK (Bund Deutscher Kriminalbeamter) (Hrsg.) (2012): KRIPO-Tipps: Sicherheit für Senioren. – Informationsbroschüre. Bund Deutscher Kriminalbeamter, Berlin.

BK (Bundeskriminalamt) (Hrsg.) (2009): Sicher in den besten Jahren. – Informationsbroschüre. Bundeskriminalamt, Wien.

BMFSFJ (Bundesministerium für Familie, Senioren, Frauen und Jugend) (Hrsg.) (2011): „Rate mal, wer dran ist?" So schützen Sie sich vor Betrügern und Trickdieben; auch online unter: http://www.bmfsfj.de/BMFSFJ/Service/Publikationen/publikationen,did=126226.html (1.7.2013).

BMI (Bundesministerium für Inneres) (2011): Sicherheitsbericht 2011. Bericht des Bundesministeriums für Inneres über die innere Sicherheit in Österreich. Bundesministerium für Inneres; auch online unter: http://www.bmi.gv.at/cms/BMI_Service/SB_2011/FINAL_SiBer_2011_Gesamt_komp_ONLINE_klein_2012_05_31.pdf (1.7.2013).

Lattacher S. (2010): Senioren als Verbrechensopfer. – In: Öffentliche Sicherheit, 2010, Nr.7-8; auch online unter: http://www.bmi.gv.at/cms/BMI_OeffentlicheSicherheit/2010/07_08/files/KRIMINALITAETSBEKAEMPFUNG.pdf (1.7.2013).

ORF (Österreichischer Rundfunk) (Hrsg.) (2012): Senioren als Opfer: Dunkelziffer enorm; online 22.11.2012, http://oesterreich.orf.at/stories/2560093/ (1.7.2013).

Dr. Gesa Schirrmacher / Petra Söchting

Das Hilfetelefon Gewalt gegen Frauen – Prävention durch niedrigschwellige Beratung

I. Einleitung

Am 6. März 2013 hat das bundesweite Hilfetelefon Gewalt gegen Frauen seine Arbeit aufgenommen. Seitdem können Frauen, die Gewalt erlebt haben, rund um die Uhr, vertraulich und kostenfrei unter der Nummer **08000 116 016** mit weiblichen Fachkräften sprechen. Sie erhalten – je nach Wunsch und Bedarf – Beratung, Unterstützung, Informationen sowie Hinweise zu Beratungseinrichtungen vor Ort. Zugleich bietet die Webseite www.hilfetelefon.de Zugang zu Informationen und Beratung.

Damit ist ein über lange Jahre geplantes und vorbereitetes Hilfeangebot für Frauen gestartet – das erste bundesweite dieser Art. In diesem Beitrag werden die wesentlichen Aufgaben und Arbeitsweisen dieses neuen Angebotes genauer vorgestellt.

„Mehr Prävention – Weniger Opfer", so lautete der Titel des 18. Deutschen Präventionstages. Passt zu diesem Titel die Vorstellung eines neuen Beratungsangebotes für Frauen, die von Gewalt betroffen sind? Unsere Antwort lautet – wie im Folgenden zu zeigen sein wird – eindeutig ja. Wie *Wiebke Steffen* in ihrem Gutachten zum diesjährigen Präventionstag ausgeführt hat, bedeutet ein opferbezogenes Verständnis von Prävention gerade nicht nur die Verhinderung von Straftaten. Vielmehr gehören auch die Milderung der Folgen einer Tat, die Verhinderung oder Minderung von Re-Viktimisierung, die Vermeidung eines „Kreislauf der Gewalt" und die Berücksichtigung der Wünsche der Opfer nach sozialer Unterstützung, Information und Beratung und nach Bestätigung, dass ihnen Unrecht getan wurde, zur Prävention.[1] Genau an diesen Punkten setzt die Arbeit des Hilfetelefons Gewalt gegen Frauen an.

---

[1] Steffen, Wiebke: Opferzuwendung in Gesellschaft, Wissenschaft, Strafrechtspflege und Prävention: Stand, Probleme, Perspektiven, Gutachten zum 18. DPT, Bielefeld 2013, 48 f, http://www.praeventionstag.de/html/GetDokumentation.cms?XID=1469 (5.8.2013).

II. Das Hilfetelefon Gewalt gegen Frauen im Überblick

Was ist das Besondere am Hilfetelefon Gewalt gegen Frauen? Das Hilfetelefon
Gewalt gegen Frauen bietet

- täglich
- 24-Stunden
- entgeltfrei
- vertraulich und anonym
- Beratung durch Fachkräfte
- Beratung bei allen Formen von Gewalt.

Ob Gewalt in Ehe und Partnerschaft, sexuelle Übergriffe und Vergewaltigung sowie
Stalking, Menschenhandel und Gewalt im Rahmen von Prostitution oder Genitalverstümmelung – qualifizierte Beraterinnen stehen hilfesuchenden Frauen zu allen Formen der Gewalt vertraulich zur Seite. Das Angebot ist damit einmalig in Deutschland.

Grundlage für dieses Angebot ist das Gesetz zur Einrichtung und zum Betrieb eines
bundesweiten Hilfetelefons „Gewalt gegen Frauen"[2] (HilfetelefonG).

Mit der Einrichtung des Hilfetelefons setzt die Bundesregierung zugleich eine Verpflichtung aus dem „Übereinkommen des Europarates zur Verhütung und Bekämpfung von Gewalt gegen Frauen und häuslicher Gewalt" (SEV 210)[3] um. Diese Kon-
vention hat Deutschland am 11. Mai 2011 gezeichnet, die Ratifizierung wird zurzeit
vorbereitet. In Artikel 24 (Telefonberatung), heißt es:

> „Die Vertragsparteien treffen die erforderlichen gesetzgeberischen oder sons-
> tigen Maßnahmen, um eine kostenlose, landesweite und täglich rund um die
> Uhr erreichbare Telefonberatung einzurichten, um Anruferinnen und Anrufer
> vertraulich oder unter Berücksichtigung ihrer Anonymität im Zusammenhang
> mit allen in den Geltungsbereich dieses Übereinkommens fallenden Formen von
> Gewalt zu beraten."

Das Hilfetelefon unterscheidet sich daher – neben der rund-um-die-Uhr-Erreichbar-
keit und anderer oben schon genannter Kriterien – in mehrfacher Hinsicht von anderen Unterstützungsangeboten für Frauen, die von Gewalt betroffen sind:

---

[2]   BGBl I 448 vom 13. März 2012.

[3]   Informationen unter http://www.conventions.coe.int/Treaty/Commun/QueVoulezVous.
      asp?CL=GER&NT=210 sowie http://www.coe.int/t/dghl/standardsetting/convention-violence/default_
      en.asp. (5.8.2013).

- Das Hilfetelefon ist kein „Projekt", sondern ein auf gesetzlicher Grundlage geschaffenes Beratungsangebot.

- Es ist zugleich eine auf Dauer angelegte Einrichtung, mit einer verlässlichen Basis – auch in finanzieller Hinsicht.

- Es ist das einzige Unterstützungsangebot, das der Bund selbst betreibt (und betreiben darf[4]). Das Angebot ist beim Bundesamt für Familie und zivilgesellschaftliche Aufgaben angesiedelt.

III. Das Angebot des Hilfetelefons im Detail

1. Notwendigkeit

Der Bedarf für eine entsprechende Einrichtung wurde eindrücklich mit der repräsentativen Studie zur Gewalt gegen Frauen in Deutschland dokumentiert[5].

Aus dieser Studie ergibt sich zum einen eine hohe Gewaltbelastung in Deutschland[6]. 40% der Frauen in Deutschland haben in ihrem Leben mindestens einmal physische und/oder sexuelle Gewalt erlebt, 25% sind von körperlicher und/oder sexueller Gewalt durch einen Lebenspartner betroffen, rund 17% der Frauen in Deutschland haben schwere bis sehr schwere Misshandlungen durch ihren Partner erlebt, 13% werden Opfer sexueller Gewalt, 58% der Frauen wurden schon einmal sexuell belästigt[7].

Die Studie weist zum anderen aber auch nach, dass nur wenige Frauen die vor Ort vorhandenen Fachberatungsstellen und Frauenhäuser nutzen. Nur rund 20% der Frauen, die Gewalt erfahren haben, nutzen die bestehenden Beratungs- und Unterstützungseinrichtungen[8].

Fragt man nach den Gründen, warum keine Hilfe in Anspruch genommen wurde, dann zeigen sich typische Barrieren: Ein Hinderungsgrund der Hilfesuche besteht in der Unkenntnis der bestehenden Hilfeangebote: 37% aller Frauen der Deutschland kennen keine der vorhandenen Angebote[9] und auch von Gewalt Betroffenen selbst

---

[4]   Vgl. Rixen, Stephan: Bericht der Bundesregierung zur Situation der Frauenhäuser, Fachberatungsstellen und anderer Unterstützungsangebote für gewaltbetroffene Frauen und deren Kinder, Teil II, BT-Drs. 17/10500, S. 247 sowie Begründung zum Hilfetelefongesetz, BT-Drs. 17/7238, S. 7.

[5]   Schröttle, Monika/Müller, Ursula: Lebenssituation, Sicherheit und Gesundheit von Frauen in Deutschland, Hrsg. BMFSFJ, Berlin 2004, http://www.bmfsfj.de/BMFSFJ/Service/Publikationen/ publikationsliste,did=20560.html (5.8.2013).

[6]   Schröttle/Müller, a.a.O. (Fn. 5), Kurzfassung, S. 12 ff. (Einordnung der Ergebnisse aus Deutschland in einen europäischen Vergleich).

[7]   Schröttle/Müller, a.a.O. (Fn. 5), Kurzfassung, S. 10 f.

[8]   Nur 11% der Frauen, die körperliche oder sexuelle Gewalt erfahren haben, nutzen die bestehenden Beratungs- und Unterstützungseinrichtungen. Opfer von Gewalt in Paarbeziehungen, nutzen – je nach Schwere der Gewalttaten – zwischen 17% und 26% die bestehenden Angebote, Schröttle/Müller a.a.O. (Fn. 5), Langfassung, S. 170f.

[9]   Schröttle/Müller, a.a.O. (Fn. 5), Langfassung, S. 169.

fehlt zum Teil die Kenntnis, wo es Hilfe geben könnte (22%)[10]. Gründe für die Nicht-inanspruchnahme von Hilfe durch gewaltbetroffene Frauen sind aber auch Scham (25%), 32% meinen, dass sie keine Hilfe gebraucht hätten, 28% erscheint ihr Fall zu geringfügig[11].

Vergleichbare Ergebnisse zeigte auch eine neue Studie. *Cornelia Helfferich* und *Barbara Kavemann* haben gewaltbetroffene Frauen befragt, warum sie keine Beratung in Anspruch genommen haben[12]. 45% haben sich jemand im privaten Umfeld anvertraut, 28% war das Erlebte zu privat, zu peinlich, 34% sind bislang ohne Beratung ausgekommen, 22% hatten Angst vor den Folgen, 9% machten dies mit sich selbst ab. Im Unterschied zu 2004 gaben aber nur 6% der befragten von Gewalt betroffenen Frauen an, keine psychosozialen Unterstützungsangebote zu kennen. Das könnte ein Indiz dafür sein, dass verschiedene Aktivitäten der Öffentlichkeitsarbeit immer mehr Frauen erreichen, die Beratung und Hilfe brauchen.

Das Hilfetelefon will gerade für diese Gruppe, die aus Angst und Scham nicht zur Beratung und Unterstützung findet, den Weg zu professionellen Einrichtungen vor Ort ebnen. Ein anonymes telefonisches Gespräch ist hier besonders niedrigschwellig.

Insgesamt können diese Ergebnisse als Indiz dafür gewertet werden, dass sich Frauen erst nach längerer Gewalterfahrung als Opfer von Gewalt wahrnehmen. Frauen, die weniger schwere Gewalt oder weniger bedrohliche Formen von Gewalt erlebt haben, sehen keinen Anlaufpunkt im Unterstützungssystem.

Diese These stützen auch internationale Studien. So ergab beispielsweise eine kanadische Studie[13], dass am ehesten die Frauen, die schwere Formen von Gewalt erlebt hatten, (formelle und informelle) Hilfe suchten. Frauen, die um ihr Leben fürchteten, suchten signifikant eher Hilfe. Gleiches galt, wenn Frauen eine höhere Anzahl von Gewalterfahrungen berichteten und wenn sie physische Verletzungen als direkte Folge der Gewalt erlebt hatten.

Das Hilfetelefon will daher gerade auch die Frauen erreichen, die erst am Anfang einer gewaltbelasteten Beziehung stehen. Diejenigen, denen die erlebte Gewalt zu „harmlos" für eine Beratungsstelle erscheint, sollen motiviert werden, sich über ein Gespräch mit dem Hilfetelefon rückzuversichern. Die Beraterinnen können helfen, das Erlebte einzuordnen. Und sie können die Hemmschwelle für die Kontaktaufnahme zu einer Beratungsstelle vor Ort senken.

---

[10] Schröttle/Müller a.a.O. (Fn. 5), Langfassung, S. 172.

[11] Ebenda.

[12] Helfferich, Cornelia/Kavemann, Barbara: Bericht der Bundesregierung (Fn. 4), Teil I, S. 186 f. (Tabelle 16).

[13] Barrett, Betty Jo/St. Pierre, Melissa: Variations in Women's Help Seeking in Response to Intimate Partner Violence: Findings From a Canadian Population-Based Study, in: Violence against Women 17(1), 2011, S. 63 f.

Fragt man betroffene Frauen, was sie sich von einer Beratung wünschen, dann ist gerade der niedrigschwellige Zugang zu einer telefonischen Beratung eines der wesentlichsten Anliegen. In der qualitativen Ergänzungsstudie zur o.g. repräsentativen Studie zu Gewalt gegen Frauen in Deutschland wurde von den Frauen, die Gewalt erlebt hatten, zu einem telefonischen Angebot z.b. Folgendes formuliert[14]:

„Und wo einem dann auch klar gemacht wird, du darfst dir Hilfe suchen. [...] Es steht einem einfach zu, sich helfen zu lassen. Auch in diesen Situationen, wo man das nicht schafft."

„Für mich wäre das in der damaligen Situation genau das Richtige gewesen, diese Anonymität. Ich hätte sie gebraucht."

„Wegen so einer Lappalie ruf ich nicht die Polizei an. Und da wäre so eine Hotline, die [...] erst mal ein Gespräch anbietet und wo dann vielleicht [...] ein, zwei Tage später ein Gespräch folgen kann, wo die Frau dann für sich erst mal abklären kann, was sie denn eigentlich will und was nun los ist. Da ist ja oft dann einfach Verwirrung und bin ich vielleicht an allem schuld."

Das Angebot des Hilfetelefons verfolgt damit zwei primäre Ziele: Es will die Frauen erreichen, die Beratung benötigen, sie aber bislang nicht nutzen; und es will die Frauen früher erreichen, als dies bisher gelingt.

2. Gewaltformen

Die repräsentative Studie zu Gewalt gegen Frauen in Deutschland zeigt auch, dass viele Frauen nicht nur Opfer einer Gewaltform werden. Vielfach gibt es Mehrfachbelastungen und Überschneidungen[15]. Um den Frauen den Weg möglichst einfach zu machen, wurde – im Gegensatz zu Modellen in anderen europäischen Staaten[16] – daher ein Angebot entwickelt, das für alle Formen von Gewalt gegen Frauen „zuständig" ist. Unabhängig von der erlebten (oder drohenden) Gewalt, bietet das Hilfetelefon fachlich kompetente Ansprechpartnerinnen. Beratung wird insbesondere zu folgenden Themen angeboten:

---

[14] Glammeier, Sandra/Müller, Ursula/Schröttle, Monika: Unterstützungs- und Hilfebedarf aus der Sicht gewaltbetroffener Frauen, Teilstudie zur Studie Lebenssituation, Sicherheit und Gesundheit von Frauen in Deutschland (Fn. 5), 83 ff.

[15] Schröttle/Müller untersuchten für den Bereich „Gewalt in Paarbeziehungen" die Überschneidungen der Gewaltformen detailliert, a.a.O. (Fn. 5), Langfassung, S. 246 ff.

[16] So hat beispielsweise Spanien telefonische Beratungsangebote mit unterschiedlichen Nummern für die Bereiche Häusliche Gewalt, Prostitution und Ausbeutung sowie Sexuelle Gewalt; ein Aktionsplan der Französischen Regierung von 2012 sieht eine Vernetzung der bestehenden telefonischen Nummern vor, vgl. Une troisième génération des droits des femmes: vers une société de l'égalité réelle, S. 20 f., http://femmes.gouv.fr/wp-content/uploads/2012/11/CI-DDF-RELEVE-V7.pdf (5.8.2013).

- Häusliche Gewalt (psychische, physische und sexualisierte Gewalt innerhalb von Beziehungen)
- Psychische, physische und sexualisierte Gewalt außerhalb von Beziehungen
- Stalking
- Zwangsverheiratung
- Gewalt im Namen der „Ehre"
- Frauenhandel
- Gewalt im Rahmen von Prostitution
- Genitalverstümmelung
- Sexuelle Belästigung am Arbeitsplatz
- Sexuelle Belästigung im öffentlichen Raum
- Spezielle Gewaltkontexte wie bei Migrantinnen, Frauen mit Beeinträchtigung oder Behinderung und älteren Frauen, z.b. in Pflegesituationen.

3. Adressatenkreis

Die Studien dokumentieren zudem, dass viele Frauen, die Gewalt erlebt haben, sich (zunächst) an ihr soziales Umfeld wenden. Freundinnen und Freunde, Familienangehörige, manchmal auch Nachbarn oder Arbeitskollegen sind Adressaten der Hilfesuche der Frauen. So zeigte die repräsentative Studie für Deutschland, dass ein großer Teil der gewaltbetroffenen Frauen mit niemandem über die erlittenen Gewaltereignisse gesprochen hat. Wenn Personen angesprochen werden, sind erste und zentralste Ansprechpersonen jene aus dem engsten sozialen Nahraum (Freundinnen und Freunde, Familienangehörige). Professionelle Hilfsinstanzen folgen erst mit einigem Abstand[17]. Auch eine Studie aus Kanada unterstützt diese Ergebnisse: Dort hatten 66,5% Familienmitglieder, 67,5% Freunde oder Nachbarn und 27,8% Arbeitskollegen ins Vertrauen gezogen. Mehr als 80% der Frauen nutzen mindestens eine Form der informellen Unterstützung. Eine detailliertere Analyse deutet des Weiteren darauf hin, dass diese informelle Unterstützung ganz besonders wichtig für marginalisierte Bevölkerungsgruppen ist, die weniger auf formelle Ressourcen zurückgreifen (können)[18].

So gut es für die betroffenen Frauen ist, über das Erlebte zu sprechen, so schwierig können diese Gespräche für Angehörige oder den Freundeskreis sein. Sie sind nicht professionell ausgebildet und ihnen fehlt vielfach die Kenntnis, wie Opfer von Gewalt gut unterstützt und begleitet werden können. Ein möglicherweise ambivalentes Verhalten der Opfer[19], kann es für nicht geschulte Personen schwer machen, längerfristige Begleitung auszuhalten. Aus diesem Grund ist gerade auch das soziale Umfeld eine

---

[17]   Schröttle/Müller, a.a.O. (Fn. 5), Langfassung, S. 162 ff.

[18]   Barrett/St. Pierre, a.a.O. (Fn. 13), S. 63.

[19]   Siehe dazu nur die anschauliche Darstellung bei Buskotte, Andrea: Gewalt in der Partnerschaft, 2007, S. 89 ff.

Zielgruppe des Hilfetelefons. Wer Rat und Unterstützung bei der Begleitung eines Familienmitgliedes, einer Nachbarin oder Freundin braucht, kann sich an das Hilfetelefon wenden, genauso wie eine Arbeitskollegin, die sich unsicher ist, ob sie ihre Kollegin ansprechen sollte – und wenn ja, wie.

Und auch – haupt- wie ehrenamtliche – Fachkräfte können das Hilfetelefon nutzen. Nicht jede Fachkraft kennt sich mit allen Facetten des Themas Gewalt gegen Frauen aus; so können z.B. Fachkräfte in Kitas oder allgemeinen Familienberatungsstellen oder Lehrkräfte fachkundige Hinweise und Tipps erhalten.

4. Empowerment der Frauen

Das Ziel des Hilfetelefons bei der Beratung der Frauen ist ihre Stärkung, ihre Selbstermächtigung, ihr Empowerment.

Studien, die die Arbeit anderer telefonischer Kriseninterventionseinrichtungen untersucht haben, zeigen, dass es durchaus gelingen kann, im Rahmen eines Telefongespräches Anrufende zu eigenen Schritten zu ermutigen. So wurden Anrufende bei einer US-amerikanischen Krisen-Hotline in einem Follow-up-Interview befragt, ob sie die im Telefonat angesprochenen nächsten Schritte tatsächlich umgesetzt hatten. Knapp 40% der Anrufenden hatte zum Zeitpunkt des Follow-up-Gesprächs schon einen externen Beratungstermin vereinbart oder wahrgenommen, 43% hatten die besprochenen Handlungspläne vollständig umgesetzt, 12% hatten diese zum Teil verwirklicht und 20% waren noch bei der Umsetzung[20]. Auch wenn die Rahmenbedingungen der untersuchten Hotline sicher nicht eins zu eins auf Deutschland und das Hilfetelefon übertragen werden können, sind diese Ergebnisse ein deutlicher Hinweis, dass eine telefonische Beratung in einer Krisensituation Ausgangspunkt für eine Selbststärkung der Anrufenden sein kann.

Das Beratungsangebot des Hilfetelefons umfasst daher:

* Erstberatung

Je nach Situation der anrufenden Person bietet das Hilfetelefon psychosoziale Beratung oder Unterstützung in akuten Gewaltsituationen und in entsprechenden Krisen. Bei Vorliegen einer akuten Gewaltsituation werden neben psychosozialer Beratung konkrete Informationen und Hilfen zur Verbesserung des Schutzes bzw. zur Beendigung der Gefahrensituation angeboten. Befindet sich die anrufende Person in einer akuten Gefährdungssituation, leitet das Hilfetelefon den Anruf an Notdienste wie insbesondere die Polizei weiter oder benachrichtigt diese selbst. Die Erstberatung schließt auch erste Informationen zu rechtlichen Fragen ein.

---

[20] Kalafat, John/Gould, Madelyn S./Harris Munfakh, Jimmie Lou/Kleinman, Marjorie: An Evaluation of Crisis Hotline Outcomes, Part I: Nonsuicidal Crisis Callers, in: Suicide and Life-Threatening Behavior 37(3), 2007, S. 322, 332; die Prozentangaben beziehen sich auf diejenigen, die sich noch an das Besprochene erinnern konnten.

- Informationen

Aber auch diejenigen, die (ausschließlich) fachliche Informationen wünschen, können das Hilfetelefon als Informationsquelle nutzen.

- Informationen über die Einrichtungen vor Ort und ggf. Weitervermittlung

Das Hilfetelefon bietet der anrufenden Person Informationen über geeignete Hilfen und Unterstützungsangebote in Wohnortnähe an (Lotsenfunktion). Auf Wunsch der anrufenden Person kann das Gespräch an eine Unterstützungseinrichtung in Wohnortnähe und/oder können ihre Kontaktdaten an eine örtliche Unterstützungseinrichtung weitergegeben werden, damit von dort aus Kontakt aufgenommen werden kann.

Das Hilfetelefon kann und will allerdings keine langfristige Begleitung und Unterstützung im Einzelfall anbieten. Eine qualifizierte langfristige Begleitung kann nicht über eine zentrale telefonische Beratung gewährleistet werden. Hier sind stattdessen die qualifizierten und professionellen Fachberatungsstellen vor Ort gefragt.

Das Beratungskonzept des Hilfetelefons sieht eine ressourcenorientierte Unterstützung vor, bei der die Beraterinnen des Hilfetelefons – alles weibliche Fachkräfte – von den Bedarfen und Wünschen der Anrufenden ausgehen. Die Beraterinnen nehmen sich Zeit, hören zu, nehmen die Anliegen und die Fragen ernst und ermitteln in jedem Einzelfall gemeinsam mit den Anrufenden, was das konkrete Anliegen ist, welcher Bedarf an Unterstützung oder Information besteht und was die nächsten Schritte sein könnten.

In diesem Zusammenhang ist das Ergebnis einer qualitativen Studie aus den USA von Interesse, bei der von Gewalt betroffene Frauen befragt wurden, was ihnen bei einer Beratung und Unterstützung besonders wichtig ist. Sie gaben an, dass die Art des Umgangs mit ihnen genauso wichtig ist, wie die Vermittlung von konkreten Angeboten und Ressourcen – wenn nicht sogar noch bedeutsamer. Die Autorinnen folgern, dass es kein „one-size-fits-all"-Modell für gewaltbetroffenen Frauen gibt und dass das *Wie* der Unterstützung genauso wichtig ist, wie das was angeboten wird[21].

Das Beratungskonzept des Hilfetelefons greift diese Ergebnisse auf. Die Beraterinnen nehmen den Anrufenden gegenüber eine akzeptierende, wertschätzende, respektierende und empathische Grundhaltung ein. Die Anliegen und Themen der Anrufenden bestimmen den Beratungsinhalt. Freiwilligkeit, Ergebnisoffenheit und Ressourcenorientierung sind wesentliche Beratungsgrundsätze. Gewalt ist nicht gleich und macht nicht gleich. Darum bietet das Hilfetelefon keine Patentlösungen, keine vorgefertigten Standardantworten und keine festgeschriebenen Wege. Ausgehend von der persönlichen Lebenssituation der Betroffenen und ihren individuellen Bedürfnissen unterstützen, bestärken und ermutigen die Beraterinnen, die nächsten Schritte zu gehen.

---

[21] Kulkarni, Shanti J./Bell, Holly/McDaniel Rhodes, Diane: Back to Basics: Essential Qualities of Services for Survivors of Intimate Partner Violence, in: Violence against Women (18)1, 2012, S. 85, 99.

5. Mehrsprachigkeit

Die schon oben genannte repräsentative Studie zu Gewalt gegen Frauen in Deutschland beinhaltet auch eine vertiefte Untersuchung, ob und wenn ja, inwieweit Frauen mit Migrationshintergrund besonders von Gewalt betroffenen sind. Die zusätzliche Befragung von Frauen türkischer und osteuropäischer Abstammung ergab für diese Gruppe durchweg höhere Gewaltbelastungen als für einheimisch deutsche Frauen. Frauen mit türkischer Abstammung waren vor allem stärker von Partnergewalt belastet, Frauen osteuropäischer Herkunft wurden deutlich häufiger Opfer sexueller Gewalt (vor allem in der Gruppe der unter 35Jährigen)[22].

Opfer von Menschenhandel zur sexuellen Ausbeutung sind ebenfalls vielfach Frauen aus anderen Staaten. Im Jahr 2011 waren – neben den Opfern aus Deutschland – v.a. Frauen aus Rumänien (25,8%) und Bulgarien (15,3%) betroffen[23]. Auch Opfer von (drohender) Zwangsverheiratung oder (drohender) Genitalverstümmelung haben vielfach (aber nicht immer!) einen Migrationshintergrund. Eine Studie zu den Klientinnen von Fachberatungsstellen für die Opfer von Zwangsverheiratung ergab, dass fast alle Beratenen einen Migrationshintergrund hatten; die meisten waren in Deutschland geboren (32%), gefolgt von der Türkei (23%), Serbien/Kosovo/Montenegro (8%) und dem Irak (6%)[24].

Um diese Zielgruppen erreichen zu können, ist die Mehrsprachigkeit des Angebots entscheidend. Das Hilfetelefon nutzt daher einen Pool von Dolmetscherinnen, die rund um die Uhr bei Telefonaten hinzugezogen werden können. Zurzeit werden 15 verschiedene Sprachen (von Englisch und Französisch über Russisch und Türkisch bis zu Vietnamesisch) angeboten. Der Bedarf wird vom Hilfetelefon sorgfältig beobachtet. Eine Anpassung bei Veränderungen in der Nachfrage ist damit möglich.

Zudem sind die wichtigsten Informationen auf der Webseite des Hilfetelefons unter www.hilfetelefon.de mehrsprachig in Englisch, Französisch, Spanisch, Russisch und Türkisch aufgenommen. Auch der Informationsflyer für das Hilfetelefon ist in Deutsch, Englisch, Französisch, Türkisch, Russisch und Polnisch aufgelegt.

6. Barrierefreiheit

Im Jahr 2012 wurde eine im Auftrag des Bundesministeriums für Familie, Senioren, Frauen und Jugend (BMFSFJ) erstellte neue Studie vorgelegt, die die Gewalt im Le-

[22] Schröttle, Monika/Khelaifat, Nadia: Gesundheit – Gewalt – Migration: Eine vergleichende Sekundäranalyse zur gesundheitlichen und Gewaltsituation von Frauen mit und ohne Migrationshintergrund in Deutschland, Hrsg. BMFSFJ, Berlin 2008, http://www.bmfsfj.de/BMFSFJ/Service/Publikationen/publikationsliste,did=108722.html (5.8.2013), Übersicht zur Gewaltbelastung in Tabelle 1, S. 14.

[23] Bundeslagebild Menschenhandel 2011, Bundeskriminalamt, Wiesbaden 2012, S. 9 f.; die Daten des Lagebildes enthalten allerdings nur die Angaben aus dem Hellfeld.

[24] Mirbach, Thomas/Schaak, Torsten /Triebl, Katrin: Zwangsverheiratung in Deutschland – Anzahl und Analyse von Beratungsfällen, Kurzfassung, Berlin 2011, S. 28 ff., http://www.bmfsfj.de/BMFSFJ/Service/Publikationen/publikationsliste,did=175410.html (5.8.2013).

ben von Frauen mit Behinderung untersucht[25]. Es zeigte sich eine erhöhte Gewaltbelastung von Frauen mit Behinderung und/oder Einschränkungen. Zwar schwanken die Belastungen zwischen den verschiedenen Formen von Behinderung und Einschränkung; die erlebte Gewalt liegt dabei aber deutlich über den Gewalterfahrungen von Frauen im Bevölkerungsdurchschnitt.

So haben z.b. 58% bis 75% der Frauen mit Behinderungen und Beeinträchtigungen körperliche Gewalt erlebt, das sind fast doppelt so viele Frauen wie im Bevölkerungsdurchschnitt (35 %). Erzwungene sexuelle Handlungen im Erwachsenenleben haben je nach Untersuchungsgruppe 21% bis 43% der Frauen mit Behinderungen/Beeinträchtigungen angegeben. Sie waren damit etwa zwei- bis dreimal häufiger von sexueller Gewalt betroffen als Frauen im Bevölkerungsdurchschnitt (13%). Gehörlose und psychisch erkrankte Frauen waren jeweils die am stärksten belastetet Gruppe[26].

Um für Frauen mit Behinderungen und Beeinträchtigungen erreichbar zu sein, wurde das Hilfetelefon barrierefrei konzipiert:

- Um Frauen mit Hörschädigungen oder Höreinschränkungen den Zugang zur telefonischen Beratung zu ermöglichen, besteht (täglich, von 8:00 Uhr bis 23:00 Uhr) die Möglichkeit der Gebärdendolmetschung. Über einen Relay-Dienst können Beraterin und Gehörlose miteinander kommunizieren. Ein Gebärdenvideo auf der Website erklärt darüber hinaus das Angebot des Hilfetelefons.

- Um Frauen mit Sehbeeinträchtigungen die Nutzung der Webseite zu ermöglichen, erfüllt sie den erforderlichen technischen Standard für einen barrierefreien Zugang.

- Um Frauen mit Lernschwierigkeiten eine gute Beratung zu ermöglichen, werden die Beraterinnen in „leichter Sprache" fortgebildet. Der Flyer zum Hilfetelefon ist auch in leichter Sprache erhältlich.

7. Sicherheit, Schutz, Anonymität

Ein wichtiger Aspekt der Niedrigschwelligkeit des Angebotes ist die Anonymität[27]. Keine Anrufende muss daher ihren Namen nennen. Den Beraterinnen wird auch nicht die Telefonnummer der anrufenden Person angezeigt; eine Lokalisierung des Anrufs ist den Beraterinnen damit nicht möglich.

Für manche der von Gewalt betroffenen Frauen ist jedoch das Aussprechen des Erlebten immer noch eine zu hohe Hürde, um Hilfe zu suchen. Aufgrund der guten

---

[25] Hornberg, Claudia/Schröttle, Monika: Lebenssituation und Belastungen von Frauen mit Beeinträchtigungen und Behinderungen in Deutschland, Berlin 2012 http://www.bmfsfj.de/BMFSFJ/Service/Publikationen/publikationen,did=186150.html (5.8.2013).

[26] Dies., a.a.O. (Fn. 25), S. 23 f.

[27] Vgl. Glammeier/Müller/Schröttle, a.a.O. (Fn. 14).

Erfahrungen in der Beratungspraxis mit Online-Beratungsangeboten[28] wurde für das Hilfetelefon ein Zugang zu geschützter schriftlicher Beratung ermöglicht. Es gibt die Möglichkeit der Kommunikation per E-Mail und einen Online-Einzelberatungschat. Beide Wege sind über die Website des Hilfetelefons unter www.hilfetelefon.de zu erreichen. Wichtig ist, dass es keine direkte Antwort auf das E-Mail-Konto der Anfragenden gibt. Aus Sicherheitsgründen verbleibt die E-Mail in einem geschützten Bereich und kann dann abgerufen werden, wenn es für die Anfragende sicher ist. Für den Online-Chat stehen Termine zur Verfügung, für die man sich einfach einbuchen kann. Die freien Termine sind auf der Website einzusehen und stehen zeitnah und kurzfristig zur Verfügung.

Diese Angebote (inkl. Online-Chat) können auch über eine mobile Version der Website erreicht werden, sodass auch per Smartphone ein einfacher Zugang ermöglicht wird und kein PC erforderlich ist.

8. Weitervermittlung & Datenbank

Das Hilfetelefon kann und will nur eine Erstberatung ermöglichen. Bei einigen Anrufenden kann aber ein Bedarf und Wunsch nach weiterer Beratung bestehen. Dann ist es eine wichtige Aufgabe des Hilfetelefons, die Frauen zu den Einrichtungen vor Ort zu lotsen. Die Beratungslandschaft in Deutschland für Frauen, die von Gewalt betroffen sind, ist vielfältig und ausdifferenziert[29]. So gut es für die Qualität der angebotenen Beratung ist, dass sich Fachberatungsstellen spezialisiert haben, so unübersichtlich kann es für Frauen sein, das für sie passende Angebot vor Ort zu identifizieren.

Hier kann das Hilfetelefon die Rat und Schutz suchenden Frauen unterstützen. Das Hilfetelefon baut eine interne Datenbank auf, in der Fachberatungsstellen, Frauenhäuser und weitere Unterstützungsangebote enthalten sind. Erfasst werden nicht nur Kontaktdaten und Angebot, sondern möglichst detailliert Spezifika der Einrichtungen, damit die Beraterinnen die Anrufenden zielgenau weitervermitteln können. Die Fachberatungsstellen und Frauenhäuser haben sich über ihre Vernetzungsstellen aktiv am Aufbau der Datenbank beteiligt. Aber so ein Projekt wird niemals abgeschlossen sein; so kommen beispielsweise neue Einrichtungen hinzu oder andere verändern ihr Profil. Alle können daher mit dazu beitragen, dass die Weitervermittlung funktioniert, indem aktuelle Daten zur Verfügung gestellt werden.

---

[28] Vgl. dazu nur die Analyse von Strobl, Rainer/Lobermeier, Olaf: Interkulturelle Onlineberatung bei Zwangsverheiratung und familiärer Gewalt, Hrsg.: BMFSFJ, Berlin 2010, http://www.bmfsfj.de/BMFS-FJ/Service/Publikationen/publikationen,did=164098.html (5.8.2013), zusammenfassend S. 102 ff; interessanterweise zeigten auch Schülerinnen und Schüler der heutigen Generation durchaus Vorbehalte bei der Nutzung von Beratung via E-Mail und Chat (ebd.).

[29] Vgl. zum Stand der Dinge Helfferich/Kavemann, a.a.O. (Fn. 4), BT-Drs. 17/10500; zur Übersicht siehe Abbildung 5, S. 45.

Im Fall einer akuten Notlage des Opfers, die ein Einschreiten der Polizei erfordert, hat das Hilfetelefon über die Innenministerien der Länder die telefonische Erreichbarkeit der polizeilichen Einsatzleitstellen oder Einsatzzentralen übermittelt bekommen. Auch diese sind in die Datenbank aufgenommen worden. Wenn eine Anrufende in einer Gefahrensituation ihren Standort angibt, kann die Beraterin die Polizei zu ihrer Hilfe rufen.

IV. Erste Erfahrungen

1. Personalaufbau

Nachdem das Hilfetelefongesetz im März 2012 in Kraft getreten ist, bestand die erste große Herausforderung in der Auswahl und Einstellung des Personals. Der Aufbau im Bundesamt für Familie und zivilgesellschaftliche Aufgaben sieht folgende Struktur vor:

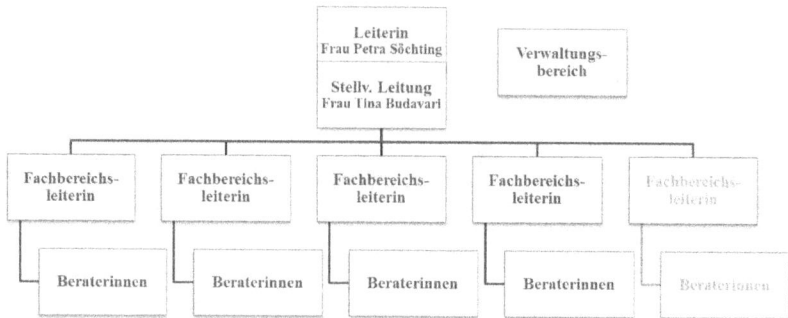

```
              ┌─────────────────┐
              │     Leiterin    │
              │ Frau Petra Söchting │   ┌──────────────┐
              │                 │   │ Verwaltungs- │
              │  Stellv. Leitung │   │   bereich    │
              │ Frau Tina Budavari │   └──────────────┘
              └─────────────────┘

 ┌──────────┐ ┌──────────┐ ┌──────────┐ ┌──────────┐ ┌──────────┐
 │Fachbereichs-│ │Fachbereichs-│ │Fachbereichs-│ │Fachbereichs-│ │Fachbereichs-│
 │  leiterin │ │  leiterin │ │  leiterin │ │  leiterin │ │  leiterin │
 └──────────┘ └──────────┘ └──────────┘ └──────────┘ └──────────┘

 ┌──────────┐ ┌──────────┐ ┌──────────┐ ┌──────────┐ ┌──────────┐
 │Beraterinnen│ │Beraterinnen│ │Beraterinnen│ │Beraterinnen│ │Beraterinnen│
 └──────────┘ └──────────┘ └──────────┘ └──────────┘ └──────────┘
```

Abb. 1: Organigramm des bundesweiten Hilfetelefons Gewalt gegen Frauen, Stand Juli 2013.   2. Ausbaustufe

Die Fachbereichsleiterinnen übernehmen eine doppelte Funktion: Sie sind Teamleiterinnen für eine Gruppe von Beraterinnen, führen Fall- und Fachberatungen durch und fungieren als Ansprechpartnerin in schwierigen Situationen. Zugleich haben sie jeweils eine spezifische fachliche Zuständigkeit und stellen sicher, dass die Beraterinnen auf aktuelle Erkenntnisse und Entwicklungen zu den Themenbereichen zurückgreifen können.

Die Beraterinnen – zurzeit etwa 70 Personen, was ca. 60 Vollzeitäquivalenten entspricht – haben ein grundständiges Studium der Sozialen Arbeit, Sozialpädagogik, Psychologie oder ähnliches abgeschlossen; sie haben Erfahrung und/oder Zusatzqualifikationen in der psychosozialen Beratung und Erfahrungen in den Themengebieten. Die Beraterinnen arbeiten im Schichtdienst und jede Beraterin berät zu allen Themen.

Alle Beratungskräfte wurden vor der Aufnahme der Beratungstätigkeit umfassend geschult. Die Schulungsmodule umfassten dabei sowohl Fach- wie auch Querschnittsthemen, z.B. Gesprächsführung, Telefonberatung oder Krisenintervention. Auch im laufenden Betrieb finden kontinuierlich und bedarfsgerecht Fortbildungen statt. Um das professionelle Handeln der Beraterinnen zu unterstützen und die Qualität des

Hilfetelefons sicherzustellen, nehmen sie regelmäßig an Supervisionen und Dienst-gruppen-Besprechungen teil. Für kollegiale Beratung liegen Handlungsleitfäden vor, sodass z.b. nach schwierigen Telefonaten Entlastung und Unterstützung möglich ist.

Damit hat das Team des Hilfetelefons gut vorbereitet die Arbeit begonnen. Mit jedem neuen Telefonat, jeder weiteren Beratung, jeder E-Mail-Anfrage entwickeln sich das Beratungskonzept und Hintergrundwissen weiter.

2. Erste Beratungserfahrungen

Schon sofort nach dem Start wurde das Hilfetelefon sehr gut angenommen. In den ersten 5 Monaten (Stichtag 31.7.2013) haben 33.741 Menschen Kontakt zum Hilfe-telefon aufgenommen. Im Folgenden sollen erste Erfahrungen dokumentiert werden. Diese basieren noch nicht auf statistischen Auswertungen, die erst mit dem ersten Jahresbericht im Frühjahr 2014 vorgelegt werden können.

- Das Hilfetelefon erreicht alle Zielgruppen

Es zeigt sich, dass Betroffene, das soziale Umfeld und Fachkräfte das Hilfetelefon nutzen. Der Schwerpunkt liegt – wie zu erwarten – bei den Betroffenen. Doch auch Menschen aus dem näheren Umfeld der von Gewalt betroffenen Frauen – also Freun-dinnen, Freunde oder Familienangehörige – nutzen das Hilfetelefon als Ressource. Und auch Fachkräfte wenden sich mit ihren Fragen an das Hilfetelefon

- Alle Zugangswege werden genutzt

Erwartungsgemäß erfolgt die überwiegende Mehrheit der Kontaktaufnahmen als tele-fonische Anfragen. Aber auch E-Mail und Chat werden genutzt. Sprach- und Gebär-dendolmetschung werden nachgefragt und genutzt.

- Alle Beratungsformen werden nachgefragt

Das Konzept sieht – wie oben erläutert – vor, dass Anrufenden Erstberatung, Krisen-intervention, Information und Weitervermittlung angeboten werden. Alle diese For-men werden auch nachgefragt. Auch die Weitervermittlung zu den Fachberatungsstel-len und Frauenhäusern vor Ort wird genutzt. Das Hilfetelefon kann damit – nach den ersten Eindrücken – seine Lotsenfunktion ausfüllen und das bestehende Unterstüt-zungssystem vor Ort sinnvoll ergänzen. Viele Unterstützungseinrichtungen, die nicht rund um die Uhr erreichbar sind, machen inzwischen von der Möglichkeit Gebrauch, außerhalb ihrer Öffnungszeiten auf Anrufbeantworter und/oder eigener Website auf das Hilfetelefon als Anlaufstelle zu verweisen.

- Alle Gewaltformen sind Thema

Schwerpunktmäßig wird vor allem Gewalt in Partnerschaften sowie sexualisierte Ge-walt von den Anrufenden thematisiert. Aber auch alle anderen Gewaltformen sind schon Beratungsinhalt gewesen.

Einzelne Rückmeldungen der Anruferinnen zeigen, dass sie das Angebot des Hilfetelefons als hilfreich, unterstützend und entlastend erleben. Entsprechend der Erfahrungen anderer europäischer telefonischer Beratungsangebote kann das Hilfetelefon also
einen ersten Schritt aus der Gewalt darstellen.

V. Ausblick

Die ersten Eindrücke sind noch nicht systematisch erfasst. Dennoch zeigt sich schon
jetzt, dass das Hilfetelefon die Erwartungen und Anforderungen, die das Hilfetelefongesetz formuliert hat, durchaus erfüllen kann.

Das Hilfetelefon Gewalt gegen Frauen wird, kann und will dabei niemals ein sta-
tisches Konstrukt sein. Es wird neue Entwicklungen bei der Intervention und Prävention von Gewalt geben, die genauso zu berücksichtigen sind, wie neue gesetzliche Rahmenbedingungen oder Veränderungen in der Unterstützungslandschaft. In
vielen Bereichen kann aufgrund der ersten Erfahrungen das Beratungskonzept weiter entwickelt und ausdifferenziert werden. Die jährlichen Sachberichte werden es
ermöglichen, diese Prozesse nachzuvollziehen. Eine vertiefte Evaluation ist dann
vorgesehen, wenn das Hilfetelefon einen „eingeschwungenen" Zustand erreicht hat.
Eine fachliche Begleitung erfolgt zudem über den Beirat für das Hilfetelefon, in dem
Wissenschaftlerinnen und Wissenschaftler, leitende Mitarbeiterinnen aus Kommunen
und den Bundesländern sowie Expertinnen aus dem Unterstützungssystem zusam-
menkommen. Sie stellen auch sicher, dass die Auswirkungen, die das Hilfetelefon auf
die Unterstützungseinrichtungen vor Ort haben wird, erfasst und bei der Weiterentwicklung des Hilfetelefons berücksichtigt werden können.

Das Hilfetelefon ist ein wichtiger Beitrag zur opferorientierten Prävention. Es kann
Frauen, die Opfer von Gewalttaten geworden sind, unterstützen, die Schäden mindern
helfen, dazu beitragen, dass ein Gewaltkreislauf früher unterbrochen wird. Es bietet
Wege zur sozialen Unterstützung, es bietet fachliche Informationen und Beratung.

Aber das Hilfetelefon Gewalt gegen Frauen ist auch darauf angewiesen, dass sich die
Kenntnis über die Nummer und das Angebot immer weiter verbreitet. Hieran kann
Jede und Jeder mitwirken. Plakate, Flyer und Abreißzettel können über die Seite
www.hilfetelefon.de heruntergeladen oder (kostenfrei) bestellt werden. Online-Ban-
ner und Logo können mit der eigenen Web-Präsenz verbunden werden.

Ziel ist es, dass möglichst viele Frauen – genau dann, wenn sie es brauchen – das
Angebot des Hilfetelefons nutzen und die **08000 – 116 016** wählen.

Susanne Wegener-Tieben

Das Opfertelefon des WEISSEN RING

Das vom WEISSEN RING organisierte Opfertelefon stellt eine niederschwellige und unbürokratische Hilfe dar, welches erstmalig am 01. August 2009 angeboten wurde. Es hat sich aus dem Opfernotruf und dem Infotelefon des WEISSEN RING entwickelt. Im Gegensatz zu seinen Vorläufern sind die Mitarbeiter/innen des Opfertelefons in der Zeit von 7:00 – 22:00 Uhr erreichbar und übernehmen nicht nur vermittelnde und informierende Aufgaben sondern hören intensiv zu und beraten ausführlich und individuell.

Das Opfertelefon hat die Funktion, Hilfesuchenden die Möglichkeit der unverbindlichen, kostenfreien und anonymen Kontaktaufnahme zum WEISSEN RING zu ermöglichen. Anrufer/innen können niederschwellig über ihre Situation sprechen, ihre Sorgen und Ängste mitteilen und Hilfe erhalten. Das Angebot wird dadurch gewährleistet, dass die Opferberater/innen zunächst „einfach" zuhören und den Gesprächsinhalt erfassen um dann ggf. erste individuelle und ressourcenorientierte Lösungsansätze mit den Anrufer/innen zu entwickeln und bei Bedarf auch an vereinsinterne oder externe Netzwerke zu vermitteln.

Durch die gegebene Anonymität und die Entlastung der Opfer durch das Zuhören der Berater/innen kann relativ unaufdringlich die Bereitschaft, Hilfe anzunehmen, gestärkt werden. Hierdurch wird die Akzeptanz von Opfern gestärkt, sich weiter in Hilfesystemen zu bewegen, bzw. weitere Kontakte aufzunehmen.

Das Opfertelefon dient neben dieser Aufgabe zudem als „Visitenkarte" des WEISSEN RING, um sich über Möglichkeiten, Angebote und Unterstützungsanfragen umfassend und unverbindlich zu informieren.

Insgesamt ist festzuhalten, dass mehr als 15.000 Gespräche im Jahr stattfinden, verteilt auf ca. 350 Gespräche pro Woche bzw. auf 25 bis 80 Gespräche am Tag. Die Tendenz ist steigend.

Von diesen angenommenen Gesprächen entfallen 85 % auf Anrufe von Opfern oder deren Vertreter/innen (Freunde, Familie, Institutionen). Diese Anrufe finden in der Regel nicht unmittelbar nach der Tat statt. Meist liegen einige Tage bis Wochen dazwischen, bevor der Mut aufgebracht wird, sich an den WEISSEN RING zu wenden. Ca. 7 - 8 % der Anrufer sind Menschen, die aufgrund von organisatorischen Fragen bzw. aufgrund von Anliegen außerhalb der Satzung anrufen. Letztere rufen an, weil ihnen keine andere Institution mehr weiterhilft oder sie sich als Opfer fühlen, aber kein Opfer einer Straftat geworden sind. (z.B. Ärztefehler). Die Opferberater/innen versuchen auch hier, an entsprechende Angebote (im Beispiel Ärztefehler z.B. Kassenärztliche Vereinigung / Krankenkasse) zu vermitteln. Bei nur ca. 7 – 8 % der Anruferinnen handelt es sich um Menschen mit psychischen Problemen oder Erkrankungen.

Die vorgenannten Zahlen zeigen deutlich, wie wichtig und notwendig diese Form der Hilfeleistung ist, unabhängig davon, welche Institution hier ausführende Kraft ist.

Berater/innen und deren Hilfsangebote am Opfertelefon

Das Opfertelefon verfolgt dabei keinerlei kommerzielle Absichten. Die derzeit 61 aktiven Berater/innen sind ausschließlich ehrenamtlich tätig. Sie arbeiten in Schichten, welche meist mehrfach besetzt sind. Speziell zu stark frequentierten Zeiten (z.B. Montag) ist dies erforderlich, um den Anfragen gerecht werden zu können.

Der Zeitaufwand für die Mitarbeiter/innen beträgt ca. 3 Stunden Dienst als Berater/in am Telefon sowie monatliche Treffen im Wechsel mit Supervisionseinheiten und Fortbildungsangeboten zu rechtlichen Grundlagen, Hintergründen von Straftaten sowie Gesprächsführung.

Oftmals werden - neben der Vermittlung an Institutionen wie Polizei, Beratungsstelle, Hilfetelefon, etc. - die Anrufer/innen an sogenannte Außenstellen des WEISSEN RING vermittelt. Diese stehen in keiner Konkurrenz zum Opfertelefon. Vielmehr ergänzen und unterstützen sich beide Hilfsangebote. Im Folgenden wird tabellarisch kurz der Unterschied der beiden Maßnahmen dargestellt

Opfertelefon	Außenstelle
unmittelbare Kontaktaufnahme	verzögerte Kontaktaufnahme
einmaliger Kontakt	kontinuierlicher Kontakt
Fokus: Auffangen und erste Hilfen	Fokus: persönliche Betreuung und Hilfe zur Selbsthilfe
Mittel: Wissen, Tipps, Adressen	Mittel: Wissen, Tipps, Netzwerke und Geld
Niederschwelligkeit durch Anonymität	
Bundesweite Orientierung	Regionale Vernetzung
Opferberater	Opferhelfer

Wie schon zuvor benannt, wird die Opferberatung am Opfertelefon bestimmt durch Zuhören, Problemerkennung sowie zur Entwicklung von Lösungsansätzen

Zuhören bedeutet in diesem Zusammenhang, dass der oder die Anrufer/in mit dem konkreten Anliegen ernst genommen wird. Oftmals sind die Personen, die sich melden, sehr unsicher oder aufgeregt. Hier geht es in erster Linie um Beruhigung, um im Anschluss daran, mögliche Handlungsalternativen gemeinsam mit dem oder der Anruferin zu erarbeiten. Zudem erfordert diese Arbeit am Telefon eine grundsätzliche Akzeptanz gegenüber des / der Hilfesuchenden. Sicherlich ist dieser Anspruch gelegentlich schwer zu erfüllen, doch grundsätzlich sollte der / die Gesprächspartner/

in mit ihren / seinen Sorgen in eine vertrauensvolle Situation aufgenommen werden. Im weiteren Verlauf eines Gesprächs geht es um die konkrete Problemerkennung. Dies geschieht durch konkrete Fragen und die Ermutigung zum Weiterreden, welches durch das Signal der Verbindlichkeit und der Bereitschaft, Hilfe zu leisten, gefördert wird. Das Erfassen des konkreten Problems ist zudem erforderlich, um erste Lösungsansätze zu entwickeln. Lösungsansätze können z.B. das Anbieten von Hilfsmöglichkeiten, das Fördern von Offenheit zur Nutzung weiterer Hilfsangebote sowie die Aktivierung vorhandener eigener Ressourcen sein. Eine Standardlösung gibt es an dieser Stelle nicht, da jeder Fall unterschiedlich ist und individuelle Lebensumstände mit sich bringt. Daher ist eine hohe Flexibilität entscheidend. Neben der Stabilisierung der Anrufer/innen sowie der Erarbeitungen erster Lösungsansätze gibt es noch die Möglichkeit, an vereinsinterne oder externe Netzwerke weiter zu vermitteln. Das beinhaltet die Herausgabe von Kontaktdaten (Bestand, Wissen, Internetrecherche) aber auch wieder die Ermutigung zur Annahme möglicher Hilfeleistungen. Gerade die Netzwerke im Lebensraum können immens wichtig für das Opfer sein, da hier über Beratungsstellen, Außenstellen des WEISSEN RING, Ämter, etc. psychosoziale Stützung stattfinden kann, die am Telefon nicht leistbar ist.

Präventionsbereiche am Opfertelefon

Der Präventionsbereich wird unterschieden in

1. Primäre Prävention, die schon vor dem Auftreten von Gewalt beginnt. Ziel ist es hier, vorab Voraussetzungen zu schaffen, die Gewalt verringern oder vermeiden.

2. Bei der sekundären Prävention handelt es sich um Maßnahmen und Interventionen bei schon aufgetretenen Gewalt- und Konfliktsituationen. Ziel ist die Verhaltens- und Einstellungsveränderung sowie die Vermittlung konstruktiver Konfliktbearbeitungs-alternativen.

3. Tertiäre Prävention ist eine Intervention nach eskalierender Gewalt. Vorrangiges Ziel ist die Rückfallverhütung. Meist wird sie in Rahmen von Maßnahmen, die weitere Gewalttaten verhindern, wie z.B. spezielle Trainingskurse angewendet.

Auch die Berater/innen am Opfertelefon decken alle drei Präventionsebenen ab. So ist die grundsätzliche Aufklärung und Information durch die Opferberater/innen (Hinweise auf Möglichkeiten, Projekte und Hilfen des WEISSEN RING) Bestandteil der Primärprävention. Im sekundären Präventionsbereich werden individuelle Ängste und Bedürfnisse des Opfers, die aus der Tatsituation heraus entstanden sind, aufgegriffen und mögliche Lösungen und Selbsthilfepotenziale gemeinsam erarbeitet und aktiviert. Tertiäre Prävention wird durch die Vermittlung an geeignete Stellen, die helfen, weitere Taten zu vermeiden (z.B. durch die Außenstellen des Weissen Rings, die Polizei, Frauenhäuser), gewährleistet.

Stalking – ein Definitionsversuch

Stalking ist das beabsichtigte und immer wiederholte Belästigen und Verfolgen einer vom Stalker oder von der Stalkerin ausgewählten Person. Diese wird in ihrem Leben so beeinträchtigt, dass psychische und physische Unversehrtheit nicht mehr gesichert ist. Stalking beinhaltet das Belästigen und Verfolgen einer Person, so wie Rufschädigung, Drohung und Sachbeschädigungen von Gegenständen des Opfers.

Stalkinghandlungen

Im Jahr 2011 wurden über 25 000 Stalkingfälle in Deutschland polizeilich registriert, 2012 waren es noch über 24 500 (vgl. statista.de). Am Opfertelefon umfasst die Stalkingberatung ca. 12 % der Anrufe, das bedeutet, dass ca. 3750 Betroffene jährlich aufgrund von Stalking Hilfe beim WEISSEN RING suchen. Oftmals ist den anrufenden Personen nicht klar, was konkret Stalkinghandlungen umfassen, so dass hier zunächst ein Aufklärungsbedarf vorhanden ist:

- Stalkinghandlungen sind das **Aufsuchen räumlicher Nähe zum Opfer**. Dies geschieht z.b. durch auflauern, verfolgen, nachlaufen sowie hinterherfahren. In den meisten mir bekannten Fällen kommen noch eine hohe Anzahl von Telefonanrufen, SMS und Mails sowie gelegentliche Briefkontakte und Nachrichten am Auto oder Fahrrad vor.

- In vielen Fällen findet durch den Stalker / die Stalkerin eine **Kontaktaufnahme über Dritte** wie z.b. Eltern, Freunde, Arbeitgeber oder Vereinskolleg/innen statt. Diese kann mit ganz unterschiedlichen Inhalten geschehen, z.b. das Opfer in Misskredit bringen oder einfach nur Informationen erfragen (wie z.b. die neue Telefonnummer).

- Eine weitere typische Handlung ist das **Bestellen von Ware** im Namen des Opfers sowie die Zusendung von Geschenken. Hieraus können, neben der ständigen Belastung, dass schon wieder ein Paket angekommen ist, unverschuldet finanzielle Forderungen des Versandhandels gegenüber dem Opfer folgen, so dass hier ein besonderer Druck entsteht.

- Die **Bedrohung** („Wenn du mich nicht zurücknimmst, dann wird etwas passieren…) ist eine weitere Methode, das Opfer systematisch zu einer Reaktion auf den Stalkers / die Stalkerin zu bewegen.

- Das **Eindringen in die Wohnung** und die **Zerstörung von Eigentum** (z.B. verkratzter Autolack, Fahrradreifen aufgeschnitten, etc.) kann ebenfalls dem Handlungsrepertoire einiger stalkenden Personen zugeordnet werden.

Nicht jeder Stalker / jede Stalkerin nutzt alle vorgenannten Möglichkeiten. Ferner variieren die Intensität sowie die Inhalte der Kontakte. Dennoch haben diese Handlungen enorme Einflüsse auf das Leben des Opfers. In vielen Fällen zieht sich der oder die Betroffene aus dem sozialen Leben zurück, beginnt den Mitmenschen zu misstrauen. Folge hieraus können der komplette soziale Rückzug durch Vereinsamung, Wohnortwechsel, Wechsel des Arbeitsplatzes und der Erwerb einer neuen Telefonnummer sein. Zudem entstehen bei vielen Opfern (psycho-) somatische Beschwerden, wie z.b. Übelkeit, Kopfschmerzen, sowie Folgen körperlicher Gewalt nach Angriffen des Täters / der Täterin. Nicht zuletzt wird auch die Psyche stark angegriffen und es kann zu Angst, Depression, Schlafstörung und einer PTBS (Posttraumatische Belastungsreaktion) kommen.

Täter/innentypologie

Über 80 % der Täter sind männlich. In den meisten Fällen gibt oder gab es zum Stalker / zur Stalkerin eine soziale oder intime (Vor-) Beziehung (ca. 40 % - Soziale Beziehung; ca. 50 % - intime Beziehung). In nur ca. 10 % der Fälle werden Fremde oder Personen des öffentlichen Lebens gestalkt. Öffentlichkeitswirksame Aufmerksamkeit bekommen leider meist nur die Fälle, in denen Stars, Politiker/innen oder anderen bekannten Persönlichkeiten dieses Schicksal widerfährt.

Mullen & MacKenzie (2004) haben folgende Täter/innentypologien differenziert, die für eine erste Einschätzung hilfreich sein kann:

Bei dem **„Rejected stalker"** (zurückgewiesene/r Stalker/in) sind die Opfer ehemalige Intimpartner, bzw. Intimpartnerinnen, die nach Beendigung der Beziehung zu einer neuerlichen Beziehung „überzeugt" werden sollen, die der Rache ausgesetzt sind oder die eine Kombination aus beiden Motiven erleben.

Wenn der Täter / die TäterIn glaubt, das Opfer habe ihm / ihr Unrecht getan, handelt es sich um den **„Resentful stalker"** (ärgerliche/r Stalker/in). Hier ist das vorrangige Ziel, dem Betroffenen Angst und Qual zuzufügen.

Die **„Intimacy seekers"** (Intimitätssuchende/r) glauben, im Opfer ihre Traumpartnerin oder ihren Traumpartner gefunden zu haben. Nicht selten liegt hier das Krankheitsbild der Erotomanie vor. Daher ist das vorrangige Ziel, eine Beziehung mit dem oder der Auserwählten zu erlangen.

Im Fall der **„Incompetent suitors"** (inkompetente/r Verehrer/in) geht es darum, dass der Täter oder die Täterin glaubt, eine „gerechtfertigte sexuelle" Beziehung zum Opfer haben zu können. In diesem Fall ist eine Sanktion meist erfolgreich für das aktuelle Opfer. Nicht selten wird jedoch ein neues Opfer kurz darauf ausgewählt.

Eine sehr geringe Gruppe fast ausschließlich männlicher Täter wird als **„Predatory stalker"** (Jagdstalker) bezeichnet. Deren Ziel ist die Vorbereitung eines meist sexuellen Angriffes.

Zu bedenken ist, dass diese Typologie kaum die eigentliche Dynamik der Tat erfasst. Neben o.g. Typologiebeschreibungen gibt es noch Weitere, die zur Einschätzung genutzt werden können.

Opferthemen am Opfertelefon und Handlungsmöglichkeiten

Betrachtet man noch einmal die Häufigkeit der gemeinsamen Geschichte (90%) zwischen Betroffenen und Täterin / Täter wird schnell klar, dass hier in den meisten Fällen eine emotionale Bindung vorliegt bzw. vorlag. Gerade dieser Zustand macht es so schwierig für das Opfer, konsequent und grenzsetzend zu handeln.

In den Telefonaten mit Opfern am Opfertelefon berichten die Betroffenen in erster Linie das Phänomen, gegenüber dem Täter oder der Täterin **keine klare Grenze setzen** zu können, bzw. konsequent zu handeln. Auf konkretes Nachfragen liegt in vielen Fällen – trotz z.b. Trennung - eine **Beziehungsabhängigkeit** vor, die beschrieben wird durch Äußerungen, dass es sich zum einen um einen „netten" Menschen und zum anderen sich um den / die Expartner/in handele, die / den man geliebt habe, etc.. In vielen Fällen liegen zudem **Schuld- und Schamgefühle** vor – Schuld darüber, dass man dem Stalker nicht helfen kann, Scham darüber, dass man sich immer wieder erneut darauf einlässt. Gerade Letzteres kann das **Gefühl von Hilflosigkeit, Ohnmacht oder Wut** („Ich kann mich nicht wehren") verstärken, welches jedoch nicht ausschließlich hierdurch verursacht wird. Vielmehr kommen Betroffene an ihre Handlungsgrenzen und erfahren leider oftmals Unverständnis, bzw. dass man sie nicht ernst nimmt. Aus diesem Grund ist auch ein vorrangiges Thema am Opfertelefon die Bitte um Hilfe für die **Suche nach Helfersystemen** sowie der Wunsch, den (gefühlten) **Opferstatus zu verlassen.**

Bei all den vorgenannten Punkten setzt die Beratung am Opfertelefon an. Selbstverständlich ist auch in der Stalkingberatung zunächst das **Zuhören** und die **Problemerkennung** vorrangig. Hierbei ist es zwingend erforderlich, die dem Opfer möglicherweise bekannte Reaktion auf das Stalking zu durchbrechen und die **Aussagen sehr ernst zu nehmen. Hilfsbereitschaft und Verbindlichkeit** sowie das **Schaffen einer vertrauensvollen Atmosphäre** sind hier von großem Nutzen für die Betroffenen. Ihnen fällt es oftmals schwer, über ihre Scham- und Schuldgefühle zu sprechen, so dass **Akzeptanz** von Seiten der Berater/innen immens wichtig ist. Erst wenn diese Voraussetzungen geschaffen sind, ist es möglich, mit dem Opfer **erste Lösungsansätze und Handlungsstrategien** zu entwickeln. Diese sollten bestenfalls individuell auf die Situation angepasst sein und vorhandene Ressourcen optimal mit einbeziehen. In der Praxis haben sich einige Handlungsstrategien bewährt, die ich im Folgenden kurz erläutern möchte:

Aufgrund der Beziehungsabhängigkeit und eben der beschränkten Fähigkeit, Grenzen zu setzen, ist die **Durchsetzung konsequenten Verhaltens** meiner Erfahrung nach die schwierigste Veränderung, die ein Opfer machen muss. Das bisher möglicherweise unverbindliche Handeln der / des Betroffenen muss nun in klares, abgrenzendes Verhalten verändert werden. So bedeutet ein „Nein!" auch ein „Nein!" und darf nicht durch konträre Verhaltensweisen aufgeweicht werden. Je nach Beziehungsintensität und Schuldgefühl gegenüber dem Täter ist aber eben das scheinbar unmöglich. Hier kann es hilfreich sein, mit dem Opfer abzuklären was oder wer hilfreich sein kann, die Konsequenz beizubehalten.

Die Vermeidung der Kontaktaufnahme sollte beidseitig anvisiert werden. Das bedeutet zunächst, dass vom **Opfer keine selbständige Kontaktaufnahme** zum Täter geschieht. Hierzu zählt auch die Reaktion auf mögliche Kontakte von Seiten des Peinigers. Hilfreich hierfür kann der **Wechsel von Telefonnummern, Mailadressen,** etc. sein sowie die **Nutzung eines Anrufbeantworters,** bei dem man unerwünschte Nachrichten zunächst sichert (als Nachweis), welche man dann zum späteren Zeitpunkt auch löschen kann. Ebenfalls förderlich und relativ simpel durchführbar ist die **Nutzung einer Fangschaltung** sowie die **Sperrung einer Anrufernummer,** die jedoch für den Täter in Zeiten der günstigen Prepaidkarten leicht zu unterdrücken oder auswechselbar ist.

Das rechtliche Vorgehen ist ebenfalls im Handlungsspielraum des Opfers möglich. Zivilrechtlich gibt es an dieser Stelle die Möglichkeit, einen **Antrag auf „Erlass einer Schutzanordnung"** nach dem Gewaltschutzgesetz beim Amtsgericht / in selteneren Fällen beim Familiengericht zu stellen. Strafrechtlich kann der Tatvorwurf der Nachstellung (Stalking) gemäß § 238 STGB geprüft werden. Hierzu sind jedoch konkrete Anhaltspunkte erforderlich, die das Eingreifen der Polizei und des Gerichts rechtfertigen. Daher ist die Sicherung möglicher Beweise, wie z. B. Führen eines Stalking-Tagebuchs, Sichern von Stalking-Mails und Anrufen, zwingend erforderlich.

Nicht zuletzt ist der **Aufbau von Helfersystemen,** z.B. über die Außenstelle des WEISSEN RING, nutzbringend. Diese können neben der Begleitung von den o.g. Möglichkeiten das Opfer auch psychosozial aus der Isolation helfen und stabilisieren.

Abschließend möchte ich noch betonen, dass jedes Telefonat individuell ist. Das macht flexibles Handeln von Seiten des Opferberaters erforderlich. Leider gibt es daher keine Musterlösung zur Gesprächsführung, sondern lediglich eine Auswahl verschiedener Möglichkeiten des Handelns. Die Mitarbeiter/innen aller Bereiche des WEISSEN RING werden für ihre Tätigkeit optimal ausgebildet und erfüllen die Voraussetzungen qualitativ hochwertiger Opferberatung: Einfühlungsvermögen, schnelle Auffassungsgabe, gute Kenntnis von Vermittlungsmöglichkeiten sowie die psychische Stabilität.

Opfer-Telefon 116 006 – Sei stark. Hol dir Hilfe!

Quellen

www.weisser-ring.de

Hans-Georg W. Voß, Jens Hoffmann, Isabel Wondrak. *Stalking in Deutschland. Aus Sicht der Betroffenen und Verfolger.* In Weisser Ring (Hrsg.). Mainzer Schriften zur Situation von Kriminalitätsopfern. Nomos Verlagsgesellschaft, Baden-Baden, 1. Auflage 2006,

Julia Bettermann, Irmgard Nauck, Dagmar Freudenberg. *Stalking: Grenzenlose Belästigung – Eine Handreichung für die Beratung* – Bundesministerium für Familie, Senioren, Frauen und Jugend, Nr. 104/2005 (http://www.kriminal-polizei.de/downloads/kripo207.pdf

Prof. Dr. Joachim Burgheim . *Stalking – Erklärungsansätze und neue Forschungsergebnisse.* In Gewerkschaft der Polizei (Hrsg.). Die Kriminalpolizei. Berlin, 2007

http://de.statista.com/statistik/daten/studie/157327/umfrage/polizeilich-erfasste-faelle-von-stalking-seit-2007/

Gabriele Bindel-Kögel, Kari-Maria Karliczek

Vom Objekt zum Subjekt – Außergerichtliche Schlichtung als opferstützendes Instrument

Außergerichtliche Schlichtung wird in Europa in einer Vielzahl von Konflikten im Kontext strafrechtlicher Verfahren praktiziert. Gleichwohl blieb ihre Wirkung auf die beteiligten Opfer bislang noch wenig erforscht. In einem durch das Programm „Criminal Justice" der Europäischen Union geförderten Projekt, standen deshalb die Möglichkeiten der Unterstützung von Opfern schwerwiegender Straftaten durch ein außergerichtliches Verfahren im Mittelpunkt einer zweijährigen Untersuchung des Täter-Opfer-Ausgleichs in Deutschland und des Tatausgleichs in Österreich unter Bezugnahme auf copingtheoretische Annahmen (www.mediation-im-strafverfahren.de).

1. Forschungsleitende Fragestellungen und theoretische Näherung

In der viktimologischen Forschung wird der Prozess der individuellen Bewertung einer Situation und der eigenen Handlungs- bzw. Steuerungsmöglichkeiten unter Bezugnahme auf Erfahrungen und die daraus abgeleiteten Handlungsoptionen als Coping bezeichnet. Dabei wird auf das von Lazarus und seinem Forschungsteam entwickelte Konzept der kognitiven Emotionstheorie (Lazarus/Folkman 1984, Schützwohl 2008) Bezug genommen: Eine als unangenehm (stresshaft) bewertete Situation – hier die Straftat – bleibt in Erinnerung eines Akteurs haften, und zwar zum einen in ihrer manifesten Ausprägung, zum anderen aber auch in Hinblick auf die Steuerungsmöglichkeiten, die der Akteur in einer solchen Situation hatte. Beides fließt in die Bewertung zukünftiger Situationen ein.

Das copingtheoretische Modell bildet den Hintergrund, vor dem die leitende Forschungsfrage formuliert wurde: Inwieweit kann ein außergerichtliches Vermittlungsverfahren eine Neubewertung der erlebten Tatsituation(en), der Person des Täters oder der Täterin, aber auch die positive Entwicklung künftiger Handlungsstrategien der Geschädigten unterstützen?

Als prozessorientiertes Modell erlaubt es die Copingtheorie, Prozesse der Veränderung des Viktimisierungserlebens und die Folgen für die daraus resultierende Handlungsfähigkeit der Opfer unter Bezugnahme auf andere Ereignisse in den Blick zu nehmen.

Aus Perspektive der Copingtheorie stellt eine Tatsituation stresshafte Situation für das Opfer dar, die es nicht zu seinen Gunsten verändern konnte. Dieses Erleben fließt als Erfahrung in zukünftiges Handeln ein und beeinflusst es, wobei weitere im Zeitverlauf gemachte Erfahrungen ebenso Eingang in zukünftige Handlungsentscheidungen finden.

Betrachtet man die individuellen Copingprozesse werden entsprechend folgende zu analysierenden Ebenen relevant:

- Ist eine Situation für eine Person bedrohlich, so erfolgt eine Einschätzung darüber, über welche individuellen Möglichkeiten verfügt werden kann, um die Bedrohung abzuwenden bzw. ihr zu begegnen und wie Erfolg versprechend diese Möglichkeiten sind. Dabei wird auf bereits gemachte Erfahrungen zurückgegriffen. Auf dieser Basis handelt auch das Opfer. Bei Straftaten resultiert die Bedrohung in der Regel aus einer Interaktion zwischen Opfer und Täter/in, z.b. aus einem Konflikt, den das Opfer nicht in seinem Sinn entscheiden kann, und dessen Folge eine Viktimisierung darstellt.

- Die zweite Ebene richtet sich auf die Zukunft: In Abhängigkeit vom Erfolg der eingesetzten Möglichkeiten in Bezug auf die Abwendung der Bedrohung, werden die Erfahrungen zu Erwartungen und haben einen Einfluss auf zukünftiges Verhalten: Bin ich überhaupt in der Lage, mich zu verteidigen, kann ich Bedrohungen aus dem Weg gehen oder muss ich Bedrohungen hinnehmen, weil ich ohnehin nichts daran ändern kann?

Diese theoriegeleiteten Überlegungen sind Ausgangspunkt unserer Untersuchung der außergerichtlichen Schlichtung als opferstützendes Instrument und führen zu folgender Hypothese: Das Opfer einer Straftat verfügt nicht über Möglichkeiten, die Bedrohung durch den/die Täter/in abzuwenden und wir gehen davon aus, dass diese negative Erfahrung zukünftiges Verhalten der Opfer beeinflusst. Es werden Copingstrategien entwickelt, bei denen subjektiv sinnhafte Vorkehrungen getroffen werden, zukünftig ähnliche Vorfälle zu vermeiden. Dabei besteht jedoch die Gefahr, dass solche Copingstrategien die Lebensqualität der Opfer erheblich herabsetzen, also dysfunktional sind.

Eine weitere These bezieht sich auf das kognitive Element, welches dem Copingbegriff innewohnt: Da das zukünftige Verhalten von Erfahrungen beeinflusst ist, gehen wir davon aus, dass neue Erfahrungen eine Veränderung bewirken können. Ein Täter-Opfer-Ausgleich scheint insofern geeignet, solche Veränderungen herbeizuführen, als es erneut eine Interaktionssituation zwischen Opfer und Täter/in gibt, dieses Mal in einer anderen Form und mit anderen Ergebnissen und es so zu neuen Erfahrungen kommt, so dass sich Erwartungen und damit zukünftiges Verhalten verändern.

Ein Täter-Opfer-Ausgleich könnte durch den (zumeist) direkten und begleiteten Kontakt durch Vermittler/innen die Möglichkeit bieten, die Wahrnehmung des Machtgefälles zwischen Täter/in und Opfer und damit die Bewertung der eigenen zukünftigen Handlungsfähigkeit zu verbessern. Das Opfer erhält seine Souveränität zurück. Den negativen Erfahrungen der Tatsituation und ggf. auch der nachfolgenden sekundären und tertiären Viktimisierung können positive Erfahrungen entgegengestellt werden. Dadurch wird es den Opfern möglich, ihre eigene Handlungsstrategie neu zu bewerten, funktionale Handlungsstrategien zu vertiefen und ggf. dysfunktionale Handlungsmuster zu korrigieren. Ein Täter-Opfer-Ausgleich regt also im Idealfall kognitive Prozesse an, die zu einer Regulierung von Emotionen (emotionales Coping) sowie zu einer Veränderung des Verhaltens führen (instrumentelles Coping).

2. Methodisches Vorgehen als mehrstufiges qualitatives Verfahren

Ausgangsmaterial der Studie sind Straftaten, überwiegend mittlere und schwere Gewaltdelikte, deren Bearbeitung durch die Staatsanwaltschaft, in einzelnen Fällen durch Gerichte, einer Vermittlungsstelle zugewiesen wurde. In den untersuchten Fällen erlitten die Opfer infolge der Straftat oft erhebliche Verletzungen, die zum Teil zu Krankenhausaufenthalten, zu dauerhaften Beeinträchtigungen bis hin zur Berufsunfähigkeit führten.

Um die Entwicklung und Veränderung von Copingstrategien von Opfern einer Straftat nachzeichnen zu können, wurde ein mehrstufiges qualitatives Verfahren eingesetzt: Zunächst mussten Copingstrategien, die im Alltag als solche nicht immer reflektiert werden, sichtbar gemacht werden. Will man verfahrensbedingte Veränderungen aufzeigen, ist es erforderlich, die Copingstrategien eines Opfers während der Tat (akutes Coping) und nach der Tat (perpetuierendes Coping) mit jenen Copingstrategien zu vergleichen, die während und nach einem Täter-Opfer-Ausgleich zum Tragen kommen (mediationsbedingtes Coping).

Hierfür bezieht die Untersuchung drei Erkenntnisebenen ein:

- Als Erstes und Wichtigstes sprechen die Opfer als Expert/innen für sich selbst. Sie berichteten von der Tatsituation, von ihrem Erleben und ihrer Rolle in dieser Situation. Sie beschrieben aber auch, wie es ihnen nach der Tat erging, ob und welche Hilfe sie erfahren haben, welche Schritte sie unternommen haben und welche Folgen die Tat für sie hatte, insbesondere für die Gestaltung ihres Lebensalltags. Des Weiteren thematisieren die Interviews das Ausgleichsverfahren, wie die Opfer es erlebten und welche Auswirkungen es auf sie hatte. Da erste Interviews direkt nach dem Ausgleichsgespräch geführt wurden, spiegeln sich hier zunächst die aktuellen Wahrnehmungen und Erwartungen. Durch die Wiederholung des Interviews nach sechs bis neun Monaten wurden diese Aussagen auf ihre Beständigkeit überprüft. In anderen Fällen wurden nur „retrospektive Interviews" geführt. Diese Interviews fanden drei bis sechs Monate nach dem Ausgleichsgespräch statt, so dass die Opfer bereits einen Prozess der Selbstreflexion vollzogen hatten und beurteilen konnten, ob die Erwartungen direkt nach dem Ausgleich Bestand hatten.

- Als Zweites fließen die Beobachtungen der Konfliktvermittler/innen als professionelle Expert/innen der Steuerung des Vermittlungsverfahrens ein. Zum Zeitpunkt ihres ersten Kontaktes erlebten sie das Opfer in einer Phase perpetu-

ierenden Copings als Folge der Viktimisierung. Durch die im Normalfall herge-
stellte Nähe und Vertraulichkeit sowie durch ihre fachliche Kompetenz sind die
Konfliktvermittler/innen in der Lage, sowohl die Copingstrategien eines Opfers
zum Zeitpunkt der Kontaktaufnahme als auch deren Veränderungen während des
Verfahrens zu beschreiben und zu bewerten.

- Eine dritte Erkenntnisebene liefern die Forscher/innen selbst. Über die Erkenntnisse hinaus, die in teilnehmenden Beobachtungen am Ausgleichsgespräch gewonnen werden, ist es insbesondere die Interpretation des Interviewmaterials,
die eine Explikation von Copingstrategien ermöglicht, die nicht offen liegen.
Hierfür wurde das in der qualitativen Sozialforschung übliche inhaltsanalytische
Verfahren (z.B. Mayring 2000) mit dem ethnographischen Interpretationsver-
fahren der „Dichten Beschreibung" (Geertz 1994) verknüpft. Redewendungen,
Erwartungen und Verhaltensweisen werden auf die ihnen hinterlegten Bedeutungen überprüft. In der „Dichten Beschreibung" geht es um eine analytische
Verknüpfung des empirisch Feststellbaren mit den im spezifischen Kontext relevanten Bedeutungen sowie mit Interpretationen, die von übergeordneten Werten
und Bedeutungsstrukturen geleitet sind. In diesem Sinne stellen die Aussagen
der Opfer selbst eine Interpretation erster Ordnung, die Aussagen der Konflikt-
vermittler/innen eine Interpretation zweiter Ordnung und die Bewertung durch
die Forscher/innen eine Interpretation dritter Ordnung dar (vgl. Geertz 1994, 23).

Durch die Verbindung aller drei Ebenen erhält man eine fallinterne Validierung. Bezogen auf den einzelnen Fall, gewinnen die so generierten Erkenntnisse trotz ihres
interpretativen Charakters eine hohe Zuverlässigkeit.

Durch Kontrastierung und Vergleich der Einzelfälle wurden Falltypen entwickelt,
die sich in den Ausprägungen und Veränderungen der Copingstrategien in Abhängigkeit vom Tatgeschehen unterscheiden. Die zusammengeführten Fälle ermöglichen
es, Aussagen darüber zu treffen, welche verfahrensbezogenen Bedingungen zu einer
Veränderung von Copingstrategien im positiven Sinne führen bzw. eine solche Veränderung behindern.

Für eine über die fallinterne Validierung hinausgehende Überprüfung der so gewonnenen Aussagen wurden weitere Interviews mit Konfliktvermittler/innen geführt, die
nicht durch teilnehmende Beobachtungen und Geschädigteninterviews ergänzt wurden, sondern in deren Mittelpunkt typische Vorgehensweisen der Konfliktvermittler/
innen standen. Fallspezifische Besonderheiten, die sich aus den strukturellen Bedingungen, der Arbeitsweise und der jeweiligen Fallkonstellation ergaben, wurden deutlich und konnten vergleichend den Falltypen zugeordnet werden. Damit wurde auf einer allgemeinen Ebene jenes Wissen generiert, über das die Konfliktvermittler/innen
aufgrund ihrer Berufspraxis verfügen. Beide, das Spezifische und das Allgemeine,
ermöglichen es, die im Fallvergleich gewonnenen Aussagen auf einem übergeordneten Niveau zu bestätigen oder als fallspezifische Besonderheiten zu erkennen.

Aus dem so erarbeiteten und überprüften Wissen ließen sich Faktoren ableiten, die im Rahmen eines Ausgleichsverfahrens für Veränderungen der Copingstrategien von Opfern einer Straftat bedeutsam sind, und es können entsprechende Hinweise für die Praxis gegeben werden (Bindel-Kögel u. a. 2013 sowie Bindel-Kögel/Karliczek 2013).

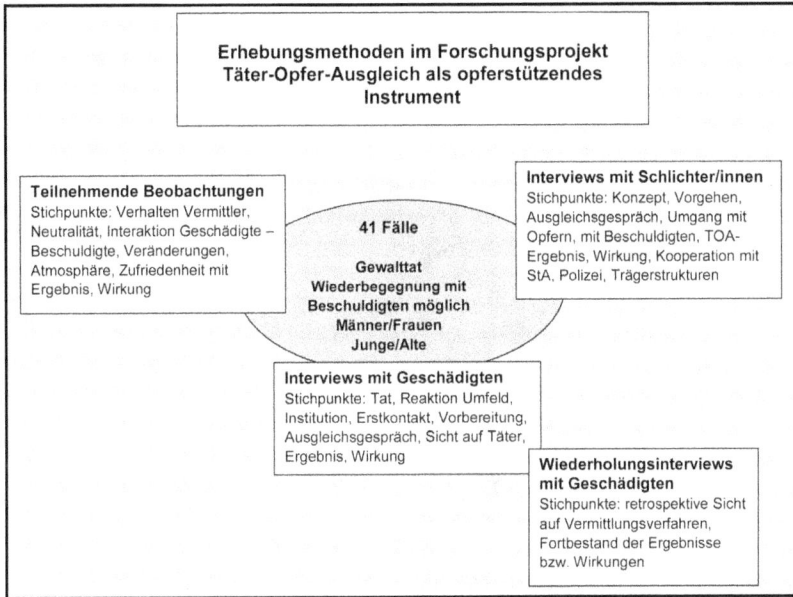

Erhebungsmethoden im Forschungsprojekt
Täter-Opfer-Ausgleich als opferstützendes
Instrument

Teilnehmende Beobachtungen
Stichpunkte: Verhalten Vermittler,
Neutralität, Interaktion Geschädigte –
Beschuldigte, Veränderungen,
Atmosphäre, Zufriedenheit mit
Ergebnis, Wirkung

41 Fälle
Gewalttat
Wiederbegegnung mit
Beschuldigten möglich
Männer/Frauen
Junge/Alte

Interviews mit Schlichter/innen
Stichpunkte: Konzept, Vorgehen,
Ausgleichsgespräch, Umgang mit
Opfern, mit Beschuldigten, TOA-
Ergebnis, Wirkung, Kooperation mit
StA, Polizei, Trägerstrukturen

Interviews mit Geschädigten
Stichpunkte: Tat, Reaktion Umfeld,
Institution, Erstkontakt, Vorbereitung,
Ausgleichsgespräch, Sicht auf Täter,
Ergebnis, Wirkung

Wiederholungsinterviews
mit Geschädigten
Stichpunkte: retrospektive Sicht
auf Vermittlungsverfahren,
Fortbestand der Ergebnisse
bzw. Wirkungen

Insgesamt wurden in Deutschland und in Österreich 41 Fälle untersucht. Dazu wurden insgesamt 91 Interviews, 43 davon mit Opfern geführt. Des Weiteren fanden 34 teilnehmende Beobachtungen statt. Damit erreichte das Forschungsprojekt eine große Anzahl von Opfern schwerer Straftaten, die aus ihrer Perspektive über das Vermittlungsverfahren berichteten.

3. Ergebnisse der Untersuchung

Ein zentrales Ergebnis der Untersuchung ist die Feststellung, dass unterschiedliche Tatsituationen unterschiedliche Implikationen für eine Gestaltung eines Ausgleichsverfahrens aus Opferperspektive nach sich ziehen. Es können insgesamt fünf typische Tatsituationen unterschieden werden, die auf besondere Copingstrategien und Motivationen zur Teilnahme an einem Täter-Opfer-Ausgleich verweisen. Als gleichermaßen bedeutsames, praxisbezogenes Ergebnis kann die Darstellung der hieraus abgeleiteten Erfordernisse für die Verfahrensweisen der Konfliktvermittler/innen gelten, die in den verschiedenen Stufen des Täter-Opfer-Ausgleichs unter Berücksichtigung der Erfordernisse dargestellt werden.

3.1 Tatsituationen – typische Verläufe aus Opferperspektive

Geht man davon aus, dass insbesondere Opfer von Gewalt in einer sehr direkten und ihre Persönlichkeit betreffenden Form in die Straftat eingebunden sind und deshalb die Viktimisierung in einer besonderen Form erleben (vgl. hierzu bspw. Mohr 2003, 55), rückt zunächst die Tatsituation in den Fokus der Beobachtung. Hier werden das Machtverhältnis zwischen Täter/in und Opfer sichtbar sowie die Handlungsmöglichkeiten, die dem Opfer in der Tatsituation zur Verfügung stehen bzw. von ihm nutzbar gemacht werden können, um die Tat und das Machtgefälle in seinem Sinne zu beeinflussen: Je größer die Differenz zwischen den verfügbaren und den in der Tatsituation erforderlichen Handlungsmöglichkeiten ist, desto höher ist die Wahrscheinlichkeit, dass das Opfer seine Möglichkeiten zur Bewältigung von zukünftigen unangenehmen und als gefährlich erachteten Situationen als unzureichend bewertet. Es ist ein enger Zusammenhang zwischen dem Typ der erlebten Tatsituation und den Bedarfen der Opfer in der Vermittlungspraxis beobachtbar.

Die untersuchten Fälle lassen sich fünf Typen von Tatsituationen zuordnen:

Provozierte Tatsituation

Hier geht es um eine Tatsituation, in der es in aller Regel aufgrund einer Eskalation von Ereignissen zu einem Gewaltdelikt kommt. Im Zuge einer Auseinandersetzung zwischen zwei oder mehren Personen ist das spätere Opfer aktiv am Tatgeschehen beteiligt.

Das Viktimisierungserleben ist in solchen Fallkonstellationen, selbst bei schwereren Verletzungen, eher gering, die Copingstrategien werden nur wenig beeinflusst. Bei einer Entscheidung für einen Täter-Opfer-Ausgleich berücksichtigen die Geschädigten die eigenen Konfliktanteile und verfolgen pragmatische Motive.

Opfer einer solchen Tatsituation haben oft kein oder nur ein geringes Strafbedürfnis, ihre zentralen Motive sind der Ausgleich des tatsächlich entstandenen Schadens sowie ggf. die Regelung eines zukünftigen Umgangs miteinander.

Advokatorische Tatsituation

In einer solchen Tatsituation greift ein Akteur in schlichtender bzw. schützender Absicht in einen fremden Konflikt ein und wird dabei Opfer eines Gewaltdeliktes. Das Handeln der Geschädigten zielt in diesen Fällen darauf ab, eine Situation zum Vorteil für alle Beteiligten zu verändern. Entsprechend überrascht und auch fassungslos sind sie, wenn sie plötzlich selbst zum Opfer werden. Eine solche Tatsituation führt bei den Opfern zu einer Enttäuschung kognitiv geprägter Erwartungen: Zum einen wird die gut gemeinte Absicht vom Täter bzw. der Täterin ignoriert, zum anderen gerät eine Situation, von der die Opfer meinten, sie steuern zu können, außer Kontrolle.

Opfer einer solchen Tatsituation beschreiben in allen untersuchten Fällen ein Strafbedürfnis, aus dem eine gewisse Skepsis gegenüber der Beteiligung an einem Ausgleichsverfahren resultiert. Über ihr Strafbedürfnis hinaus schildern die Geschädigten ein anhaltendes Angstgefühl. Die vermeintliche Unberechenbarkeit des Täters/der Täterin in Verbindung mit dem erlebten Scheitern der eigenen Handlungsstrategie verursacht in einigen Fällen ein hohes Maß an Verunsicherung und Ängstlichkeit.

Den Opfern ist es entsprechend wichtig, dass zum einen ihr eigentliches, auf Deeskalation gerichtetes Anliegen und der Normverstoß sichtbar gemacht werden. Die Entscheidung zur Beteiligung an einem Ausgleichsverfahren wird oft vor dem Hintergrund eines resignativen Blickes auf das Strafverfahrens getroffen. Angesichts des Strafbedürfnisses und einer möglichen folgenlosen Einstellung wird die in Aussicht gestellte materielle Wiedergutmachung als Strafminimum („besser als nichts") empfunden.

Tatsituation als Überraschungsangriff

Hier handelt es sich um Tatsituationen, von denen die Opfer unerwartet von einem Gewaltdelikt getroffen werden. In diese Gruppe gehören Opfer spontaner Gewaltausbrüche ebenso wie Opfer von Überfällen oder Raubdelikten.

Infolge solcher Straftaten werden für die Geschädigten vermeintlich sichere Alltagssituationen unberechenbar. Da der Situation kein Konflikt vorausgeht und der/die Täter/in oftmals nicht bekannt ist, können die Geschädigten in der Situation keine Strategien entwickeln, bestenfalls sind spontane Reaktionen möglich. Es kommt zu einer großen Verunsicherung, die sich nicht nur auf den/die Täter/in richtet, sondern auch zu diffusen Ängsten im Alltag führt.

Vielen dieser Opfer ist daran gelegen, ein Bild von dem/der als übermächtig wahrgenommene/n Täter/in zu bekommen.

Die Empörung über den/die Täter/in ist ein bestimmendes Gefühl, das in der Regel mit einem Strafbedürfnis einhergeht. In allen untersuchten Fällen ist den Opfern dieses Tatsituationstyps an einem materiellen Ausgleich gelegen. Anders als bei den Opfern in einer advokatorischen Tatsituation wird dieser jedoch eher nicht als eine Form der Strafe bewertet, sondern soll den tatsächlichen materiellen Schaden sowie das erlittene Leid wiedergutmachen.

Tatsituationen ohne Kontakt

Eine weitere festgestellte Konstellation in der Tatsituation ergibt sich, wenn es in der Schädigungssituation keinen direkten Kontakt zwischen Täter/in und Opfer gibt und das Opfer wegen des fehlenden Gegenübers zunächst keine Möglichkeit hat, täterbezogen zu reagieren (z.B. Manipulation an einem Fahrzeug). Die Geschädigten realisieren die Tatsituation überhaupt erst in dem Moment, in dem die Schädigung bereits eingetreten ist.

Infolge der besonderen Tatkonstellation besteht bei den Opfern, auch im Fall schwerer Tatfolgen, oft Unsicherheit darüber, ob es sich tatsächlich um eine Straftat handelt. Gibt es bereits vor der Tat eine Beziehung zwischen Täter/in und Opfer ist eine gewisse Ratlosigkeit feststellbar, wie man zukünftig miteinander umgehen soll. In Fällen, in denen Täter/in und Opfer nicht miteinander bekannt waren, besteht ähnlich wie bei den Zufallsopfern Angst vor dem/der Täter/in, der/die als Person nicht eingeschätzt werden kann.

Ein wichtiges Motiv, an einem Täter-Opfer-Ausgleich teilzunehmen, ist es, sich und auch den Täter/innen Klarheit über die mit der Straftat verbundene Grenzverletzung zu verschaffen.

Auffällig ist in dieser Gruppe das Bedürfnis der Opfer, auf die Täter/in (erzieherisch) einzuwirken. Zwar tritt dies zum Teil auch bei Opfern anderer Tatkonstellationen auf. In der hier beschriebenen Tatsituation ist dies jedoch in einer besonders auffälligen Form zu beobachten.

Familiäre Tatsituation

Eine fünfte typische Tatsituation sind Gewaltdelikte, die sich innerhalb der Familie ereignen und die im Rahmen des Projektes ausschließlich in Österreich betrachtet wurden. Die engen Beziehungen zwischen den Tatbeteiligten, die über einen längeren Zeitraum bestehenden emotionalen Kontakte und die vielfach (wenn auch keineswegs immer) vorhandenen ökonomischen Verflechtungen und/oder Abhängigkeiten unterscheiden diese Fälle von anderen Tatsituationen. Der in einem Ausgleichsgespräch zu berücksichtigende Hintergrund ist facettenreicher. Entsprechend bedürfen sie oftmals einer anderen Form der Bearbeitung und stellen so einen Sonderfall dar. Im Weiteren werden wir diese besondere Konstellation in unseren Ausführungen unberücksichtigt lassen.

3.2 Mediationsbedingte Copingprozesse

Wie bereits ausgeführt, unterscheiden wir in Anlehnung an die kognitive Emotionstheorie von Lazarus und seinem Team (Lazarus/Folkman 1984, Schützwohl 2008) akutes Coping in der Situation der Viktimisierung, perpetuierendes Coping, das nach der Opferwerdung geschieht und mediationsbedingtes Coping. Während Vermittler/innen weder akute noch perpetuierende Copingprozesse von Opfern positiv beeinflussen können, weisen die vorliegenden Untersuchungsergebnisse darauf hin, dass es möglich ist, die Bewältigung einer Viktimisierung und die Entwicklung funktionaler Copingstrategien im Verlauf eines Täter-Opfer-Ausgleiches zu unterstützen. Ausgehend vom unterschiedlichen Erleben der Tatsituation, die als zentrale Einflussgröße für den weiteren Verlauf der Bewältigungsprozesse gelten kann, werden im Folgenden die Fragen fokussiert: Wie geschieht die Beförderung der individuellen Copingprozesse in der Vermittlungspraxis bzw. im Kontext der Arbeitsweisen der

Vermittler/innen und wo liegen Hemmnisse? Welche Verhaltensweisen und Settings sind günstig und welche eher ungünstig für die Entwicklung funktionaler CopingprozesseDazu werden Schlaglichter auf drei zentrale Praxisphasen des Täter-Opfer-Ausgleiches (vgl. Servicebüro 2009) geworfen, die jeweils spezifische Gelegenheiten für die Anregung von Copingprozessen geben: Die Kontaktaufnahme, in der noch kein persönlicher Kontakt zwischen Vermittler/in und Opfer vorhanden ist, das Erst- bzw. Vorgespräch, in dem die Interaktion zwischen Vermittler/in und Opfer im Mittelpunkt steht und das Ausgleichsgespräch, bei dem die Interaktion zwischen Opfer und Täter/ in von Bedeutung ist. Bei der opferbezogenen Charakterisierung der Phasen steht die Wahrnehmung der Beziehungsebene durch das Opfer im Mittelpunkt. Beim Durchlaufen der Phasen lässt sich, im Falle einer positiven Entwicklung, eine Zunahme des Subjektstatus und des selbst gesteuerten Handelns beobachten – was einen Gegensatz zum eher passiven Objektstatus im Falle der Viktimisierung bildet und neue Erfahrung und Zukunftsplanung ermöglicht.

3.2.1 Anregung funktionaler Copingprozesse in der Phase der Kontaktaufnahme

Die Kontaktaufnahme des/der Vermittler/in mit dem/der Geschädigten beginnt in der Regel mit dem Anschreiben. Darin werden zentrale Interessen von Opfern angesprochen, häufig auch die Motive, die aus den verschiedenen, oben dargestellten Typen von Tatsituationen entspringen können: Wiedergutmachung erlangen, Schmerzensgeld erhalten, Prozesskosten sparen, Konflikte bereinigen, Angst abbauen oder Ärger loswerden. Gleichzeitig werden diverse Handlungsmöglichkeiten aufgezeigt, die der Täter-Opfer-Ausgleich bietet.

Da der Täter-Opfer-Ausgleich vor der Viktimisierung in der Regel unbekannt ist, fast keines der befragten Opfer hat diese Form der informellen Verfahrenserledigung gekannt, eröffnet sich mit dem Anschreiben für die Geschädigten eine ganz neue Perspektive: die Möglichkeit eines alternativen Umgangs mit dem Tatgeschehen. Im Unterschied zur formellen Verfahrenserledigung durch staatliche Organe können sie selbst aktiv werden. Bereits begonnene, perpetuierende Copingprozesse können ggf. erneut aktiviert werden. Der Angebotscharakter signalisiert dem Opfer Eigenverantwortlichkeit und Handlungsmöglichkeit.

Bei der Reaktion der Geschädigten auf das Anschreiben spielen zwei Faktoren eine herausragende Rolle: die aktuelle Situation, in der sich das Opfer bei Ankunft des Briefs befindet und die Tatsituation, deren Konstellation die Bewältigungsversuche des Opfers prägt.

In der Regel hört das Opfer nach seiner Anzeige nichts mehr über den weiteren Verlauf des Verfahrens, es hat keine Kenntnisse über den aktuellen Verfahrensstand und das Gefühl, mit seinem Anliegen in Vergessenheit zu geraten.

„Ich fand das auch irgendwie komisch, weil nichts passiert war. Und in dem Moment,

*du denkst, ich sage mal so, Papa Staat schiebt dich einfach zur Seite hier, so ein Ge-
fühl hat man dann. Und dadurch kommt die innere Wut immer höher dann. Weil, das
stinkt einen ja an, so etwas passiert hier und da kommt nichts weiter, ne?"*

Kommt das Anschreiben mit dem Angebot eines Täter-Opfer-Ausgleiches in einer un-
gewissen Situation des Abwartens beim Opfer an, so wird es häufig als Unterbrechung
des „Stillstandes" erfahren.

Daneben kann das Anschreiben auch einen Kontrapunkt zu negativen Erfahrungen darstellen, die infolge der primären Viktimisierung entstehen (z.B. hohe Anwaltskosten,
Krankheit und Arbeitsplatzverlust). Das Anschreiben mit seinem Angebot wirkt in dieser
Situation als ein Rettungsanker im Sinne von: *„endlich kümmert sich einer".* Es setzt
eine positive Zäsur, weil das Opfer persönlich angesprochen wird und selbst aktiv werden
kann, was für den Verlauf von Copingprozessen grundsätzlich förderlich erscheint.

Wie die Opfer auf das Anschreiben reagieren und welche Erwartungen sie an den
Täter-Opfer-Ausgleich haben, und mit welchen Motiven sie sich auf eine Konflikt-
vermittlung einlassen ist auch von den jeweiligen Tatsituationen beeinflusst. Entsprechend lassen sich dominante Motivationslagen zuordnen, die sich im Einzelfall auch
überschneiden können.

Eine pragmatische Motivation dominiert bei „provozierten Tatsituationen", in denen
die Opfer an der Entstehung der Tatsituation beteiligt sind und in denen meist eine
verbale Auseinandersetzung eskaliert. Die Opfer erwägen aufgrund des Anschreibens
zunächst Vor- und Nachteile. *„Ich hab mir gesagt, da kannst du vielleicht was für dich
machen".* Dabei wird Wert auf unbürokratische und schnelle Abwicklung gelegt. Oft
soll auch geklärt werden, wie man weiterhin miteinander umgeht.

Strafbedürfnis als Motiv entsteht häufig, wenn durch das Anschreiben die Viktimisierung mit den einhergehenden Gefühlen der Niederlage, Angst und Wut erneut präsent wird. Bezogen auf die Opfer von Gewaltdelikten, lässt sich das Strafbedürfnis
fast durchgängig über die verschiedenen Konstellationen hinweg beobachten. Etwas
weniger ausgeprägt ist es bei Opfern, die an der Tatsituation beteiligt sind, besonders intensiv ist es im Falle der „advokatorischen Tatsituation", in denen die Opfer
schlichten wollen und ihre Viktimisierung als besonders ungerecht empfinden. Mit
dem Strafbedürfnis geht häufig der Gedanke einher *„der soll nicht einfach so da-
vonkommen".* Bei den Formulierungen der interviewten Opfer schwingt auch Selbstschutz und ein Abgrenzungsbedürfnis mit, im Sinne von: *„der soll merken, dass er
das mit mir nicht machen kann".*

Im Gegensatz dazu wollen Opfer mit einer altruistischen Motivation, *„dem (jungen)
Täter keine Steine in den Weg legen".* Solche Formulierungen finden sich insbesondere bei den Opfern, die im Vorfeld in den Konflikt verstrickt sind oder von sich sagen,
selbst bereits einmal Täter/in gewesen zu sein. Andere verbinden mit diesem Motiv

eine Form des Selbstschutzes. Wenn man dem/der Täter/in entgegenkommt, so die Annahme einiger Geschädigten, sinkt die Wahrscheinlichkeit, später wieder von ihm/ihr bedroht zu werden.

Eine tätergerichtete Motivation findet sich insbesondere bei den Opfern der „Tatsituation des Überraschungsangriffs", d.h. bei Tatsituationen, in denen im Vorfeld kein Kontakt zum/zur Täter/in besteht. Hier dominiert das Bedürfnis, den/die Täter/in zu sehen, um ihn bzw. sie besser einschätzen zu können. Es werden Fragen gestellt, wie: „Was ist das für einer?" oder „wie tickt der?". Auch wenn die Wiederbegegnung mit Täter/innen oft als unangenehm oder sogar bedrohlich wahrgenommen wird, es könnte dabei, so die Hoffnung der Opfer, ein zugrunde liegender Konflikt geklärt werden, im Sinne von „der soll sagen, warum er das getan hat" oder es besteht die Chance der Klarstellung im Sinne von „der soll wissen, was er mir angetan hat".

Bei einigen Opfern ist auch eine resignativ-pessimistische bzw. geringe bis gar keine Motivation erkennbar. Man wird vom sozialen Umfeld, etwa von der Mutter oder vonseiten der Freunde zur Teilnahme am Täter-Opfer-Ausgleich überredet oder es bleibt aus individueller Sicht keine Alternative, weil z.B. eine Einstellung des Verfahrens befürchtet wird.

3.2.2 Anregung funktionaler Copingstrategien im Erst- oder Vorgespräch

Die besondere Qualität des Erstgesprächs für die Anregung funktionaler Copingstrategien liegt in der Balance zwischen dem Anspruch der Ergebnisoffenheit und dem Ziel der Motivierung der Geschädigten zur Teilnahme an einem Täter-Opfer-Ausgleich. Diese Gratwanderung gelingt häufig, indem vonseiten der Vermittler/innen den Opfern Zeit für eine persönliche Entscheidung eingeräumt wird. Das Erstgespräch geht, zumindest in den untersuchten Fällen, häufig in ein Vorgespräch zur Vorbereitung des Ausgleichsgesprächs über. Grundsätzlich können auch mehrere Vorgespräche erfolgen, bevor das Ausgleichsgespräch stattfindet, oder Opfer können anderweitig Kontakt aufnehmen, um weiterhin aufkommende Fragen und Unsicherheiten zu klären.

Im Vorgespräch unterstützen die Vermittler/innen mit ihrem professionellen Verhalten verschiedene Ebenen des Coping. Sie aktivieren die Opfer für eine Teilnahme am Täter-Opfer-Ausgleich durch spezielle Information und das Aufzeigen von Bewältigungsmöglichkeiten (kognitives Coping). Sie vermitteln im Vorgespräch ein tragfähiges Beziehungsangebot, indem sie Verständnis, Annahme und Schutz signalisieren, was ihnen, wo notwendig, Sicherheit für die Begegnung mit dem/der Täter/in gibt. Dies wird vom Opfer wahrgenommen und betrifft, kognitiv vermittelt, die Ebene des emotionalen Coping. Exemplarisch für die Gestaltung des persönlichen Kontaktes zum Opfer können zwei Zitate gelten. So betont eine Vermittlerin in Bezug auf die Opfer: „Sie sollen das Gefühl haben, ich habe sie verstanden, in ihrem Leid und ihrer Geschichte" und ein Vermittler kommentiert: „Ich sichere zu, dass ich abprüfe, ob es dem Geschädigten zuzumuten ist, dem Täter gegenüber zu treten".

Die Vermittler/innen befähigen die Opfer, die häufig Vorbehalte und Ängste haben, zu einer Begegnung mit dem/der Täter/in auf Augenhöhe. Dies spricht, basierend auf kognitiven Prozessen, auch instrumentelle Aspekte des Coping an. Bei besonders ängstlichen Opfern, z.b. im Falle eines Überraschungsangriffs, wird der Ablauf des Ausgleichsgesprächs genau besprochen, ggf. werden auch die Räumlichkeiten gezeigt oder es wird ausgemacht, wo das Opfer sitzen möchte. Es wird angeboten, dass eine weitere Person als Unterstützung zum Ausgleichsgespräch mitgebracht werden kann.

Von den Vermittler/innen wird das Vorgespräch als äußerst wichtig für die eigene Vorbereitung auf das Ausgleichsgespräch eingeschätzt, um für dessen Durchführung optimal ausgestattet zu sein. Hier geht es um die Einschätzung des Unterstützungsbedarfs des Opfers, seiner Stabilität, seine vorrangigen Themen und das Wissen darüber, was aus Sicht des Opfers im Ausgleichsgespräch nicht angesprochen werden soll. Viele Interviewpartner/innen betonen, *„ein gutes Vorgespräch ist die halbe Miete"* und *„dass das Vorgespräch genauso wichtig ist, wie das Ausgleichsgespräch"*.

3.2.3 Anregung funktionaler Copingstrategien im Ausgleichsgespräch

Mit dem Ausgleichsgespräch wird das mediationsbedingte Coping weiter vertieft und abgeschlossen. Die besondere Qualität des Ausgleichsgesprächs liegt in der Möglichkeit der persönlichen Interaktion zwischen Opfer und Täter/in.

Die Intensivierung funktionaler Copingstrategien entsteht im Zuge der Neubewertung der Bedrohung, die von dem/der Täter/in künftig ausgeht. Schutzüberlegungen und -maßnahmen (Copingstrategien), die ggf. der Straftat unmittelbar folgten, können konkretisiert oder als überflüssig erfahren werden.

Vermittler/innen konzentrieren sich im Ausgleichsgespräch auf die Schaffung von Gelegenheiten für unmittelbare und selbst gesteuerte Interaktionen zwischen Opfer und Täter/in und für die Umsetzung der Vorhaben des Opfers. Zentrale Bedeutung gewinnt nun die Kommunikationsbereitschaft und -fähigkeit der Beschuldigten und deren Bereitschaft zur Verantwortungsübernahme. Als Ergebnis der Beobachtung von Ausgleichsgesprächen können typische Interaktionen zwischen Opfer und Beschuldigten in Abhängigkeit von den Tatsituationen zusammengefasst werden.

Im Falle von „provozierten Tatsituationen", in denen Opfer im Vorfeld beteiligt sind, entsteht im Ausgleichsgespräch relativ schnell, zumeist ohne Unterstützung der Vermittler/in, eine direkte Interaktion zwischen Täter/in und Opfer. Häufig existieren weniger große Ängste vor dem/der Täter/in als z.B. bei Opfern von Überraschungsangriffen. Der/die Beschuldigte scheint berechenbarer, da ein Konflikt eskalierte, der beiden Parteien bekannt ist. Typisch für die Interaktion ist der Hinweis der Beschuldigten auf die Beteiligung des Opfers, die in der Regel auch eingeräumt wird. Die Rolle des Vermittlers bzw. der Vermittlerin besteht bei diesen Ausgleichsgesprächen vor allem darin, Verständigungen über das Tatgeschehen anzuregen bzw. zu unterstützen und, wenn nötig, auf den Schaden des Opfers hinzuweisen. Auch wenn die Opfer nicht unbeteiligt am Entstehen der Tatsituation waren, ist es, zumindest in Fällen schwerwiegender Gewalttaten, gleichwohl Aufgabe der Vermittler/innen, die Unterscheidung zwischen Opfer und Täter/in beizubehalten.

Bei den „advokatorischen Tatsituationen" verweist der/die Beschuldigte häufig auf eine Provokation durch Dritte, mit der die Tat gerechtfertigt wird. Die Aufgabe der Vermittler/innen besteht in solchen Fällen insbesondere darin, den Normverstoß zu verdeutlichen, das Opfer zu stärken und auf eine Verantwortungsübernahme durch den/die Täter/in hinzuwirken.

In einigen Fällen eines „Überraschungsangriffs" versuchen Täter/innen ihr Verhalten damit zu legitimieren, dass sie sich selbst als Opfer ihrer Lebenssituation darstellen. Aufgabe des/der Konfliktvermittler/in ist es, den/die Täter/in in dieser Rolle zu hinterfragen und die Opfer, die in einer solchen Situation ein Mitgefühl mit dem/der Täter/in entwickeln, in der Verfolgung der eigenen Interessen im Ausgleichsgespräch zu unterstützen. Da viele Opfer einer solchen Tatsituation unter massiven Ängsten leiden, ist es ebenso Aufgabe der Konfliktvermittler/innen einen, von den Opfern als sicher empfundenen, Rahmen zu setzen.

Bei der „Tatsituation ohne Kontakt" ist das Ausgleichsgespräch, wegen der fehlenden Interaktion in der Tatsituation, zunächst von Ängsten geprägt sowie von der Unsicherheit über die Bedeutung der Situation selbst. Insofern kann es in einem Ausgleichsgespräch bedeutsam sein, dass die Vermittler/innen nochmals die Strafwürdigkeit der Tat in den Vordergrund stellen. Des Weiteren sollten auf die Zukunft gerichtete Unsicherheiten der Opfer im Ausgleichgespräch berücksichtigt werden.

Unabhängig von der Tatsituation kommt es vor, dass Täter/innen im Ausgleichsgespräch nicht in der Lage sind zu kommunizieren. Eine Interaktion zwischen den Parteien ist dann nicht oder nur sehr eingeschränkt möglich. Dies erweist sich für die Ausbildung funktionaler Copingstrategien als wenig förderlich, da der/die Täter/in zwar wahrgenommen werden kann, eine Normalisierung des Verhältnisses, auch im Sinne der Berechenbarkeit des künftigen Verhaltens des/der Beschuldigten, ist jedoch nicht möglich. Die Rolle des Vermittlers bzw. der Vermittlerin ist in diesen Fällen schwierig. Es sollte versucht werden, motivierend einzuwirken und eine Aktivierung des/der Beschuldigten zu fördern. Gelingt dies nicht, so ist eine stellvertretende Interaktion mit dem Opfer im Beisein des/der passiven Beschuldigten wenig sinnvoll, das Ausgleichgespräch sollte abgebrochen werden.

Als Fazit bleibt festzuhalten: Sofern es in den verschiedenen Phasen des informellen Verfahrens gelingt, die Geschädigten zu aktivieren und ihnen ihre Steuerungs- und Handlungsfähigkeit erlebbar zu machen, bietet der Täter-Opfer-Ausgleich erhebliche Chancen für das Opfer (auch schwerer Straftaten), die Entwicklung funktionaler Copingstrategien zu befördern. Das Erkennen der jeweiligen Motive der Opfer, durch Beachtung der verschiedenen Tatsituationen, die im Zuge der Forschung typisiert wurden, befördert die optimale Gestaltung des Verfahrens (vgl. Bindel-Kögel/Karliczek 2013).

Literatur

Bindel-Kögel, G./Karliczek, K.-M./Stangl, W./Behn, S./Hammerschick, W./Hirseland, A. (2013): Außergerichtliche Schlichtung als opferstützendes Instrument. (Abschlussbericht). www.mediation-im-strafverfahren.de/downloadbereich (17.11.2013).

Bindel-Kögel, G./Karliczek, K.-M. (2013): Opferstützende Handlungsmöglichkeiten im Vermittlungsprozess. Eine Handreichung für Vermittler/innen im Täter-Opfer- Ausgleich. www.mediation-im-strafverfahren.de/downloadbereich (17.11.2013).

Geertz, C. (1994): Dichte Beschreibung. Beiträge zum Verstehen kultureller Systeme. Frankfurt/Main.

Lazarus, R. S./Folkman, S. (1984): Stress, Appraisal and Coping. New York.

Mayring, P. (2000): Qualitative Inhaltsanalyse. In: Flick U./Kardorff, E. von/Steinke, I. (Hg.): Qualitative Forschung. Ein Handbuch. S. 468–475.

Mohr, A. (2003): Beeinträchtigung der seelischen Gesundheit infolge einer Viktimisierung durch Gewalt und Aggression. In: Journal für Konflikt- und Gewaltforschung. S. 49–69.

Schützwohl, A. (2008): Die kognitive Emotionstheorie von Richard S. Lazarus. In: Reisenzein, R./Schützwohl, A./Meyer, W.U. (Hg.): Einführung in die Emotionspsychologie, Bd. 3, Kognitive Emotionstheorien. Bern. S. 51–93.

Servicebüro für Täter-Opfer-Ausgleich und Konfliktschlichtung (Hg.) (2009): Standards Täter-Opfer-Ausgleich, 6. Auflage. www.toa-servicebuero.de/files/TOA-Standards-6.pdf (31.07.2013).

Jakob Tetens

Sekundärpräventives Gruppentraining für jugendliche Mobbingopfer

Während mittlerweile eine Vielzahl an Programmen zur Primärprävention von Mobbing in der Schule vorliegt, existieren kaum sekundärpräventive Konzepte, die Schülerinnen und Schülern, Lehrkräften und Eltern dabei helfen können, bereits verfestigte Mobbingdynamiken aufzubrechen und zu beenden. Zwar gibt es durchaus Sozialtrainings, die sich u.a. an jugendliche Mobbingtäter richten (Petermann et al. 2012) und mit dem No-Blame-Approach liegt ein bewährtes Konzept zur Intervention bei Mobbing in Schulklassen vor (Blum & Beck 2012), spezielle Angebote für Mobbingopfer sucht man im deutschsprachigen Raum bisher jedoch vergeblich.

Dieser Mangel an gezielter Unterstützung für von Mobbing betroffene Jugendliche ist insofern verwunderlich, als immerhin 6 % bis 15 % aller Mädchen und Jungen im Laufe ihrer Schullaufbahn Opfer von Mobbing werden (vgl. Olweus 2009, 250; Scheithauer et al. 2003, 6) und Untersuchungen zeigen, dass Mobbing – sofern nicht frühzeitig interveniert wird – für die Betroffenen schwerwiegende Folgen haben und sich u.a. in Leistungsrückgang, Schulangst oder auch generell Depression niederschlagen kann (vgl. Busch & Todt 2006, 4). Dabei leiden betroffene Kinder und Jugendliche häufig still und fallen im Schulalltag nicht weiter auf, weil sie den Unterricht nicht stören. Andere Betroffene wiederum fordern Lehrkräfte sowie Mitschülerinnen und Mitschüler in besonderer Weise heraus, weil sie aggressiv darauf reagieren, dass sie sich ausgegrenzt fühlen.

Aus diesem Grund hat die Beratungsstelle für schulische Gewaltprävention des Wendepunkt e.V. ausgehend vom Konzept des StandUp-Trainings[1] ein psychoedukatives Gruppentraining für Mädchen und Jungen im Alter von zwölf bis sechzehn Jahren entwickelt, die in der Schule häufig ausgegrenzt, gehänselt oder bedroht werden und entsprechend einsam, ängstlich oder niedergeschlagen wirken („passive Opfer"). Aber auch Jugendliche, die aufgrund ihres provokativen Verhaltens häufig mit negativen Reaktionen von Lehrkräften sowie Mitschülerinnen und Mitschülern konfrontiert sind, können vom Training profitieren („provokative Opfer") (vgl. Hodges et al. 2002, 628).

Ziel des Programms ist es, die Jugendlichen darin zu unterstützen, ihre Situation in der Schule zu reflektieren und aktiv zu verändern. Hierfür ist es wichtig, den Teilnehmerinnen und Teilnehmern die Gelegenheit zu geben, sich mit Gleichaltrigen auszutauschen, die ähnliche Erfahrungen machen und ebenfalls ihre belastende Si-

---

[1] Das StandUp–Training® wurde von Ute Drewsen-Lorenzen in Kooperation mit dem AKJS Schleswig-Holstein entwickelt.

tuation verbessern möchten. Dieser Austausch mit der Peergroup ist gerade im Jugendalter bedeutsam, da die Einschätzungen und Meinungen anderer Jugendlicher
teilweise mehr Gewicht haben als die von erwachsenen Bezugspersonen (vgl. Melzer
et al. 2011, 142f). Gegenüber einem Einzeltraining hat ein Gruppensetting zudem
den Vorteil, dass die Jugendlichen nach zum Teil sehr negativen Erfahrungen nun im
geschützten Rahmen des Trainings neue, positive Gruppenerfahrungen machen und
Wertschätzung, Vertrauen und Ausgelassenheit erleben können.

Darüber hinaus trainieren die Mädchen und Jungen – abhängig von ihrem individuellen Trainingsziel – offen und selbstsicher auf Andere zuzugehen und neue Kontakte
zu knüpfen bzw. sich wirksam und angemessen gegen Ausgrenzung, Auslachen oder
Beleidigungen zur Wehr zu setzen.

Neben der Verwendung von Bausteinen (Vertrauensspiele, Kommunikationsübungen,
Rollenspiele etc.) aus bewährten Sozialkompetenztrainings für Jugendliche (vgl. Jugert et al. 2011) finden im Training auch Elemente des neurowissenschaftlich und
motivationspsychologisch fundierten *Zürcher-Ressourcen-Modells* Anwendung. So
erforschen die Teilnehmerinnen und Teilnehmer beispielsweise mit Hilfe einer Bild-
kartei ihre eigenen unbewussten Bedürfnisse und entwickeln aus diesen mit Hilfe des
Trainerteams schrittweise ein intrinsisch motiviertes Trainingsziel (Storch & Riedener 2007).

Das Training umfasst vierzehn zweistündige Sitzungen und besteht aus folgenden
sechs Phasen:

I.   *Einstieg: Warum bin ich hier?*
     (u.a. Kennenlernspiele; Gruppenregeln klären; Austausch über aktuelle
     Situation)

II. *Vom Thema zum Ziel: Was will ich erreichen?*
     (u.a. Arbeit mit der Bildkartei; das Ziel in den Körper bringen)

III. *Vom Ziel zur Umsetzung: Was hilft mir, was hindert mich?*
     (u.a. Erstellung eines Ressourcenpools mit Bildern, Symbolen, Helfern,
     Erinnerungshilfen etc.)

IV. *Übung macht den Meister: Was versuche ich als Nächstes?*
     (u.a. Einordnen von herausfordernden Alltags-Situationen nach Schwie-
     rigkeitsgrad; Rollenspiele mit Videomitschnitt)

V.   *Elchtest: Was kann ich schon?*
     (u.a. Analyse der Videomitschnitte; Rückmeldung
     durch Gruppe und Trainerteam)

VI. Abschluss: Was nehme ich mit?
(u.a. Transfer in den Alltag; Feedback; gemeinsames Abschlussfest)

Mindestens sechs und maximal acht Jugendliche können an dem Training teilnehmen, das von einer weiblichen und einer männlichen pädagogischen Fachkraft geleitet und dank öffentlicher Mittel sowie zusätzlicher Spenden für die Teilnehmenden kostenlos ist.

Nachdem die Schulen über den Start eines neuen Trainingsdurchlaufs informiert werden, sprechen sie potenzielle Teilnehmerinnen und Teilnehmer an bzw. kontaktieren deren Eltern, die wiederum mit dem Trainerteam in Kontakt treten. Nach ausführlichen Anamnese-Gesprächen mit den Jugendlichen und ihren Eltern inklusive einem Fragebogen zur aktuellen Situation des Mädchens bzw. des Jungen (qualitativer pre-test) wird die Gruppe zusammengestellt. Jugendliche mit schwerwiegenden psychischen Problemen (Depression, posttraumatische Belastungsstörung etc.), diagnostizierten Entwicklungsverzögerungen oder einer geistigen Behinderung können nur in Ausnahmefällen teilnehmen; ausschlaggebend ist hierbei die Einschätzung des beteiligten Hilfesystems (Ärzte, Psychologen, Erziehungshelfer etc.) hinsichtlich des zu erwartenden Trainingserfolgs.

Gegen Mitte des Trainings findet ein Infoabend statt, auf dem die Eltern und Lehrkräfte der Teilnehmerinnen und Teilnehmer ausführlicher über die Inhalte und Methoden des Trainings sowie über Möglichkeiten einer Unterstützung des Trainingserfolgs informiert werden.

Das Training mit Jugendlichen wird ggf. um individuelle, sekundärpräventive Maßnahmen in den Klassen der Teilnehmenden ergänzt (z.B. No-Blame-Intervention; Klassenprojekt zum Thema Mobbing).

Am Ende des Trainings stehen Abschlussgespräche mit den Jugendlichen und ihren Eltern, bei denen ausgehend von einem Fragebogen (qualitativer post-test) der Verlauf sowie der Erfolg des Trainings gemeinsam rekapituliert und ggf. weitere Unterstützungsmöglichkeiten thematisiert werden (z.B. Kontakt zur Schulsozialarbeit, Einrichtung einer Erziehungshilfe, Überleitung in Einzeltherapie).

Nach zwei Monaten folgt ein Nachtreffen mit der Gruppe inklusive einer erneuten Befragung der Jugendlichen (qualitativer follow-up-test), das dazu dient, festzustellen, ob sich die Situation für die Mädchen und Jungen dauerhaft verbessert hat oder weiterhin Unterstützung notwendig ist.

Seit dem Start des Trainings in 2010 konnten bereits über fünfzig Jungen und Mädchen von diesem Unterstützungsangebot profitieren. Die Rückmeldungen seitens der Teilnehmerinnen und Teilnehmer, ihrer Eltern und der beteiligten Lehrkräfte sprechen für eine große Zufriedenheit und lassen die Effektivität der Maßnahme vermuten:

„Besonders gut hat mir das Sprechen über meine Stärken gefallen. Dadurch ist mir klar geworden, wie viel ich eigentlich schon kann!"
(Teilnehmerin, 15 Jahre)

„Plötzlich wusste ich, warum ich immer wieder zum Mobbing-Opfer wurde. Ich habe gelernt, mein Gegenüber fest anzusehen. Mit meiner Körpersprache vermittle ich Stärke, ich will mich nicht mehr provozieren lassen."
(Teilnehmer, 14 Jahre)

„Vor einem halben Jahr wollte die Schülerin auf keinen Fall mit auf Klassenfahrt fahren. Das sieht nun zum Glück ganz anders aus, sie freut sich sogar darauf."
(Klassenlehrerin einer Teilnehmerin)

„Mein Sohn hat im Laufe der letzten Monate endlich ein Gefühl dafür entwickelt, wann er seiner Klasse mit seinem dominanten Verhalten auf die Nerven geht. Seitdem er sich mehr zurückhält, fühlt er sich in der Klasse wieder viel wohler."
(Vater eines Teilnehmers)

Mangelns personeller und finanzieller Ressourcen konnte bisher keine systematische Evaluation des Trainings mit wissenschaftlichem Anspruch durchgeführt werden, weshalb die Beratungsstelle an einer Kooperation mit Wissenschaftlerinnen und Wissenschaftlern sehr interessiert ist und sich über entsprechende Anfragen freut.

Literatur

Blum, H. & Beck, D. (2012). No Blame Approach. Mobbing-Intervention in der Schule – Praxishandbuch (3. Aufl.). Köln: fairaend.

Busch, L. & Todt, E. (2006). Aggression in der Schule. In D. H. Rost (Hrsg.), Handwörterbuch Pädagogische Psychologie (3. Aufl.). München: Beltz. S. 1–7.

Hodges, E. V. E., Isaacs & Card, N. A. (2002). Das Erlernen von Aggression in Familie und Peergoup. In W. Heitmeyer & J. Hagan (Hrsg.), Internationales Handbuch der Gewaltforschung. Wiesbaden: Verlag für Sozialwissenschaften. S. 619–638.

Jugert, G., Rehder, A., Notz, P. & Petermann, F. (2011). Fit for Life: Module und Arbeitsblätter zum Training sozialer Kompetenz für Jugendliche. Pädagogisches Training (9. Aufl.). Weinheim: Beltz.

Melzer, W., Schubarth, W. & Ehninger, F. (2011). Gewaltprävention und Schulentwicklung: Analysen und Handlungskonzepte (2. Aufl.). Bad Heilbrunn: Klinkhardt.

Olweus, D. (2009). Mobbing in Schulen: Fakten und Intervention. In A. Henschel, R. Krüger, C. Schmitt & W. Stange (Hrsg.), Jugendhilfe und Schule: Handbuch für eine gelingende Kooperation (2.Aufl). Wiesbaden: Verlag für Sozialwissenschaften. S. 248–266.

Petermann, F., Jugert, G., Tänzer, U., & Verbeek, D. (2012). Sozialtraining in der Schule: Mit Online-Materialien (3. Aufl.). Weinheim: Beltz.

Scheithauer, H., Hayer, T. & Petermann, F. (2003). Bullying unter Schülern: Erscheinungsformen, Risikobedingungen und Interventionskonzepte. Göttingen: Hogrefe.

Storch, M., & Riedener, A. (2007). Ich packs! Selbstmanagement für Jugendliche. Ein Trainingsmanual für die Arbeit mit dem Zürcher Ressourcen Modell (2. Aufl.). Bern: Huber.

Kontakt
Dipl.-Päd. Jakob Tetens
Beratungsstelle für schulische Gewaltprävention
Wendepunkt e.V.
Gärtnerstr. 10-14
25335 Elmshorn
04121-47573-30
tetens@wendepunkt-ev.de

Haci-Halil Uslucan

Risiken erkennen – Risiken minimieren – Stärken fördern

Gewaltprävention und Intervention bei Familien und Jugendlichen mit
Zuwanderungsgeschichte

I. Einleitung:

Sowohl in der öffentlich-politischen als auch in der sozialwissenschaftlichen Diskussion über Lebenslagen von Familien, Kindern und Jugendlichen mit Migrationshintergrund besetzen die Themen soziale Desintegration und Gewalt sowie Kriminalität seit langem schon eine prominente Rolle[1]. Gleichwohl sie nicht die einzigen „Baustellen" einer gelingenden Integration bilden – denn auch Fragen der ungleichen Bildungsvoraussetzungen, -chancen sowie Arbeits- und Ausbildungsplatzchancen sind nicht minder gravierend, hat die Beschäftigung mit Gewalt für Täter wie für Opfer eine unmittelbar existentielle Bedeutung; sie sind „erschütternd" für beide Seiten; denn mit Gewalt sind stets Verletzung, Leid und Schrecken, aber auch Verzweiflung, Ohnmacht und Einsamkeit als Grunderfahrungen des Opfers sowie eine exponierte Wahrnehmung der Körperlichkeit verknüpft. Deshalb behält die effiziente Prävention von Gewalt sowie die Frage der angemessenen Intervention seine Dringlichkeit.

Fragt man sich, warum in modernen Wohlfahrtsgesellschaften Gewalt immer noch seine Virulenz nicht verloren hat, so kann hier eine Erklärung von Moffitt weiterhelfen, die eine wesentliche Motivation zur Gewalt und Delinquenz in der Jugendphase im sogenannten „maturity gap", d.h. in der „Reifungslücke" zwischen biologischem Alter und kognitiven Fähigkeiten der Jugendlichen einerseits sowie dem sozialen Alter und ihren Erfordernissen andererseits sieht[2]. Studien, die den Zusammenhang zwischen psychologischem Wohlbefinden und Alter untersuchen, zeigen, dass fast in allen Bereichen des Lebens wie Familie, Arbeit, materieller Wohlstand etc. Menschen unter 30 Jahren am unzufriedensten sind, sich jedoch hinsichtlich ihrer körperlichen Gesundheit durchwegs positiver als ältere Gruppen zeigen[3]. Die Erfahrung sozialer Anomie, das Gefühl, den eigenen „Platz in der Gesellschaft" noch nicht gefunden zu haben, scheint im Jugendalter am stärksten ausgeprägt zu sein. Die Adoleszenz ist für männliche wie weibliche Jugendliche häufig auch durch ein Fehlen an sozialer Einbettung, normativer Führung und klaren Verantwortlichkeiten gekennzeichnet. Delinquenz ist aus dieser Perspektive als eine Form zu verstehen, Grenzen zu testen und

---

[1] Vgl. Exemplarisch Tertilt, Hermann, Turkish Power Boys, Frankfurt/Main, 1995; Nohl, Arnd-Michael, Jugend in der Migration: Türkische Banden und Cliquen in empirischer Analyse, Baltmannsweiler, 1996; Heitmeyer, Wilhelm/Müller, Joachim/Schröder, Helmut, Verlockender Fundamentalismus, Frankfurt/Main, 1997.

[2] Moffitt, Terrie, Adolescence-Limited and Life-Course-Persistent Antisocial Behavior: A Developmental Taxonomy. Washington, 1993, S. 674-701.

[3] Gove, Walter R, The effect of age and gender on deviant behavior: A biopsychosocial perspective. Chicago, 1985, S. 115-144.

an der Welt der Erwachsenen zu partizipieren; und sie ist als Zeichen eines jugendlichen Autonomieanspruchs zu werten. Nicht zuletzt kann Gewalt an das Erlebnis der Körperlichkeit gekoppelt sein, was in einem rauschhaften Selbsterleben münden und verstärkend für weitere Gewalttaten wirken kann. Gewalt ist insofern auch eine Form der Machterfahrung, des „Tun-könnens", der Selbstwirksamkeit; insbesondere dann, wenn Jugendliche sich durch sozialstrukturelle Bedingungen der Lebenswelt (Monotonie des Alltags, Mangel an Ausbildungsplätzen, Armut, soziale Marginalisierung) mehr und mehr ohnmächtig fühlen.

Mit Blick auf Kinder und Jugendliche mit Migrationshintergrund zeigen die empirischen Untersuchungen eine tendenzielle Mehrbelastung dieser Gruppe, sowohl bei aktiven wie auch passiven Gewalterfahrungen (bzw. Viktimisierungen). So berichten Studien, die bereits Mitte der 90-er Jahre in Bayern durchgeführt wurden, eine stärkere Belastung von Migrantenjugendlichen[4]. Bei einer deliktspezifischen Betrachtung wird deutlich, dass bei verbalen Aggressionen und leichten Körperverletzungen Migrantenjugendliche unterrepräsentiert, bei schweren Körperverletzungen dagegen überrepräsentiert sind. Schwind und Mitarbeiter machen im Schulkontext auf den sozial- und schulpolitisch bedeutsamen Befund aufmerksam, dass der Anteil von Migrantenjugendlichen einen Einfluss auf das vorherrschende Gewaltniveau habe; so steige die Gewalttätigkeit an einer Schule erst dann, wenn der Anteil von Migranten- und Aussiedlerjugendlichen einen Schwellenwert von 30% überschreite[5]. Die intuitive Implikation dieses Befundes jedoch, sozialpolitisch für eine bessere demographische Entzerrung zu sorgen, eine Entmischung herbeizuführen und den Migrantenanteil unter 30% zu halten, ignoriert die gegenwärtige Bevölkerungsentwicklung: denn diese zeigt, dass in den meisten westdeutschen Großstädten der allgemeine Migrantenanteil, nicht nur der Jugendlichen, weit über 30% liegt und somit eine solche Quote kaum, bzw. nur punktuell erreichbar ist.

Zu etwas abweichenden Ergebnissen kommt jedoch Fuchs, der bei einer Befragung an bayerischen allgemeinbildenden und Berufsschulen mit 3609 Schülern (unter ihnen 242 nichtdeutsche Jugendliche) feststellt, dass bei den Vorfällen, die für Gewalt an bayerischen Schulen konstituierend sind bzw. am häufigsten vorkommen, und zwar bei der verbalen Gewalt, sich deutsche und Migrantenjugendliche nicht unterscheiden[6]. Gleichwohl liegen jedoch die Raten der physischen Gewalt bei Migrantenjugendlichen, bei einem allgemein niedrigen Gewaltniveau, um etwa 0.1 bis 0.2 Skalenpunkte höher als die der deutschen Jugendlichen (bei einer Skala von 0 bis 4). Weitergehende Analysen zeigen aber, dass der Einfluss des „Ausländerstatus" auf die

---

[4]   Funk, Walter, Nürnberger Schüler-Studie: Gewalt an Schulen, Regensburg, 1995.

[5]   Schwind, Hans-Dieter/Roitsch, Karin/Ahlborn,Wilfried/Gielen Birgit, Gewalt in der Schule. Mainzer Schriften zur Situation von Kriminalitätsopfern, Mainz, 1995.

[6]   Fuchs, Marek, Ausländische Schüler und Gewalt an Schulen. Ergebnisse einer Lehrer-und Schülerbefragung. Weinheim und München, 1999, S. 119-136.

Gewalttätigkeit abnimmt, wenn soziodemografische Variablen (wie etwa Kontrolle des Bildungshintergrundes, Schichtmerkmale etc.) in die Varianzanalysen aufgenommen werden.

Trotz dieser Befunde ist jedoch zu unterstreichen, was manchmal in den politischen Debatten untergeht, dass die überwiegende Mehrzahl der Jugendlichen weder mit Gewalt und Devianz, noch mit anderen pathologischen Verhaltensformen auffällig wird. Zugleich ist auch bei der Frage der Vergleichbarkeit der Gewaltbelastung von deutschen und Migrantenjugendlichen vor Augen zu führen, dass ein allein auf ethnische bzw. staatsbürgerliche Unterschiede basierender Vergleich in der Regel zu einer statistischen Verzerrung und in Folge zu einer höheren Kriminalitätsbelastung von Migrantenjugendlichen führt. Denn Migrantenjugendliche rekrutieren sich überwiegend aus eher sozial schwachen Schichten, weshalb es hier zu einer Konfundierung, zu einer Überlappung, von Ethnie und Schicht kommt.[7]

Um bspw. die Gewalt deutscher und türkischer Jugendlicher angemessen vergleichen zu können, gilt es, die Migrationsbelastungen, die häufig mit geringeren Bildungschancen für Migrantenjugendliche einher gehen, mit zu berücksichtigen. Die Prävalenz sowie die Entwicklung gewalttätigen Verhaltens sind nicht unabhängig vom Bildungshintergrund, wobei der Bildungshintergrund sowohl ein Indikator für kognitive Fähigkeiten und Potenziale sowie auf künftige Chancen im Leben ist. So ist in der Forschung bereits mehrfach dokumentiert, dass gewalttätige Auseinandersetzungen häufiger in Hauptschulen auftreten und Jugendliche auf Gymnasien mit diesem Problem deutlich weniger konfrontiert sind[8]. Gleichzeitig ist eine deutlich stärkere Präsenz türkischer Jugendliche in Hauptschulen zu verzeichnen[9].

Für Heranwachsende ist der besuchte Schultyp verbunden mit erlebter Benachteiligung und birgt schlechtere Zukunftsperspektiven und Chancen für späteres soziales Prestige, gehobenes Einkommen und vor allem Selbstverwirklichung. Auch ist im Auge zu behalten, dass türkische Jugendliche bei Eintritt in die Schule im Vergleich zu deutschen Kindern generell schwierigere Voraussetzungen für eine entsprechende schulische und soziale Entwicklung mitbringen, so etwa geringere Deutschkenntnisse haben, die sowohl auf dem eher bildungsfernen als auch auf den kulturellen Hintergrund ihrer Eltern und deren Migration zurück zu führen sind, zum Teil aber auch Traumatisierungen bzw. traumatische Kriegs- und Gewalterlebnisse aus den Herkunftsländern (so etwa aus dem Libanon, Bosnien, Ex Jugoslawien etc.) mitbringen, die zu einer individuell deutlich höheren Gewalttoleranzschwelle führen.

---

[7] Tellenbach, Silvia, Zur Kriminalität der türkischen Jugendlichen, Münster-Hamburg-Berlin-Wien-London, 1995, S. 221-231.

[8] Babka von Gostomski, Christian, Einflussfaktoren inter- und intraethnischen Gewalthandelns bei männlichen deutschen, türkischen und Aussiedler-Jugendlichen. Weinheim, 2003, S. 399-415.

[9] Bundesministerium für Familie, Senioren, Frauen und Jugend. 6. Familienbericht. Familien ausländischer Herkunft in Deutschland. Berlin, 2000.

In meinen Ausführungen werde ich zunächst einige allgemeine Risiken für die Gewaltanfälligkeit von Kindern und Jugendlichen benennen und diese dann noch einmal auf Migrantenjugendliche bzw. türkischstämmige Migrantenjugendliche spezifizieren.

Danach soll auf einige gewaltpräventive Maßnahmen eingegangen sowie Faktoren benannt werden, die Migrantenjugendliche vor Gewalt schützen bzw. sie in ihrer Entwicklung stärken können.

II. Risiken der Gewaltbelastung:

1. Gesellschaftliche Risiken:

Die gesellschaftlichen Entwicklungen und Rahmenbedingungen der letzten Jahre zeigen, dass insbesondere junge Migranten weit häufiger in Randgruppen aufwachsen als ihre vergleichbare deutsche Altersgruppe. Sie sind von sozialer Desintegration, was zum einen auf einer symbolischen Ebene die Auflösung verbindlicher Werte und Praktiken bedeutet (d.h. die Erfahrung, dass routinisierte eigenkulturelle Handlungsabläufe ihre soziale Gültigkeit verlieren), aber auch mit Blick auf die Bedingungen materieller Reproduktion wie etwa Ausbildungs- und den Arbeitssektor betrifft, deutlich stärker betroffen. Gerade bei türkischen Migrantenfamilien ist der letztgenannte Risikofaktor besonders auffällig: Zum einen ist bei ihnen die Arbeitslosigkeit, was in der Regel Armut und materielle Deprivation impliziert, meistens etwa doppelt so hoch wie in der westdeutschen Bevölkerung[10]. So konnten bspw. Pfeiffer & Wetzels bereits im Jahre 2000 zeigen, dass soziale Integration einen zuverlässigen Indikator für Verwicklungen in Gewaltdelikte bildet: Je besser die Integration erfolgte, desto geringer war die Gewaltrate unter den Migrantenjugendlichen. Eine schlechte Integration erhöhte für sie das Risiko, bei der Bewältigung ihrer spezifischen Entwicklungsaufgaben und persönlicher Krisen sich devianten Gruppen anzuschließen und somit wieder in den Strudel der Gewalt zu geraten.[11]

Darüber hinaus lässt sich bei Migranten, und hier beziehe ich mich weitestgehend auf türkischstämmige Migranten, auch stärker von gewaltbegünstigenden herkunftskulturellen Risiken für junge Männer berichten. Darunter sind insbesondere traditionelle Männlichkeitskonzepte zu verstehen, die Maskulinität stark an Dominanz und körperliche Stärke binden und dadurch sich die Disposition zur Gewalt erhöht. Insbesondere werden diese bei sog. perzipierten Ehrkonflikten bzw. Ehrverletzungen wirksam, in denen aus der Sicht der Beteiligten nicht die Gewaltvermeidung, sondern die gewalttätige Auseinandersetzung als normativ für den Erhalt der persönlichen Identität erachtet wird.[12]

[10] Vgl. Gaitanides, Stefan, Zugangsbarrieren von Migrant(inn)en zu den sozialen und psychosozialen Diensten und Strategien interkultureller Öffnung, Opladen, 2001, S. 181-194.

[11] Pfeiffer, Christian/Wetzels, Peter, Junge Türken als Täter und Opfer von Gewalt. Hannover, 2000.

[12] Vgl. Enzmann, Dirk/Brettfeld, Karin/Wetzels, Peter, Männlichkeitsnormen und die Kultur der Ehre. Empirische Prüfung eines theoretischen Modells zur Erklärung erhöhter Delinquenzraten jugendlicher Mig-

Ehrverletzende Beleidigungen (zumeist innerhalb des eigenen ethnischen Kontextes) werden aus der Sicht des beleidigten Mannes als Herausforderungen wahrgenommen, die unabdingbare, oft gewalttätige Entgegnungen erfordern. Diese Herausforderung nicht anzunehmen, sich dieser „Logik der Herausforderung" und ihrer Erwiderung nicht zu stellen, ist gleichbedeutend mit einer Niederlage, mit einer symbolischen Selbstentmächtung und dem Ausschluss aus dem Kreis der ehrenwerten Männer; in sozialpsychologischer Terminologie ein „sozialer Tod", weil die weitere Einbindung in die bedeutsame Referenzgruppe zur Disposition steht. Verwerflich ist aus der Perspektive der Akteure also nicht primär das Unterliegen in einer gewaltsamen Auseinandersetzung, sondern vielmehr sich von vornherein dem Kampf zu entziehen. Deshalb ist ein Verständnis von Gewalt im Kontext von Ehrdelikten fast aussichtslos, wenn man diese entkoppelt von der sexueller Identität und dem spezifischen Konzept von Männlichkeit: Ausweichmanöver, Passivität, Rückzugsstrategien, gesenkter Blick etc. sind Attribute der traditionellen Vorstellung von einer Frau. Von daher muss die Intervention gerade solche Formen von Männlichkeitsvorstellungen in der Erziehung der Jungen kritisch reflektieren und an ihrer Aufweichung arbeiten.

2. Familiale Risiken

Jugendliches Gewaltverhalten ist, unabhängig vom Migrationskontext, stets ein multifaktoriell bedingtes Problemverhalten, wobei die Forschung recht übereinstimmend auf die hohe Bedeutung familialer Einflussfaktoren hinweist[13]. Insbesondere bei Familien türkischer Herkunft ist zu berücksichtigen, dass diese durch die Erfahrung des Kulturwechsels, möglicherweise enttäuschten Erwartungen und eingeschränkter Lebensperspektiven sowie Benachteiligungserfahrungen und Diskriminierungen in Deutschland vermehrten Stressfaktoren ausgesetzt sind, die das Risiko gewaltförmiger Interaktionen innerhalb der Familienmitglieder erhöhen. Diese Aspekte treffen vorwiegend für die Elterngeneration zu. Für sie entsteht durch die Migration eine beständige Konfrontation mit dem Wertesystem der Aufnahmegesellschaft, die vielfach zu verstärkten Bemühungen um den Erhalt eigener kultureller Werte führt und Generationenkonflikte innerhalb der eigenen Familie hervorruft, weil Kinder und Jugendliche aufgrund ihrer Sozialisation in Deutschland sich deutlicher mit der Kultur der Aufnahmegesellschaft verbunden fühlen als ihre Eltern [14]. Gleichzeitig werden diese Jugendlichen aber in einigen Fällen durch Ausgrenzungserfahrungen besonders frustriert, weil sie sich subjektiv dazugehörig fühlen, aber objektiv ausgeschlossen werden, so etwa in jugendspezifische Lokalitäten nicht eingelassen werden, mit diskriminierenden Bemerkungen etc. konfrontiert werden.

---

ranten, Köln, 2004, S. 264-287.

[13] Vgl. Uslucan, Haci-Halil /Fuhrer, Urs/Rademacher, Jeanne, Jugendgewalt und familiale Desintegration, München, 2003, S. 281-293.

[14] Vgl. Merkens, Hans, Familiale Erziehung und Sozialisation türkischer Kinder in Deutschland, Baltmannsweiler, 1997, S. 9-100.

Wird der Erziehungsprozess aus der Sicht der Familien bzw. der Eltern betrachtet, so stehen diese vor der Herausforderung, ihren Kindern Fertigkeiten und Kenntnisse vermitteln zu müssen, bei denen jedoch eine bruchlose soziale Tradition nicht mehr vorliegt, weil ihre Erziehungsvorstellungen von der Gemeinde kaum getragen bzw. unterstützt werden. Darüber hinaus sehen gerade Eltern der zweiten Generation sich genötigt, ihren Kindern eine (eigen-)kulturelle Sozialisation anzubieten, spüren jedoch, dass sie darin selber nicht mehr sicher bzw. Zuhause sind.

Innerhalb des familialen Kontextes stellen insbesondere für männliche Jugendliche die überhöhten, zum Teil unrealistischen, Bildungsaspirationen der Eltern[15] eine weitere Frustrationsquelle dar, weil auf der einen Seite hohe Erwatungen stehen, andererseits aus dem Mangel an eigenen Kompetenzen der Eltern die Erfüllungsbedingungen, d.h. die schulischen Unterstützungsmöglichkeiten gering sind; vor allem bei türkischen Elternteilen, die im Zuge der Familienzusammenführung aus der Türkei hierher gekommen sind und häufig nur über eine fünf- bis maximal achtjährige Schulbildung verfügen. Denn erst seit einigen Jahren (seit 1998) ist in der Türkei die Schulpflicht auf 8 Jahre angehoben worden. Für die Persönlichkeitsentwicklung des Kindes zeigen erziehungspsychologische Längsschnittstudien, dass zu allen Messzeitpunkten insbesondere die Schulbildung der Mutter den wichtigsten Prädiktor bildet[16]. Ausbleibender oder geringer Erfolg der Kinder führt dann zu Enttäuschungen auf Seiten der Eltern und psychischen Belastungen bei Kindern, die sich in aggressiven Akten nach außen oder in depressiven Verstimmungen nach innen äußern können. Vermutlich liegt diese hohe Bildungsaspiration darin, dass viele Migranteneltern die diversen Wege des sozialen Aufstieges in Deutschland zu wenig kennen und qualifizierte Berufe direkt mit akademischen Abschlüssen verbinden, wie es in ihrer Heimat in der Regel auch üblich ist. Hier scheint die Intervention besonders schwierig zu sein, weil gerade durch diese hohen Ansprüche, die Eltern ihren Kindern stellen, sie auch glauben, dadurch ihren erzieherischen Aufgaben gerecht zu werden und ihrer Verantwortung nachzukommen, jedoch die Überforderung nicht sehen. Hier sollte die Intervention verstärkt dahingehend erfolgen, auch andere Wege sozialen Aufstiegs in Deutschland (über Berufsausbildung, Selbstständigkeit, künstlerische, sportliche Fähigkeiten etc.) aufzuzeigen und entsprechende auch nicht-akademische Begabungen von Jugendlichen zu fördern.

---

[15] Vgl. Nauck, Bernhard/Diefenbach, Heike, Bildungsbeteiligung von Kindern aus Familien ausländischer Herkunft. Eine methodenkritische Diskussion des Forschungsstands und eine empirische Bestandsaufnahme, Baltmannsweiler, 1997, S. 289-307.

[16] Vgl. Kruse, Joachim, Erziehungsstil und kindliche Entwicklung: Wechselwirkungsprozesse im Längsschnitt, Göttingen, 2001, S. 63-83.

Nicht zuletzt bildet die Erfahrung von Gewalt im Elternhaus ein eminent bedeutsames Gewaltrisiko für Jugendliche: Wird die Ätiologie der Gewalt unter entwicklungspsychologischer Perspektive betrachtet, so lässt sie sich auf die Kurzformel bringen: „Gewalt erzeugt weitere Gewalt und geschlagene Kinder werden selber zu Schlägern." Die Annahme ist also, dass jugendliches Gewaltverhalten in der Erziehung und Sozialisation gelernt wird, und zwar auf die Art und Weise, dass Kinder und Jugendliche ihre Eltern als Vorbilder und primäre Modelle erleben, die Konflikte mit Gewalt zu lösen versuchen und diese dann im eigenen Leben imitieren. Auch lernen Kinder dabei implizit bestimmte Muster der Konfliktaustragung und Emotionsregulierung kennen. So lernen Jungen, dass der Mann zur Not auch mit Gewalt Gehorsam und Respekt erzwingen kann; Mädchen wird bspw. über das Beobachten der erlittenen Gewalt der Mütter indirekt die Opferrolle heran getragen. Dadurch erhöht sich das Risiko, selbst später in die Rolle des Opfers zu geraten, um das mehrfache im Vergleich zu Frauen ohne massiv belastende Sozialisationserfahrungen, wie die Forschung zur intergenerationalen Transmission von Gewalt festgestellt hat.

Exemplarisch konnte bereits in den Studien der 80-er Jahre gezeigt werden, dass rund 56% der aktiv gewalttätigen Eltern selbst in ihrer Kindheit Gewalt erlitten hatten.[17] Noch höher ist jedoch das Risiko, selbst in der Erziehung Gewalt anzuwenden, wenn innerhalb der Partnerschaft die Mütter selbst Gewalt erfahren. Demnach stellt das höchste Gewaltrisiko für ein Kind eine reviktimisierte Mutter dar, d.h. eine, die sowohl als Kind wie auch innerhalb der Partnerschaft Gewalt erfahren hat oder erfährt.

Dann ist anzunehmen, dass viktimisierte Kinder und Jugendliche in ihrem sozialen Alltag eher die Erwatung hegen, von anderen abgelehnt oder bedroht zu werden und deuten vermutlich Handlungen im interpersonalen Bereich eher als feindselig oder provokativ, gleichwohl diese freundlich oder neutral gemeint sein können. Neben der verzerrten Wahrnehmung der Situation glauben sie dann, der vermeintlichen Bedrohung durch Gegenangriffe zuvorkommen und präventiv den Anderen schlagen zu müssen. Führen diese aggressiven Selbstbehauptungen zum Erfolg, können sie als Verstärker für weiteres aggressives Verhalten dienen.

Bezogen auf Migrationskontexte lässt sich festhalten, dass die intergenerative Transmission von Werthaltungen und erzieherischen Praktiken in Migrantenfamilien in der Regel stärker als bei anderen einheimischen Familien ausfällt; sie tendieren auch in der Fremde eher zu Beibehaltung eines „familiären Kerns". So gibt es Befunde, die zeigen, dass bspw. die Familie in der türkischen Kultur im Allgemeinen eine höhere sozial integrierende und einbindende Funktion hat als in deutschen Familien, indem sowohl Autoritätsstrukturen als auch emotionale Verbundenheit der Familienmitglieder stärker betont werden[18]. Insofern scheint das Risiko für Migrantenkinder, selbst

---

[17]   Vgl. Wetzels, Peter, Gewalterfahrungen in der frühen Kindheit, Hannover, 1997, S. 104.

[18]   Vgl. Kagitcibasi, Cigdem/Sunar, Diane, Familie und Sozialisation in der Türkei, Stuttgart, 1997, S. 145-161.

Opfer von Gewalt in der Familie zu werden, wesentlich höher als für deutsche Kinder zu sein, gerade wenn die eigenen Eltern wiederum von ihren Eltern Gewalt erfahren haben. Diese Annahmen wurden von uns in einer empirischen Studie in Berlin geprüft[19].

Im Einzelnen ließ sich dabei feststellen, dass türkische Mütter gegenüber ihren jugendlichen Kindern häufiger Gewalt in der Erziehung anwendeten, wenn sie in ihrer eigenen Kindheit Gewalt vom eigenen Vater erfahren haben. Entsprechend zeigte sich dies auch bei türkischen Vätern. Darüber hinaus wurde überprüft, inwieweit die Integration türkischer Eltern jugendliche Gewalt vorhersagen und die Weitergabe von elterlicher auf jugendliche Gewalt moderieren kann. Hier konnte in den statistischen Analysen festgestellt werden, dass die Transmission mütterlicher Gewalt auf jugendliche Gewalt deutlich von der Integration der Mutter abhängig ist. Die väterliche Integration hingegen moderierte die Transmission von väterlicher auf jugendliche Gewalt nicht; d.h. für die Frage, wieweit in der Erziehung dem Kind gegenüber körperliche Strafen verhängt wurden, hing – neben der eigenen Gewalterfahrung der Mutter – davon ab, wie ihnen die Integration in Deutschland gelingt. Je besser den türkischen Müttern die Integration gelingt, desto weniger reagieren sie bei Konflikten in der Mutter-Kind-Beziehung mit körperlicher Bestrafung, was noch einmal die eminent bedeutsame Stellung insbesondere der mütterlichen Integration auch für Gewaltpräventionszwecke aufzeigt.

Für die familiäre Intervention bedeutet das, dass der Fokus nicht nur auf die Förderung und Integration von Migrantenkindern allein zu richten ist, sondern besonders die Integration der Mütter zu fördern ist. Insbesondere führt eine Verbesserung der eigenen kognitiven Fähigkeiten der Mutter dazu, das Kind effektiver fördern und unterstützen zu können. Auch die Aneignung erzieherischen Wissens fällt dann den Müttern leichter.

Des Weiteren werden in der Forschung insbesondere jugendliche Mütter als eine Hochrisikogruppe eingeschätzt. Sie verfügen vielfach nur über eingeschränkte Erziehungs- und Pflegequalitäten. Im Vergleich mit älteren Müttern haben sie weniger Kenntnisse über das Entwicklungstempo der Kinder und über die Entwicklungsangemessenheit kindlicher Verhaltensweisen. Ferner neigen sie eher zu Erziehungseinstellungen, die Strafen bevorzugen und sind im Umgang mit ihrem Säugling und Kleinkind weniger feinfühlig[20]. Gerade wenn Eltern selber noch Teenager und bedürftig sind, zugleich aber sensibel sein sollen für kindliche Bedürfnisse, fühlen sie sich mit dieser Entwicklungsaufgabe häufig überfordert. Von früher Mutterschaft als

[19] Mayer, Simone/Fuhrer, Urs/Uslucan, Haci-Halil, Akkulturation und intergenerationale Transmission von Gewalt in Familien türkischer Herkunft. München, 2005, S. 168-185.

[20] Vgl. Ziegenhain, Ute/Derksen, Bärbel/Dreisörner, Ruth, Frühe Förderung von Resilienz bei jungen Müttern und ihren Säuglingen, Göttingen, 2004, S. 226-234.

Risikofaktor sind insbesondere Migrantinnen, v.a. türkische Mütter, deutlich stärker betroffen. Nicht selten ist in Beratungs- und Therapiekontexten zu erleben, dass junge Frauen, die auch in Deutschland den ländlichen Traditionen folgend, mit knapp 18 Jahren geheiratet haben (oder verheiratet wurden) und im Alter von 20 bis 25 Jahren zwei und mehr Kinder zu versorgen haben. Vor diesem Hintergrund ist bei der Beratung von Migranteneltern eine tiefer gehende Aufklärung über die Risiken der Frühverheiratung und der frühen Schwangerschaften – sowohl für die Mutter wie für das Kind - vonnöten.

3. Persönlich-biografische Gewaltrisiken

Forschungen zu Jugendentwicklungen weisen das Alter als den stärksten Prädiktor für die Aufrechterhaltung von devianten Verhaltensweisen aus; das Alter, ab wann bspw. eine kriminelle Tat begangen wird ("age of onset of antisocial behavior"), ist ein relativ zuverlässiger Hinweis für eine spätere adulte kriminelle Belastung [21]. Ein früher Beginn geht mit einer erhöhten Gewalt- und Delinquenzrate einher. Die meisten Formen der Devianz, wie etwa Diebstahl, Raub, Vandalismus und Gewalt hören vielfach mit Anfang 20 Jahren, spätestens aber mit Anfang 30 Jahren, auf. Gleichwohl männliche Jugendliche deutlich stärker in diese Formen der Delinquenz involviert sind, gilt dieser Alterstrend für beide Geschlechter[22]. Was den Höhepunkt der Gewalthandlungen betrifft, so ist die Forschung hier eher uneinheitlich: einigen Studien zufolge liegt sie im Alter von 17 Jahren, andere beobachten das "Peak" in der Altersphase von 15 Jahren.[23] Dabei kann die häufig mit Sorge vorgetragene "Verjüngung" der Delinquenzbelastung sowohl als ein sozialpolitisches Signal, aber auch als eine "günstige Botschaft" gedeutet werden, weil nämlich dann eher zu erwarten ist, dass diese Jugendlichen vermutlich am Beginn einer "delinquenten Karriere" stehen und erzieherische Bemühungen eher einen Erfolg zeitigen werden, wogegen bei älteren Delinquenten Fehlentwicklungen bereits stärker verfestigt sein könnten.

Andere Forscher haben bei der Entwicklung des aggressiven Verhaltens Frühstarter von Spätstartern unterschieden, wobei das Alter von 14 Jahren als "Marker" zugrunde gelegt wurde[24]. Präzisierend ist hierbei hinzuzufügen, dass nicht die physikalische Variable Alter als ursächlich angenommen wird, sondern die in der Regel mit dem Alter einhergehenden psychischen Veränderungs- und Entwicklungsprozesse.

---

[21] Vgl. Farrington, David/Loeber,Rolf/ Elliott, Delbert/ Hawkins, J. David/ Kandel, Denise/ Klein, Malcolm/ McCord, Joan/Rowe, David/Tremblay, Richard, Advancing knowledge about the onset of delinquency and crime. New York, 1990, S. 283-342.

[22] Vgl. Gove, Walter R, The effect of age and gender on deviant behavior: A biopsychosocial perspective. Chicago, 1985, S. 115-144.

[23] Vgl. Moffitt, Terrie, Adolescence-Limited and Life-Course-Persistent Antisocial Behavior: A Developmental Taxonomy. Washington, 1993, S. 674-701.

[24] Vgl. Piquero, Alex/Chung, He Len, On the Relationships Between Gender, Early Onset, and the Seriousness of Offending. Amsterdam, 2001, S. 189-206.

Damit in engem Zusammenhang hat sich in der Gewaltforschung die von Moffitt (1993) vorgeschlagene Taxonomie in „adolescence-limited antisocial behaviour" und „life-course-persistent antisocial behaviour" durchgesetzt. Diese beiden Gruppen zeigen markante Unterscheidungen, sowohl was die Ätiologie, als auch den Verlauf, die Prognose und die Behandlung von Gewalthandlungen betrifft.

In einigen Studien wurden kleinere neurologische Defizite bereits kurz nach der Geburt bei Personen beobachtet, die später einer erhöhten Gewaltbelastung und antisozialem Verhalten ausgesetzt waren. Der Zusammenhang von neurobiologischer Verletzung und antisozialem Verhalten ist relativ stabil und wird häufig berichtet.[25] Individuelle Variationen in der Hirntätigkeit können gewaltrelevante Faktoren wie Temperament und Impulskontrolle (Erregbarkeit), aber auch natürliche kognitive Fähigkeiten wie bspw. das Argumentieren etc. beeinflussen. Kinder mit schwierigem Temperament widersetzen sich häufiger und intensiver elterlichen Erziehungsbemühungen, was die Eltern wiederum aus Resignation und Überforderung gewaltgeneigt macht.

Auch werden Kinder mit geringer Impulskontrolle von Gleichaltrigen wie auch von Erwachsenen eher abgelehnt, u.a. auch wegen ihrer unvorhersagbaren aggressiven Impulsdurchbrüche. Diese Kinder erwarten im Laufe der Entwicklung viel häufiger Ablehnung und entwickeln mehr und mehr eine feindselige Persönlichkeit, nehmen andere eher als Drohung wahr und wenden in einigen Fällen selber „vorsorglich" Gewalt an. Dadurch entgehen ihnen aber auch immer wieder Chancen, konventionelle soziale Fertigkeiten zu erlernen. Es finden reziproke Interaktionen zwischen Persönlichkeitsmerkmalen (traits) und den Umweltreaktionen statt. Vielfach schaffen sie es nicht, langandauernde, durch Loyalitäten gekennzeichnete Freundschaften zu unterhalten. Sie sind, im Gegensatz bspw. zu den „adolescence-limited" (denen, die nur in der Jugendphase sich devianten Cliquen anschließen), eher bereit, auch allein kriminelle Straftaten zu verüben.

Hier liegt für Migrantenkinder und –jugendliche insofern ein Risiko, als dass diese neurologischen Störungen aufgrund von Zugangsbarrieren zu Experten, sprachlichen Schwierigkeiten etc. noch seltener von den Eltern bzw. den Professionellen erkannt werden und statt dessen vielfach eher eine kulturalistische Deutung erfahren; d.h. sie werden eher einem „heissblütigem Temperament" von Südländern bzw. ihrem hohem Aktivierungsniveau zugeschrieben, jedoch nicht als eine (behandlungsbedürftige) Störung der Impulskontrolle betrachtet.

---

[25] Vgl. Moffitt, Terrie, Adolescence-Limited and Life-Course-Persistent Antisocial Behavior: A Developmental Taxonomy. Washington, 1993, S. 674-701.

III. Prävention und Intervention

Für den pädagogischen Alltag sind neben Erklärungen der stärkeren Gewaltbelastung von Migrantenjugendlichen auch Ansätze erforderlich, die Antworten auf die Frage geben, welche Ressourcen bzw. welche Resilienzfaktoren Migrantenjugendliche haben, die sie vor gewaltförmigen Kontexten schützen könnten. Denn Gewalt und Aggression von Jugendlichen sind zu verstehen als ein dynamisches Zusammenspiel von Risiken und den ihnen entgegenstehenden Ressourcen[26].

Generell sind Interventionsprogramme dann effektiv, wenn es sich bei ihnen um gezielte pädagogische Hilfen für eine bestimmte Risikogruppe handelt und sie mit Blick auf delinquente Entwicklungen möglichst im frühen Kindesalter einsetzen. Darüber hinaus ist, was die Gewaltprävention betrifft - ähnlich der Unterscheidung in der Kriminologie - auf Präventionsmaßnahmen, die gewaltunspezifisch sind, wie etwa Verbesserung der sozialen Bedingungen von Migranten, Verbesserung der Erziehungskompetenz der Eltern etc. und der spezifisch problemorientierten, direkt gewaltrelevante Aspekten, bspw. direktes Training von sozialen Kompetenzen, Interventionen der Normverdeutlichung etc. hinzuweisen [27].

Präventions- bzw. Interventionsansätze:

1. Erziehungskompetenzen

Wenngleich eine unspezifische Maßnahme, so zeigt doch die pädagogische Praxis, dass über die Verbesserung der Erziehungsqualität der Eltern gewaltpräventive Wirkungen erzielt werden können. So ist bspw. in erzieherischen Kontexten indiziert, Kindern sehr früh schon zu Selbstwirksamkeit, zu einem Gefühl der Kontrolle über das eigene Leben, zu verhelfen. Insbesondere kann das durch einen systematischen Einbezug des Kindes in Entscheidungsprozesse und durch die Verantwortungsübernahme des Kindes gefördert werden. Hier gilt es bspw., Migranteneltern die Bedeutung des Einbezuges eines Kindes in familiale Entscheidungsprozesse zu verdeutlichen und bei ihnen die zum Teil vorherrschende traditionelle Haltung „Es ist doch noch ein Kind" bzw. die stark ausgeprägte permissive Erziehung sowie die geringe Selbstständigkeitserwartung in der frühen Kindheit mit Hinblick auf dessen nonoptimale Folgen für das Kind zu thematisieren und langfristig zu überwinden. Die Erfahrungen des Autors hierbei sind, dass bspw. türkische und muslimische Eltern relativ aufgeschlossen und an aktiver Veränderung interessiert sind, was die Teilnahme an Erziehungsfortbildungen betrifft, wenn diese jedoch niedrigschwellig und in der Muttersprache angeboten werden.

Denkbar ist auch, in Beratungskontexten die hohen Bildungsaspirationen direkt in Zusammenhang mit gewaltfreier Erziehung zu stellen; denn wenn Kinder und Ju-

---

[26] Vgl. Petermann, Franz/Scheithauer, Herbert/Niebank, Kai, Entwicklungswissenschaft, Berlin/Heidelberg, 2004.

[27] Vgl. http://www.uni-heidelberg.de/institute/fak2/krimi/DVJJ/Aufsaetze/Roessner2004.pdf.

gendliche mit Migrationshintergrund vielfach Hoffnungsträger der gescheiterten Bildungs- bzw. Berufskarriere der Eltern sind und Eltern mit diesen hohen Aspirationen die Kinder überfordern, dann sollte die Verbindung von Erziehung und Schule bzw. Schulleistungen des Kindes thematisiert werden und Migranteneltern eindringlich aufgezeigt werden, dass geschlagene Kinder häufiger auch in ihren schulischen Leistungen beeinträchtigt werden und Gewalt in der Erziehung nicht zu einer schulischen Verbesserung des Kindes führt. Dadurch wird das Risiko, dass dieses Kind in weitere Gewalthandlungen verwickelt wird, reduziert. Oft geben insbesondere türkische Eltern als Erziehungsziel für ihr Kind an, das Kind möge ein „der Gesellschaft nützlicher Mensch" werden; an diese eigenen Erziehungsziele anknüpfend sollte Migranteneltern in Beratungskontexten verdeutlicht werden, dass gerade eine strafende Erziehung, die Angst des Kindes vor Schlägen, eher zur Ausbildung einer verschüchterten, antisozialen Persönlichkeit führt und Potenziale des Kindes erstickt. Was die hiesige Gesellschaft braucht, sind selbstbewusste, kreative Menschen. Durch Ausbildung von eher gehorsamen, autoritären Kindern hemmen sie ihre Entwicklungschancen in Schule und Beruf.

2. Sichere Bindungen

Konsens in der psychologischen Forschung besteht darüber, dass die in den ersten beiden Lebensjahren etablierte sichere Mutter-Kind Bindung eine bedeutsame Entwicklungsressource darstellt[28]. Dieser Befund sollte in Erziehungs- und Familienberatungsstellen, Jugendämtern etc., insbesondere gegenüber Migrantenfamilien und – müttern stärker kommuniziert werden. Vielfach fehlt Migranteneltern das notwendige Wissen um Entwicklungsgesetzlichkeiten, Entwicklungstempo und sensible Phasen in der Entwicklung des Kindes. Denn die Auswirkungen unsicherer Bindung bleiben nicht auf die Kindheit begrenzt, sondern sind auch in der Jugendphase wirksam. Unsicher gebundene Jugendliche zeigen weniger Ich-Flexibilität, negatives Selbstkonzept, stärkere Hilflosigkeit und Feindseligkeit[29]. Dagegen ist eine sichere Bindung im Kindesalter nicht nur eine emotional bedeutsame Ressource, sondern auch ein Entfaltungspotenzial für kognitive Ressourcen; sicher gebundene Kinder explorieren ihre Umgebung besser und zeigen höhere intellektuelle Leistungen. Auch sollte hierbei die Bindung der Eltern zu den eigenen Eltern thematisiert werden, um eventuelle Muster abträglicher Eltern-Kind-Beziehungen transparent zu machen, bspw. die erlebte Gewalt/Zuwendung der Eltern während ihrer eigenen Kindheit.

3. Gewaltprävention in der Schule

Gewaltprävention gehört zu den eminent bedeutsamen pädagogischen Aufgaben der Schule. Nicht nur Migrantenjugendliche, sondern auch deutsche Jugendliche, die

---

[28] Vgl. Scheithauer, Herbert/Petermann, Franz/Niebank, Kai, Frühkindliche Entwicklung und Entwicklungsrisiken, Göttingen, 2000, S. 15-38.

[29] Vgl. Seiffge-Krenke, Inge/Becker-Stoll, Fabienne, Bindungsrepräsentation und Coping im Jugend- und Erwachsenenalter, Göttingen, 2004, S. 235-247.

mit Gewaltbelastungen auffallen, weisen in der Regel gleichzeitig auch schlechte Schulleistungen auf. Hier ist, an die Befunde der pädagogischen Psychologie anknüpfend, ratsam, die Leistungen von Migrantenjugendlichen nicht nur an einer sozialen Bezugsnorm – meistens die gleichaltrige deutsche Altersgruppe in der Klasse – zu messen. Denn dann spüren sie, dass sie trotz Anstrengungen vielfach nicht die erforderlichen Leistungen bringen und sind eher geneigt, zu resignieren. Förderlicher scheint es dagegen, die individuellen Entwicklungsschritte und Verbesserungen zu berücksichtigen und diese dann zu würdigen, d.h. dem Jugendlichen zeigen, wie er sich durch eigene Anstrengung auch verbessern kann[30].

Darüber hinaus haben sich, was den schulischen Unterricht betrifft - neben der direkten Thematisierung von Gewalt und Gewaltfolgen im Unterricht - stärker handlungsorientierte Formen des Unterrichts (und nicht nur Frontalunterricht) als gewaltpräventiv erwiesen[31]. Diese beziehen die Jugendlichen stärker ein, ermöglichen ihnen dadurch Partizipation und in Folge dessen sind Jugendliche weniger mit Ohnmachtserfahrungen in der Schule konfrontiert. Diesen Zusammenhang gilt es von frühester Schulzeit insbesondere für Jugendliche mit Migrationshintergrund zu nutzen, damit sie in der Schule nicht nur Versagenserfahrungen machen, die sie dann mit Dominanz und Gewalt zu kompensieren versuchen, sondern auch eigene persönliche Stärken zur Geltung kommen lassen können.

Auch ist pädagogisch zu raten, Migrantenjugendliche noch stärker in verantwortungsvolle Positionen - ungeachtet möglicherweise ihrer geringeren sprachlichen Kompetenzen – einzubinden. Dann können sie sich stärker mit der Aufgabe identifizieren, die inneren Bindungen zur Schule werden gestärkt, und sie machen dadurch Erfahrungen der Nützlichkeit und der Selbstwirksamkeit.

So sind exemplarisch Schulprojekte (Buddy-projekte) wie „Großer Bruder", „Große Schwester", zu nennen, bei denen kompetente ältere Jugendliche Risikokindern wie etwa Kindern aus chaotischen, ungeordneten Elternhäusern, Elternhäusern mit psychischer Erkrankung der Eltern etc., zugeordnet werden und Teilverantwortungen für sie übernehmen. Diese „Brüder" oder „Schwester"– werden - im Gegensatz zu den Eltern, die in diesen Konstellationen nicht als Vorbilder taugen - zu positiven Rollenvorbildern und können wünschenswerte Entwicklungen stimulieren.

4. Prävention auf der Ebene der sozialen Gemeinde

Eine effektive Kriminal- und Gewaltprävention basiert nicht zuletzt auch darauf, dass im alltäglichen Umgang mit Migranten rassistische und vorurteilsbehaftete Haltungen und diskriminierende Praktiken gegenüber Migranten bekämpft werden. Wenn bspw.

---

[30] Vgl. Rheinberg, Falko, Motivation. Stuttgart, 2006.

[31] Vgl. Gollon, Marc, Gedanken zur präventiven Funktion handlungsorientierter Unterrichtsmethoden. München, 2003, S. 219-239.

der öffentliche Diskurs um Migration und Männlichkeit nur in einer Assoziation mit Ehrenmorden, religiösem Fanatismus und Jugendgewalt durchgeführt wird, Ängste vor einer angeblichen „Überfremdung" geschürt werden, dann werden bestimmte Bilder verfestigt und alle anderen Lebensrealitäten und erfolgreiche, gelungene Migrationsgeschichten ausgeblendet. Wenn bestimmte Personengruppen stets die Erfahrung machen, dass sie zu den „Ausgestoßenen" zählen, dass sie unerwünscht sind, dann kann das kaum zu einer Veränderung der missbilligten Situation beitragen, weil sie ihrerseits als „Ausgestoßene" keinen zwingenden Grund sehen, sich zu ändern. Eher werden durch Vorurteile das Risiko der Viktimisierung von abgewerteten Gruppen erhöht, was in Folge auch deren Gewalthandeln anstachelt.

Diese Annahme wurde bspw. in der Studie von Brüß (2004) empirisch überprüft und es zeigte sich, dass eine Befürwortung sozialer Dominanz bei deutschen Jugendlichen zu einem Anstieg an aggressiven antisozialen Aktivitäten führte. [32]

Gleichwohl die Interventionen für ein vorurteilsloses, nicht-diskriminierendes Miteinander von Mehrheiten und Migranten direkt für die Gewaltprävention gering sein mag, so ist sie doch als ein öffentliches Signal bedeutsam, damit latenten Rassismen keine Chance gegeben wird, bzw. Ansichten nicht bekräftigt werden, die Vorurteile und Ressentiments gegenüber Migranten andeuten oder offen aussprechen.

---

[32] Vgl. Brüß, Joachim, Zwischen Gewaltbereitschaft und Systemvertrauen. Eine Analyse zu aggressivem antisozialem Verhalten zwischen deutschen, türkischen und Aussiedler-Jugendlichen. München, 2004, S. 200-210.

Hellgard van Hüllen

Victim Support Europe – schnelle Hilfe im internationalen Kontext

Einführung

Danke für die Einladung und die Möglichkeit, heute zu Ihnen zu sprechen im Namen des WEISSEN RINGS und Victim Support Europe. Ich stehe also hier in einer Doppelrolle als stellvertretende Bundesvorsitzende des WR (und Außenstellenleiterin) und als Schatzmeisterin von VSE. Ich möchte Ihnen über Victim Support Europe berichten, aber auch genügend Zeit für Fragen lassen.

WEISSER RING im internationalen Kontext

Der WR hilft allen Opfern von vorsätzlichen Straftaten durch immaterielle Hilfen (menschlichen Beistand und Beratung), aber auch durch materielle Hilfen, wenn das Opfer bedürftig ist. Diese Hilfe leisten wir im gesamten Bundesgebiet mit ca. 3000 ehrenamtlichen Mitarbeitern in 420 Außenstellen. Im deutschen WR ist aber darüber hinaus Prävention eines der vier Ziele in unserer Satzung. Lassen Sie mich aus dem Handbuch des WR zitieren:

Der WEISSE RING hilft Kriminalitätsopfern und ihren Angehörigen bei der Bewältigung ihrer schwierigen Lage. In jährlich vielen zig-tausend Stunden kümmern sich die ehrenamtlichen Helferinnen und Helfer des Vereins um die Menschen, die unmittelbar Opfer einer Straftat geworden sind, außerdem auch um die vielen Anderen, die davon mittelbar betroffen sind. Opferhilfe und insbesondere Opferschutz bedeuten jedoch nicht nur menschliche Zuwendung und persönliche Hilfestellung, sondern auch die Verhinderung zukünftiger Straftaten. Insofern ist Kriminalitätsvorbeugung der beste Opferschutz! Denn keine weitere Straftat heißt auch: Kein weiteres Opfer, keine erneute Opferwerdung, kein weiterer Schaden – und damit insgesamt ein Mehr an Sicherheit und Sicherheitsgefühl.

Dennoch gibt es immer wieder Diskussionen innerhalb der Organisation, welche Form der Prävention und welche Präventionsprojekte unterstützt werden sollten. Erst seit ein paar Jahren sind wir beim WR national und lokal aktiver in dieser Hinsicht.

Wir sehen zwei Haupt-Aufgaben in diesem Zusammenhang:

- Verhinderung einer ersten oder wiederholten Opferwerdung durch strafbare Handlungen (primäre Viktimisierung)

- Verhinderung einer Opferwerdung im polizeilichen und justiziellen Strafverfahren sowie durch das soziale Umfeld (sekundäre Viktimisierung oder Reviktimisierung).

Wir führen eigene Präventions-Projekte durch, wie

- „Medienhelden" – Prävention von Cybermobbing

- DOSB-Aktion „Gewalt gegen Frauen – nicht mit uns!" – Prävention von Gewalt gegen Frauen & Zusammenarbeit mit der Deutschen Sportjugend (dsj) – Prävention von sexualisierter Gewalt

- Pixi-Bücher zur Prävention von sex. Missbrauch
  - White IT – Bündnis gegen Kinderpornografie

- „Zeig Zivilcourage!"-Kampagne des WEISSEN RINGS

- „Fairplay in der Liebe" - Prävention von Beziehungsgewalt

- „Sportler setzen Zeichen"

- Der Gedanke „Ich kann`s ohne Gewalt. Du auch!?" steht Pate bei der bundesweiten Präventionskampagne des WEISSEN RINGS, in der es darum geht, Jugendlichen Möglichkeiten einer sinnvollen Freizeitgestaltung aufzuzeigen.

Des Weiteren wird hierzu ein 3-tägiges Seminar über Prävention für unsere ehrenamtlichen Mitarbeiter angeboten.

Immer wichtiger wird die Hilfe nach Straftaten, in denen ein Bezug zum Ausland besteht. Sei es, dass die Tat im Ausland geschah; oder sei es, dass das Opfer Ausländer ist. Der WR unterstützt alle Opfer vorsätzlicher Straftaten, wenn diese in Deutschland Opfer geworden sind. Hilfen können ungeachtet ihrer Staatsangehörigkeit alle Personen erhalten, die ihren Wohnsitz oder ständigen Aufenthalt im Gebiet der Bundesrepublik Deutschland haben. Dies gilt auch dann, wenn die Tat im Ausland geschehen ist. Personen, die im Ausland leben, können also Unterstützung erhalten, wenn sie in Deutschland Opfer einer Straftat wurden. Mit diesem weiten Hilfsangebot ist eine schnelle Hilfe gewährleistet.

Die Hilfen können auch vorbeugend erteilt werden, insbesondere durch Beratung über Schutzmöglichkeiten. (Beispiele: Fälle häuslicher Gewalt – sogar erwünscht, um zu wissen, was im Ernstfall zu tun ist, Nachbarschaftsstreitigkeiten).

Die meisten Schutzbedürfnisse bestehen aber in der Vermeidung erneuter Viktimisierung, sei es beim Ermittlungsverfahren, beim Hauptverfahren oder nach Abschluss des Strafverfahrens.

Insbesondere bei ausländischen Personen oder solchen mit Migrationshintergrund können Sprach- und Verständnisprobleme auftauchen. Durch die große Zahl der ehrenamtlichen Mitarbeiter (ca. 3000) ist auch eine Hilfestellung bei Sprachschwierigkeiten oft leistbar, ggf. wird ein Dolmetscher bezahlt.

Was aber, wenn die Straftat im Ausland stattgefunden hat und man dort nach Schutz-möglichkeiten sucht? Dies sind die klassischen Fälle, in denen internationale Bezie-hungen für eine schnelle Hilfe wichtig sind. Und hier kommt VSE ins Spiel.

Victim Support Europe (VSE)

Im Jahr 2001 hatte ich erstmals die Gelegenheit, eine Jahreskonferenz von VSE zu besuchen. Seitdem nahm ich an den meisten Jahreskonferenzen teil. Es war und ist erstaunlich für mich zu sehen, wie einige Probleme überall auftreten und sehr ähnlich sind, und es war und ist auch inspirierend, Erfahrungen und Ideen für die zukünfti-ge Arbeit auszutauschen. Im WR setzte sich in den letzten Jahren die Überzeugung durch, dass wir uns vermehrt in europäischen Fragen engagieren sollten, da immer mehr Zuständigkeiten auf die EU verlagert sind. Seit einigen Jahren bin ich Vor-standsmitglied von VSE.

Geschichte von Victim Support Europe

Lassen Sie mich zunächst einige Details über die Geschichte und Entwicklung von VSE sagen, denn das zeigt auch die Probleme und Chancen auf, mit denen wir heute konfrontiert sind.

Heute hat VSE hat 32 Mitglieder aus 24 europäischen Ländern.

Dieses Opferhilfe-Netzwerk wurde im Jahr 1990 mit dem Namen „European Forum for Victim Services" gegründet. European bedeutet in diesem Zusammenhang, dass alle Nicht-Regierungs-Organisationen aus den Ländern des Europarates, die allge-meine Opferunterstützung leisten, als Mitglieder willkommen sind. VSE wurde da-mals nach schweizerischem Recht gegründet.

Präsidenten waren ua Marc Groenhuisen, der jetzt Professor an der Tilburgh Univer-sity ist, und Dame Helen Reeves, die vorschlug, den Sitz nach London zu verlegen. Dies galt als effizienter speziell für Anträge an die EU, Helen Reeves konnte so das Büro ihrer eigenen Organisation in London nutzen und hatte alles in der Nähe, wie Rechtsanwälte, Wirtschaftsprüfer usw.

Als der Niederländer Jaap Smit Präsident wurde, blieb der Sitz rechtlich noch in Lon-don, aber die Arbeit wurde in den Niederlanden bei Slachtofferhulp getan. Das war manchmal ziemlich schwierig für alle Beteiligten.

Diese Situation führte zu Diskussionen. Sollten die Aktivitäten und damit die Finan-zierung sich mehr auf die Europäische Union konzentrieren? Als erstes Ergebnis wur-de der Name in Victim Support Europe geändert, um zu zeigen, dass wir die **eine** und **wichtigste** Stimme für die Opferunterstützung sein wollten und sind!

Unter dem Vorsitz des Schotten David McKenna wurde die Struktur von VSE über-dacht. Sollte die Adresse VSE der Präsidentschaft folgen oder sollte es dauerhaft sein

– gleichgültig, welche Nationalität der Präsident hat. Mit der neuen Definition der Rolle war es klar, dass es eine feste Adresse und auch eine richtiges Büro geben musste. Da die EU sowohl als Financier wie auch als politischer Ansprechpartner von besonderer Bedeutung war und ist, stand die örtliche Nähe im Vordergrund. VSE startete daher im Oktober 2010 als AISBL nach belgischem Recht. (Ziemlich kompliziert), was dann auch dazu führte, ein eigenes Büro in Brüssel zu haben. Zunächst war dies nicht viel mehr als ein Briefkasten, dankenswerterweise im Büro von ENCJ.

Seit 2012 hat VSE ein eigenes Büro in Brüssel mit einer (zur Zeit 2) Teilzeit-Angestellten. Das brachte sofort bessere Kontakte mit den Beamten in Brüssel.

Ein dauerhaftes Problem während all dieser Zeit und auch heute noch ist die Finanzierung VSE. Über Mitgliedsbeiträge von NGO's allein ist eine Finanzierung praktisch unmöglich, wenn man effiziente Arbeit leisten soll. Wir müssen um die Finanzierung durch die EU kämpfen. EU-Zusagen kommen immer spät im Jahr und man weiß nie, wie es in den folgenden Jahre aussieht. Dies ist etwas, das geändert werden müsste. Eine verlässlichere Grundlage ist notwendig.

VSE heute

Victim Support Europe's 32 Mitgliedsorganisationen haben sich eine Reihe von Richtlinien gegeben, um Mindeststandards zu entwickeln. Dennoch gibt es viele Unterschiede und Merkmale, die von Land zu Land variieren. Jedes Mal, wenn wir uns treffen, lernen wir etwas Neues und Interessantes übereinander.

Victim Support Europe's Mitgliedsorganisationen existieren verschieden lange; einige Organisationen seit mehr als 30 Jahren, andere sind in den frühen Stadien der Entwicklung. Auch erhebliche Größenunterschiede gibt es.

Durch das **Netzwerk** Victim Support Europe werden alle Mitglieder in die Lage versetzt, voneinander zu lernen, zum Beispiel bezüglich Mindeststandards für Ausbildungsprogramme, Bedarfsanalysen, der europäischen Politik und Gesetzgebung und der verschiedenen Modelle der **Opferhilfe.** Opfer in ganz Europa sollen so in die Lage versetzt werden, besseren Service zu erhalten. Dies ist wichtig in einem geeinten Europa, das geprägt ist von reger Reisetätigkeit und wirtschaftlichem Austausch.

Darüber hinaus funktioniert aber auch eine praktische Unterstützung bei Opferfällen mit Auslandsbezug. Da man sich kennt, ist es ein Leichtes, Informationen und Hilfen zu erhalten. Da ich Vorsitzende des Fachbeirats Europa und Internationales beim WR bin, kommen auch an mich laufend Anfragen für solche Fälle.

Unser Hauptziel ist die Stärkung der Rechte und Hilfen für alle Opfer von Straftaten in Europa.

Victim Support Europe fördert den Aufbau und die Entwicklung der Opferrechte und Hilfen in ganz Europa. Die Organisation will sicherstellen, dass jedes Opfer in Europa in der Lage ist, Informationen und Hilfen zu erhalten, unabhängig davon, wo das Opfer wohnt oder wo das Verbrechen stattfand. So gibt es Länder, in denen es keine allgemeinen Unterstützungsdienste gibt. Diese müssen entwickelt werden.

VSE Richtlinien

Victim Support Europe beeinflusst aktiv die Entwicklung der europäischen Politik, um die Bedürfnisse der Opfer und anderer Menschen, die von Kriminalität betroffen sind, zu verbessern und deren Rechte und ihren Schutz zu stärken. Wir wollen sicherstellen, dass neue Gesetze sowohl die Bedürfnisse der direkten Opfer als auch die anderer Betroffener von Straftaten berücksichtigen. Wir wollen auch sicherstellen, dass die Opferhilfe tatsächlich erbracht wird und zugeschnitten ist auf die individuellen Bedürfnisse der Opfer.

VSE produzierte und veröffentlichte wichtige Dokumente und zwar:

- Statement of Victims' Rights in the Process of Criminal Justice (1996,1997);
- Statement of the Social Rights of Victims of Crim e (1998);
- Statement of Victims' Rights to Standards of Service (1999);
- Manifesto for Europe (2008). Manifest für Europa (2008).

Die **strategischen Prioritäten** von Victim Support Europe für die Jahre 2012-2015 sind:

- **Förderung und Koordinierung der Entwicklung von qualitativ hochwertigen Dienstleistungen für die Opfer von Verbrechen in ganz Europa:**
  Darüber hinaus koordiniert Victim Support Europe grenzüberschreitende Zusammenarbeit zwischen unseren Mitgliedsorganisationen, um sicherzustellen, dass die Opfer in der Lage sind, Unterstützung auch in ihren eigenen Ländern zu erhalten, unabhängig davon, wo das Verbrechen stattfand.

- **Stärkung der Stellung als Anwalt der Rechte der Opfer in Europa:**
  Victim Support Europe spricht im Namen der Opfer, um deren Rechte und rechtlichen Schutz in ganz Europa zu sichern. Die Organisation arbeitet mit den europäischen Institutionen, den EU-Mitgliedstaaten, externen Netzwerken, Agenturen und Partnerorganisationen zusammen, um das Bewusstsein und Informationen hinsichtlich der Bedürfnisse der Opfer zu erhöhen. Victim Support Europe bietet kompetente Beratung in Bezug auf Entwicklung und Umsetzung der Rechte der Opfer in Gesetzgebung und Politik.

Aktuelle Projekte und Tätigkeiten

Im Laufe seiner Geschichte hat Victim Support Europe viele EU-finanzierte Projekte durchgeführt und unterstützt. Im Auftrag von VSE hat die portugiesische Vereinigung für Victim Support (APAV) das Project Victims in Europe geleitet. Dies umfasste die Untersuchung der Umsetzung des Rahmenbeschlusses über die Stellung des Opfers im Strafverfahren von 2001 in allen EU-Mitgliedstaaten. Die Untersuchung schloss die Umsetzung sowohl in Bezug auf Rechtsvorschriften als auch die praktische Umsetzung ein.

Die letzten Jahre waren sehr aufregend für Victim Support Europe (VSE) in der Zusammenarbeit mit der EU. Und das deckt sich mit dem Umzug nach Brüssel. Die bisherige rechtliche Situation war folgende: Es gab von der EU als gesetzliche Grundlagen:

- 2001 Rahmenbeschluss – Zielvorgabe, von keinem Land voll umgesetzt

- 2004 Richtlinie zur Entschädigung – umzusetzen in nationales Recht

- 2011 Richtlinie zum Menschenhandel

- 2011 Richtlinie sexueller Missbrauch von Kindern

- 2011 Richtlinie European Protection order

- 2011 „Victims Package"

Victim Support Europe arbeitete eng zusammen mit der Europäischen Kommission, dem Europäischen Parlament und dem Ministerrat bei der Entwicklung der EU Richtlinie über Mindeststandards für die Rechte, die Unterstützung und den Schutz von Opfern von Straftaten. Diese trat im November 2012 in Kraft. VSE war eng in die Entwicklung eingebunden, und damit auch der WR. Wir befürworteten zum Beispiel:

- eine Reihe von Hilfsleistungen für Opfern in der Zeit in der Zeit vor, während und nach der Straftat. Diese Hilfen müssen vertraulich und kostenlos sein. So beinhaltet Art. 3 die Forderung nach einfacher verständlicher Sprache, dass persönlichen Merkmalen Rechnung zu tragen ist und dass eine Person des Vertrauens als Begleitung zuzulassen ist

- eine Forderung, die Mitgliedstaaten müssen eine Weiterverweisung von der Polizei auf Opferhilfe erleichtern; Art. 8 Abs. 2

- individuelle Beurteilung eines jeden Opfers bezüglich seiner Bedürfnisse und eine Klärung, ob das Opfer besondere Schutzbedürfnisse hat;

- eine Reihe von besonderen Schutzmaßnahmen;

- Erweiterung des Rechts auf Information, um Informationen in allen Stadien des Verfahrens zu erhalten. So ist zu informieren gem. Art. 8

  - über jedwede Entscheidung, auf Ermittlungen zu verzichten oder diese einzustellen + Begründung

- Über Zeit und Ort der Hauptverhandlung Über jedwede rechtskräftige Entscheidung + Begründung
- Wunsch nach Information kann jederzeit geändert werden.
- Über Freisetzung, Flucht etc
- Weitere Einzelheiten, die präventiv wirken, sind:
  - Art. 19 – Vermeidung des Zusammentreffens mit dem Täter
  - Art. 20 – Schutz bei strafrechtlichen Ermittlungen (Anzahl der Vernehmungen, Person des Vertrauens)
  - Art. 21 – Schutz der Privatsphäre (Selbstkontrolle der Medien, Recht am eigenen Bild)
  - Art. 22 führt eine individuelle Beurteilung des Opfers ein, um besondere Schutzbedürfnisse frühzeitig festzustellen.

Von Januar 2011 bis Dezember 2012 hat Victim Support Europe das EU-geförderte Projekt **CABVIS** durchgeführt.

Da eine Lücke zwischen tatsächlicher Verfügbarkeit (es gibt nicht in allen Ländern Opferunterstützungsdienste und deren Qualität ist unterschiedlich) und dem Bedarf der Opfer vorhanden ist, sollten durch das Projekt CABVIS die vielen Schwierigkeiten bearbeitet werden, die sich aus der Unterschiedlichkeit in den EU-Mitgliedstaaten bei Opferhilfsdiensten und rechtlicher Umsetzung der EU-Maßnahmen ergeben. Es gab und gibt Länder, die keine funktionierende Opferunterstützung für alle Opfer haben. Das gesamte Projekt wurde entwickelt, um diejenigen, die am unmittelbarsten mit den Opfern in Kontakt kommen (nämlich Polizisten, Justiz-Praktiker und Opferhilfe-Arbeiter), Hilfen zu vermitteln, um besser mit Opfern umgehen zu können.

Hauptziele des Projekts CABVIS waren:

- Bereitstellung von mehr **Informationsmaterial** über die Rechtssysteme der EU-Mitgliedstaaten und den Zugang zu Gerichten in diesen Ländern. Material über die Systeme vieler Länder liegt in verschiednen Sprachen vor. Es lohnt sich, auf die Website von VSE zu gehen.
- **Ausbildung** der an der Opferhilfe Beteiligten. Es wurden informative Seminare für Polizisten, Justiz- und andere Interessengruppen organisiert. In Deutschland geschah dies im April 2012 in Trier.
- Unterstützung bei der Umsetzung des Rahmenbeschlusses 2007/116/EG, speziell über die Reservierung der EU-weiten *116006* Telefonnummer durch die Bereitstellung aller notwendigen Informationen, um bei der Einführung zu helfen. Deutschland ist eines der ersten Länder, in denen diese Nummer bereits funktioniert.

Projekt Infovictims

Gefördert durch die Portugiesische Vereinigung von Victim Support und von der Europäischen Kommission im Rahmen der Generaldirektion Justiz kofinanziert begann das Projekt **Infovictims** im Oktober 2011 und hat eine Laufzeit von zwei Jahren.

Das **allgemeine Ziel** des Projekts ist, Informationen zu liefern über das System der Strafjustiz sowie über Rechte und Möglichkeiten der Opfer. Dies angelehnt an das schwedische Modell, bei dem die Informationen im Internet gegeben werden.

Im Februar diesen Jahres wurde ein Präventionsprojekt in Malta abgeschlossen. Es ging vorrangig um Austausch und die Entwicklung einer Website.

Zusammenarbeit in Europa

VSE hat gut funktionierende Netzwerke und Kooperationen mit Rechts-, Justiz-und Verwaltungsbehörden, die europäischen Institutionen, Anwaltschaften, Law Firms, Wissenschaftlern, Forschungsinstituten, NGOs, Interessengruppen und professionellen europäischen Strafjustizbehörden entwickelt.

Folglich ist VSE auch einer der Gründungsmitglieder der **Criminal Justice Platform Europe**, zusammen mit dem Europäischen Forum für Restorative Justice, Europris und Europäische Organisation für Bewährungshilfe (CEP).

Verbrechensverhütung und Opferunterstützung

Bei VSE wurde die Prävention im Sinne von vorbeugender Tätigkeit weitgehend den nationalen Organisationen überlassen. Es steht vielmehr die Prävention im Sinne von Vermeidung von Reviktimisierung im Vordergrund. Dies geschieht insbesondere durch Einflussnahme auf die Gremien der EU, durch Projekte und Informationen über die Systeme der Länder und die dortigen Ansprechpartner. Wichtig ist auch die Unterstützung und Beratung für neu gegründete Dienste.

Die Bedeutung der Prävention ist klar. Die Generalversammlung der UN hat schon im Jahr 1985 festgestellt, dass Viktimisierung zu reduzieren sei und Hilfen für die Opfer zur Verfügung stehen müssten.

Das Gewicht der Prävention wird also gesehen. Es gibt viele Aktivitäten auf UN- und EU-Ebene. Kriminalprävention erfordert von Natur einen multidisziplinären Ansatz. Daher existieren zahlreiche nationale Initiativen, um zur Kriminalprävention beizutragen: Strafrecht, Sozialpolitik, Bildung, Stadtplanung, Steuern, usw. Im Hinblick auf die allgemeine Kriminalität sollten wirksame präventive Maßnahmen so nah wie möglich an der Basis ansetzen.

Mit dem Vertrag von Lissabon hat die EU mehr Macht nicht nur in Strafsachen, sondern auch bei Präventionsmaßnahmen. Die EU konzentriert sich auf die Erleichterung des Austauschs von Erfahrungen und bewährten Praktiken, auf Faktoren, die Kriminalität und Rückfälligkeit einzudämmen und die Korruption sowie kriminelle Unterwanderung von Wirtschaft und Gesellschaft zu verhindern. Die EU hat systematisch damit begonnen, präventive Bestimmungen in Richtlinien festzulegen, vor allem in Bezug auf die organisierte Kriminalität, die von Anti-Drogen-Politik bis hin zur Cyberkriminalität, Menschenhandel und Kinderpornographie. Nun kommt die neue Richtlinie hinzu, die schon im Titel die Opfer in den Mittelpunkt stellt, also die Opferperspektive stark verankert.

Prävention stoppt Viktimisierung und Reviktimisierung. Außerdem kostet es letztendlich weniger. Wir müssen Politiker überzeugen, mehr Geld für Prävention auszugeben.

Viele Akteure sind sehr aktiv und kompetent auf dem Gebiet der Prävention, wie Bewährungshilfe, Polizei, restaurative justice, etc. Es gibt eine Menge Forschung auf diesem Gebiet. VSE muss also nicht ganz von vorne anfangen. Aber es ist wichtig, dass die Opferperspektive ebenfalls berücksichtigt wird. Die einzigartige Eigenschaft der Opferhilfe-Organisationen ist das Wissen über die Gefühle, Ängste und Wünsche der Opfer in beiden Fällen: Prävention von Straftaten und Prävention von Reviktimisierung im Strafverfahren.

Die Opfersicht kann von Victim Support Organisationen eingebracht werden. Und die Europäische Stimme der Opfer ist VSE, wie ich früher zu erklären versuchte. Wir müssen diesen Einfluss im Sinne der Opfer verstärken.

Ich zitiere frei nach Prof. Waller, der auch ein Redner beim Präventionstag war:

Für den Schaden, der durch den Täter geschah, ist dieser verantwortlich.

Für den Schaden, den wir trotz besseren Wissens nicht verhütet haben, sind wir verantwortlich.

Schlusswort

Als ich mich mit dem Thema auseinandersetzte, fand ich es erstaunlich, dass es bis jetzt keine offizielle Zusammenarbeit von Opferunterstützungsorganisationen mit Präventionsgremien auf europäischer Ebene gab. Warum nicht?

Ich gebe zu, dass ich erst kürzlich über die Existenz des Europäischen Netzwerkes für Kriminalprävention erfuhr, obwohl es im Jahr 2001 gegründet wurde. Ich kann berichten, dass erste Kontakte auf mein Betreiben hin inzwischen stattgefunden haben. Prävention ist Opferschutz!

Vielen Dank für Ihre Aufmerksamkeit.

Claudia Gelber / Michael Walter

Opferbezogene Vollzugsgestaltung: Theoretische Perspektiven und Wege ihrer praktischen Umsetzung

Der Beitrag berichtet von einer kriminalpolitischen Initiative aus NRW. Sie betrifft den Strafvollzug, bei dessen Gestaltung die Opferperspektive stärker und systematischer einbezogen werden soll. Entsprechend den neuen Leitlinien der rot-grünen Landesregierung geht es um eine Ergänzung des Behandlungsansatzes, nicht hingegen um Strafverschärfungen, für die Verbrechensopfer instrumentalisiert werden. Als Komponenten des Opferbegriffs werden der vergangenheitsgerichtete Tatausgleich und der zukunftsgerichtete Opferschutz angesehen, wobei eine sozialintegrative Sicht zugrunde gelegt wird. Danach erscheint die Unterstützung von Opfern zugleich als Leistung, die die Wiedereingliederung des Täters fördert und flankiert. Das NRW-Projekt ist eines des dort geschaffenen Amtes des Justizbeauftragten, der anders als der frühere Ombudsmann auch an der konzeptionellen Weiterentwicklung des Vollzugs mitwirkt. In Zusammenarbeit mit dem Justizministerium werden derzeit sowohl auf gesetzlicher Ebene als auch auf der Ebene des Verwaltungshandelns die Möglichkeiten einer opferbezogenen Vollzugsgestaltung ausgelotet. Der Beitrag schildert die bisherigen Schritte.

I. Konzeptionelle Initiative des Justizvollzugsbeauftragten

Das Bundesland Nordrhein-Westfalen hat seit dem 1. Januar 2011 einen Justizvollzugsbeauftragten.[1] Durch dieses Amt ist das des Ombudsmannes, welches von der früheren Justizministerin Müller-Piepenkötter im Jahre 2007 nach dem Foltermord im Siegburger Jugendgefängnis geschaffen worden war, seitens des nachfolgenden und derzeitigen Justizministers Kutschaty erheblich gestärkt und erweitert worden. Der Justizvollzugsbeauftragte ist nicht mehr nur Ombudsmann, der hauptsächlich Beschwerden und sonstige Eingaben Gefangener und anderer Vollzugsbeteiligter (im weitesten Sinne) bearbeitet. Außerdem hat er die Aufgabe, an der konzeptionellen Weiterentwicklung des Justizvollzuges mitzuarbeiten und dazu Empfehlungen auszusprechen.

Diese Herausforderung bekam schon alsbald konkrete Konturen. Denn nach den Wahlen im Jahre 2010 ergab sich für die neue rot/grüne Regierung die Notwendigkeit, dem Strafvollzug eine klare Richtung im Sinne eines konsequenten Resozialisierungsvollzugs vorzuzeichnen. Dabei kam es darauf an, die Impulse aufzugreifen und konsequent umzusetzen, die das Bundesverfassungsgericht mit seiner jüngeren Rechtsprechung zum Strafvollzug und dort vor allem zur kriminalpräventiven Behandlung gesetzt hatte.

---

[1] Mitautor dieses Beitrags: vgl. a. www.justizvollzugsbeauftragter.nrw.de

Im Zuge dessen wurden „Leitlinien für den Strafvollzug des Landes NRW"[2] erarbeitet, die der Justizminister inzwischen der Öffentlichkeit vorgestellt hat. Sie entstanden in einer Reihe von Sitzungen, an denen nicht lediglich das Justizministerium, der Kriminologische Dienst und der Justizvollzugsbeauftragte teilnahmen, sondern ebenso zahlreiche Praktiker. Die Ergebnisse wurden auf einer gesonderten Tagung, auf der nahezu alle 37 selbständigen Anstalten des Landes vertreten waren, diskutiert und auch noch teilweise modifiziert. Insgesamt beruhen sie auf einem breiten Konsens, der gleichsam aus der Praxis heraus entwickelt werden konnte.

Dem Justizvollzugsbeauftragten kam bei diesem Geschehen eine doppelte Funktion zu. Zum einen ging es um die Mitwirkung an der Grundlagendiskussion, nicht zuletzt um die Geltendmachung von Positionen, die aus kriminologischen Kontexten heraus entwickelt worden sind. Des Weiteren kam es darauf an, Aspekte und Sichtweisen einzubringen, die in der bisherigen Praxis eher stiefmütterlich, lückenhaft oder gar nicht berücksichtigt werden. Damit sind wir beim Thema. Die viktimologische Perspektive ist im deutschen Strafvollzug bislang kaum beachtet worden. Deswegen erblickte der Justizvollzugsbeauftragte darin einen „weißen Fleck", der ihn gleichsam auf den Plan rief. Dem festgestellten Manko wurde nun eine eigenständige Leitlinie gewidmet (Leitlinie 8: Opferbezogene Vollzugsgestaltung), die freilich noch die ganze Unsicherheit und Skepsis spiegelt, die insoweit vorherrscht. Inzwischen wurde beim Justizvollzugsbeauftragten dank der nachdrücklichen Unterstützung des Justizministeriums ein Praxisprojekt zur opferbezogenen Vollzugsgestaltung eingerichtet, das die Mitautorin dieses Beitrags betreut. Im Folgenden berichten wir „aus" dem Projekt, zunächst von den theoretischen Arbeiten, danach von den – noch jüngeren – ersten praktischen Aktivitäten.

II. Konzeptionelle und rechtliche Perspektive

1. Ein Strafvollzug „für das Opfer"?

Der Strafvollzug ist täterorientiert. Wenn im Zuge einer viktimologischen Ergänzung Opferbezüge eingefordert werden, herrscht zunächst große Unsicherheit. Zwar wird der Opferaspekt bei abstrakter Betrachtung meist als wesentlich und beachtenswert angesehen. Doch beurteilen Praktiker die Möglichkeiten, während der Haft etwas für die Geschädigten oder künftig vom Täter konkret Gefährdeten zu tun, häufig recht skeptisch.[3] Der Vollzug habe mit der Behandlung und Resozialisierung der Täter gleichsam genug zu tun und könne sich nicht auch noch um die Verletzten kümmern.

2. Bisherige opferorientierte Gesetzespolitik

Der Impuls, den Blick auf die Verbrechensopfer zu richten, erreichte die Kriminalpolitik in der Bundesrepublik erst, nachdem der Strafvollzug bereits weitgehend kodifi-

---

[2] Abgedr. im Tätigkeitsbericht des Justizvollzugsbeauftragten für das Jahr 2011, S. 318 – 355, abrufbar unter: www.justizvollzugsbeauftragter.nrw.de

[3] vgl. Hartmann/Haas/Steengrafe u.a. 2012, S. 205; Hartmann/Haas/Steengrafe u.a. 2012, S. 26; Jutta Walther 2002, S. 234

ziert war. So erklärt sich, dass das StVollzG des Bundes von 1976/1977 das Deliktsopfer kaum berücksichtigt. Daran hat sich durch die Fortgeltung dieses Gesetzes in
vielen Ländern als partikulares Bundesrecht (vgl. Art. 125 a Abs. 1 GG) nach der sog.
Föderalismusreform von 2006 - bis zur Verabschiedung neuer Strafvollzugsgesetze
der Länder - nichts Wesentliches geändert.

Zu früherer Zeit klammerte nicht erst das Vollzugsrecht, sondern bereits die Strafprozessordnung das Opfer weitgehend aus.[4] Der überwiegende Teil der Verletzten -
nämlich die nicht zur Nebenklage Befugten - waren in dieser Eigenschaft bis zum
Jahre 1987 nahezu ohne Verfahrensrechte.[5] Mit der Einführung der staatlichen Strafverfolgung wurde der zwischen Täter und Opfer bestehende Konflikt den Beteiligten
zugunsten des staatlichen Straf- und Gewaltmonopols entzogen.[6] Das Opfer dient
seither vor allem als Mittel zur Überführung des Täters.[7] Auf seine „seelische und soziale Krisensituation nach der Viktimisierung" nimmt das Strafrecht kaum Rücksicht.
Oftmals ist eine weitere – sekundäre – Viktimisierung die bittere Folge.[8]

Während die Medien die bedrückende Lage der Opfer immer wieder beschreiben,
kann die viktimologische Forschung die Unzufriedenheit der Verletzten über ihre
stiefmütterliche Behandlung empirisch belegen. Darüber hinaus wurden zwischen-
zeitlich die Opferbedürfnisse erhellt.[9] Vor diesem Hintergrund entwickelte sich im
Laufe der zurückliegenden vier Jahrzehnte – auch infolge internationaler Initiativen
- eine „victim policy".[10] Zahlreiche Gesetzesreformen folgten. Im Jahre 1976 wurden Entschädigungsansprüche geschaffen[11] und im Jahre 1986 weitergehende Betei-
ligungs- und Informationsrechte für Nebenkläger sowie Mindestinformations- und
Beteiligungsrechte für Verletzte kodifiziert.[12] In den 1990iger Jahren fügte man den
Wiedergutmachungsgedanken und den Täter-Opfer-Ausgleich in das kodifizierte
Recht ein, letzteren sowohl in das materielle Recht als auch in das Prozessrecht (§§
46 a StGB, 155 a StPO).[13] 1998 stärkte der Gesetzgeber die Rechte der Zeugen.[14]

---

[4]   Neubacher 2011, S. 116; Schneider 2002, S. 231

[5]   Hilger 2009

[6]   Christie 1977, S. 1; Hubig 2008, S. 285; Jung 2000, S. 159

[7]   Schünemann 1986, S. 193

[8]   Schneider 2002, S. 231

[9]   umfassend vor allem Kilchling 1995, S. 644, 648; Überblick über die internationale Forschung in Schnei-
      der 2007, S. 395

[10] Dölling 2007, S. 77

[11] Opferentschädigungsgesetz, BGBl. I S. 1181

[12] Opferschutzgesetz, BGBl. I S. 2496

[13] Verbrechensbekämpfungsgesetz von 1994, BGBl. I S. 3186; Gesetz zur strafverfahrensrechtlichen Veran-
      kerung des Täter-Opfer-Ausgleichs von 1999, BGBl. I S. 2491

[14] Zeugenschutzgesetz, BGBl. I S. 820

Mit dem Opferrechtsreformgesetz vom 24.06.2004[15] erreichte der Opferschutz den Strafvollzug. Denn mit § 406 d Abs. 2 StPO wurde erstmals der Anspruch des Verletzten geschaffen, auf Antrag zu erfahren, ob freiheitsentziehende Maßnahmen gegen den Beschuldigten oder den Verurteilten angeordnet oder beendet und ob erstmalig Vollzugslockerungen oder Urlaub gewährt werden. Der nachvollziehbaren Angst des Opfers vor einer unvorbereiteten Begegnung mit dem Täter sollte Rechnung getragen werden.[16] Denn mit der Inhaftierung und der Verurteilung des Täters ist u.U. „nicht alles vorbei und gut". Der Täter lebt weiter, wenn auch zunächst hinter Gittern und Mauern. Und eventuell stellt sein – befürchtetes – Verhalten, wenn der Vollzug gelockert wird oder die Entlassung ansteht, aus der Perspektive des Opfers eine Bedrohung dar. Das darf nicht verdrängt werden. Das Bundesverfassungsgericht sieht den Staat vielmehr in der Pflicht, die Grundrechte potentieller Opfer zu schützen. Dabei ist die Schutzpflicht umso intensiver, je mehr sich die Gefährdung konkretisiert und individualisiert hat.[17]

In Deutschland sind allerdings in jüngster Vergangenheit vermehrt Stimmen zu hören, die unter Verweis auf die Vielzahl der geschaffenen Schutznormen meinen, für das Opfer sei inzwischen genug getan worden.[18] Indes fragt sich, welche Früchte denn die bisherige opferorientierte Gesetzespolitik in der Praxis getragen hat. Dabei ist unstreitig, dass viele der bestehenden deutschen Opferrechte tatsächlich nur unzureichend „funktionieren".[19] Das bereits erwähnte Recht, Entschädigung vom Staat nach dem Opferentschädigungsgesetz zu verlangen, wird relativ selten eingefordert.[20] Auch das Recht des Opfers, seine aus der Straftat erwachsenen zivilrechtlichen Ansprüche gegen den Täter bereits im Strafverfahren zu verfolgen, führt nach wie vor ein „Mauerblümchendasein".[21] [22] Die Möglichkeiten, das Opfer durch Videoaufzeichnungen bei seiner gerichtlichen Vernehmung zu entlasten, werden in der Praxis ebenfalls wenig genutzt.[23] Der Nebenkläger hat nach wie vor eine Nebenrolle. Und auch der Täter-Opfer-Ausgleich ist – gemessen an den Fallzahlen[24] - nur eine Randerscheinung geblieben.

Dass sich Opfer von Straftaten heute noch überwiegend unverstanden, allein gelassen und mangelhaft betreut fühlen, hat sich für uns im Rahmen einer Gesprächsrunde

---

[15]   BGBl. I S. 1354

[16]   Vgl. die Begründung des Gesetzesentwurfes, BR-Dr. 829/03

[17]   BVerfGE 109, 133

[18]   Weigend 2010, S. 39; Schroth 2009, S. 2916; Bung 2009, S. 430

[19]   Blum/Hüls/Lindemann u.a. 2012, S. 71

[20]   Kunz 1995

[21]   Schroth 2011, S. 207

[22]   vgl.https://www.destatis.de/DE/Publikationen/Thematisch/Rechtspflege/GerichtePersonal/Strafgerichte.html

[23]   Blum 2005, S. 262

[24]   vgl. Kerner/Eikens/Hartmann 2011, S. 88

eindrucksvoll bestätigt. Wir haben im Sommer 2012 mit einer – zwar nicht repräsentativen und zudem kleinen - Gruppe von Opfern schwerster Straftaten einen – gleichwohl erkenntnisreichen - Gedanken- und Erfahrungsaustausch geführt. Das Bild war eindeutig: (Fast) alle Betroffenen fühlten sich – vor allem nach Abschluss des Strafverfahrens - unzureichend betreut und beraten. Sie forderten Informations- und Anhörungsrechte auch für die Zeit ein, in der „ihr" Täter in Haft sitzt. Grundlegende Bedenken, mit dem Strafvollzug zu kommunizieren, hatten sie nicht. Dass Sie schon heute einen gesetzlichen Anspruch haben, den Entlassungszeitpunkt des Täters und etwaige Vollzuglockerungen zu erfahren, war ihnen überwiegend unbekannt.[25]

3.Bestehende Opferinformationsansprüche
Im Hinblick auf eine opferbezogene Vollzugsgestaltung rücken indessen gerade diese bereits bestehenden Opferinformationsrechte in Bezug auf den (noch) inhaftierten Täter in den Mittelpunkt: Denn möchte sich der Verletzte auf den Prozess der schrittweisen Wiedereingliederung des Täters einstellen, setzt das entsprechende Informationen zum Aufenthalt, zu künftigen Lockerungen und zur entsprechenden zeitlichen Planung voraus.

In Nordrhein-Westfalen, wo gegenwärtig noch das Strafvollzugsgesetz des Bundes in Kraft ist, gilt neben dem schon erwähnten § 406 d StPO die Vorschrift des § 180 Abs. 5 StVollzG. Für den Jugendvollzug ist § 99 Abs. 6 JStVollzG NRW einschlägig, der dem § 180 Abs. 5 StVollzG inhaltlich entspricht. Danach sind die Vollzugsbehörden gegenüber „nicht-öffentlichen Stellen" – mithin auch gegenüber einem Opfer – bei Nachweis eines berechtigten Interesses befugt, Auskunft darüber zu geben, ob sich eine Person in Haft befindet und wann ihre Entlassung voraussichtlich bevorsteht.[26]

Nach dem Ergebnis unserer Erkundungen[27] sind Tatopfern, ihren Beratern und zum Teil selbst den zuständigen Behörden die bestehenden Opferinformationsrechte nach § 406 d StPO und § 180 Abs. 5 StVollzG wenig vertraut. Opfer wenden sich demzufolge nicht oft an staatliche Stellen, um Informationen über „ihren" inhaftierten Täter zu erhalten. Sie suchen zuweilen bei der Polizei und deren Opferschutzbeauftragten Hilfe, vereinzelt auch bei den Vollzugsanstalten. Gerichte werden demgegenüber kaum mit Anfragen befasst. Bei den Staatsanwaltschaften scheinen Opferanträge nur vereinzelt wahrgenommen zu werden. Es spricht viel dafür, dass sie dort zuweilen „untergehen", wie Recherchen bei Rechtsanwälten, die als Nebenklagevertreter tätig

---

[25]   Näher hierzu STELLMACHER (2006): Seinen Befragungen zufolge ist die Informiertheit über Opferrechte insgesamt eher gering.

[26]   Darüber hinaus erhalten Verletzte einer Straftat gemäß § 180 Abs. 5 StVollzG auf schriftlichen Antrag hin Auskünfte über die Entlassungsadresse oder die Vermögensverhältnisse des Gefangenen, um ihre zivilrechtlichen Ansprüche verfolgen zu können.

[27]   Die Recherchen erfolgten vor allem durch telefonische Befragungen und Expertengespräche. Im Einzelnen sind sie im Tätigkeitsbericht des Justizvollzugsbeauftragten des Landes NRW für das Jahr 2011 dargestellt, abrufbar unter: www.justizvollzugsbeauftragter.nrw.de

sind, ergeben haben. Es scheint eine Art Kreislauf zu geben: Die einschlägigen Vor-
schriften sind wenig bekannt, die Berechtigten greifen selten auf sie zurück, und in-
folgedessen wird auch kein anwendungsfreundliches Verwaltungshandeln entwickelt.
Vielmehr entstehen bereits bei der Frage der Zuständigkeit erhebliche Unsicherheiten.

Aus alledem zu folgern, dass Opfer generell kein Bedürfnis nach Information über
eine anstehende Entlassung oder gewährte Lockerungen haben, ist indes ein Kurz-
Schluss. Das Interesse des Opfers an dem inhaftierten Täter kann je nach Persönlichkeit, nach der Deliktsart und den Tatumständen (z.b. bei Zufallsopfern) nicht
vorhanden oder aber stark ausgeprägt sein (etwa gegenüber einem Stalker aus dem
persönlichen Nahbereich).

Eine Möglichkeit, die Kommunikationswege zumindest für den Bereich des Strafvollzuges zu verbessern und die Antragsbearbeitung zu professionalisieren, erblicken
wir darin, einen speziellen - fachlich qualifizierten - Ansprechpartner für Opfer in der
Vollzugsanstalt vorzusehen.

4. Die Rechtslage in den einzelnen Bundesländern

Die Idee einer opferbezogenen Vollzugsgestaltung ist nicht neu.[28] Eine Gesetzesiniti-
ative zur Einbindung der Opferinteressen in den Strafvollzug gab es bereits im Jahre
1988.[29] Die Bundesratsinitiative verfiel indes mit dem Ende der damaligen Legisla-
turperiode.[30]

Nachdem mit der föderalen Neuordnung im Jahre 2006 die Gesetzgebung für den
Strafvollzug auf die Länder übergegangen war, haben einige Bundesländer die Idee
wieder aufgegriffen und in ihre Landesstrafvollzugsgesetze einzelne Elemente einer
opferbezogenen Vollzugsgestaltung aufgenommen. Diese Gesetze lassen eine beachtliche Vielfalt erkennen. Schon vorne bei den „Behandlungsgrundsätzen" enthält
das Baden-Württembergische Gesetz (von 2009) mit § 2 Abs. 5 BW JVollzG Buch 3
die Vorschrift, dass „zur Erreichung des Vollzugsziels die Einsicht in die dem Opfer
zugefügten Tatfolgen geweckt und geeignete Maßnahmen zum Ausgleich angestrebt
werden sollen". Das Bayerische Strafvollzugsgesetz (von 2007) trifft in seinem Art.
3 die Feststellung, dass die Behandlung „der Verhütung weiterer Straftaten und dem
Opferschutz" diene. Ähnliches verlautbart auch das Hamburgische Strafvollzugsgesetz (von 2009) in seinem § 4. Dort heißt es noch zusätzlich: „Als Bestandteil der
Behandlung sollen sich die Maßnahmen und Programme insofern auch auf die Auseinandersetzung der Gefangenen mit den eigenen Straftaten, deren Ursachen und Folgen, insbesondere für die Opfer, richten". Im Gegensatz zu dieser vergleichsweise
umfänglichen Einbindung des Opfers enthält etwa das Niedersächsische Justizvoll-

---

[28]   Müller-Dietz 1985, S. 247; Rössner/Wulf 1984, S. 101; Jutta Walther 2002, S. 65
[29]   BT-Dr. 11/3694 vom 08.12.1988
[30]   Jutta Walther 2002, S. 69

zugsgesetz (von 2007) keine besonderen Hinweise dieser Art. Das ist aber im En-
semble der Bundesländer eher die Ausnahme. Denn auch der Musterentwurf, den die
Justizverwaltungen der Länder Berlin, Brandenburg, Bremen, Mecklenburg-Vorpommern, Rheinland-Pfalz, Saarland, Sachsen, Sachsen-Anhalt, Schleswig-Holstein und
Thüringen vorgelegt haben, äußert sich – allerdings nur indirekt – zu den Opfern.[31]

5. Unsere Grundkonzeption

Die bisherigen Landesgesetze thematisieren unterschiedliche Opferaspekte und greifen einzelne Punkte auf. Demgegenüber erscheint es erstrebenswert, den Opferbezug
nicht nur selektiv, sondern systematisch zu erfassen und entsprechend gesetzlich zu
verorten. Das wirkt zugleich dem Missverständnis oder gar Missbrauch des Opferan-
satzes entgegen, Opfer instrumentell gegen den inhaftierten Täter zu wenden, um die
Lockerungspraxis einzuschränken oder längere Verbüßungszeiten zu erreichen.

Der Opferbezug steht nach unserer Konzeption gerade in keinem Gegensatz zu einem
täter- und behandlungsorientierten Vollzug. Vielmehr ist insoweit von einem Ergän-
zungsverhältnis auszugehen. Verfolgt wird ein auf Verständigung und soziale Integration hin ausgerichteter Ansatz. Wenn nach einer oder mehreren Straftaten der Täter
wieder „in die Gesellschaft" zurückgeführt werden soll, dann müssen gerade auch
diejenigen in den Blick genommen werden, die ihm im künftigen Alltag begegnen
werden. Das sind häufig, freilich nicht nur und nicht immer, Lebensgefährten und
Kinder. Sie und andere erscheinen insbesondere bei Inhaftierten mit einer Gewaltpro-
blematik als frühere oder potentielle Opfer, deren Situation, Sorgen und Bedürfnisse,
z.B. im Rahmen der Tatverarbeitung, bei der Resozialisierung nicht ausgeklammert
werden dürfen. Doch dieser Aspekt richtet sich nicht gegen den zu Entlassenden (Täter). Leistungen, die zur Wiedergutmachung der Tatfolgen erbracht werden, sollen
dem Opfer zu Gute kommen, dürfen aber zugleich als Beiträge angesehen werden,
mit denen der Täter seine Einstellung zum früheren Tatgeschehen sinnfällig zum Ausdruck bringt, sind mithin ebenso für den Inhaftierten „von Vorteil".

An den bisherigen Zuständigkeiten braucht sich nichts zu ändern. So ist keine Notwendigkeit ersichtlich, dass etwa spezifische Opfervertreter an Vollzugskonferenzen
teilnehmen müssten. Ferner erscheint es weder sinnvoll noch leistbar, aus der Haft-
anstalt heraus mit zusätzlichen Betreuungsleistungen im sozialen Empfangsraum auf-
zuwarten. Dazu sind vielmehr die örtlichen Einrichtungen vom Jugendamt über die
Bewährungshilfe und die Polizei bis hin zu den Opferhilfeorganisationen aufgerufen.
Nötig werden freilich erweiterte Formen der Kommunikation und Kooperation, durch
die das Leben draußen so organisiert wird, dass soziale Integration gelingt und neue
Gefahren vermieden werden.

---

[31] Vgl. z.B. § 3 Abs. 1 und § 5 Abs. 2 des Musterentwurfes.

6. Zukünftige gesetzliche Regelungen
Um dieser Grundkonzeption Ausdruck zu verleihen und den Opferaspekt systematisch in einem Landesvollzugsgesetz zu verankern, empfehlen wir die Aufnahme einer generalklauselartiger Norm, die wie folgt lauten könnte:

§ X

Opferbezogene Gestaltung des Vollzuges

(1) Während der gesamten Gestaltung des Vollzuges sind Tatausgleichs- und Schutzbelange der Opfer zu berücksichtigen.

(a) Zur Erreichung des Vollzugszieles sollen die Einsicht des Gefangenen in die Folgen der Tat, insbesondere für die Opfer, geweckt und vertieft werden. Der Gefangene soll angehalten werden, die Verantwortung für die Tat zu übernehmen. Entsprechende Behandlungsmaßnahmen sind anzubieten. Die Gefangenen sind dabei zu unterstützen, den verursachten materiellen und immateriellen Schaden wieder gut zu machen (Tatausgleich).

(b) Den berechtigten Schutzbedürfnissen der Opfer und gefährdeter Dritter ist insbesondere bei der schrittweisen Entlassung des Gefangenen in die Freiheit Rechnung zu tragen (Opferschutz).

(2) Maßnahmen des Tatausgleichs und des Opferschutzes dienen zugleich der Behandlung der Gefangenen und ihrer Wiedereingliederung.

(3) Den Opfern sollen Ansprechpartner in den Anstalten zur Verfügung stehen. Sie unterstützen die Opfer bei der Wahrnehmung ihrer Rechte und weisen sie in geeigneter Form auf ihre Rechte nach diesem Gesetz, insbesondere ihre Auskunftsansprüche, hin.

Weitere Anknüpfungspunkte für eine opferbezogene Gestaltung des Strafvollzuges schließen sich an. Zwar können – wie sich im Folgenden zeigen wird - eine Reihe von opferbezogenen Aktionen bereits auf der Grundlage der bisherigen Strafvollzugsgesetze durchgeführt werden.[32] Dennoch sollten sie der Klarheit halber und um sie allgemein bewusst zu machen, künftig gesetzlich ausdrücklich festgeschrieben werden. Darüber hinaus sind Reformen im Bereich der Opferinformationsrechte dringend erforderlich. So bedarf es der Erweiterung, jedenfalls aber einer Anpassung der vollzuglichen Informationsrechte an die Opferrechte aus § 406 d StPO.

7. Anknüpfungspunkte für eine opferbezogene Gestaltung des Strafvollzuges
Ein erstes Feld für die Einbeziehung des Opfers bietet die Behandlungsuntersuchung (§ 6 Abs. 1 StVollzG). Nach dieser Norm müssen die „Persönlichkeit und die Lebensverhältnisse des Gefangenen" erforscht werden. Bereits hier kann der Blick auch

---

[32] Hartmann/Haas/Steengrafe u.a. 2012, S. 26

auf das Tatopfer gerichtet werden: Wer ist das Deliktsopfer und welche Bedürfnisse hat es? Wir wissen, dass insbesondere bei Gefangenen, die als gefährlich gelten, der Strafvollzug schon heute auf das Opfer schaut. Doch geschieht das unseren Erkenntnissen zufolge nicht systematisch und strukturiert. So werden in den Vollzugsakten nicht einmal die Daten der Opfer gesondert erfasst.

De lege ferenda könnten diese Gesichtspunkte bei der Norm zur Behandlungsuntersuchung (derzeit § 6 StVollzG) Berücksichtigung finden.

Sofern ein Opferbezug erkennbar ist, sollte im Rahmen der Vollzugsplanung und deren Fortschreibung an beide Komponenten des Opferbezuges, d.h. an Maßnahmen zum Ausgleich der Tat und an solche des Opferschutzes, gedacht werden (§ 7 Abs. 1, 3 StVollzG). Als Initiativen zum Ausgleich der Tat oder dessen Vorbereitung kommen die Regulierung von Opferansprüchen (materieller Tatausgleich), der Täter-Opfer-Ausgleich (immaterieller und/oder materieller Tatausgleich), opferbezogene Behandlungsprogramme (z.B. zur Stärkung der Opferempathie) aber auch gemeinnützige Arbeit des Gefangenen zugunsten Hilfsbedürftiger als Wiedergutmachung an die Gesellschaft in Betracht. Eine opferschützende Maßnahme kann zum Beispiel die Anordnung eines Kontaktverbotes sein.

De lege ferenda könnten „behandlungsbezogene Maßnahmen", „Maßnahmen zum Ausgleich der Tatfolgen" und „Maßnahmen zur Sicherung berechtigter Schutzinteressen von Opfern oder gefährdeten Dritten" in den Katalog der im Vollzugsplan aufzuführenden Behandlungsformen aufgenommen werden.

Opferbezüge entstehen sodann beim Übergangsmanagement. Im Rahmen von Lockerungsentscheidungen zur Entlassungsvorbereitung sind, wie erwähnt, opferschützende Komponenten zu bedenken. In geeigneten Fällen können Erkundungen des sozialen Empfangsraumes in Bezug auf das Tatopfer oder eventuell gefährdete Dritte vorgenommen werden, um opferschützende Weisungen zu erteilen oder der Strafvollstreckungskammer zu empfehlen. Denkbar sind beim Übergangsmanagement auch Maßnahmen zur Förderung des Tatausgleichs, zum Beispiel das Hinwirken auf eine gerichtliche Auflage zur Schadenswiedergutmachung. Schließlich können die Bemühungen bis dahin gehen, Opfer im sozialen Nahraum zu befähigen, trotz des Erlebten einen Neuanfang zu wagen. Dabei soll der Strafvollzug nicht etwa neben dem Täter nunmehr auch das Opfer betreuen. Er kann aber auf geeignete außervollzugliche Hilfsangebote hinweisen und im Einzelfall - etwa im Rahmen einer Familienkonferenz beim Übergangsmanagements[33] - auch selbst Hilfe anbieten.

De lege ferenda erscheinen opferschützende Regelungen bei den Normen zu Lockerungen, zur Entlassungsvorbereitung, aber auch bei den Außenkontakten, sinnvoll.

---

[33] vgl. Milos, 2011, S. 31

III. Umsichtige Erprobung in der Praxis

Wir betreten mit unserer Initiative Neuland. Um die Kompetenz der Vollzugspraktiker in die Planungen einzubeziehen, ist ein Beirat gebildet worden, dem in regelmäßigen Abständen berichtet wird. Dort werden zugleich die nächsten Schritte besprochen. Nachdem ein Konzept analog den skizzierten gesetzlichen Regelungen von der Vollzugsplanung bis zum Übergangsmanagement erstellt worden war, haben wir mit dessen Umsetzung begonnen.

Die JVA Schwerte ist unsere Modellanstalt. Sie ist mit einer Belegungskapazität von ca. 350 Gefangenen eine eher kleine Anstalt des nordrhein-westfälischen Regelvollzuges, in der der Behandlungsvollzug seit Jahren nachdrücklich befürwortet wird. Anstaltsleitung und Fachdienste begegnen dem neuen Thema der „opferbezogenen Vollzugsgestaltung" gleichermaßen aufgeschlossen und interessiert.

In der jetzigen Startphase des Modellprojektes stehen folgende fünf Aufgaben im Mittelpunkt:

- Sensibilisierung der Vollzugsmitarbeiter für den Opferaspekt
- Entwicklung einer Checkliste zur opferbezogenen Vollzugsgestaltung als blickschärfendes Instrument
- Einrichtung eines Ansprechpartners für Opfer
- Motivierung der Gefangenen
- Suche nach weiteren Kooperationspartnern

1. Sensibilisierung der Vollzugsmitarbeiter für den Opferaspekt

Zunächst haben wir gemeinsam mit der Anstaltsleitung die Führungsebene der Anstalt in Gesprächen und durch die Vermittlung von Fachliteratur mit den Grundgedanken einer opferbezogenen Vollzugsgestaltung vertraut gemacht und für diese Perspektive geworben. Eine Sensibilisierung der Vollzugsbediensteten erfolgt darüber hinaus in der Weise, dass ein Thesenpapier über „Anknüpfungspunkte für eine opferbezogene Gestaltung des Strafvollzuges" erstellt wurde. Die darin enthaltenen Hinweise auf die verschiedenen Gestaltungsmöglichkeiten des Vollzuges sollen bereits im Rahmen von Vollzugsplanungen präsent sein. Das Justizministerium des Landes ist an allen wesentlichen Erörterungen und Planungen beteiligt.

2. Entwicklung einer Checkliste zur opferbezogenen Vollzugsgestaltung als blickschärfendes Instrument

Als eine besondere Herausforderung hat sich die Entwicklung einer konsensfähigen und praxistauglichen Checkliste erwiesen. Die Idee ist einfach: Es sollen alle in der Gefangenenpersonalakte bereits vorhandenen Informationen zum Opfer auf einem Blatt gebündelt und damit besser verfügbar gemacht werden. Auf einen Blick soll sichtbar sein: Gibt es ein oder mehrere individuelle Opfer, wer ist der Verletzte, wird

er (anwaltlich) vertreten? Werden Wiedergutmachungsansprüche oder Informationsrechte geltend gemacht? Wie steht der Inhaftierte zur Tat und zum Opfer? Gibt es
Kontakt zwischen ihnen? Existieren im sozialen Nahraum des Inhaftierten möglicherweise Menschen, die es zu schützen gilt?

Indes weckt jede Art der Sammlung von Daten Befürchtungen. Denn schließlich er-
leichtert eine Datenzentrierung auch jenen den Zugriff, bei denen ein sorgsamer Umgang mit den Informationen nicht sicherzustellen ist. Insbesondere für missbrauchs-
gefährdete Daten – vor allem einer etwaigen ersichtlichen aktuellen Wohnadresse des
Opfers – muss erreicht werden, dass die Informationen nicht etwa durch eine Akten-
überlassung z.B. an ein Gericht oder an einen Verteidiger letztlich in falsche Hände
geraten.

Unter Berücksichtigung der oben genannten Bedenken haben wir in Kooperation mit
der JVA Schwerte eine erste Checkliste entwickelt. Die Konzeption sieht vor, dass die
Liste anlässlich der ersten Vollzugsplanung – zunächst bei Sexual- und Gewalttätern
- erstellt und im Rahmen der weiteren Fortschreibungen aktualisiert wird. Auf diese
Weise schärft die Checkliste den Blick für die Opfer (immer wieder) und lässt deren
Ausgleichs- und Schutzbelange zum Gegenstand der Vollzugsplanung werden. Sie
soll als – dem Gefangenen nicht auszuhändigende - Anlage zum Vollzugsplan geführt
werden.

3. Einrichtung eines Ansprechpartners für Opfer
Um Opfern von Straftaten einen speziellen Ansprechpartner zu bieten, hat die JVA
Schwerte inzwischen eine Beauftragte für Opferbelange ernannt. Denn bislang scheinen Opfer den Kontakt zu einer Justizvollzugsanstalt nicht selten zu scheuen. Sie
fürchten, sich fortwährend erklären zu müssen oder gar kurzerhand abgewiesen zu
werden. Opfer, die sich mit einem Auskunftsbegehren oder sonstigen Anliegen an
die JVA wenden, sollen mit der Beauftragten eine kompetente und für ihre Belange
sensibilisierte Beraterin finden. Die entsprechende Mitarbeiterin - eine Sozialarbeite-
rin - versorgten wir mit umfangreichen rechtlichen Informationen. Ihre Ernennung zur
Opferbeauftragten wurde in Absprache mit der JVA Schwerte mit Hilfe der örtlichen
Medien bekannt gemacht. Es ist geplant, auch mögliche institutionelle Kooperationspartner (wie die Opferschutzbeauftragten der Polizeibehörden und die betroffenen
Staatsanwaltschaften), und auch den „Weissen Ring", über die Opferbeauftragte der
JVA Schwerte zu informieren.

4. Motivierung der Gefangenen
Wie die Gefangenen auf unsere Initiative reagieren werden, lässt sich derzeit noch
nicht sagen. Spürbar sind Unsicherheiten, Ängste, aber ebenso Neugierde und Aufge-
schlossenheit. Um die Inhaftierten von unserem Vorhaben zu unterrichten, eventuelle
Sorgen zu nehmen und sie zu konstruktiver Mitarbeit zu motivieren, haben wir einen
daraufhin konzipierten Artikel in der Gefangenenzeitschrift der JVA Schwerte - dem

„Kuckucksei" – verfasst.[34] Im Vorfeld fand ein Treffen mit den Redakteuren der Zeitschrift statt, bei dem erste Fragen zum Modellprojekt beantwortet werden konnten. Sogleich entwickelte sich eine lebhafte Diskussion. Die Reaktion der Gefangenen auf den Beitrag erwarten wir gespannt. Je nach Resonanz und Bedürfnislage der Inhaftierten werden wir weitere Schritte empfehlen, u.a. ist eine Diskussionsveranstaltung in Aussicht genommen, die in Kooperation mit der Anstaltsleitung durchzuführen wäre.

5. Suche nach weiteren Kooperationspartnern

Die Startphase unserer praktischen Erprobung ist schließlich von der Suche nach weiteren Kooperationspartnern gekennzeichnet. So halten wir Ausschau nach Täter-Opfer-Ausgleich-Stellen, die willens und in der Lage sind, geeignete Formen des Täter-Opfer-Ausgleichs im Kontext des Strafvollzuges anzubieten und zu realisieren.[35] Wir benötigen ferner Partner, die über Erfahrung mit opferbezogenen Behandlungsmaßnahmen[36] – wie zum Beispiel dem Sycamore Tree- Programm – verfügen und von denen wir lernen können. Auch in Bezug auf weitere Angebote einer „Restorative Justice"[37], z.B. Familienkonferenzen als Elemente des Übergangsmanagements im Strafvollzug[38], sind wir auf die Mitwirkung entsprechender Experten angewiesen.

In welchem Maße unsere Implementierungsbemühungen gelingen und Früchte tragen werden, ist ungewiss. Denn eines ist evident: Der Strafvollzug ist täterorientiert. Dieses – auch von der Gesellschaft – getragene Grundverständnis zu modifizieren und eine entsprechende Blickerweiterung zu bewirken, beinhaltet angesichts der vollzuglichen Beharrungskräfte einen mühevollen, unseres Erachtens aber notwendigen und fälligen Prozess.

---

[34]   Gelber/Walter 2012, S. 23
[35]   vgl. zu einem Modellprojekt Hartmann/Haas/Steengrafe u.a. 2012, S. 26; zur Lage in Belgien Gelber 2012, S. 142
[36]   vgl. Überblick bei Liebmann 2007, S. 205
[37]   zum Begriff Bernd-Dieter Meier 2005, S. 415, Liebmann 2007, S. 25
[38]   vgl. Milos 2011, S. 31

Literatur:

BLUM, BARBARA (2005): Gerichtliche Zeugenbetreuung im Zeichen des Opferschutzes, in Schöch/Dölling/Meier/Verrel, Kriminalwissenschaftliche Schriften, Band 9

BLUM, BARBARA/HÜLS, SILKE/LINDEMANN, MICHAEL/MÖLLER, IMKE (2012): Bericht, Ambivalenzen der Opferzuwendung des Strafrechts, 4. Bielefelder Verfahrenstage, Monatsschrift für Kriminologie und Strafrechtsreform, Heft 1, S. 71-74

BUNG, JOCHEN (2009): Zweites Opferrechtsreformgesetz: Vom Opferschutz zur Opferermächtigung, Strafverteidiger, Heft 7, S. 430-437

CHRISTIE, NILS (1977): Conflicts as Property, British Journal of Criminology, Vol. 17, No. 1, S. 1-15

DÖLLING, DIETER (2007): Zur Stellung des Verletzten im Strafverfahren, in: Festschrift für Heike Jung, S. 77-86

GELBER, CLAUDIA (2012): Opferbezogene Vollzugsgestaltung, Erfahrungen mit dem Täter-Opfer-Ausgleich im deutschen und belgischen Strafvollzug, Monatsschrift für Kriminologie und Strafrechtsreform, Heft 2, S. 142-145

GELBER CLAUDIA/WALTER, MICHAEL (2012): Opferbezogene Vollzugsgestaltung: Was ist das?, Kuckucksei, Gefangenenzeitschrift der JVA Schwerte, Heft 2, S. 23-25

HARTMANN, ARTHUR/HAAS, MARIE/STEENGRAFE, FELIX/GEYER, JUDITH/STEUDEL, TIM/KURUCAY, PINAR (2012): Prison Mediation in Germany, in: Barabas/Fellegi/Windt (Hrsg.), Responsibility-taking, Relationship-building and Restoration in Prisons, Budapest, S. 205-261

HARTMANN, ARTHUR/HAAS, MARIE/STEENGRAFE, FELIX/STEUDEL, TIM (2012): TOA im Strafvollzug – Zwischen Anspruch und Wirklichkeit, Ergebnisse des MEREPS-Projektes, Infodienst, Rundbrief zum Täter-Opfer-Ausgleich, Nr. 44, S. 26-33

HILGER, HANS (2009): in Löwe/Rosenberg, Kommentar zur StPO, 26. Aufl., Vor § 406 d, Randnummer 1

HUBIG, STEFANIE (2008): Die historische Entwicklung des Opferschutzes im Strafverfahren, in: Fastie (Hrsg.), Opferschutz im Strafverfahren, S. 285-302.

JUNG, HEIKE (2000): Zur Renaissance des Opfers – ein Lehrstück kriminalpolitischer Zeitgeschichte, Zeitschrift für Rechtspolitik, Heft 4, S. 159-162

KERNER, HANS-JÜRGEN/EIKENS, ANKE/HARTMANN, ARTHUR (2011): Täter-Opfer-Ausgleich in Deutschland, Auswertung der bundesweiten Täter-Opfer-Ausgleichs-Statistik für die Jahrgänge 2006-2009 mit einem Rückblick auf die Entwicklung seit 1993, Bericht für das Bundesministerium der Justiz (zugleich Hrsg.)

KILCHLING, MICHAEL (1995): Opferinteressen und Strafverfolgung, Kriminologische Forschungsberichte aus dem Max-Planck-Institut für ausländisches und internationales Strafrecht, Band 58

KUNZ, STEFANIE (1995): Probleme der Opferentschädigung im deutschen Recht

LIEBMANN, MARIAN (2007): Restorative Justice - How It Works, London

MEIER, BERND-DIETER (2005): Restorative Justice – Bericht über Deutschland, in: Schöch/Jehle (Hrsg.), Angewandte Kriminologie zwischen Freiheit und Sicherheit, S. 415-428

MILOS, KARIN (2011): Conferencing Verfahren, „Von einer, die auszog, Restorative Justice Conferencing zu erkunden und Family Group Conferencing entdeckte.", Infodienst, Rundbrief zum Täter-Opfer-Ausgleich, Nr. 42, S. 31-35

MÜLLER-DIETZ, HEINZ (1985): Resozialisierung durch Strafvollzugsprogramme und Entlassenenhilfe unter Einbeziehung der Opfer, in: Janssen/Kerner (Hrsg.), Verbrechensopfer, Sozialarbeit und Justiz, 1985, S. 247-269

NEUBACHER, FRANK (2011): Kriminologie, 1. Auflage

RÖSSNER, DIETER/WULF, RÜDIGER (1984): Opferbezogene Strafrechtspflege, S. 101-123

SCHNEIDER, HANS JOACHIM (2002): Die gegenwärtige Situation von Verbrechensopfer in Deutschland, JuristenZeitung, Heft 5, S. 231-237

SCHNEIDER, HANS JOACHIM (2007): Internationales Handbuch der Kriminologie, Band I, Grundlagen der Kriminologie

SCHROTH, KLAUS (2009): 2. Opferrechtsreformgesetz- Das Strafverfahren auf dem Weg zum Parteienprozess?, Neue Juristische Wochenschrift, Heft 40, S. 2916-2919

SCHROTH, KLAUS (2011): Die Rechte des Opfers im Strafprozess, 2. Auflage

SCHÜNEMANN, BERND (1986): Zur Stellung des Opfers im System der Strafrechtspflege, Neue Zeitschrift für Strafrecht, Heft 5, S. 193-200

STELLMACHER, JOST (2006): Befragung zur Informiertheit über Opferrechte, in: Weisser Ring e.V. (Hrsg.), Mainzer Schriften zur Situation von Kriminalitätsopfern, Nr. 44, Opferschutz – unbekannt, Aktuelle Entwicklungen bei Opferschutz und Opferrechten, Dokumentation des 17. Mainzer Opferforums 2006

WALTHER, JUTTA (2002): Möglichkeiten und Perspektiven einer opferbezogenen Gestaltung des Strafvollzuges, Studien und Materialen zum Straf- und Maßregelvollzug

WEIGEND, THOMAS (2010): „Die Strafe für das Opfer?" – Zur Renaissance des Genugtuungsgedankens im Straf- und Strafverfahrensrecht, Rechtswissenschaft, Heft 1, S. 39-57

Lutz Klein

Mentoring für Straffällige: Auch ein Beitrag zum Opferschutz

Das Berufsfortbildungswerk des DGB führt für den hessischen Strafvollzug das Projekt Arbeitsmarktintegation für Jugendliche Strafentlassene oder kurz ArJuS durch. Durch dieses Projekt wurde u.a. das ehrenamtliche Mentoring geschöpft und vorangetrieben und zwar in Kooperation mit dem Förderverein JVA Holzstraße e.V. in Wiesbaden und dem Fliednerverein der JVA Rockenberg. Als wir im März 2005 mit dem Übergangsmanagement in Hessen anfingen, waren wir dort das erste Projekt, das sich entlassungsübergreifend um die Straffälligen kümmern konnte. Und zwar haben wir dies unter den Arbeitsschwerpunkten Entlassungsvorbereitung, Nachsorge, dem Aufsummieren von speziellem Entlassungswissen und dem Aufbau eines kooperativen Verbunds, im ArJuS-Sprachgebrauch Nutzwerk, gemacht. Damals hatten wir, wie gesagt, bei der entlassungsübergreifenden Betreuung ein Alleinstellungsmerkmal und mussten uns als erste mit der Sinngebung für einen gewöhnungsbedürften (~scheußlichen) Neologismus herumschlagen. Mittlerweile gibt es gerade in Hessen eine Vielzahl von Strukturierungen und Projektierungen des zielgruppenspezifischen ÜM im Strafvollzug. gekommen. Zum Teil ist dies mit konzeptioneller Unterstützung von ArJuS geschehen. Das bfw selbst führt hierbei noch das Projekt „Altergruppenspezifische Integrationsvorbereitung und Übergangsmanagement für über 50-jährige im hessischen Strafvollzug" in der JVA Schwalmstadt durch. Es setzt sich mit den besonderen Schwierigkeiten älterer Inhaftierter bei der Entlassung auseinander. Auf administrativer und landespolitischer Ebene war sicherlich die Unterzeichnung einer Integrationsvereinbarung zwischen Agentur für Arbeit, Kommunen, Landkreisen und freien Trägern im Jahr 2011 ein Meilenstein zur Verbesserung von Reintegrationschancen. Derzeit wird übrigens an einer Erweiterung derselben um die Besonderheiten bei Entlassungen aus Sicherungsverwahrung gearbeitet. Auf die weiteren Spezifika kann hier nicht eingegangen werden. Es ist aber selbstverständlich so, dass nicht überall dasselbe gemacht wird und auch nicht gemacht werden kann. Beim Sicherheitsmanagement SIMA bspw. muss der Sicherheitsaspekt von Vornherein und qua Definition deutlich im Vordergrund stehen. In ihrer Gesamtheit ist die erreichte Segmentierung aber auf jeden Fall beeindruckend! Wenn jetzt noch die berühmte - wg. befürchteter Inhaltsleere sagen manche mittlerweile allerdings auch schon ‚berüchtigte' - Netzwerkbildung mit den anderen relevanten Institutionen gelingt, ja dann kann doch gar nichts mehr schiefgehen. Oder? Aus Sicht der Betroffenen sieht es leider häufig gerade nicht so so aus! Die geballte Unterstützungsmacht wird in ihrer unmittelbaren Ausstrahlung eher als Bedrohung, nicht als Hilfe für die Klientel empfunden. Und eine Übergangsrealität, die diesem düsteren Ausdruck entspricht, kann keineswegs die gebotene Unterstützung sein, sondern sie ist genau die Situation, die nach Abhilfe verlangt! Oder frei nach Karl Kraus: Eine solche Art Übergangsmanagement wäre genau der Übelstand, dem abzuhelfen es vorgibt. So jedenfalls kann das nicht funktionieren!

Dann doch schon eher nach dem Prinzip, nach dem ArJuS immer gearbeitet hat und das sich im Mentoringprojekt widerspiegelt. „Verbesserte Verschränkung institutioneller Möglichkeiten und fallbezogene Lobbyarbeit'! Ein schlagendes Argument für den Einsatz von Mentorinnen und Mentoren sind zunächst die weit günstigeren Fall(belastungs)zahlen. Sich um ein oder zwei Personen zu kümmern ist etwas anderes, als um 90 oder 110. Es kann sich somit eher ein hilfreiches Arrangement auch auf der Beziehungsebene für eine fallbezogene, individuelle Unterstützung herausbilden. Es geht nicht (nur) um die Beratung unter einem ganz bestimmten Aspekt, sondern um die Spezifik des ganzen Falles. Die Haftentlassenen sind nun mal gleichsam als ‚Gesamtkunstwerk' in eine Kommune zu integrieren und nicht nur als Arbeits- oder Wohnungssuchende. Wir suchen daher Personen, die eben in diesen Kommunen verankert sind und selbst über eine stabile Persönlichkeit verfügen. Für das Mentoring sind folgende Regeln unabdingbar: Es muss ein Nutzen für den Haftentlassenen konkretisierbar sein. Die ehrenamtliche Arbeit darf für die Mentoren selbstredend keinerlei Gefährdungspotential mit sich bringen. Zudem gilt der Grundsatz der strikten Freiwilligkeit von beiden Seiten. Das Zustandekommen der Mentorenverhältnisse wird unter strikter Beachtung dieser Regeln vermittelt, d.h. im Zweifelsfall wird ein Betreuungsverhältnis gar nicht erst gestiftet. Mit doch zunehmendem Erfolg hat sich ArJuS zudem um mehr Anerkennung für ehrenamtliche Arbeit für den Vollzug bemüht.

Wie sind wir an die ehrenamtlichen Mentorinnen und Mentoren herangekommen? Die ersten kamen aus dem Kreis bereits zuvor in der JVA ehrenamtlich tätiger Personen. Diesen Pool haben wir über die Verteilung von Informationsmaterialien erheblich ausweiten können. Ein erfolgreiches Mittel ist immer wieder ‚Mundpropaganda, insbesondere solche zu erfolgreich verlaufenen Fällen. Bei den institutionellen Kontakten gestaltete sich derjenige Kontakt zu den Freiwilligenagenturen in der Summe bislang erfolgreicher als zu den Landeskirchen und zum Sport. Seit Beginn des Mentorings 2006 waren über 50 Personen ehrenamtlich über ArJuS für Inhaftierte des hessischen Strafvollzugs tätig. Derzeit sind 38 Personen im Mentoringpool gelistet, d.h. sie stehen unter verschiedenen Bedingungen, v.a. mit sehr unterschiedlichem Zeitbudget für verschiedene Regionen Hessens zur Verfügung. Betrachtet man die Zeit von Anfang 2011 bis heute, so sind 27 Personen tatsächlich auch zum Einsatz gekommen. Der regionale Schwerpunkt des Mentorings liegt in Wiesbaden und Umgebung sowie in Frankfurt. Einzelne Mentoren haben wir in Kassel, Limburg oder in der Wetterau. D.h. es gibt noch einige weiße oder zumindest hellgraue Flecken auf der Hessenkarte. Zur weiteren kontrollierten Ausweitung des Mentorings planen wir daher eine Kampagne, bei der die schon aktiven Mentorinnen und Mentoren mit ihrem Namen und ihrer persönlichen Motivation Werbeträger sein werden. Der Arbeitstitel „Bürgerinnen und Bürger für Strafe und Resozialisierung" ist intern nicht unumstritten. Etwas Eingängigeres zu finden, ist aber nicht so einfach. Denn die spröde Solidität der vorläufigen Benennung ist durchaus gewollt. Hier wird ein gegebenenfalls auch hart sanktionierender Strafvollzug keineswegs in Frage gestellt. Ausgedrückt werden soll, dass es einen Widerspruch zwischen fallangemessener Bestrafung und notwendiger Hilfestellung für Resozialisierungsbemühungen nicht gibt! Also können wir hier keine lustigen Wortspiele oder demonstrative Bekundungen guter Absichten gebrauchen. Wir werden also keine Tauben durch Gitterstäbe fliegen lassen (wir sind ja keine Ornithologen), wir werden keine Schlüssel fertigen (dafür gibt es gesonderte Dienste) und auch keine Türen und Tore öffnen oder Ähnliches (wir sind schließlich keine Fluchthelfer). Wir wollen stattdessen klarstellen, dass wir Integration in der Mitte der Zivilgesellschaft anstreben und keine dauerhafte Verwaltung von Randständigkeit.

Wenn sich interessierte Personen melden, wird sehr zeitnah entschieden, ob eine Zusammenarbeit prinzipiell sinnvoll erscheint. Hierbei stellt ArJuS durchaus provokant die Frage, warum man sich denn für Straffällige engagieren will, wo doch weder Geld noch allzu großer Beifall zu erwarten ist. Die Antworten und Motive sind so vielfältig wie die Mentorinnen und Mentoren selbst. Wer sich für Straffällige mit ihren gebrochenen Biographien und vagen Perspektiven engagiert, sollte aber jedenfalls selbst über eine stabile Persönlichkeit verfügen. Das heißt - in der Umsetzung mitunter durchaus unangenehm - dass wir des Öfteren ehrenamtliches Engagement auch zurückweisen müssen. Auch hier können durchaus ehrbare Motive vorliegen. Entscheidend ist aber allein, ob diese letztlich zu einem positiven Einfluss auf die Klientel werden führen können. Die von ArJuS akzeptierten Personen halten wir für Leute mit Begabung zu angemessener Urteilsbildung. Zudem für Personen, die auch gegen mögliche Widerstände aktiv für Resozialisierung eintreten können. Wenn durch den Sozialdienst einer JVA Mentoring nachgefragt wird, holt ArJuS Informationen über den Inhaftierten ein und macht einen Zuordnungsvorschlag. ArJuS ist bei den ersten Treffen während der Haftzeit dabei. In der Folge ist eine kontinuierliche Rückbindung an den Sozialdienst, an ArJuS und an den Mentoringpool für fallspezifische wie allgemeine Fragen garantiert. Der erste Personenkreis wurde in einer Seminarfolge der Akademie für Ehrenamtlichkeit auf die Mentoringtätigkeit vorbereitet. Im Halbjahresrhythmus finden jetzt Workshops in einer Mischung aus Erfahrungsaustausch und Schwerpunktreferaten statt. Seit letztem Jahr finden regelmäßig ‚Mentoringstammtische' statt. Hier kommt es zu kollegialem Austausch über die Betreuungsverläufe. Es werden aber auch einschlägige allgemeinere Fragen erörtert. Hierin ist eine sehr praxisnahe Einführung der neu hinzugewonnenen Kräfte in das Tätigkeitsfeld zu sehen. Wenn darüber hinaus Weiterbildungswünsche bestehen, können auch diese häufig realisiert werden. Wen haben wir bis jetzt bekommen? Mit welchen Leuten werben wir darum, weitere Mitstreiterinnen und Mitstreiter zu finden? Bei den Berufsbildern ist der sozialarbeiterische Bereich eher die Ausnahme. Es gibt eine große Bandbreite vom Radiologen über die Beraterin im Management, vom Apotheker über die Marketing-Leiterin, vom Flugkapitän zum IT-Spezialisten um nur einige zu nennen. Und was haben sie bislang geleistet? Unsere Falldatenbank dient nicht nur der Einsichtnahme in Einzelfällen, sondern ist auch beispielgebend für Standardpro-

blemkonstellationen mit spezifischen Lösungsmöglichkeiten. Hierbei sind wie so oft
Analysen des Scheiterns besonders erkenntnisreich.

Unser derzeit ältester Mentor ist der Erwachsenenpädagoge Friedrich Cinibulk. Sein
erster Fall war Herr L., ein sog. Russlanddeutscher, geboren im heutigen Kasachs-
tan. Seine Eltern leben in Nordhessen. Zur Zeit der Inhaftierung war er in Frankfurt,
zuletzt ohne festen Wohnsitz. Den Realschulabschluss hatte er bereits vor der Haft
erworben. Während der Haftzeit absolvierte er mehrere Ausbildungsabschnitte im
Elektrobereich. Mit Hilfe des ÜM bekam er eine Anschlussausbildung in Wiesbaden.
Als Integrationsschritte wurden vermittelt: Die Erwirkung der Kostenzusage für eine
überbetriebliche Ausbildung, die Verhinderung des Rückumzugs, die Unterstützung
bei der Antragstellung für Grundsicherung und berufliche Förderung, die Vermittlung
einer Wohnung sowie eines der Ausbildung vorgeschalteten Praktikums. Der Mentor
hat insbesondere den Besuch eines Abendgymnasiums sowie die Integration im Freizeitbereich ermöglicht. Bei Herrn L. handelt es sich sicherlich um jemand, der aufgrund seiner intellektuellen Fähigkeiten innerhalb der Gefangenenpopulation eher die
Ausnahme darstellt. Für eine ganze Fallgruppe typisch ist dennoch, dass er aufgrund
der Gesetzeslage als unter 25jähriger zunächst in die ‚Bedarfsgemeinschaft' seiner
Eltern zu definieren war und der Rückumzug ihn wieder an sein kriminogenes Milieu
herangeführt hätte. Zum anderen wäre ihm die Anschlussausbildung zum Elektriker
wohl auf Dauer verwehrt geblieben. Später hat Herr L. den Gesellenbrief gemacht, sowie die Hochschulreife erworben. Er ist innerhalb Wiesbadens zusammen mit seiner
langjährigen Freundin umgezogen. Er bedarf des Mentorings nicht mehr und bedankt
sich ausdrücklich für dessen Unterstützung. Fast 7 Jahre nach der Haftentlassung hat
er eine eigene Firma im Rheingau und zahlt dem Ort, der ihn damals hat aufnehmen
müssen einiges an Vertrauen und Gewerbesteuer zurück. Man kann wohl sagen, er ist
zu einer Bereicherung der Kommune geworden. So hätten wir's gern öfter.

Herr Szyska ist ein Unternehmensberater, der über die Initiative ‚Alt hilft Jung' aus
Neu-Isenburg zu uns stieß. Im Fall des Herrn P. konnte die doch sehr voraussetzungs-
volle Fortführung einer semi-modularisierten Ausbildung während der Haft nach der
Entlassung einmal umgesetzt werden: Herr P. besaß den Hauptschulabschluss. Er wurde über eine Teilqualifizierungsmaßnahme als Auszubildender im Metallbereich übernommen bis zur Zwischenprüfung. Herr P. kehrte zu seiner Herkunftsfamilie zurück.
Weitgehend eigeninitiativ fand er eine Arbeitsstelle als Hilfsarbeiter. Mit Hilfe des
Mentors konnte eine Anschlussausbildungsstelle zum Herbst (zu beachten war u.a.
das ‚Verfallsdatum' des Zwischenprüfung) gefunden werden, wobei ein Wechsel der
zuständigen Kammer bewerkstelligt werden musste. Herr P. erwarb seinen Facharbei-
terbrief und in der Folge Arbeit über eine Zeitarbeitsfirma. Zwei Jahre später geriet
Herr P. auf Grund schwerwiegende Auseinandersetzungen im familiären Bereich in
eine Notsituation, in der er sich an seinen vormaligen Mentor sowie an ArJuS wandte.
Es konnte ein regional besser erreichbarer Mentor zugeordnet werden. Dies war Herr

Dietmar Fremde, Mitarbeiter der städtischen Bühnen Frankfurt. Diesem gelang es, die drohende Obdachlosigkeit durch Vermittlung einer Sozialwohnung abzuwenden. Unterstützung fand Herr P. auch bei der Vermittlung notwendiger medizinischer Behandlungen und schließlich gelang auch erneut der Zugang zum Arbeitsmarkt. Herrn P.s Lage ist sicher immer noch prekär, mit erheblicher Hilfe des Mentors konnte er aber verschiedene Problematiken erst einmal bewältigen. Nach Erwerb des LKW-Führerscheins zog er zu seiner Großmutter nach Polen. Er arbeitet dort als Fernfahrer und hält 5 Jahre nach seiner Haftentlassung sporadisch telefonischen Kontakt zu seinen Mentoren. Akute Notfallhilfe kann ArJuS eigentlich nicht leisten. Aber bei uns ist irgendwie jeder Fall die ‚Ausnahme'. Dies schon deshalb, da es die ‚Regel' fallbezogen nicht gibt, ja gar nicht geben kann.

Frau Wimhoff ist Finanzberaterin mit eigener Firma in Frankfurt. Sie stieß über die dortige Freiwilligenagentur BüroAktiv zu ArJuS. Einer ihrer Fälle ist trotz erheblicher Schwierigkeiten in der Umsetzung zu einer Erfolgsgeschichte geworden: Herr Y. besaß schon einen Realschulabschluss, bevor er eine mehrjährige Haftstrafe anzutreten hatte. Nach einer Teilqualifizierung wurde er als Auszubildender im Elektrobereich übernommen. Aufgrund sehr guter Führung und positiver Gutachten sollte er in den Offenen Vollzug verlegt werden und von dort aus den Berufsabschluss erwerben. Dieses Vorhaben scheiterte aus vielerlei Gründen. So konnte z.B. die Kostenübernahme für Ausbildung und Lebensunterhalt zwischen der Agentur für Arbeit und dem Vollzug nicht rechtzeitig geklärt werden. Herr Y. erwarb dann doch in der JVA Wiesbaden seinen Gesellenbrief. Aufgrund der Bewerbungsinitiative seiner Mentorings hätte er zwischen 6 verschiedenen Arbeitsangeboten auswählen können! Trotz eigentlich unpassenden Entlassungstermins konnte die Arbeit bei einem dax-notierten Unternehmen in Frankfurt aufgenommen werden. Herr Y. lebt weitgehend selbständig, führt aber noch regelmäßig Gespräche mit seiner Mentorin. Sein Fall gilt vor allem bei Inhaftierten selbst als beispielgebend für die Möglichkeit gelingender Reintegration!

Die Fallschilderungen haben sicher gezeigt, dass für Erfolge doch ein recht großer Aufwand betrieben werden muss. Wie viele Fälle konnte das Mentoring also über die Jahre abdecken? Das ehrenamtliche Mentoring war anfänglich gleichsam ein ‚Nebenprodukt' der Aktivitäten von ArJuS zur Ergänzung und Verbesserung der eigenen Nachsorge, die sich gerade nicht in der Weitergabe allgemeiner Informationen oder Adressmaterial erschöpfen sollte. Die erhebliche Erhöhung der Fallzahlen seit 2010 auf zuletzt 38 erfolgte Neuzuordnungen im Jahr 2012 ist vor allem dem veränderten Aufgabenprofil von ArJuS geschuldet. Als Faustregel für die Stabilität der Mentoringverhältnisse hat gezeigt: Je früher und zuverlässiger das Kennenlernen in der JVA desto   wahrscheinlicher die Fortführung des Mentorings bis in die Nachsorgephase hinein! Die meisten Neuzuordnungen kamen in jedem Jahr in der JVA Wiesbaden zu Stande. Hier lag ja der Ursprung des Mentorings und es ist wohl auch so, dass die dort einsitzende Altersgruppe der 20 bis 25jährigen hierfür durchschnittlich auch am besten geeignet ist. Dennoch erfreulich: Der starke Anstieg in der JV Rockenberg bei den unter 20jährigen auf immerhin 8 neue Fälle 2012. Ähnliches zeigt sich im Übrigen im laufenden Jahr bei inhaftierten jungen Frauen in der JVA Frankfurt: 2013 konnten bereits 4 Zuordnungen vorgenommen werden. Zunehmend gibt es auch Anfragen aus dem Erwachsenenvollzug. In 2 Jahren gab es also 71 neue Mentoringverhältnisse. Da natürlich auch zurückliegende Fälle weiter betreut werden und zwar unterschiedlich lang, sind 2 Zahlen noch aussagekräftiger für den Einsatz des Mentoringpools: Im Jahr 2012 wurden mehr als 56 Fälle betreut. Zum heutigen Datum befinden sich etwa 46 Inhaftierte oder Haftentlassene im ArJuS-Mentoring. Wenn man bedenkt, dass der Mentoringpool regional sehr unterschiedlich verteilt ist, kann ein gleichsam linearer weiterer Anstieg allerdings erst einmal nicht erwartet werden.

Auch künftig wird es uns ohnehin nicht um das Hochrechnen von Zahlen gehen. Wir wollen ja ganz bewusst keinen Wildwuchs des Mentorings sondern nur kontrollierte Offensive. Die Frage muss für uns also laute: Was kann das Mentoring für eine angemessene Zahl von Fällen leisten? Was ist wichtig für Rückfallvermeidung? Eine aktuelle, derzeit noch fortgeführte Studie der Universitäten Tübingen und Marburg für den hessischen männlichen Jugendstrafvollzug kommt zu folgenden Ergebnissen. ... Plausibel, wenn auch nicht wirklich überraschend. Den größten potentiellen Nutzen für das Mentoring sehe ich beim ‚Aufbau stabiler nicht-delinquenter Netzwerke‘, der ‚Einbindung und Integration in Schule und Beruf‘ sowie der ‚Vermeidung vollkommen unstrukturierter Freizeitgestaltung‘. Aber auch unter den anderen Aspekten ist Unterstützung fallweise möglich. Das ist bedeutsam, da Rückfallprävention an möglichst vielen Ausstiegsfaktoren ansetzen sollte. Nach unserem Dafürhalten und im Einklang mit den Erkenntnissen der Rückfallforschung sollte für möglichst viele Haftentlassenen ein konkretes positives Entlassungsszenario entwickelt werden. Statt prophylaktischem Jammern über Vergeblichkeit und hohe Rückfallquoten also: Die Integration für Herrn X oder Frau Y wird gelingen, wenn eine angemessene (Wieder-)Eingliederung in die Arbeitswelt gelingt, hilfreiche soziale Kontakte bis in den Freizeitbereich wirken und darüber hinaus Bewältigungsmöglichkeiten für fallspezifisch kriminogene Faktoren aufgezeigt werden, wie Suchtformen, überschießende Gewaltbereitschaft etc. Es geht darum, insgesamt eine sinnstiftende, d.h. auch subjektiv als lukrativ wahrnehmbare Lebensperspektive zu vermitteln. Die optimistische Sicht auf die je eigene Lebensperspektive ist ein fördernder Faktor für jedwede Legalbewährung! Auch vor diesem Hintergrund wäre die Konstruktion eines prinzipiellen Gegensatzes von Täterintegration und Opferschutz in seiner Allgemeinheit nicht richtig. In unseren Städten und Gemeinden kommen die Haftentlassenen jedenfalls an – so oder so. Dann ist es sehr die Frage, wie der berühmte soziale Empfangsraum sie ‚empfängt‘. (Ich gehe davon aus, sie haben die Anführungszeichen mitgehört.) Mit der Gewährung echter Integrationschancen , bei dann in der Summe ganz sicher weniger potentielle Opfern. Oder mit der Forderung und dem Gestus allumfassender Ausgrenzung, mit dann eben mehr entsprechend mehr Opfern auf lange Sicht. Mit

Rechtfertigung oder gar Entschuldigung der Täter hat dies übrigens gar nichts zu tun. Eine solche Sichtweise gebietet der nüchterne Blick für die Zusammenhänge und Gegebenheiten. Dieser wäre natürlich dann getrübt, wenn es gar nicht um Empathie mit gewesenen oder fiktiven gehen sollte, sondern um eine Art latentes Abstandsgebot bei der schleichenden Kriminalisierung von Randständigkeit als solcher. Das aber sollte niemand nötig haben. Ganz offenbar nicht nötig haben das unsere Mentorinnen und Mentoren. Im Gegenteil: Sie werden in ihrer Eigenschaft als Expertinnen und Experten für Integration im jeweiligen sozialen Empfangsraum gebraucht. Wenn der Anspruch, strafbares Verhalten so weit als möglich zu verhindern, optimal umgesetzt werden soll, dann braucht es Bürgerinnen und Bürger mit Begabung zu angemessener Urteilsbildung. Personen, die etwas für den Respekt und die Wiedergutmachung zu Gunsten der Opfer von Straftaten tun. Aber auch solche, die aktiv für Resozialisierung Straffälliger eintreten. Denjenigen, die das auch noch ehrenamtlich tun , muss unser größter Respekt gelten. ArJuS hofft weiterhin auf vielerlei Unterstützung für diesen Beitrag zur tertiären Prävention.

Andreas Beelmann

Zur Konstruktion, Entwicklung und Überprüfung von Interventionsmaßnahmen: Ein Modell zur Evidenzbasierung präventiver Handlungsstrategien.

1. Einleitung

Als Intervention werden in der sozial-, verhaltens-, bildungs- und erziehungswissenschaftlichen Forschung gemeinhin Handlungen bezeichnet, die geplante Veränderungen des menschlichen Verhaltens und Erlebens, die Förderung der Entwicklung, Bildung und Gesundheit oder die Prävention und Therapie von Problemen beabsichtigen, sei es nun über direkte Beeinflussung der Person oder indirekt über die Veränderung der sozialen und ökologische Lebensbedingungen.

Im Rahmen dieser allgemeinen Begriffsbestimmung werden Präventionskonzepte seit gut einer Dekade unter dem Aspekt der Evidenzbasierung diskutiert. Darunter wird die Notwendigkeit verstanden, professionelle (präventive) Handlungsstrategien und -empfehlungen auf geprüftes Wissen aus empirischen Untersuchungen zu stützen. So wird z.B. verlangt, dass Präventionsprogramme nur dann eingesetzt werden sollen, wenn ihre Effektivität in hochwertigen wissenschaftlichen Untersuchungen mit Kontrollgruppendesigns als hinreichend empirisch bestätigt gilt. Das Konzept der Evidenzbasierung ist mittlerweile weit verbreitet und hat eine gewisse Popularität auch in der psychosozialen und pädagogischen Berufspraxis erlangt. Dies hat sicher zu einer weiteren Professionalisierung der Prävention beigetragen. Es bestehen allerdings mindestens zwei konzeptionelle Probleme:

- Evidenzbasierung ist bislang nicht hinreichend konkretisiert. Zwar findet sich eine relativ unspezifische Vorstellung, dass Evidenzbasierung mit dem Vorliegen positiver Evaluationsergebnisse zu tun haben muss. Es existieren aber keine allgemein anerkannten, klar definierten Konzepte. So ist einerseits unklar, welche Evidenzen genau vorliegenden müssen, um den Status einer evidenzbasierten Intervention zu erreichen. Wie viele Untersuchungen mit welchen Ergebnissen sind etwa notwendig, um mit ausreichender Sicherheit von einem geprüften Verfahren auszugehen? Aus der Präventionsforschung wissen wir, dass etwa unterschiedliche Erfolgskriterien zu sehr unterschiedlichen Präventionseffekten führen. Welche Effekte sind hier zugrunde zu legen? Anderseits ist bereits keine Einigung dahingehend zu erzielen, welche Untersuchungen überhaupt für die Evidenzbasierung von Präventionskonzepten anzuerkennen sind. Allgemein findet sich eine Präferenz für experimentelle Wirksamkeitsuntersuchungen, was allerdings nicht sachlogisch zwingend ist (z.B. prominente Rolle von Fallstudien in der klinischen Forschung).

- Das Konzept der Evidenzbasierung wird zumeist begrenzt auf empirische Untersuchungen zur Wirksamkeit und vernachlässigt andere wissenschaftliche Quel-
  len für die Beurteilung von Präventionsmaßnahmen. Wissenschaftliche Erkenntnisse oder Evidenzen sollten jedoch zum Beispiel bereits bei der Konstruktion
  und Entwicklung von Maßnahmen und nicht erst aposteriori bei der Überprüfung
  ihrer Wirksamkeit zum Einsatz kommen. Zu diesem Zweck wird das folgende
  erweiterte Modell der Evidenzbasierung (oder allgemeiner) wissenschaftlichen
  Fundierung von Präventionsmaßnahmen vorgeschlagen (vgl. Abbildung 1, Beelmann, 2011; Beelmann & Raabe, 2007). Danach lassen sich fünf Aspekte bei der
  Fundierung von Präventionsmaßnahmen nennen: Legitimation und Begründung
  einer Präventionsmaßnahme; entwicklungsbezogene Fundierung; Programmtheorie oder Begründung der Präventionsinhalte; Interventionstheorie oder Begründung des Durchführungskonzepts und schließlich die empirische und praktische
  Bewährung. Diese Aspekte sollen im Folgenden kurz erläutert werden.

Ein Modell zur Evidenzbasierung von Präventionsmaßnahmen

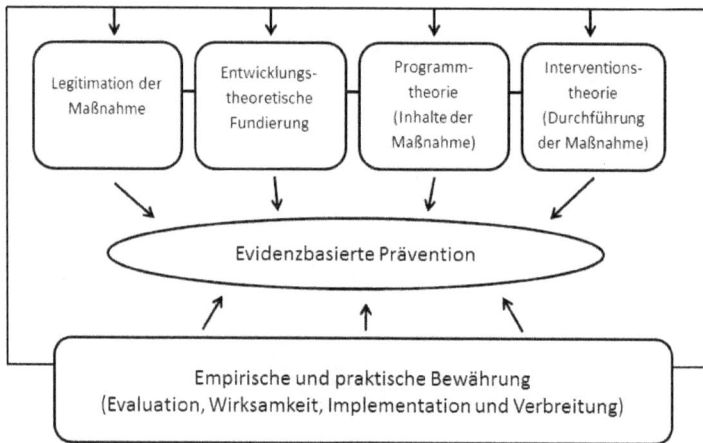

Legitimation der Maßnahme

Entwicklungstheoretische Fundierung

Programmtheorie (Inhalte der Maßnahme)

Interventionstheorie (Durchführung der Maßnahme)

Evidenzbasierte Prävention

Empirische und praktische Bewährung
(Evaluation, Wirksamkeit, Implementation und Verbreitung)

Abbildung 1. Ein Modell der Evidenzbasierung von Präventionsmaßnahmen
(vgl. Beelmann, 2011)

2. Allgemeines Modell zur Evidenzbasierung psychosozialer und bildungsbezogener Präventionsmaßnahmen

2.1. Legitimation der Maßnahmen

Da interventives Handeln auf die *Veränderung* von Menschen (ihres Verhaltens, ihres Erlebens, ihrer Entwicklung etc.) ausgerichtet ist und dieses Ziel neben inhaltlichen (psychologischen, sozialen, bildungsbezogenen) unter anderem auch normative Implikationen aufweist (z.b. welche Veränderungen werden als wichtig beurteilt), stellen sich zunächst grundsätzliche Legitimations- und Begründungsfragen. Folgende Fragen sind zu unterscheiden:

- **Indikation der Maßnahmen**: Zunächst muss eine grundsätzliche Begründung für den Einsatz von Präventionsmaßnahmen erfolgen, d.h. es muss ein definierbares Problem oder ein Anliegen formuliert werden, die präventive Handlungen rechtfertigen würden. Zu diesem Zweck müssen einmal epidemiologische Argumente (z.B. Untersuchungen zur Prävalenz von Verhaltensproblemen) und zum anderen prognostische Evidenzen aus längsschnittlichen Studien vorliegen, die die Notwendigkeit von Prävention und den entwicklungsbezogenen Verlauf der Probleme verdeutlichen (z.B. frühe Verhaltensprobleme sagen kriminelle Handlungen im Jugendalter mit einer bestimmten Wahrscheinlichkeit vorher). Prognostische Erkenntnisse sind genau genommen für präventive Interventionen sogar unerlässlich, denn es werden Handlungen initiiert, ohne dass aktuell ein erkennbares Problem vorliegt. Dies lässt sich nur dann rechtfertigen, wenn ein Problem relativ häufig vorkommt oder eine besondere Schwere aufweist und es zugleich vor seiner Manifestation mit einer bestimmten Wahrscheinlichkeit erkennbar ist.

- **Abgrenzung zu anderen Interventionsformen**. Zweitens muss die Indikation *psychosozialer und bildungsbezogener* Präventionsmaßnahmen in Abgrenzung von anderen interventiven Handlungsstrategien (z.B. medizinischen oder sozialpolitischen Interventionen) verdeutlicht werden. Je nach Problemstellung liegen auch Handlungsalternativen vor, die möglicherweise angemessener sind und höhere Wirksamkeiten versprechen. Der begründete Nachweis der Notwendigkeit psychosozialer und bildungsbezogener Maßnahmen kann z.B. dadurch erbracht werden, dass relevante psychologische und bildungsbezogene Prozesse bei der Entwicklung und Stabilität der zu vermeidenden Probleme involviert sind oder signifikant zur deren Lösung beitragen.

- **Begründung der Interventionsstrategie**. Drittens stellt sich (bei positiver Indikation) die Frage, welche *spezifischen Präventionsstrategien* verfolgt werden sollen. Soll beispielsweise ein konkretes Vorhaben als universelle oder gezielte Präventionsstrategie gestaltet werden, d.h. auf alle Mitgliedern einer definierten Population oder nur mit ausgewählten Personenkreisen (Risikogruppen) begrenzt werden?. Für eine begründete Auswahl sind im Vorfeld einer Maßnahme eine ganze Reihe von grundlegenderen Überlegungen anzustellen (vgl. Beel-mann, 2010). So bieten sich beispielsweise universelle Maßnahmen bei großer Häufigkeit eines Problems eher an. Bei bekannten Risikobedingungen und un-problematischer Auswahl sollten eher gezielte Präventionsstrategien ins Auge gefasst werden.

- **Normative Begründung.** Schließlich müssen viertens, die konkreten Ziele von Präventionsmaßnahmen spezifiziert und im Hinblick auf ihre normativen Anteile offen gelegt und begründet werden. Präventionsziele sind letztlich nicht logisch zu begründen, sondern orientieren sich an wertgeladenen Modellen von der op-timalen Gestaltung menschlicher Entwicklungen und gesellschaftlichen Norm-vorstellungen (z.B. hohe soziale Kompetenz als Ziel von Sozialisationserfahrun-gen). Eine fundierte Auseinandersetzung mit normativen Fragen erfüllt übrigens nicht nur einen Selbstzweck, sondern wirkt sich offenbar auch günstig auf die Durchführungsqualität von Präventionsmaßnahmen (und damit auch auf deren Wirksamkeit) aus. So konnte gezeigt werden, dass die Implementation in ent-scheidendem Maße von Werthaltungen und Einstellungen der beteiligten Perso-nen abhängig ist (vgl. Greenberg, 2004). Aus diesem Grund muss es im genuinen Interesse von Programmentwicklern liegen, vorhandene normative Differenzen in den Zielsetzungen offen zu legen und durch Diskurs zu minimieren.

2. Entwicklungstheoretische Fundierung von Präventionsmaßnahmen

Kurz formuliert besteht das Ziel von psychosozialen und bildungsbezogenen Präven-tionsmaßnahmen in der positiven Beeinflussung menschlicher Entwicklungsprozesse. Mit dieser Zielsetzung können Präventionsmaßnahmen von entwicklungspsychologi-schen Theorien insofern profitieren, als diese Theorien ein grundlegendes Verständnis dafür vermitteln, nach welchen Prinzipien sich menschliche Entwicklungsprozesse vollziehen. Mit anderen Worten: Entwicklungstheorien beschreiben und erklären ge-nau jene Prozesse, die in Präventionsmaßnahmen eingeleitet werden sollen. Daher haben sich entwicklungspsychologischen Erkenntnissen bei der Gestaltung und Aus-richtung von Interventionsmaßnamen als heuristisch sinnvoll erwiesen. Dies soll an zwei Beispielen kurz illustriert werden:

Ökologie der menschlichen Entwicklung (Prinzip der ökologischen **und entwick-lungsbezogenen Passung).** Arbeiten des Entwicklungspsychologen Bronfenbren-ner (1981) haben uns gelehrt, dass menschliche Entwicklung nicht losgelöst von seiner ökologischen Vernetzung oder den Entwicklungskontexten betrachtet werden kann. Entwicklungskontexte können in unterschiedlichen Systemen betrachtet wer-den (Mikro-, Meso- und Makrosystem), die jeweils unterschiedliche Einflüsse auf die menschliche Entwicklungsdynamik entfalten. Dies hat diverse Implikationen auf Interventionskonzepte und ihre Ansatzpunkte. So sind etwa im Rahmen von Inter-ventionsmaßnahmen angezielte Veränderungen auf der Mikroebene jeweils dann unwahrscheinlich, wenn diese von grundsätzlichen Einflüssen höherer Systemordnung überlagert werden. Beispielsweise wäre ein soziales Trainingsprogramm für Vorschulkinder dann relativ unwirksam, wenn schwerwiegende familiäre Risiken vorlägen (etwa systematische Misshandlung), die einer Wirkung entgegenstehen. Ebenso wäre bei gravierenden makrosozialen Einflüssen (ungünstige Sozialstruktur) die Chance, die Folgen dieser Situation erfolgreich auf mikrosozialer Ebene zu lösen, relativ gering. Andererseits sind Maßnahmen auf mikrosozialer Ebene im wahrsten Sinne des Wortes näher an der zu verändernden Person und hätten insofern eine relativ hohe Veränderungswahrscheinlichkeit zur Folge. Interventionskonzepte sollten somit Einflussfaktoren auf jeweils höheren Systemebenen mit berücksichtigen und – wenn möglich – auf jener Regulationsebene ansetzen, auf der die wichtigsten Einflussfaktoren des Zielverhaltens identifiziert werden können. Auch Bronfenbrenners Ideen zu ökologischen Übergängen sind von großer Bedeutung für die Prävention. Mit ökologischen Übergängen sind Wechsel der ökologischen Kontexten einer Person gemeint (etwa der Übergang vom Kindergarten in die Schule), die Folge und Anstoß von Entwicklung sein können. Ökologische Übergänge können als günstige Zeitpunkte für die Administration von Präventionsmaßnahmen angesehen werden, da man in diesen Entwicklungsphasen von einer erhöhten Sensibilität für Außenanregungen ausgehen kann, ähnlich wie auch nach kritischen Lebensereignisse (z.b. Verlust einer wichtigen Person) oder bei bestimmten Entwicklungsaufgaben, die sich in der Entwicklung vom Kind zum Erwachsenen stellen (z.B. Aufbau einer eigenen Identität im Jugendalter). Es ist also ganz grundsätzlich sinnvoll, Interventionen an ökologischen Übergängen oder Lebenssituationen auszurichten, in denen Veränderungen ohnedies stattfinden.

Zone der nächsten Entwicklung: Arbeiten am Entwicklungsniveau oder das Prinzip der dosierten Abweichung vom Status quo. Interventionsmaßnahmen sollten sich am Entwicklungsniveau seiner Adressaten ausrichten, also entwicklungsangemessen sein. Eine weitere Informationsquelle für die Entwicklung von Interventionen hat der russische Entwicklungspsychologe Vygotsky (1978) mit seinem Konzept der Zone der nächsten Entwicklung (ZNE) bereitgestellt. Danach findet Lernen (oder Entwicklung) am kompetenten Partner statt, der sich in der ZNE befindet. Die ZNE ist als Entwicklungsstadium konzipiert, die der Adressat einer Interventionsmaßnahme als nächstes erreicht. Dieses Prinzip, dass Vygotsky auf die kognitive Entwicklung bezogen hatte, lässt sich zu einem *Prinzip der dosierten Abweichung vom Status quo* erweitern. Danach sollten Interventionen – gleich welcher Art – sich in signifikanter Weise auf das derzeitige Entwicklungsniveau seiner Adressaten beziehen und als unmittelbare Handlungsziele auf den nächsten Entwicklungs- (Veränderungs-)schritt bezogen sein. Diese Handlungsanweisung kann sehr unterschiedliche Formen annehmen: Orientierung am derzeitigen Lernstand, Beachtung vorhandener Entwicklungsmöglichkeiten, Gestaltung der Interventionsmaterialien am Entwicklungsstand etc. Sie kommt auch in praxiologischen Erfahrungssätzen wie „den Klienten dort abholen, wo er steht" oder in einer zumeist geforderten allgemeinen „Ressourcenorientierung" zum Ausdruck. Eine zentrale Voraussetzung für eine im Sinne der ZNE entwick-

lungsangemessene Intervention ist danach die systematische und interventionsbe-
gleitende Diagnostik und die regelmäßige Reflektion über Veränderungs-, Lern- und
Entwicklungsprozesse sowie die Kenntnis von Entwicklungs- oder Veränderungsse-
quenzen. Was (theoretisch) als komplex anmutende Handlungsanweisung erscheint,
lässt sich im Interventionsprozess (vor allem in negativem Fall) relativ einfach mit
bestimmten Indikatoren erfassen. Eine entwicklungsangemessene, am Konzept der
ZNE orientierte Intervention wird zugleich die Freude und Motivation der Klienten
an der Teilnahme fördern und bei Nicht-Erfüllung dieses Prinzips mit schlechten
Implementationswerten rechnen müssen (geringe Teilnahmequote und Inanspruchnahme, Unlustbekundungen, geringe Veränderungsbereitschaft, Widerstände gegen
die Intervention bis hin zum Abbruch einer Maßnahme). D.h., sind solche Probleme
festzustellen, wird eine radikale Umorientierung hinsichtlich der Präventionsinhalte, ihrer Durchführung oder der konkreten Implementationsbedingungen mit großer
Wahrscheinlichkeit nötig sein.

2.3 Formulierung einer Programmtheorie

Zur wissenschaftlichen Fundierung von Präventionsmaßnahmen ist es neben den
soeben erörterten grundlegenden entwicklungstheoretischen Überlegungen selbstverständlich von großer Bedeutung, die spezifischen Inhalte der Maßnahmen aus
der wissenschaftlichen Forschung abzuleiten. Dabei geht es um die Frage, welche
Zielmerkmale (z.B. welche Kompetenzen) durch die Maßnahme verändert werden
sollen. Grundsätzlich sollte dies mithilfe von ätiologischen Erkenntnissen geschehen,
die Modelle der Entwicklung und Fehlentwicklung in einen bestimmten Bereich bereitstellen (zum Beispiel zur Entstehung von Kriminalität). Es ist unmittelbar nachzuvollziehen, dass etwa aus Erkenntnissen über die Wirkung und Wirkungsweise von
Risiko- und Schutzfaktoren zu einem bestimmten Problem, Hinweise zur angemessenen inhaltlichen Gestaltung von Präventionsmaßnahmen abzuleiten sind. Die Inhalte
der Maßnahmen sollten somit nicht aus Plausibilitätsüberlegungen oder subjektiven
Theorien der Programm-Entwickler abgeleitet werden, sondern aus geprüftem (entwicklungspsychologischen und entwicklungspsychopathologischem) Wissen über
die bereichsspezifische Entwicklung (z.B. in der Sozialentwicklung) und Entstehung
bestimmter Probleme (z.B. Kriminalität) im Entwicklungsverlauf. Dazu liegen z.B.
im Bereich der Kriminalität zahlreiche Erkenntnisse vor (Beelmann & Raabe, 2007).

Grundsätzlich ergeben sich jedoch auch Transferprobleme bei der Ableitung von Prä-
ventionsinhalten aus Ursachenfaktoren und Erklärungstheorien. So sollten sich Präventionsmaßnahmen beispielsweise nicht auf Risikofaktoren der Entwicklung per se
beziehen, sondern allein auf jene, die im Moment dynamisch wirksam sind und sich
tatsächlich verändern lassen. Des Weiteren ist vermutlich der Bezug zu empirisch
bestätigten Schutzfaktoren im Vergleich zu Risikofaktoren heuristisch sinnvoller, weil
die Merkmale per definitionem zu einer Verringerung des Risikos unter Belastung
beitragen und insofern das Handlungsrepertoire und die Bewältigungskompetenzen

erweitern und nicht nur das Risikopotential verringern. Darüber hinaus müssen inhaltliche Überlegungen immer vor dem Hintergrund aktuell laufender Entwicklungsprozesse stattfinden. Allgemein kann gesagt werden, dass angestrebte Veränderungen immer dann leichter zu erreichen sind, wenn natürliche Entwicklungsprozesse in der Zielvariable ohnedies ihre größte Dynamik entfalten.

2.4 Begründete Konzeptionen der Interventionsdurchführung (Interventionstheorie)

Die bislang dargestellten Entwicklungs- und Inhaltsaspekte reichen insofern nicht aus, als für die Umsetzung von Präventionsmaßnahmen noch eine Reihe weiterer Faktoren von Bedeutung sind, die sich auf die konkrete Durchführung und die Durchführungsbedingungen einer Intervention beziehen. Derartige Überlegungen betreffen salopp gesprochen das *Wie* einer Interventionsmaßnahme, für das eine Reihe von relevanten Merkmalen genannt werden können. Dazu gehören das „Timing" oder der altersbezogene Beginn einer Maßnahme, ihre Intensität oder die didaktische und methodische Gestaltung. Zudem ist die fachliche Kompetenz und die Ausbildung der Administratoren von wichtiger Bedeutung für die erfolgreiche Umsetzung und Wirksamkeit von Präventionsmaßnahmen. Schließlich ist für eine fundierte Durchführung auch die Spezifikation der notwendigen Rahmenbedingungen von Bedeutung (Ressourcen, Setting), in denen die Maßnahmen stattfinden sollen. Diese und andere Merkmale kennzeichnen vor allem die pädagogische Dimension von Präventionsmaßnahmen, deren Bedeutung in den letzten Jahren durch zahlreiche empirische Untersuchungen bestätigt wurde, insbesondere im Kontext des Transfers von Präventionskonzepten in praktisch relevante Settings (vgl. Durlak & DuPre, 2008). Diese Analysen zeigen, dass der Einfluss der genannten Durchführungsmerkmale (Timing, Intensität, Methodik, Didaktik, Professionalität der Provider/Administratoren, Rahmenbedingungen) auf die Wirksamkeit ähnlich groß ist wie der von inhaltlichen Faktoren. Mit anderen Worten: Eine evidenzbasierte Entwicklung von Präventionsmaßnahmen setzt neben grundsätzlichen Überlegungen (Legitimation, entwicklungstheoretische Fundierung) sowohl eine forschungsbasierte Ableitung von Inhalten wie auch ein entsprechend abgeleitetes Durchführungskonzept voraus.

2.5 Empirische und praktische Bewährung

Eine gute, auf theoretischen Konzepten und empirischen Befunden basierte Entwicklung von Präventionsmaßnahmen kann allein keine praktischen Erfolge garantieren. Umgekehrt ist eine wirksame Prävention nicht unbedingt von der Qualität der zu Grunde gelegten theoretischen Annahmen und Konzeptionen abhängig. Effektives Handeln lässt sich auch ohne Wissen darüber, warum etwas wirkt, realisieren. Theoretische Annahmen und konzeptionelle Überlegungen sind somit weder notwendige noch hinreichende Bedingungen für einen Erfolg von Interventionsmaßnahmen, aber sie erhöhen massiv ihre Erfolgswahrscheinlichkeit. Dennoch bleibt eine systematische, das heißt nach wissenschaftlichen Kriterien durchgeführte Evaluation eine zwingende Voraussetzung für eine evidenzbasierte Prävention. Nach Flay et al. (2005) umfasst dies dreierlei:

- die nachgewiesene Wirksamkeit in forschungsmethodisch hochwertigen Untersuchungen, die von mindestens zwei unabhängigen Forschergruppen durchgeführt wurden,
- die nachgewiesene Wirksamkeit in praktisch repräsentativen Settings einschließlich ihrer Implementationsbedingungen und –probleme sowie
- Überlegungen und Maßnahmen zur systematischen Implementation und Verbreitung der Maßnahmen in soziale Versorgungssysteme.

Für die Analyse und integrative Bewertung konkreter Präventionsansätze dienen heute oft Ergebnisse aus Meta-Analysen, in denen der Kenntnisstand zu einem Thema möglichst umfassend bilanziert wird. Die in Meta-Analysen ermittelten Kennwerte (Effektstärken) geben daher einen Überblick zu den Befunden der Präventionsforschung auf Basis bislang durchgeführter Präventionsstudien. Abbildung 2 zeigt einen Überblick zu den Ergebnissen ausgewählter Meta-Analysen zur Präventionsforschung im Bereich der Gewalt- und Kriminalitätsprävention (vgl. Beelmann & Raabe, 2009).

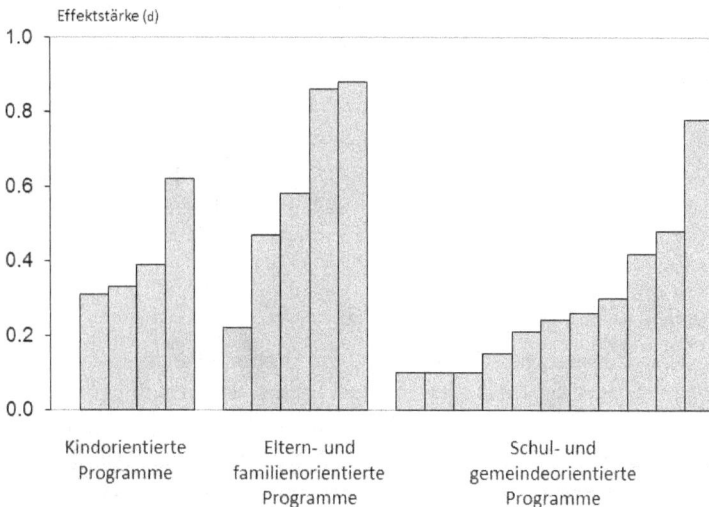

Ergebnisse aus 20 Meta-Analysen zur Wirksamkeit von Gewalt- und Kriminalitätsprävention

Abbildung 2. Ergebnisse aus Meta-Analysen zur Wirksamkeit von Maßnahmen zur Gewalt- und Kriminalitätsprävention (vgl. Beelmann & Raabe, 2009). Anmerkung: Jede Säule gibt das Ergebnis einer Meta-Analyse wieder. Effekte von 0.2 können als kleine, 0.5 als mittlere und 0.8 als große Effekte angesehen werden.

Insgesamt zeigen Präventionsmaßnahmen nach diesen Arbeiten durchweg positive Effekte (Effektstärken immer größer als Null), d.h. es gibt (summarisch) betrachtet keinen Anlass an der Wirksamkeit von Präventionsmaßnahmen zu zweifeln. Allerdings zeigen die Daten auch verschiedene Befunde, die es zu beachten gilt:

- Die Ergebnisse von Präventionsstudien weise eine enorme Variationsbreite auf. D.h. es gibt Wirksamkeitsunterschiede, je nachdem welche Programme, welches Präventionsfeld, welche Präventionsstrategie und last but not least welche Kriterien für den Erfolg zugrunde gelegt werden (Beelmann, 2006; Beelmann, Pfost & Schmitt, 2014; Beelmann & Raabe, 2009).

- Die Ergebnisse von Meta-Analyse sind summarische Statistiken und in diesen kommen die Ergebnisse misslungener Präventionsversuche oder gar negative Wirkungen von Präventionsmaßnahmen nicht unmittelbar zum Ausdruck. In Einzelfällen können solche Ergebnisse allerdings auftreten, wie es zum Beispiel in der Drogenprävention durch Abschreckungsszenarien und reine Aufklärungs- und Informationskampagnen bereits nachgewiesen werden konnte.

- Präventionseffekte sind zum Teil gering. Ein Durchschnittswert von $d = 0.30$ bedeutet zum Beispiel, dass im Vergleich einer Präventionsgruppe mit einer Gruppe, die keine Präventionsmaßnahme erhielt, eine 15prozentige Verbesserung in den Erfolgskriterien auftrat. Vergleichbare Untersuchungen in anderen Untersuchungsfelder (z.B. psychotherapeutischen Maßnahmen) weisen sehr viel höhere Effekte auf. Diese Unterschiede sind allerdings zu erwarten, denn in Präventionsmaßnahmen untersuchen wir Zielgruppen, die bislang noch keine Probleme aufweisen. Streng genommen ist sogar kurzfristig überhaupt kein Effekt von Prävention zu erwarten, denn sie sollte sich erst längerfristig auszahlen. Vor diesem Hintergrund sind Präventionseffekte schwer nachzuweisen und bereits kleine Effekte praktisch sehr bedeutsam.

Eine (selbst-)kritische Präventionslandschaft wird die differentiellen (und zum Teil auch einschränkenden) Befunde der Präventionsforschung zu berücksichtigen wissen und – trotz aller Schwierigkeiten, Erfolge nachzuweisen – gleichwohl darauf drängen, die insgesamt sehr positiven Ergebnisse in praktischen und politischen Entscheidungsprozessen zu transferieren. Die Fülle vorliegender Evaluationsergebnisse macht die Prävention jedenfalls zu einer absolut lohnenden Aktivität.

3. Literatur

Beelmann, A. (2006). Wirksamkeit von Präventionsmaßnahmen bei Kindern und Jugendlichen: Ergebnisse und Implikationen der integrativen Erfolgsforschung. *Zeitschrift für Klinische Psychologie und Psychotherapie, 35,* 151–162.

Beelmann, A. (2010). Bildungspsychologische Prävention. In C. Spiel, B. Schober, P. Wagner & R. Reimann (Hrsg.), *Bildungspsychologie* (S. 275-290). Göttingen: Hogrefe.

Beelmann, A. (2011). The scientific foundation of prevention. The status quo and future challenges of developmental crime prevention. In T. Bliesener, A. Beelmann, & M. Stemmler (Eds.), *Antisocial behavior and crime. Contributions of developmental and evaluation research to prevention and intervention* (pp.137-164). Cambridge, MA: Hogrefe Publishing.

Beelmann, A., Pforst, M. & Schmitt, C. (2014). Prävention und Gesundheitsförderung bei Kindern und Jugendlichen. Eine Meta-Analyse deutschsprachiger Evaluationsstudien. *Zeitschrift für Gesundheitspsychologie* (in Druck).

Beelmann, A. & Raabe, T. (2007). *Dissoziales Verhalten bei Kindern und Jugendlichen. Erscheinungsformen, Entwicklung, Prävention und Intervention.* Göttingen: Hogrefe.

Beelmann, A. & Raabe, T. (2009). The effects of preventing antisocial behavior and crime in childhood and adolescence: Results and implications of research reviews and meta-analyses. *European Journal of Developmental Science, 3,* 260-281.

Bronfenbrenner, U. (1981). *Die Ökologie der menschlichen Entwicklung.* Stuttgart: Klett-Cotta.

Durlak, J. A. & DuPre, E. P. (2008). Implementation matters: A review of research on the influence of implementation on program outcomes and the factors affecting implementation. *American Journal of Community Psychology, 41,* 327-350.

Flay, B. R., Biglan, A., Boruch, R. F., Castro, F. G., Gottfredson, D., Kellam, S., Mościcki, E. K., Schinke, S., Valentine, J. C. & Li, P. (2005). Standards of evidence: Criteria for efficacy, effectiveness and dissemination. *Prevention Science, 6,* 151-175.

Greenberg, M. T. (2004). Current and future challenges in school-based prevention: The researcher perspective. *Prevention Science, 5,* 5–13.

Vygotsky, L. S. (1978). *Mind in society: The development of higher psychological processes.* Cambridge, MA: Harvard University Press.

Autoren

Prof. Dr. Andreas Beelmann
Friedrich-Schiller-Universität Jena

Dr. Gabriele Bindel-Kögel
Camino gGmbH Berlin

Prof. Dr. Nils Christie
University of Oslo

Pit Clausen
Oberbürgermeister der Stadt Bielefeld

Claudia Gelber
Justizvollzugsbeauftragter des Landes NRW, Köln

Detlef Heyer
Landeskriminalamt Nordrhein-Westfalen, Düsseldorf

Ralf Jäger
Minister für Inneres und Kommunales NRW

Dr. Kari-Maria Karliczek
Camino gGmbH Berlin

Dr. Lutz Klein
Berufsfortbildungswerk des DGB (bfw), Gießen

Daniel Lederer
KFV (Kuratorium für Verkehrssicherheit), Wien

Dr. Olaf Lobermeier
proVal - Gesellschaft für sozialwissenschaftliche Analyse, Beratung und Evaluation,
Hannover

Erich Marks
Deutscher Präventionstag, Hannover

Gisela Mayer
Aktionsbündnis Amoklauf Winnenden

Richard Oetker
Dr. August Oetker KG, Bielefeld

Prof. Dr. Christian Pfeiffer
Kriminologisches Forschungsinstitut Niedersachsen (KFN), Hannover

Dr. Gesa Schirrmacher
Bundesministerium für Familie, Senioren, Frauen und Jugend (BMFSFJ), Berlin

Karla Schmitz
Deutscher Präventionstag, Hannover

Christoph Schüle
proVal - Gesellschaft für sozialwissenschaftliche Analyse, Beratung und Evaluation, Hannover

Petra Söchting
Bundesamt für Familie und zivilgesellschaftliche Aufgaben, Köln

Dr. Wiebke Steffen
Deutscher Präventionstag, Heiligenberg (Baden) / München

Dr. Rainer Strobl
proVal - Gesellschaft für sozialwissenschaftliche Analyse, Beratung und Evaluation, Hannover

Dr. Jakob Tetens
Wendepunkt e. V., Elmshorn

Prof. Dr. Haci-Halil Uslucan
Universität Duisburg-Essen

Dr. Hellgard van Hüllen
WEISSER RING e. V., Mainz

Prof. Dr. Michael Walter
Justizvollzugsbeauftragter des Landes NRW, Köln

Susanne Wegener-Tieben
WEISSER RING e. V., Mainz

Jörg Ziercke
Bundeskriminalamt, Wiesbaden

Bettina Zietlow
Kriminologisches Forschungsinstitut Niedersachsen (KFN), Hannover

www.ingramcontent.com/pod-product-compliance
Lightning Source LLC
Chambersburg PA
CBHW061000280326
41935CB00009B/772